矯正教育の方法と展開
現場からの実践理論

財団法人 矯正協会

矯正教育の方法と展開

現場からの実践理論

目　　次

第1章	序　説	保木　正和	2
第2章	少年院における実践教育課程の展開	林　　和治	34
第3章	矯正教育における授業実践		
第1節	授業の組立てと展開	梅村　　謙	74
第2節	教え方の基礎と応用	宮本　史郎	89
第4章	教育実践の実際		
第1節	基本的な指導法による指導		
1	一人一人に向き合う		
(1)	個別面接	金子　陽子	106
(2)	日記指導	片山　裕久	127
(3)	作文指導	末信　眞司	142
(4)	読書指導	門脇　高次	156
(5)	内省指導	工藤　弘人	170
(6)	役割交換書簡指導	髙木　春仁	198
(7)	内観指導	木村　　敦	213
2	グループで力をつける		
(1)	SST	櫻井　英雄 品田　秀樹	227

(2)　モラルジレンマ指導	山　本　善　博	244
(3)　行事におけるプロセス学習		
その1　運動会	横　澤　宗　彦	259
その2　演　劇	松　井　陽　子	280
	北　村　信　子	
第2節　複数の指導法を応用した指導		
1　過去を乗り越える指導プログラム		
(1)　薬物乱用防止講座	山　口　孝　志	306
(2)　交通安全指導講座	重　松　　　弘	321
(3)　暴走族離脱講座	齋　藤　　　峰	333
(4)　家族生活適応講座	大河内　　　徹	349
(5)　交友関係改善講座	長　島　寿　勝	366
(6)　暴力団離脱講座	田　上　　　俊	379
2　被害者の視点を取り入れた教育	村　尾　博　司	393
3　新しい生き方を探る指導プログラム		
(1)　進路指導講座	西　村　重　則	410
(2)　社会生活適応講座	森　　　伸　子	424
(3)　育児教育（父親・母親教育）講座	池　田　　　一	439
第3節　環境の教育力を活用した指導		
1　学寮の教育力を活かした指導	齋　藤　裕　司	453
2　家族の教育力を活かした指導	椿　　　百合子	479
3　自然環境の教育力を活かした指導	伊　藤　広　史	499
あとがき	保　木　正　和	513
事項索引		514

細　目　次

第1章　序　説 …………………………………………………2

1　本書の目的
2　少年院の沿革
3　矯正教育の概念
4　本書の構成

第2章　少年院における実践教育課程の展開 ……………34

1　教育課程に基づく教育
⑴　教育課程の基準となるもの
⑵　矯正教育における教育課程
⑶　基準教育課程としての教育課程通達の意義と構成
⑷　実践教育課程の編成，実施及び評価
⑸　教育課程の編成，実施及び評価についての留意点
2　実践教育課程の実例（中等少年院・職業能力開発課程（Ｖ2）・H17）

第3章　矯正教育における授業実践

第1節　授業の組立てと展開…………………………………74
はじめに
1　授業成立の基盤整備
⑴　指導環境の整備
⑵　指導者に要請されていること
2　組立て（準備）〜　構想・設計
⑴　教育課程と単元目標（教育計画）

⑵　教育目標と授業の組立て
　3　展開（授業の実践）～　授業の展開
　⑴　指導案作成上の留意事項
　⑵　授業展開上の留意点
　4　評価（点検と修正）～　分析・評価
　⑴　指導と評価のかかわり
　⑵　評価基準を共有する努力

第2節　教え方の基礎と応用……………………………………………89
　1　はじめに
　2　「行儀のよい少年院生」考
　3　「指導案作り」考
　4　授業の腕をあげる法則
　⑴　趣意説明の原則（指示の意味を説明せよ。）
　⑵　一時一事の原則（一時に一事を指示せよ。）
　⑶　簡明の原則（指示・発問は短く限定して述べよ。）
　⑷　全員の原則（指示は全員にせよ。）
　⑸　所持物の原則（子どもを活動させるためには場所と時間と物を与えよ。）
　⑹　細分化の原則（指導内容を細分化せよ。）
　⑺　空白禁止の原則（たとえ一人の子どもでも空白な時間を作るな。）
　⑻　確認の原則（指導の途中で何度か達成率を確認せよ。）
　⑼　個別評定の原則（良いところと悪いところを一人一人評定せよ。）
　⑽　激励の原則（常に励まし続けよ。）
　5　「教材研究」考
　⑴　新聞記事を活用した教材作り（NIE）

⑵　ピンレス掲示板の活用
　6　授業展開上の工夫
　　⑴　授業開始時の工夫
　　⑵　授業途中での工夫
　　⑶　授業終了時の工夫
　7　心に届く指導を求めて
　　⑴　アイデンティティを無視する言葉
　　⑵　人格否定の言葉
　　⑶　能力否定・蔑視の言葉
　　⑷　親の悪口や非難の言葉
　　⑸　容姿についての言葉
　　⑹　趣味・趣向についての批判的な言葉
　　⑺　比較する言葉
　　⑻　伸びや努力を認めない言葉
　　⑼　言動を疑う言葉
　　⑽　無視（ネグレクト）すること
　8　「行儀のよい少年院生」再考 ― おわりに代えて

第4章　教育実践の実際

第1節　基本的な指導法による指導
　1　一人一人に向き合う
　⑴　個　別　面　接 …………………………………………106
　　1　はじめに
　　2　面接指導の機能
　　3　実施機会の別に見た面接指導
　　　⑴　定期的に行う面接指導
　　　⑵　機会をとらえて行う面接指導

⑶　集団面接と個別面接
　　4　面接指導の構造
　　　⑴　場　　所
　　　⑵　時　　間
　　　⑶　回　　数
　　5　面接指導の実際
　　　⑴　面接初期
　　　⑵　面接の展開期
　　　⑶　面接の後期
　　6　面接指導に当たっての注意事項
　　　⑴　面接者の態度
　　　⑵　担任という役割活動の遂行
　　　⑶　ともに歩む
　　　⑷　知識は面接の質を高める
　　　⑸　記　　録
　　　⑹　スーパービジョン
　　　⑺　その他
　　7　おわりに

⑵　日　記　指　導 …………………………………………127
　　1　はじめに
　　2　少年院における日記指導の分析
　　　⑴　日記を「書く」ということ
　　　⑵　日記を「指導する」ということ
　　　⑶　日記指導を考える視点
　　　⑷　ナラティヴ・プラクティスとしての日記指導
　　3　日記指導事例に学ぶ　～研修教材「日記指導」～
　　　⑴　研修教材「日記指導」の意義

(2)　指導事例検討
　4　おわりに

(3)　作　文　指　導 ……………………………………………142
　1　はじめに
　2　作文指導とは
　　(1)　作文指導の目的
　　(2)　作文指導の枠組み
　　(3)　作文指導の長所と短所
　　(4)　少年院での作文指導
　3　作文指導のポイント
　　(1)　指導者
　　(2)　テーマの選定
　　(3)　実生活の中での思考
　　(4)　実感に基づく記述
　　(5)　言葉の理解と事物の関係・意味の発見
　　(6)　固定観念からの解放
　　(7)　自己開示への対応
　　(8)　指導者が陥りやすい穴
　　(9)　タイプ別指導のヒント
　4　実践事例
　　(1)　プロフィール
　　(2)　作文指導
　　(3)　考　察
　5　まとめ

(4)　読　書　指　導 ……………………………………………156
　1　読書指導とは何か

(1)　読書と読書指導
　　(2)　教育手段としての読書指導
　2　少年院における読書指導の実践
　　(1)　矯正施設における読書指導の歴史
　　(2)　読書の形態と読書指導の方法
　　(3)　読書指導の構成要素
　　(4)　読書指導の実際
　3　おわりに

(5)　内　省　指　導 ……………………………………………170
　1　はじめに
　2　内省指導とは
　3　内省指導の方法と種類
　　(1)　方　　法
　　(2)　種　　類
　4　働きかけの方法
　　(1)　指導の段階
　　(2)　内省内容の分析
　　(3)　フィードバックの方法
　　(4)　内省テーマの与え方
　5　内省を援助する
　　(1)　教材を用いた内省
　　(2)　事例内省
　　(3)　その他
　　(4)　具体的な計画
　6　問題への対応
　　(1)　拒否的な対象者への対応
　　(2)　表面的な対象者への対応

(3)　自己中心的，他罰的な対象者への対応
　7　おわりに

(6)　役割交換書簡指導 ……………………………………………198
　1　はじめに
　2　教育内容・方法
　3　導入時の留意点
　　(1)　説明と同意（インフォームド・コンセント）の必要性
　　(2)　自己開示の条件設定
　　(3)　初回（受理）面接から新たな葛藤が判明
　4　ロールレタリングの対象人物
　5　ロールレタリングを実施する際の留意点
　　(1)　書きやすい配慮をする
　　(2)　少年の心の動きを知るように心掛ける
　　(3)　ロールレタリングに書かれた内容や感情を受容する
　　(4)　ロールレタリングの内容については，基本的には指導はしない
　　(5)　心の動き，行動の変容があれば，すぐに行動観察票に記載する
　6　ロールレタリングにおける生と死の自己対決
　　(1)　少年の特質
　　(2)　事件の概要
　　(3)　精神科医の診断
　　(4)　処遇の経過
　　(5)　導入時面接
　　(6)　ロールレタリングの経過
　　(7)　考　察
　7　まとめ

(7)　内　観　指　導 ……………………………………………213

1　内観とは何か
　　　　⑴　内観とは
　　　　⑵　集中内観の実際
　　　　⑶　内観の効果
　　　2　内観の誕生と歴史
　　　　⑴　内観の誕生と発展
　　　　⑵　少年院における歴史
　　　3　少年院における内観指導
　　　　⑴　教育課程上の位置付け及び指導要領の作成
　　　　⑵　少年院における内観指導の実際
　　　4　少年院で実施する上での留意事項
　　　　⑴　実施場所
　　　　⑵　面　接
　　　　⑶　面接者
　　　　⑷　対象者
　　　　⑸　保安上の問題
　　　5　少年院における内観の効果
　　　6　おわりに

2　グループで力をつける
　⑴　SST …………………………………………………………………227
　　　1　目　的
　　　2　教育内容
　　　3　SSTの方法
　　　　⑴　SSTの原則
　　　　⑵　リーダーの心得
　　　　⑶　コ・リーダーについて
　　　　⑷　SSTの基本的順序

⑸　よいSSTの練習課題
　4　指導計画
　　⑴　指導単元・内容
　　⑵　指導案
　5　SSTを成功させるポイントと実践例
　　⑴　SSTを成功させるヒント
　　⑵　実践結果報告例
　6　まとめ

⑵　モラルジレンマ指導 ……………………………………………244
　1　はじめに
　2　モラルジレンマ指導とは
　3　少年院の指導場面において
　4　モラルジレンマ指導の特徴
　5　モラルジレンマ指導の実践
　　⑴　モラルジレンマ教材
　　⑵　モラルジレンマ指導（授業）の構成
　6　まとめ　～　矯正教育におけるモラルジレンマ指導とは

⑶　行事におけるプロセス学習
　その1　運動会 ……………………………………………………259
　1　はじめに
　2　意　義
　　⑴　少年院及び学校における行事のなかでの運動会の位置付け
　　⑵　少年院における運動会の意義と特質
　　⑶　学校行事の研究から
　3　教育内容及び方法
　4　指導計画

⑴　実施要領の策定
　⑵　運動会に至るまでの準備の具体例
　⑶　具体的な計画の作成
　5　実践例
　⑴　運動会における少年指導の実際
　⑵　少年院における運動会運営上の留意事項
　⑶　行事における施設の組織化
　⑷　政策評価の視点
　6　まとめ
　⑴　施設の顔としての行事
　⑵　行事等の各種教育活動への保護者等の参画
　⑶　行事の意義の再確認
　⑷　施設の組織力が問われる行事
　⑸　ショートカットの戒め
　⑹　おわりに

その2　演　劇 …………………………………………280
　1　はじめに
　2　目　的
　3　教育内容及び方法
　4　指導計画
　5　創作オペレッタ実践の内容と方法
　⑴　対象者
　⑵　テーマ設定
　⑶　実践期間と指導形態
　⑷　指導内容と方法
　6　プロセス学習の意義
　⑴　事例～創作オペレッタ

(2)　プロセスにみる少年の変化
　　(3)　職員のかかわり方と果たす役割
　　(4)　個の力とグループの力
　7　まとめ

第2節　複数の指導法を応用した指導
　1　過去を乗り越える指導プログラム
　(1)　薬物乱用防止講座 …………………………………………………306
　　1　はじめに
　　2　薬物非行の動向
　　　(1)　薬物非行の動向
　　　(2)　少年院収容者における薬物関係者の動向
　　3　少年院における薬物乱用防止講座
　　　(1)　少年院における薬物乱用防止教育
　　　(2)　講座形式の指導
　　　(3)　目　的
　　　(4)　対象者
　　　(5)　指導実施時期・指導回数
　　　(6)　指導内容
　　　(7)　指導方法
　　　(8)　指導の実際（指導計画表の例）
　　4　薬物乱用防止講座の課題
　　　(1)　他の指導との連携
　　　(2)　指導目的の再考
　　　(3)　薬害教育について
　　　(4)　集団討議等の活用
　　　(5)　指導職員の確保
　　　(6)　教材の充実

　　　　(7) 効果の検証
　　　　(8) 薬物治療機関等との連携
　　　5 まとめ

　(2) 交通安全指導講座 ……………………………………321
　　　1 はじめに
　　　2 指導の目的
　　　3 交通安全指導の実際
　　　　(1) 教育課程上の位置付け
　　　　(2) 指導の形態等
　　　　(3) 教育内容・教育方法
　　　　(4) 指導計画等作成上の留意点等
　　　4 実践例の概要
　　　　(1) 講座形式をとる実践例
　　　　(2) 継続的な個別指導による実践例
　　　5 おわりに

　(3) 暴走族離脱講座 ………………………………………333
　　　1 はじめに
　　　2 非行少年問題の中の暴走族
　　　　(1) 暴走族の現状
　　　　(2) 少年院入院少年と暴走族
　　　　(3) 暴走族，暴走族問題への社会的なまなざしの変化
　　　3 非行理論と暴走族対策
　　　　(1) 少年非行としての暴走族
　　　　(2) 暴走族少年の特性と指導上の焦点
　　　　(3) 矯正教育と暴走族
　　　4 暴走族離脱講座の実際

⑴　暴走族離脱講座の教育課程における位置
　　⑵　暴走族離脱指導の複雑性
　　⑶　暴走族離脱講座の標準的内容等
　　⑷　指導の実際例とその意義
　5　暴走族離脱講座の今後の展開～総合的な暴走族対策の一環として
　　⑴　保護者に対する働きかけ
　　⑵　交通安全教育から交通教育へ
　　⑶　地域や社会との連携
　6　おわりに

⑷　家族生活適応講座 ……………………………………………………349
　1　はじめに
　2　矯正教育における問題群別指導「家庭」の指導例
　3　家庭を取り扱うプログラムの構成及び実施上の留意点
　　⑴　画一的な結論に導かない
　　⑵　少年によって重点は異なる
　　⑶　少年が取り組める内容を扱う
　　⑷　家族のきずなは，努力して作り上げるものであることを認識させる
　4　講座の構成内容（基礎部分）
　　⑴　家族の社会文化的，生物的役割の学習
　　⑵　自分の家庭の理解
　　⑶　家族の中での対人態度や対人関係の改善
　5　講座の構成内容（家庭の個別的な問題）
　　⑴　ステップファミリーの問題
　　⑵　被虐待経験の克服
　　⑶　家庭内暴力の克服
　6　講座の実施時期

    7　自立について
    8　指導上の留意点と他の指導領域との関係，関連づけ
    ⑴　教材選定に当たっての留意点
    ⑵　他の指導方法との関連づけ
    9　おわりに

⑸　交友関係改善講座 …………………………………………………………366
    1　人間の成長発達と交友関係
    2　少年院在院生における友達観の特徴
    ⑴　交友範囲が極めて狭く，その中で万能感を享受しようとする
    ⑵　服装や髪型といった外見が契機となりやすく，関係形成は機会的，かつ，必然的である
    ⑶　集団構成維持のための強い規範が存在する
    ⑷　価値観を軌道修正する方途がなく，漂流・暴走する傾向が強い
    ⑸　友情と仲間意識の間に区別がない
    3　交友関係指導の留意点
    ⑴　交友関係の実態をよく把握する
    ⑵　少年たちの交友関係を不良交友関係と決めつけない
    ⑶　これまでの交友関係について具体的に考えさせる
    ⑷　院内生活を実践の場と位置付ける
    ⑸　出院後の交友関係について共感的に理解し，具体的に考えさせる
    ⑹　関係機関や保護者と連携する
    ⑺　新しい人間関係の構築に向けた指導を行う
    4　交友関係改善プログラムの実践事例
    ⑴　個別的処遇計画に盛り込みたい指導例
    ⑵　交友関係改善講座の指導事例
    5　交友関係に対する特別な指導（共犯関係にある少年に対する指導）

    6　まとめ

(6)　暴力団離脱講座 …………………………………………………………379
    1　はじめに
    2　暴力団離脱講座の今日的意義
    3　講座の設定
    ⑴　目　標
    ⑵　基本的方針
    ⑶　指導のポイント
    ⑷　指導内容
    4　講座の具体的展開
    ⑴　指導単元の設定
    ⑵　指導の展開
    ⑶　指導上の留意点
    ⑷　具体的指導プログラム
    5　関係機関との連携
    6　まとめ

2　被害者の視点を取り入れた教育 …………………………………………393
    1　はじめに
    2　定義を巡る問題
    3　厳罰化思想と被害者感情
    ⑴　従来の矯正教育のスタンス
    ⑵　少年法改正を巡る課題
    ⑶　被害者等の感情をどう受け止めるべきか
    4　被害者の視点を取り入れた教育の実際
    ⑴　プログラムの基本構造
    ⑵　指導方法

⑶　指導者の役割
　⑷　指導のステップ
　5　被害者感情の理解を促進させる効果的方法
　⑴　被害者等のニーズの的確な把握
　⑵　保護者に対する働きかけの在り方
　6　まとめにかえて

3　新しい生き方を探る指導プログラム
⑴　進路指導講座 ……………………………………………………………410
　1　はじめに
　2　少年院における進路指導の目的
　3　少年院における進路指導の内容・方法
　⑴　課業として行う進路指導
　⑵　保護環境の調整
　4　進路指導講座の具体例
　⑴　進路指導講座の指導計画表
　⑵　進路指導講座実施上の留意事項
　5　今後の進路指導の在り方

⑵　社会生活適応講座 ………………………………………………………424
　1　はじめに
　2　目　的
　3　教育内容
　⑴　社会生活適応講座
　⑵　各種実践活動
　4　教育方法
　⑴　いわゆる「調べ学習」を主体とした方法
　⑵　参加型学習（ワークショップ型授業）

    5　社会生活適応講座指導計画例
　　⑴　教育目標
　　⑵　内　容
　　⑶　指導案例
    6　社会人としての意識を高めさせる実践的教育活動
　　⑴　外部講師による職業講話（職業別進路講座，進路指導講話等）
　　⑵　公共職業安定所（ハローワーク）見学
　　⑶　職業体験実習
　　⑷　外来者，見学者との交流学習
　　⑸　社会奉仕活動
　　⑹　学校訪問（復学調整）
　　⑺　宿泊面会（特別面会，一時帰省など）
    7　まとめ

⑶　育児教育（父親・母親教育）講座 ……………………………439
    1　はじめに
    2　講座の意義・目的
　　⑴　生命尊重
　　⑵　共感性・感受性
　　⑶　ビジョンの設定
    3　講座の実際
　　⑴　男子施設における指導
　　⑵　女子施設における指導
　　⑶　まとめ
    4　成果に表れるもの
　　⑴　生命尊重
　　⑵　他者理解（思いやり）
　　⑶　自己の責任や役割の認識

    5　今後への指標
    ⑴　家庭生活上の役割に応じたプログラムの整理と体系化
    ⑵　指導方法上の工夫
    ⑶　自立自活プログラムとしての方向性
　　6　おわりに

第3節　環境の教育力を活用した指導
　1　学寮の教育力を活かした指導 …………………………………………453
　　1　集団の教育力を活かした指導の導入
　　2　学寮生活
    ⑴　生活の本拠としての学寮
    ⑵　少年と寮担任及び個別担任との関係
    ⑶　少年間の関係
    ⑷　集団の組織化
    ⑸　課題と展望
　　3　役割活動
    ⑴　導入の経緯及び理念
    ⑵　種類及び内容
    ⑶　役割活動と集会
    ⑷　課題と展望
　　4　集会指導
    ⑴　集会の種類
    ⑵　個人の問題性の改善を目指す集会指導
    ⑶　集団の維持向上を目指す集会指導
    ⑷　課題と展望
　　5　少年院における基礎的生活集団の将来

2　家族の教育力を活かした指導 …………………………………………479
　　1　家族の教育力を活かした指導の意義
　　　⑴　非行と保護環境の問題
　　　⑵　矯正教育への家族参加の必要性
　　　⑶　矯正教育の効果を高める家族関係調整
　　2　家族の教育力を活かした指導を効果的に実施するために
　　　⑴　家族と少年の心情をとらえる
　　　⑵　家族療法の観点
　　　⑶　過剰介入の危険性
　　　⑷　保護者への支援
　　3　家族の教育力を活かした指導の実際
　　　⑴　保護者会の実施
　　　⑵　親子合宿（宿泊面会）の実施
　　4　家族関係調整の例
　　5　まとめ

3　自然環境の教育力を活かした指導 ……………………………………499
　　1　はじめに
　　　⑴　自然環境の教育力
　　　⑵　矯正教育の教育環境としての自然環境
　　2　目　的
　　　⑴　一般青少年を対象とした活動の効果
　　　⑵　矯正教育における「自然環境の教育力を活かした指導」の意義
　　3　教育内容
　　　⑴　全体に共通のねらい
　　　⑵　個々の少年の教育目標によって異なるねらい
　　4　教育方法
　　　⑴　教育方法の選択に影響を及ぼす条件

(2)　実施上の留意点
　5　指導計画
　　(1)　ねらいの明確化
　　(2)　一貫したプログラム
　6　実践例
　　(1)　有明高原寮における「自然環境の教育力を活かした指導」
　　(2)　有明高原寮における登山
　　(3)　指導の流れ
　　(4)　指導の一場面
　7　まとめ
　　(1)　指導効果に影響を及ぼす要因
　　(2)　評　価

あとがき ……………………………………………………………513
事項索引 ……………………………………………………………514

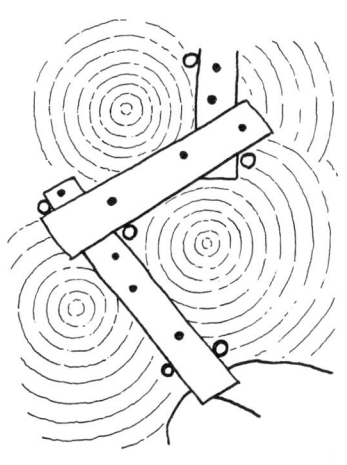

第1章

序　説

序　説

保　木　正　和
（財団法人矯正協会　附属中央研究所）

1　本書の目的

　少年院は，非行少年に対して矯正教育を授ける施設である。それによって，少年が矯正の目的を達成して退院し，あるいは処遇の最高段階に向上して仮退院をして，社会復帰をするための施設である。非行少年の教育・保護の一翼をこのような形で担っている少年院は，その望ましい運営を行うために，少年非行とかかわって少年や児童の処遇を受け持つ警察，検察，家庭裁判所，児童相談所，児童自立支援施設，保護観察所，少年鑑別所，そして，少年刑務所等関係諸機関との連携を図るとともに，学校，地域社会，国や地方，公共や民間の機関・施設等との連絡協調や，関連分野の学会等との交流に努めている。

　この矯正教育の目的や内容は，学校教育や一般教育と共通するもので，社会とともにあるものである。命を大切にする教育，他者を尊重する教育，ものを大事にする教育，約束を守る教育，勤労を尊ぶ教育等は，学校教育においても，社会教育においても，家庭教育においても，そして，矯正教育においても当然に必要なものである。したがって，学校教育やそれ以外の一般教育と基盤を同じくする矯正教育においては，少年院における教育課程の内容として学校教育法に基づく各教科や，職業能力開発促進法に基づく職業訓練などを編成している。

　同時に，矯正教育は非行少年に対して司法判断が関与する保護処分の一つとし

て法務省所管の施設内処遇として行われることから，次のような特色がある。

　第一の特色は，矯正教育の条件に関するものである。これは，少年院が学校教育など他の教育施設とは異なった条件下にあることに因って生ずる事柄であり，この点において配意する必要があることは少なくない。少年院は，一般の学校の場合と違って，少年一人一人が家庭裁判所の審判で決定された都度入院してくることから，入院から出院までの間に公平な処遇が受けられるように，新入時・中間期・出院準備の各教育過程を設定し，これに対応する教育課程を編成し，さらに，個人別に処遇計画を作成して，これを履修して目的を達成したときに退院や仮退院が決定されて出院していくことになっている。矯正教育は，この個別的な教育プロセスにおいて，1日24時間，年間365日の昼夜を通して休みなく，それぞれの少年を収容して安全に生活させ，個別的に必要な矯正教育を意図的，計画的に実施するための諸条件を整備することを要務の一つとしているものである。また，そのようにして整備した条件を維持し，向上させることそのものが，同時に，矯正教育の副次的な目標や内容ともなっている。具体的には，衣食住をはじめとする生活環境や，学習・勤労・余暇・睡眠等も含めた日課の編成等を少年にとっての日常的な教育環境として健全な規律性をもって整えること，そして，これと同時に少年が在院中に，あるいは社会復帰後の生活において望ましい関係や適切な対応を保つことが求められる保護者，関係機関の担当者，援助・協力者，事件の被害者等との関係の在り方といったものを展望的な保護環境として堅実な適応力を少年に付与することである。こうしたことのすべてを安定して保持することが，真の矯正教育を実現する土台になるのである。

　第二の特色は，矯正教育の方法に関するものである。少年院の矯正教育は，その礎に前身の「矯正院」において保護環境に恵まれず生活を崩している少年たちに教育を行う前提として重視された規則正しい生活をさせるための訓育・教化の理念を厳とした伝統として引き継いでおり，これを時代にかなった形にして実施している。このことは生活指導を重視するという矯正教育の基本原理にも通じていることから堅持されているものである。さらに，これを効果的に行うために，教育の方法として個別指導を中心とした方法と集団指導を中心とした方法とを重

視して，両者を有機的に連動させて指導を行っている。これに関しては第2章以降に詳述しているが，この二つの指導方法は，処遇の個別化と分類処遇という矯正処遇の基本原則に沿う教育方法の具体的な態様であり，これを調和的に機能させることが，人格形成の途上にあって非行をした少年に矯正教育を授ける上で，長年の少年院における基本的な指導方法として定着している。

　第三の特色は，矯正教育の責務に関することである。非行があった少年をどのように処遇するかということは，その時代の要請や課題に対応してなされるものである。歴史的な観点からも，その時代の人間観や教育観，あるいは刑事政策上，社会政策上の思潮を反映し，さらには少年処遇の理論や実践は海外の影響を受けて変遷してきた事実がある。これを身近に見てみると，対象の少年への世話，監護，保護，養護，補導，治療，観護，選択，処分，指導，教育等といったさまざまな形で，さまざまな人がかかわりを持っている事実がある。そのかかわり方の立場や視点もまたさまざまであり，例えば，国や地方の司法・行政の関係機関や，民間の団体・組織が多くあり，また，研究や学問の分野も多彩である。すなわち，少年の健全育成や少年の更生については，それを願う保護者をはじめとする直接の関係者から社会の全体に至るまで，多くの人たちがこれにかかわっていると言っても過言ではない。こうした中で，少年院に送致された少年は，非行があったという事実が取り分け重みをもっている。そして，そのほとんどの少年は，非行から回復することを強く期待されて，矯正以外の分野における処遇の総括として，いわば最終的に処遇をするところとしての少年院における矯正教育を受けることになった者である。このように，矯正教育に対する社会からの期待は極めて大きい。しかも，こうした期待の内容は多岐にわたっており，したがって，時にその価値が対立することがあり，あるいは，時にその要請には矛盾するなどのこともある。そうした中で，矯正教育は，少年個人が持っている教育可能性を引き出すように陶冶し，公共の意識との調和の取れた行動ができるように育成することを求められている。

　本書は，少年院という教育の現場で少年たちとの触れ合い，教育の実践を通して苦労を分かち合っている法務教官が，感じ，考え，温めていることについて整

理し，現代における矯正教育の概略を説明したものである。その構成は，まず矯正教育の実践の歴史を概観し，次いで近年の実践を教育課程の展開状況を通して把握し，続いて実践の基礎・基本としている指導方法や指導技術をまとめ，最後に実践に基づいた教育の具体的な方法について検討したものになっている。これらの全体を通して，矯正教育の明日への展望を拓きたいと願っている。

なお，本書には，その前身として「矯正処遇技法ガイドブック　第2分冊　生活指導の技法と実践編（財団法人矯正協会（以下，第4章まで「矯正協会」という。）平成3年）」がある。同書では，生活指導の各技法について，その理論的背景やねらい，その特徴や性格，矯正処遇における沿革等が概論又は基礎的な知識として，また，その基礎的，応用的な方法論等が実施方法又は展開方法としてまとめられている。本書は，これを引き継いで発展させることを念頭においたものである。特に本書の「第4章　教育実践の実際」においては，前書の中核である生活指導の各技法に関して，その発展経過を踏まえて現在から将来に向けての視点で新たな枠組みをつくり，これに各執筆者が，対象少年とその集団に対する矯正教育の現場での指導場面の実際において行っている指導の計画，内容，方法，技術を現場の実践理論としてまとめている。

2　少年院の沿革

人間の社会生活においては，犯罪や非行を，長く統制の対象としてきた。やがて犯罪対策において犯罪や非行という行為そのものから人としての子どもの発見がなされて，非行少年を成人の犯罪者とは区別して処遇をするという考え方が生まれた。さらに，これが発展して青少年を対象とした刑事政策としての教育の発見がなされた。その処遇を施設に収容して行うようになったのは，明治以降のことである。

古来，笞 杖 徒流死であったわが国の刑罰は，明治6年，刑法の前身である改定律令によって，懲役（徒）刑と死刑の二つに改められた。このとき，刑罰のほかに成人と区別して，「懲治監に入れる」という処分が設けられた。後に懲治場と改称されるこの懲治監は，明治5年の監獄則（行刑制度を定めた太政官布告・

太政官達・勅令のこと）第10条に「20歳以下懲役満期に至り悪心未た悛らさる者或は貧寠営生の計なく再ひ悪意を狭むに嫌あるものは獄司之を懇諭して長く此監に留めて営生の業を勉励せしむ」と規定されているもので，明治40年の刑法改正によって廃止されるまで続いている。そして，この「長く此監に留め」や，「営生の業を勉励せしむ」という規定によって，懲治場では今日でいう職業指導や教科教育などが行われたことから，この処分は，教育主義と不定期主義とに立脚する少年矯正の萌芽であるといわれている画期的なものであった。しかしながら，何分にも懲治場は監獄の一種としてその内部にあった施設であったことから，現代の目で見れば教育をする環境としては十分ではなかった。

　こうしたことを契機として，非行少年の教育を充実するための「感化院」を設立する運動が招来する。その最初は，明治16年，大阪市北区空心町に池上雪枝という女性が独力で開設した私立の感化院である。これに続いて，私立の感化院は，明治32年，留岡幸助の家庭学校まで有志篤志家によって7つの設立をみるが，ここでは家族制による教育を中心とした処遇が行われている。明治政府は，こうしたことの背景にあった輿論や社会事業の発展を受けて，明治33年，感化法を制定して，非行少年の処遇を裁判権によっていた司法保護から地方長官権限のもとの行政保護に変え，それまで刑罰の色彩を脱し得なかった処遇を教育訓練を柱とした処遇へと発展させるため，各府県に公立の感化院を設けて，8歳以上16歳未満の不良少年に対する感化教育を行うことにした。この感化院が，後に少年教護院，更に教護院と改称された現在の児童自立支援施設である。

　このような動きの中で，各地の懲治場は，明治35年から成人とは区別した少年だけの収容施設として運営されていくことになる。その中でも，川越と洲本の特設懲治場では，薫育主義にのっとった知育・体育とともに職業教育等も実施し，特に川越の懲治場では，「川越児童保護学校」の表札を掲げ，教科教育や職業教育のほかに，遠足，水泳などの施設外教育も活発に行い，また，洲本の懲治場では，練習船鎮迅号によって船員養成を行うなど，現在から見ても教育的に非常に発展した処遇を実施している。懲治場はこのように感化教育に伍する実績を挙げ，少年行刑の教育思想の萌芽となったが，刑罰思想において監獄に収容する対

象者を純化していくプロセスにあって，明治41年の刑法改正に際し，非行少年の教育については，根本的改革の必要を認めて，近い将来，その特別法を制定することを条件に，この制度は廃止されることになった。また，こうした思潮の流れの中で，府県立感化院の嚆矢として神奈川県立薫育院が明治35年に創設され，明治41年には感化法が改正されて，公立感化院は2府3県5か所，私立感化院は9か所となり，これに続いて，大正8年，国立武蔵野学院の開院をみている。

　さて，非行少年についての特別法は，大正11年，旧少年法と矯正院法として制定された。この少年法は，少年の保護処分だけでなく，少年に関する刑事処分についても規定し，刑法，監獄法並びに刑事訴訟法に関して，特別の規則を設けている。すなわち，少年の年齢は18歳までとし，少年の審判をするために少年審判所をおき，矯正院送致を含む9種類の保護処分ができるとするものであった。

　これに基づいて，翌12年，東京少年審判所と大阪少年審判所が設けられ，同時に東京と大阪に初めて矯正院が誕生した。それが多摩少年院と浪速少年院である。法律の名称は矯正院であったが，施設は，その当時から少年院という名称が用いられた。

　旧少年法は，最初は東京と大阪の少年審判所の管轄区域である東京府，神奈川県と，大阪府，京都府，兵庫県の3府2県にだけ施行されていたが，保護処分の実施地域が拡大されるにつれて矯正院の数も次第に増加し，全国的に実施されるに至った。昭和17年には，東京，大阪のほか，瀬戸少年院（名古屋），福岡少年院（福岡），広島少年院（広島），仙台少年院（仙台）及び北海少年院（札幌）が設置されて，合計7庁になった。

　矯正院は，すべて国立の施設であって，少年審判所から保護処分の一つとして矯正院送致処分を受けた者と旧民法882条の規定（親権者の出願）により入院の許可があった者とを収容するところとされ，その収容年齢は23歳を限度とするものであり，矯正院送致処分を受けた者については，少年審判所の許可を受けて執行目的を達したときには退院させ，また，6か月経過後は条件を指定して仮退院させることができるとするものとなっていた。さらに，矯正院は男女の別に従って施設を設けることになっていたが，実際には男子を収容する施設だけで，女子

を収容する施設は昭和23年まで設置されなかった。

　矯正院における教育はこのようにして始まったが，当時の矯正院の目的は，「在院者には其の性格を矯正する為，厳格なる紀律の下に教養を施し其の生活に必要なる実業を練習せしむ」ことにあって，これを教養として付与することについては，中学校及び実業学校程度以下の学校に準じた教育課程や教科目を定めたり，教科用図書を選定することになっていた。各施設での実際の処遇状況は，学科教育では，対象者の知的能力や学力に応じて学級編成がなされて専門の職員が指導に当たり，また，実業教育では，農業，園芸，木工，印刷などの種目を整備し，それぞれが製作した製品を一般に展覧したり，販売することも行った。さらに，この当時から少年が生活する寮舎における生活指導は教育の根幹をなすものであるという考えから，厳格な規律の下での生活のほか，寮長等の日常生活に関する役割分担を決めるなどの自治的活動も指導されていた。時代を反映して軍事教練も熱心に行われ，「厳格なる紀律のもとにおける薫督」というスローガンのもとに，厳しい躾，訓練が行われ，生活訓練は全般的に軍隊的色彩が強かったと記録されている。矯正院における「教養」については，その実践の展開とともに記録として遺されているものがあるが，その集大成的なものは，浪速少年院第三代院長内丸廉の「少年矯正教育の本質について」（少年法全国施行記念論集　昭和17年）において，性格矯正の教育理念として教育学上の「訓育」の概念を矯正教育の本質とすると述べているところに求められる。

　少年の在院期間は，平均しておおむね2年前後で，今日と比較するとかなり長期であった。

　矯正院の内部組織は，院長の下に，庶務課，第一課（主に学科及び実科教導を担当），第二課（主に紀律薫督の指導及び入・退院の事務を担当）及び第三課（主に衛生及び診察治療を担当）の各課によって編成されていた。

　この当時，少年院や感化院と並んで非行少年の収容保護に携わった機関として，少年保護団体がある。この団体は，9種類の保護処分のうちの一つである「寺院，教会，保護団体又は適当なる者に委託すること」に基づいて運営されたもので，保護処分制度の運用上において重要な役割を果たしていた保護機関であり，

それぞれの設立者の教育理念に基づく特色のある処遇が行われていた。

　なお，これら施設等における処遇には，それぞれの設立理念に基づいて特徴があり，感化院は家庭式，少年院は軍隊式，そして，保護団体は寺子屋式であったとも説明されている。

　昭和18年1月には，太平洋戦争の進行とともに軍国主義的色彩の影響が強くなり，「勤労青少年輔導緊急対策要綱」が閣議決定され，これによって保護処分の運用の基準が変えられることになった。不良性の軽微な者を矯正院や少年保護団体に収容できることとし，これら収容少年に対しては2，3か月の短期間の練成の後，民間の軍需工場へ出業させる短期練成制度が実施された。また，短期練成に適さない非行性の進んだ者は，当時新設されたばかりの仙台少年院に収容することになった。短期錬成を行う少年院では，学科教育はほとんど中止され，矯正院のすべてが軍需工場に改造されて生産作業が行われ，その他の時間は，みそぎ，神社礼拝，精神訓話，体操，軍事教練など精神的・身体的鍛錬を主体としたものとなった。

　この制度は，昭和20年の終戦とともに廃止され，それ以前の処遇が復活したが，この時期には物資の欠乏や食糧難などの世相の混乱もあって，非行少年が激増したことにより施設は多数の収容少年を抱えることとなり，新たな施設として13庁の矯正院が順次設置され，非行少年の処遇や教育の在り方にも大きな変化をもたらした。

　新少年法は，昭和24年に施行された。この新しい法律によって，少年の年齢は20歳に引き上げられ，少年審判所が廃止されて家庭裁判所が設置された。特記すべきは，少年は成人に比較して可塑性があり，性格形成の途上にあるという思潮から専門的な資質の鑑別を審判前に行うところとして少年鑑別所が設けられたことである。また，保護処分の内容も整理されて少年院送致を含む3種類となり，このことに伴って少年保護団体がなくなった。さらに，旧少年法においては検察官が控訴を提起する必要がないと認めた事件を少年審判所に送致していたが，新少年法では家庭裁判所が刑事処分を相当と認めたときには検察官に送致するようになった。

新少年法施行と同時に，少年院を管理運営するための根拠法である矯正院法は少年院法に替わって施行され，これによって，少年院は新たな第一歩を踏み出すこととなった。
　少年院法は，矯正教育の実施の確保と基本的人権を保障する観点から，処遇に関して次のような特色がある。①少年院は矯正教育を授ける施設であるとして，その教育的性格を法文上明記したこと，また，その教育内容として，教科並びに職業の補導，適当な訓練及び医療を規定したこと，②年齢，性別，犯罪的傾向の程度及び心身状況に応じ，初等，中等，特別及び医療の４種類の少年院を設けて，収容分類の原則を明示したこと，③教科教育のうち，特に義務教育の保障を掲げたこと，④収容少年の進歩改善の程度に応じて順次向上した取扱をするなどの段階処遇の制度を導入したことなどである。さらに，家庭裁判所の審判及び少年院の処遇に対して，少年の処遇の個別化と分類処遇に関し，科学的調査に基づいて資質の鑑別を行い，処遇の基礎資料や指針の提供を少年鑑別所が行うことになったことは，新制度の運用上，特筆するに価し，かつ，重要な意義を持つものとなった。
　少年院の内部組織は，院長の下に，次長，庶務課，教務課（実際に少年の教育を担当），分類保護課（少年の入・退院及び分類・調査を担当）及び医務課によって編成されることになった。この組織は，さらに，昭和63年に教育学，心理学，社会学等の高度な知識や経験を有する専門職員が一体となって教育活動を実施できるようにするために，教務課と分類保護課を統合して教育部門とし，首席専門官１名及び複数の統括専門官，専門官等を配置する専門官制度が導入され，同時にこれによって，少年院の教育を新入時期・中間期・出院準備期の３期の教育過程に区分して処遇する体制として再編成を行って今日に至っている。
　ところで，昭和24年，矯正院として設置されていた20庁は新法による少年院となり，新たに８庁が設置された。時は国家体制自体が大きな変革の時代であり，世の中全体も経済も混乱した状況にあって，そうした不安定な社会を反映してその後も収容者数が増加を続けたため，昭和20年代末までに更に28庁が設置されて，全国で合計56庁となった（その後，施設の新設・廃止等を経て，平成18年

1月現在は，53庁（うち分院1）である。）。しかし，施設の多くは少年保護団体の建物や旧軍事施設等を転用したものであったため，物的設備は不十分であり，しかも戦災孤児や浮浪児をはじめ，非行少年の増大に伴う急激な過剰収容や，栄養失調等からくる病気多発等による施設環境の混乱に見舞われる事情も重なり，施設管理運営上の困難な状態が昭和30年代まで続いた。

この間にあっても，昭和20年代半ば以降，職業補導，通信教育，視聴覚教育，篤志面接指導等に関する運用通達が発出されるとともに，教科教育や職業補導に関する新たな試みがなされた。

昭和33年には，「少年院における生活指導の充実について（通達）」が発出された。この通達は，生活指導の位置付けを少年院における矯正教育の基盤をなすものであるとして，その概念と内容を示したものであって，現代においても意義の高いものである。こうしたことを背景や条件として，矯正院以来の伝統的な訓育論の科学化が図られていき，実践面においては，さらに，実験的取組み，治療的技法の導入，小集団理論に基づく各種の活動がなされ，その結実として，一人一人の少年の問題性を類型化して，それら類型化した対象者に対応した処遇を行うことや，そのための効果的な処遇技法を標準化して実施できるように体系化が意図され，それが今日に続いている。

このような少年の矯正教育の目覚しい展開とともに，昭和30年代の後半には，少年院の処遇を一層効果的なものとするため，各少年院ごとに職業訓練，教科教育，体育をそれぞれ重点的に実施する実験少年院の指定，さらに，これに基づく「少年院特殊化構想」への展開があって，少年処遇についての特殊化・専門化の取り組みがなされた。職業訓練の分野では，木工，板金，溶接，電気工事等の種目を実施していたが，これらは，昭和38年から職業訓練法（昭和60年からは職業能力開発促進法となる。）に基づく公共職業訓練として順次正式に認められるようになり，訓練修了者に対しては所管局長名の職業訓練履修証明書が交付され，少年が社会復帰するに際しての大きな資格となって現在に至っている。

昭和40年代後半，新たな展開として，生活指導の領域において「教育訓練類型化構想」が登場し，分類及び分類級別に対応する教育課程の在り方を検討する方

途として「教育訓練要領案」が作成されたが，この構想は，少年非行の動向とともに，当時の少年法改正論議における処遇の多様化のすう勢に対応しつつ，処遇の個別化，類型化の思想を一層具体化し，現行の少年院処遇についての理念基盤を形成することとなる大きな意義があるものであった。また，この時期には，車社会において急増する交通事犯少年に対して短期間で処遇する試みがなされ，さらに，それほど非行性が進んでいない少年に対しては比較的短期間で処遇する試みがなされたことは，その具体的な展開であったといえる。

　昭和52年，「少年院の運営について（依命通達）」が発出された。これは，ややもすると少年の収容期間が１年程度に固定しがちであったことや，処遇内容が画一的になりがちであったことなどに対する懸念から，処遇の個別化，処遇期間の弾力化，各施設における処遇内容の特色化を推進することのほかに，少年院における施設内処遇と仮退院後の保護観察との有機的一体化を図ること，関係機関や地域社会との連絡協調を一層強化することなどを基調とした戦後の少年院の処遇における大きな転換点となるものであった。

　これによって，矯正教育における基本方針の一つである「処遇の個別化」と「分類処遇」を一層徹底するために，収容少年の非行性，資質，処遇上の必要性などに応じて，少年院の処遇を基本的に短期処遇と長期処遇に分け，短期処遇については，これを更に一般短期処遇と交通短期処遇に区分し，また，長期処遇については，生活指導，職業訓練，教科教育，特殊教育及び医療措置の５種類の処遇課程が新たに設けられた。処遇内容・方法に関しては，処遇課程等ごとに基本的処遇計画を作成することとし，また，教育過程を新入時教育・中間期教育・出院準備教育の３期に分かち，それぞれにふさわしい教育内容・方法を発展的・段階的に編成することとした。さらに，個々の少年について個別的処遇計画を作成し，個人別に達成させる必要がある事項を個人別教育目標として定め，この目標を達成するための教育内容・方法を系統的に配置することなどが規定され，体系的な処遇がなされるようになったのである。

　その後，昭和55年には，「少年院における教育課程の編成及びその運用について（通達）」，「少年院成績評価基準について（通達）」及び「個別的処遇計画の運

用について（通知）」が発出され，少年院運営の方針を具体化する矯正教育の標準的枠組みの整備がなされた。少年院の教育課程は，実態としては少年院の歩みとともにあったが，このとき導入された教育学の概念で，初めて「在院者の特性及び教育上の必要性に応じた教育内容を総合的に組織した標準的な教育計画」として定義されて，今日，その展開がなされている。同時に，この基準においては，教育目的の一般性と矯正教育の持つ特殊性を両立させること，さらに，生活指導の特質をどのように教育課程に位置付けるかという作業がなされた内容になっていることなどは，矯正教育の現代史における画期的な出来事であることがうかがえる。また，個別的処遇計画は，個々の在院者ごとに，その特性，教育上の必要性等に基づき，在院する期間のすべてにおける処遇内容等を盛り込んで作成する計画のことであり，矯正教育の実務にとって，この計画（表）は，一人一人の少年を教育するための資料であって，その性格は，教育の計画書であり，実践の記録書であり，実施した報告書であり，内外の部署，機関への橋渡しの連絡文書であると同時に，これに携わる法務教官への実質上の勤務命令書として在るものといえる。

「少年院の運営について」の発出に関連して，いろいろな展開が見られた。具体的な処遇実践の方法に関しては，矯正局長通達「少年院の生活指導技法適正標準化のための計画について」に基づいて作成された指導資料として昭和56，57年に法務省矯正局において「技法別指導手引書」（第一集，第二集）が作成された。その内容項目には，伝統的な個別指導としての作文指導，内省指導，読書指導や，集団指導としての集会指導，役割活動の他，心理劇，カウンセリング，自律訓練法，交流分析等の心理療法の技法，薬物乱用や車にかかわる非行などの問題行動に直接働きかけて非行性の除去を図ろうとする，いわゆる問題群別指導を取り上げている。関係機関との連携では，毎年，高等裁判所管内単位で実施する「家庭裁判所と少年事件関係執行機関との連絡協議会」が，少年院の処遇についての情報を交換する重要な役割を果たすようになり，また，昭和53年には先の個別的処遇計画（表）が，昭和55年には成績経過記録表がそれぞれ関係機関に送付・通知される措置がとられ，さらに，学校との関係では，昭和53年から家庭裁判所主催

の中学校・高等学校との連絡協議会に少年院・少年鑑別所も出席するようになり，そして同じく昭和53年からは，家庭裁判所はじめ関係機関からの出席を得る少年院における事例研究会を毎年開催する態勢が整えられた。

　少年院は，刑事政策と教育福祉の二つの機能を果たすことを志向して，その時代が抱える少年非行の多様化，複雑化等の課題に対応をした運営を行ってきたが，平成年間におけるその具体的な展開としては，まず，平成3年に短期処遇の改善策として，一般短期処遇に教科教育，職業指導及び進路指導の3課程を設置するとともに，交通短期処遇を特修短期処遇に改編し，その対象者の開放的処遇を推進したこと，また，平成5年に長期処遇の改善策として，処遇課程を生活訓練，職業能力，教科教育，特殊教育及び医療措置の課程に再編成したほか，外国人処遇課程を新設し，さらに，資格取得指導や社会復帰準備処遇の充実を図ってきたことが挙げられる。

　さらに，教育課程の通達発出以来16年を経過した平成8年，関係通達は，「少年院における教育課程の編成，実施及び評価の基準について」として改正された。これは，矯正教育の独自性を一層明確にすること，実践としての教育課程の編成方法や実施のための指導計画の明確化を図ること，そして，教育課程の「編成」と「実施」に加えて，「評価」の視点を加えて教育課程についての管理運営を充実させることを目的としたものであった。

　また，翌平成9年には，少年非行の動向において質的な凶悪化，少年の問題性の一層の複雑・多様化が顕著に現れた状況が認められたことに，少年院がより柔軟に対応する体制を整備する観点から，「少年院の運営について（依命通達）」の一部改正が行われ，生活訓練課程の中に，「非行の重大性等により，少年の持つ問題性が極めて複雑・深刻であるため，その矯正と社会復帰を図る上で特別の処遇を必要とする者」に対して，「非行の重大性を深く認識させ，罪障感の覚せいを図るための指導，被害者及びその家族等に謝罪する意識をかん養するための指導を徹底して行う」ことを処遇方針の一つとする処遇課程を設け，その処遇内容の一つとして，「非行の重大性を自ら深く認識させ，被害者及びその家族等に対する謝罪の気持ちを育てるために，生活指導の一環としてのしょく罪指導を積極

的に行う」ことを重視してきている。

　平成12年に見られた，いわゆる「17歳の凶悪事件」は，少年院での矯正教育の対象として少年院収容受刑者を収容処遇することができるように新少年法と少年院法の改正を促し，また，現在は，14歳より更に年齢の低い者の少年院収容や，これに加えて少年院の矯正教育を一層充実させるために保護者教育や，処遇の個別化の推進を法律事項として整備する検討がなされている。

　平成17年4月1日，法務省矯正局内においては組織の改編があって，新少年法，少年院法施行以来少年矯正を担当する少年院の主管課であった「教育課」を主体として，新たに「少年矯正課」が設けられ，総務と医務の業務を除く少年院と少年鑑別所の業務全般を所管することになった。このことは，非行少年の処遇についての現代的課題に先進的に対処する少年院の在り方おいてパイロットの任があるものとして，期待されるところ大なるものに応える体制が整備されたものと考えられる。

3　矯正教育の概念

　「矯正」とは，「欠点をなおし，正しくすること」と一般に解され，そして，「矯正教育」とは「犯罪または非行を犯し，またはそのおそれがある者を矯正し，社会の一員として復帰させる教育」（広辞苑第五版）と理解されているものと思われる。

　本稿の冒頭で，「少年院は，非行少年に対して矯正教育を授ける施設である」と述べた。このことは，「矯正教育」なる用語が，学校教育や社会教育等といった分野，普通教育や義務教育等といった制度，国語教育や技術教育等といった内容などと同じように，何か他に分野や制度や内容などといったものがあって使用されているもので，そのうちの一つを少年院で行うものであるかのように解され得るが，矯正教育そのものは，本来的には刑事政策の行政実務の実際から生まれてきた概念であり，実定法に根拠を置く用語である。すなわち，少年院法第1条（制定時）は，「少年院は，家庭裁判所から保護処分として送致された者を収容し，これに矯正教育を授ける施設とする」として，対象者，実施の場所，目的及

び内容を限定したものになっている。

　矯正教育について，「矯正教育資料　少年院法施行50周年記念　『矯正教育用語ハンドブック』」(法務省矯正局　平成12年3月)では，法律上の概念であることに基づいて，次のように包括的な定義がなされている。以下，引用が少し長くなるが，少年院で現に矯正教育の任に携わっている法務教官の基本的姿勢はここにあると考えられるので，これを紹介する。

　すなわち，「矯正教育（correctional education）」とは，「少年院が保護処分の執行として，在院者を社会生活に適応させるために行う意図的，計画的，組織的な教育活動のこと。矯正教育の歴史は少年院を母体として発展してきたものである。

　広義には，反社会的若しくは非社会的な社会生活上の不適応を示す人の態度，行動に対して，社会適応性を高め，向上（変容）させるための各般の教育的対応を指したり，また，犯罪者や非行少年に対し，刑務所，少年刑務所，少年院及び婦人補導院において行われる教育活動全般を指して用いられる場合もある。

　少年院法は，矯正教育を法律用語として明定し，その第4条に「少年院の矯正教育は，在院者を社会生活に適応させるため，その自覚に訴え，紀律ある生活のもとに，左に掲げる教科並びに職業の補導，適当な訓練及び医療を授けるものとする」と，矯正教育の目的及び教育の内容を規定し，さらに，教科の内容については，少年院の種類によって，学校教育法との関係から具体的な内容をそれぞれ示している。

　矯正教育の方針や指導職員の在り方等については，少年院処遇規則に定められているが，在院者に対する深い人間愛と医学，心理学，教育学，社会学等に基づく人間理解の上に立脚した実践こそが，矯正教育の基盤である。

　少年院における矯正教育の目的は，特殊教育一般がそうであるように，教育の対象が特殊であるという以外に，教育目標や教育内容に特殊性はない。教育基本法に定められる目的と少年院の基本法である少年法の目的，すなわち，少年の健全育成という究極の目的は何ら変わらないものである。

　矯正教育は，生活指導，職業補導，教科教育，保健・体育及び特別活動の五つ

の指導領域に分かれている。このうち，生活指導は，独自の領域を形成するとともに，他の領域における諸活動を深化・統合する矯正教育の中核をなす領域である。矯正教育の課題は，これらの指導領域が有機的に関連し調和のとれた実践を目指すこと，さらには家庭裁判所と少年事件関係の執行機関，教育関係機関，地域社会が一貫性のある連携を保つことにあるといえる【参考・引用：矯正協会矯正図書館資料】。

　さて，土持三郎は，このように「法律上の概念」として把握される矯正教育は，さらに，「実践上の教育的概念」として，また，「教育学における概念」として把握されると説明している（「『矯正教育』概念の形成をめぐって」（矯正教育研究第40巻　日本矯正教育学会　1995年））。

　それを要約すると，まず，「実践上の教育的概念」については，「少年院における矯正教育の実施は，法律・規則の解釈や運用の方針，方法を示す訓令や通達に従って展開されるが，（一方，）法律・規則の示す範囲を超えない限り，対象者の変化に対応しつつ，内容や方法を具体的に改めることが行われる」とし，その一例として「具体的に法律が定める『適当な訓練』が具体的な実践活動を経てその内容を『生活指導』として整えてきた」ことを挙げて説明し，また，「犯罪者処遇に関する事典（「犯罪学事典」（昭和57年　成文社）等）において，矯正教育は法律的な概念のほかに実践的な概念との広狭二義に捉えられている」ことを説明している。法律・行政に基盤を置く矯正教育の発展が，このような実践面における柔軟，かつ，弾力的な展開によって裏打ちされていることは，重要なことである。そして，この「実践上の教育的概念」の具体的な展開は，各少年院の現場における生成的な実践活動や，また，それを行っている法務教官を構成メンバーの中心とする矯正教育研究会や日本矯正教育学会が，矯正教育を研究する組織として発展して矯正行政に寄与している姿に認められる。

　次に，「教育学における概念」については，以下のように要約される。

　①「矯正教育の英訳を『correctional education』とするものとして，この用語が「文部省・学術用語集　心理学編」（昭和61年）で学術用語として登載されている」ことをはじめとして，②「広義には，社会規範からの逸脱者に対し，その

不適応の原因を除去・是正するための教育をいう。これは，本来，学校・社会・家庭のあらゆる教育の場で行われるべきであるが，その場合「矯正教育」という言葉はほとんど用いられていない。狭義には，非行少年や犯罪者に対し，少年院，刑務所・・・等の矯正施設内で行われる教育的活動をさし，最狭義には，少年院で・・・行われている教育を『矯正教育』とよんでいる（「新教育学大事典」平成2年 第一法規）」等を，また，③「『correction, correctional guidance』としているものとして，「世界教育事典」（昭和47年 帝国地方行政学会）」を，さらに，④「ユネスコ原著「障害児教育用語事典」（平成2年 湖南出版 中野善達訳編）では，障害の種類として『少年非行（juvenile delinquency）』があり，障害者として『非行少年』が，施設として『少年裁判所』『矯正教育学級』などがあり，方法として『矯正教育』が掲げられている。そして，その解説は，イギリスでは『correctional education 社会的，経済的なリハビリテーションを行う目的でなされるところの職業指導や，文化，レクリエーション活動』，フランスでは『èducation surveillèe（保護観察教育），法務省管轄下の施設全体で行われている活動を指し，道徳的危機にある青年や非行少年の法的保護や進路指導，教育活動に関わるもの』を言う」と，紹介している。同時に，この観点からの矯正教育の概念については，特殊教育（Special Education），リハビリテーション（Rehabilitation），再適応（réadaptation），再教育（rééducation）などの概念との相当性について，検討する必要があることなどを示唆している。

ここで，用語「矯正教育」のルーツを求めたい。現行の矯正教育が矯正院の教育を継承していること，そして，矯正院に先行して感化院があり，少年の非行に対する感化教育を行ったことは，すでに見てきたとおりである。

本稿において，何回も使用してきた「矯正」という用語は，「感化」とともに古くから日常用語として用いられてきたものである。これに関連して，犯罪，非行のあった者に対する処遇に関する用語を，「少年矯正の近代的展開」（矯正協会1984年）によって辿っていくと，「懲治」，「矯正帰善」，「感化矯正」及び「懲矯」が，規則や論文において見られる。

また，明治21年，その趣意書に目的の一つとして「不良少年感化事業を奨励す

る事」を掲げた大日本監獄協会（現矯正協会の前身）が創立されるが、その主幹宇川盛三郎は、「監獄論」（明治20年）において、未成年不良少年に対する教育の必要性について、「これらの者のために矯正院を設くることになっております。この矯正院と言ふのは未丁年者の監獄と云う意味で之を矯正院と言はうが、矯正監獄と言はうが、或ひは俗に世間で唱える所の感化院と言はうが・・・」と述べて、「矯正院」という用語を用い、特設懲治場や感化院とは異なる非行少年収容処遇施設を想定していたことが特記される。

　旧少年法及び矯正院法が施行された大正12年、初代国立感化院長の菊池俊諦は、「感化教育」（教育研究會）を著しているが、これは「第一章　兒童保護施設としての感化教育の地位」、「第二章　感化教育に關する思想の変遷」、「第三章　感化教育の内容」及び「第四章　感化教育の充實」からなるもので、ここにおいて感化教育の体系化、概念化が試みられている。同書には、第四章に続いて「附録」があって、それは、「一　感化法と少年法に就いて（感化教育第二号）」、「二　感化教育に於ける學級問題（感化教育第一号）」及び「三　感化教育と宗教（教育学術界宗教々育研究）」で構成されているが、この「一　感化法と少年法に就いて」において、「序言、理想と主義、感化法と少年法の理想並主義、兩法の對立、縱的階段と横的階段、感化教育と矯正教育、感化法並少年法の運用、國立感化院と府縣立感化院」の順で論述が展開される中で、初めて「矯正教育」という用語が使用されている。

　これは、この著者によって体系化した感化教育の概念をもって、まさに誕生の直後の時期にあった矯正院における「教養」の展開の在り方について推論したものと考えられるが、このことは「感化教育」に対比する「矯正教育」における矯正院の目的を説明したものとして、教育の歴史上極めて意義の深いものがあると思われる。

　その骨子とするところは、「感化教育と矯正教育とは、児童少年の生活の保護充實を圖ること、即ち感化遷善に依りて、児童少年の人格的自由を擁護するといふ點に於ては同一であるが、之を實現する主義に於て、非常に相違するのである。感化教育は比較的自由を標榜する家庭的愛の教育であるが、矯正教育は所謂嚴格

なる紀律を要求する比較的強制教育である。感化教育は其形式よりすれば，社會行政に屬する社會保護であるが，其實質よりすれば教育保護とも云ふべき狀態に於てあるのであるが，矯正教育は刑事政策に立脚した司法保護に屬するのである。其教育的要素は之を少年刑務所に比較すれば非常に濃厚なるものが存することは明白なれども，更に感化教育と比較すれば非常に其趣を異にすることは是亦明瞭である。從って感化教育と矯正教育との間には，幾多の接觸點の存することは明らかなれど，矯正教育を以て感化教育の延長であると斷定することは困難であらうと信ず（「前掲書附録」20〜21頁）」という理念である。

　通覧してきたことから分かるように，矯正教育の概念を把握することや，その形成過程を理解するには，以上のような歴史のプロセスを踏まえる必要があると思われる。矯正院における教育実践が矯正教育として形成されて今日の少年院の教育が在ることについては，元来，「教養」とされていたものが「矯正教育」として発展してきた経過と展望において，少年院の矯正教育には，単に施設収容教育という枠組を超えた将来的な期待を担っているものであるという使命が込められている。法務教官の一人一人に，「矯正教育にはこのようなルーツがある」という自覚が求められているものと思われる。

4　本書の構成

　本稿のむすびに，本書全体の構成と流れを目次に沿って概観し，導入としての参考に供したい。

　この章に続く第2章は，「少年院における実践教育課程の展開」である。少年院においては，意図的，計画的な教育を行うために，在院少年の特性，教育上の必要性に応じた教育内容を総合的に組織した標準的な教育計画として教育課程を編成し，運用している。本章は，このことについて，教育現場である少年院において教育課程を編成し，実施し，そして評価を実際に行っている実践状況を紹介したものである。この教育課程を適切に運営するために必要な内容や条件としての基本的な原理・原則は多い。それらを整理し，さらに，具体的に展開している年間計画，月間計画，日課の意義を確認し，加えて施設立地や教育環境の重要性

を点検するなど，少年院運営の有機性について説明して，本書の全体像を具体的にイメージする役割を果たしている。

次の第3章「矯正教育における授業実践」は，「授業の組立てと展開」と「教え方の基礎と応用」とで構成されている。授業は教育の"土壌"であり，教え方は教育の"生命"である。このことは，あらゆる教育の場で言えることであり，少年院においてもその意義は変わることはない。非行少年と向き合う法務教官の技能には，矯正院以来今日まで80年の歴史の中で感性や情緒が培われ，それが自然に身に付き，受け継がれてきたを含むものも多いが，それを理論的に解明し，矯正教育を発展させていくことは今後とも大事なことである。こうしたことについて，最近の教材研究や研究授業の成果も取り入れて，少年院で行っている各指導種目の授業における指導技術の整理を行っている。

最後の第4章「教育実践の実際」は，課業として行っている教育内容や，それに対応する教育方法を具体的な主題名として，その実践状況をまとめたものである。取り上げたそれぞれの主題は，少年院における教育課程を構成する5つの指導領域である生活指導，職業補導，教科教育，保健・体育及び特別活動の中で，主に生活指導と特別活動の細目内容として実施しているものである。

この章の構成は，「基本的な指導法による指導」，「複数の指導法を応用した指導」及び「環境の教育力を活用した指導」の3節から成っている。

第1節の「基本的な指導法による指導」は，法務教官一人一人に求められる基礎的な指導力，あるいは，法務教官の基本的な技量として体得する必要がある指導のための土台に視点をおいて，教育，指導の内容，方法についてまとめたものである。その構成は，「一人一人に向き合う」こと，すなわち，個別的な指導方法から7つの内容及び方法を，そして，「グループで力をつける」こと，すなわち，集団的な指導方法から3つの内容及び方法を取り上げたものとなっている。これらは，少年院においては，毎時，毎日，毎夜の教育実践の中で展開されているものであり，矯正教育の基本的な内容及び方法として定着しているものである。同時に，指導者である法務教官にとっては少年の心をつかむコツ（骨）や，少年や集団の問題を把握するカン（勘），あるいは具体的な指導の方向性を見つ

けて働きかけるセンスといったもの磨くものであって，長年の経験の中でこれを身に付け，指導に活かしている法務教官は多い。このことを矯正教育の実践理論によって裏づける方法として高めていくことが，今，少年院に求められている課題である。

　まず「1」の「一人一人に向き合う」においては，個々の少年対教官というかかわりを大切にして指導する方法を取り上げている。

　少年との個別の関係や場面で行う「個別面接」は，少年院における重要で，基本的な指導方法の一つである。この指導としての面接は，すべての少年に対して，日常的に行っているものであるが，その性格はいわゆる心理療法としてのカウンセリングとは異なるもので，少年の心をつかみ，問題を把握して，その少年に必要な具体的な指導の方向性を見つけるためのものである。また，少年と職員との文章による対話である「日記指導」は，生活指導領域における基本的で，不可欠な指導方法であり，これを出発点として他の指導領域に発展させることが可能な方法であって，すべての少年院で行っている。「作文指導」においても，長い伝統と実績がある。生活文，感想文，意見文などで見たこと，感じたこと，考えたことを文章によって素直に表現してよりよい考え方や感性を育て，また，内容的な価値を深めさせ，これをまとめるという過程において生活に自主的，建設的に取り組んでいくという大きな教育効果が認められている。さらに，読書をとおして行動，態度の変容や人間形成を図ろうとする「読書指導」は，自由読書，課題読書，読書日記，読書感想文等を個別的な指導方法として，また，読書会，読書感想文発表会等を集団的な指導方法として活発に実施している。少年院における「内省指導」は，基礎的生活集団としての寮集団から一時的に離れて，一定期間の個室（寮）での生活によって，自分の問題性を直視させ，それを通して内面化させるための指導のことである。この指導には，入院時に作成する一人一人の少年ごとに，その特性，教育の必要性などに基づいて，予定される全在院期間に行う処遇内容等を設定した個別的処遇計画によって課題として取り組むもの，あるいは問題が発生し，これを確認することを契機として取り組む臨機応変の指導としているものなどさまざまな端緒と目的があり，また，その内容や進度を見るた

めに作文を課したり，さらに，ものごとを考えるきっかけとして読書を課したりすることもある。「役割交換書簡指導」は，手紙を媒介として自己と他者との役割交換を行うことによって，自己洞察へと導く方法である。人吉農芸学院の処遇実践の中から生まれたこの指導方法を取り入れている少年院は多い。本人の人格形成に最も深くかかわった人を手紙の対象とするものであることから，保護関係調整の指導から被害者の心情を理解させる指導まで，広く応用される指導方法である。さらに，自分の生育史上重要な人々との物心ついたころから現在に至るまでの関係を詳細に想い起こさせることで，家族をはじめとする周囲の多くの人々によって自分が支えられて生きてきたことに気づかせる人格修養法の一つといわれる「内観指導」は，多くの少年院で教育的な方法に構成されて地道に実践されている。

　次に，「2」の「グループで力をつける」では，「一人一人に向き合う」に対するものとして，小集団の相互作用による教育効果を期待しながら，切磋琢磨，協調協力によってお互いを高め合うようにする指導法を取り上げている。後述の「学寮の力を活かした指導」と，この「グループで力をつける」との方法の差異は微妙であるが，前者は，その場にある教育力を活かすために教育力のある集団をつくるところに主眼があるのに比して，後者は，そういった教育力が基盤として形成されていることを前提にして，そこにあるものの上に更にもう一段進んだものを積み上げようというものであると，分けて考えることができる。もちろん，この後者によってもまた，集団の成長や向上という効果が得られることは言うまでもないことである。その一つの形である「プロセス学習」のような取組みは，集団作りの一手法であると考えられる。これの内容及び方法として，「SST」，「モラルジレンマ指導」及び「行事におけるプロセス学習」を取り上げている。「SST」は，多くの少年院から実践についての学会発表等があって，その名称，内容，方法の基盤は定着している。「モラルジレンマ指導」は，奈良少年院，岡山少年院，和泉学園等での先駆的実践例がある。これは一種の事例研究法とも考えられ，事例文をもとに集団討議を行う方式であるので，今後，多くの少年院で実施することが可能な指導方法であると考えられる。

「行事におけるプロセス学習」として，多くの行事の中から「運動会」と「演劇」を取り上げている。行事は，少年院における教育課程の中で特別活動の指導領域における細目の一つとされており，その教育内容には，少年院全体又は教育課程の各期別に行う儀式的，学芸的，体育的，保健・安全的及び勤労生産的行事がある。本書では，その準備の段階を大切にするプロセス学習として，「運動会」についての多摩少年院の例と，「演劇」についての青葉女子学園の例を見るが，これらは長期間にわたっての準備を積み重ねていく行事としての典型をなしている。全国の少年院では，この他にも多くの種類の行事においてプロセス学習の形態が見られる。行事の完成に向けては，少なくとも1か月以上の期間にわたって，少年一人一人について，また，そのプロセス自体においても必要な目標を設定しながら，しかも総合的な目標をも追及するというものでは，集団指導の一つの方法として実に重要な教育方法である。このプロセスには，一人一人の可能性を少年からどう引き出し，どう育てていくか，また，個と集団のかかわり方をどのように成長させていくか，さらに，職員をその目的に向かってどのように組織し，機能させていくかといったことがあり，このテーマの中で重要な視点となっている。

　第2節の「複数の指導法を応用した指導」では，少年の社会復帰に直接的に焦点をあて，講座の形をとって実施している指導方法を取り上げている。

　この内容は，最初に「1」として，反省を深めつつ，それぞれが抱える問題行動や短所等を修正，解決，克服していくための知識，方法を学習し，それらに必要な態度を身に付けることをねらいとしている「過去を乗り越える指導プログラム」を取り上げている。ここでのプログラムは，問題行動等に応じた指導方法として全体を総括するものであるが，子細に分けると，「薬物乱用防止・交通安全指導・暴走族離脱」の各講座は，非行の外面（行動面）に対する指導であり，また，「家族生活適応・交友関係改善・暴力団離脱」の各講座は，非行の内面（要因面）に対する指導として，それぞれ基礎的な指導法を必要に応じていくつか組み合わせて，応用的，複合的に行っているものである。

　次に「2」として，「被害者の視点を取り入れた教育」について，その現状を

紹介している。少年院に入院することとなった自らの非行について，その責任の果たし方について教育することもこの分野の重要なプログラムである。少年の非行による被害者の苦しみについて，少年院がどのようなかかわりを果たすことができるかということを考えると，現に少年院にいる加害者である少年に処遇を通して被害者の心情を理解させ，このことをもとにした責任の果たし方について，真摯な意識を持たせることが要請されていると考えられる。各少年院では，これを矯正教育の今日的な課題の指導分野として行っている。この指導は，個別的な指導方法によって入院から出院までの期間にわたって行うことを原則としているが，その間に適宜な集中指導をはさみ，さらに，在院少年全員に対する全体的，あるいは一斉的な指導の計画的なプログラムを用意しており，臨時，即応的な指導も行っている。

　ところで，本書では割愛しているが，青少年に対する指導における根幹的な内容の一つに，性に関する指導がある。この指導は，人間の生き方の深層に触れる，避けて通ることのできない課題で，その領域は広い。ことに少年院の対象者は，このことに最も敏感な思春期あるいは青年期前期の年齢層にあること，収容されて教育を受ける集団生活のもとにあることの条件があり，そして，その一部には性非行自体で，あるいは性の被害者として矯正教育を受けている者がいる。こうしたことから，少年院においては，従前からこの課題や問題に個別指導や問題群別指導，あるいは本書にある被害者の視点を取り入れた教育や育児教育（父親・母親教育）講座等で対応してきたが，これらの内容と方法は，全人格教育を行う対象者が，その人格を形成している途上にある者として位置付けていることによるものであり，これを総合的に整理した指導体系にするには，関係分野で考究されている科学的な知見に沿いながら，多くの少年院で多様に行われている指導方法の整理と見直しが行われて，その成果が得られるものと考える。

　次に「3」として，社会復帰を目指すための知識の付与，態度の養成などをねらいとして行っている指導を「新しい生き方を探る指導プログラム」として取り上げて説明をしている。その具体的な主題には，職業補導の内容として出発し，現在は生活指導の領域に位置付けて展開している「進路指導講座」，社会人，職

業人としての基礎知識，マナーなどを身に付けさせる指導を主に出院準備教育として行っている「社会生活適応講座」，そして，男子の少年院における育児・性教育，女子の少年院における母性教育・性教育などを内容とする「育児教育（父親・母親教育）講座」の三つがある。

本章最後の第3節では，「環境の教育力を活用した指導」を取り上げている。

矯正教育における教育環境は，少年院がシステムとして機能するための教育課程に必要な基盤として在るものであり，その内容には少年院を取り巻く自然環境及び社会環境，指導者である法務教官をはじめとする人的環境等々があって，それらが基盤としてあること，あるいは確立していることによって，教育課程はよりよく機能する。

これを学寮，家族及び自然の観点からの整理を試みたものが，本節である。

少年院の教育は集団を基盤として行われており，その中核は，夜間・休日の生活の場である学寮（寮舎）にある。その学寮は，入院直後の調査，個別的な指導，病気休養，懲戒の執行などに必要な個室だけの寮舎と，20人ないし30人を収容する集団寮から構成されており，この学寮集団が基礎的な生活集団として少年院教育の拠点となっている。すなわち，学寮は，組織された生活環境として，また，教育機能の本体として育くんでいかなければならないものである。教育環境としての寮のたたずまいを向上させるための寮作りの取組みにおいて，これに適切な指導がなされないと，これまで生活してきた社会でのマイナス面そのままの不良文化に繋がって，不健全な，あるいは病理的な集団になりがちであることを，少年院は経験してきている。

しかし，適切な指導がされて教育の土壌ができていれば，その集団は自主的に活動をすることになる。そこに係を組織して行う役割活動という種を蒔くと，その活動を通して，一人一人の少年が社会適応力という実りを身に付けていく。集会指導は，この活動を含む集団の教育力を伸ばすものとして不可欠なものであり，これらが両輪となって機能するものであることなどを「学寮の教育力を活かした指導」において，説明を行っている。

また，あらゆる教育の原点は家庭にあると考えられているが，近年においては

この家庭という教育の基盤に揺るぎが生じてきて、少年の非行や問題行動の背景に親子の在り方に問題があったり、あるいは親の養育態度にその遠因があったりする場合が少なくない。この面の手当てとして保護者と協力して矯正教育に当たっていること、それによって親子関係の再生、再構築や、家庭の機能の活性化を図っている状況を「家族の教育力を活かした指導」で説明している。

　最後に、矯正教育全体を展望したときに、環境の持つ教育力の一つとして、生きとし生ける物を育む自然環境の持つ、いわば偉大で、無言の教育力が重要な位置付けとなることを確認する。これを「自然環境の教育力を活かした指導」において、有明高原寮の登山を中心にして、まとめている。

　以上の本書の各主題は、それを受け持った執筆者が、少年院の教育の現場で経験し、考え、実践し、そしてまた考え、一人では行き詰まったときに同僚と話し合い、それに勇気を得てまた実践した積重ねのいくつかについて、整理をし、まとめたものである。

　少年院では矯正教育に関心をもっていただいている多くの方々から教育内容や、その方法の面において直接に助言指導をいただいています。本書の作成において、「第4章、第1節の2」における「SST」については、ルーテル学院大学大学院人間福祉学研究科前田ケイ教授に、また、「モラルジレンマ指導」については、神戸親和女子大学文学部児童教育学科荒木紀幸教授に、それぞれ執筆者の実践及び研究に対しての助言指導をいただきましたことを深く感謝申し上げます。

　子どもは、次代を背負うかけがえのない存在である。したがって、青少年が道を踏み外さず社会の一員として成長することに関して、大人である国民の関心は極めて高い。その若者たちを健全に育成するための施設である少年院は、80年余の歴史を踏まえて、そこにおける具体的な展開が更に有効な展開を生んでいく矯正教育の実践の現場として在りたい。

参　考　文　献

⑴　犯罪白書（昭和34年版～平成17年版）法務総合研究所
⑵　副島和穂『矯正教育序説』未知谷　1997

少年院の歩み

明治5年	(1872)	「監獄則」の頒布　懲治監制度の導入
明治13年	(1880)	旧「刑法」の公布（刑事責任年齢制定）
		懲治監の名称を「懲治場」に改称
明治16年	(1883)	私立池上感化院の誕生
明治33年	(1900)	「感化法」の公布（感化院の設置）
明治35年	(1902)	懲治場が幼年監（特別監）として独立
明治40年	(1907)	刑法の改正
明治41年	(1908)	「監獄法」の制定　感化法の一部を改正する法律の公布
大正6年	(1917)	「国立感化院令」の公布
大正8年	(1919)	国立感化院武蔵野学院の開院
大正11年	(1922)	監獄官制の改正（監獄の名称を「刑務所」に改称）
		少年刑務所の誕生
大正12年	(1923)	旧「少年法」及び「矯正院法」の施行　「矯正院処遇規程」の施行
		東京少年審判所・大阪少年審判所，多摩少年院・浪速少年院の開始
大正14年	(1925)	第1回少年審判所長・矯正院長協議会開催
昭和9年	(1934)	「少年教護法」の施行（感化院の名称を「少年教護院」に改称）
		名古屋少年審判所，瀬戸少年院の開始
昭和13年	(1938)	福岡少年審判所，福岡少年院の開始
昭和16年	(1941)	広島少年審判所，広島少年院の開始
昭和17年	(1942)	仙台少年審判所・札幌少年審判所，仙台少年院・北海少年院の開始
		保護処分の全国的な施行
昭和18年	(1943)	「勤労青年輔導緊急対策要綱」の閣議決定　矯正院，少年保護団体における短期練成実施

昭和23年（1948）	「児童福祉法」の施行（少年教護院の名称を「教護院」に改称） 法務庁の発足　少年保護所・少年鑑別所49庁設置
昭和24年（1949）	新「少年法」及び「少年院法」の施行 法務庁の名称を「法務府」に改称 「少年観護所及び少年鑑別所処遇規則（庁令）」及び「少年院処遇規則（府令）」の公布　「少年院職業補導基準（通牒）」の制定
昭和25年（1950）	少年院に分類保護課設置 少年保護所と少年鑑別所を統合して「少年保護鑑別所」に改称 「少年健康管理規程（訓令）」の制定
昭和26年（1951）	少年非行第1のピーク（少年院の一日平均収容人員　8,229人） 「一般少年鑑別規則（府令）」の施行
昭和27年（1952）	教科教育実験施設（千葉星華学院・赤城少年院）の指定 法務府の名称を「法務省」に改称 少年保護鑑別所の名称を「少年鑑別所」に改称
昭和28年（1953）	篤志面接委員制度の発足
昭和30年（1955）	少年法の一部改正，手錠の使用要綱・逃走少年の連戻し，死亡手当金等制定
昭和32年（1957）	「少年院職業補導技能標準並びに少年院職業補導設置基準（通達）」の制定
昭和33年（1958）	「少年院における生活指導の充実について（通達）」の発出 和泉少年院で短期処遇の開始
昭和34年（1959）	職業訓練法の施行
昭和35年（1960）	国立教護院きぬ川学院（女子）の開院
昭和39年（1964）	少年非行第2のピーク（少年院の一日平均収容人員　8,939人） 「矯正教育研究会（現日本矯正教育学会）」が全国組織として発足
昭和40年（1965）	少年院に職業補導・教科教育，少年鑑別所に資質鑑別・行動観

		察の矯正専門職の設置，
昭和44年	（1969）	少年院に生活指導の矯正専門職の設置 松山少年院で交通短期処遇開始
昭和45年	（1970）	和泉少年院で通勤制院外委嘱職業補導の開始
昭和50年	（1975）	「家庭裁判所と少年事件関係執行機関との連絡協議会」を全国的規模で開催
昭和51年	（1976）	「少年院運営の改善について（通達）」の発出
昭和52年	（1977）	「少年院の運営について（依命通達）」の発出
昭和53年	（1978）	「少年院における事例研究会」の開始
昭和55年	（1980）	「少年院における教育課程の編成及びその運用について（通達）」，「少年院成績評価基準について（通達）」及び「個別的処遇計画の運用について（通知）」の発出
昭和58年	（1983）	少年非行第3のピーク（少年院の一日平均収容人員　4,188人）
昭和60年	（1985）	「少年矯正施設における集団行動指導基準の制定について（通知）」の制定
昭和63年	（1988）	少年院の教務課及び分類保護課並びに少年鑑別所の観護課及び鑑別課を廃止し，首席専門官及び統括専門官の設置
平成元年	（1989）	法務教官採用試験制度の発足
平成3年	（1991）	短期処遇の改善策の実施 「収容鑑別の基準について（通達）」の発出
平成4年	（1992）	短期処遇を実施する少年院の名称を少年院から「学園」等へ変更
平成5年	（1993）	長期処遇の改善施策の実施
平成6年	（1994）	児童の権利に関する条約の公布
平成7年	（1995）	「深刻ないじめ事案への対応について（通達）」の発出
平成8年	（1996）	「少年院における教育課程の編成，実施及び評価の基準について（通達）」の発出
平成9年	（1997）	少年院に重大な非行等に対応した処遇コースの新設

	「児童福祉法」の改正（教護院の名称を「児童自立支援施設」に改称）
平成10年（1998）	法務省矯正局教育課に少年教育企画官の設置
平成11年（1999）	多摩少年院ほかに教育調査官の設置
平成12年（2000）	いわゆる「17歳の凶悪事件」続発
平成13年（2001）	改正「少年法」の施行
平成16年（2004）	少年法改正についての諮問
平成17年（2005）	法務省矯正局の組織再編による少年矯正課の新設

第2章

少年院における
実践教育課程の展開

少年院における
実践教育課程の展開

林　和　治
（法務省矯正局少年矯正課）

1　教育課程に基づく教育

(1)　教育課程の基準となるもの

　　教育課程とは，一般的に言えば教育や訓練を行う組織・機関等が，その内容・方法等を組み立てたプログラムのまとまりのことである。教育目標に向かって，どのような内容をどのような手順で，いかなる方法を用いて教えるか，それは学校教育に限らず社会教育・生涯教育の領域のさまざまな講座，稽古事等においても，また公私の別を問わず，「教育課程」という表現がなされているか否かは別として広く用いられている考え方であり，また，その形態も多様である。

　　少年院における教育課程については，昭和52年に発出された矯正局長依命通達「少年院の運営について」（以下「少年院運営通達」という。）において，個別的処遇計画を効果的に実施するため設けられた処遇課程に応じて所定の様式に従って「基本的処遇計画」を作成するとされ，続く昭和55年の矯正局長通達「少年院における教育課程の編成及び運用について」において，この「基本的処遇計画」を作成するに当たって，「在院者の特性及び教育上の必要性に応じた教育内容を総合的に組織した標準的な教育計画」として「教育課程」を編成するとされた。こうして教育課程の制度化の嚆矢が放たれるまでには，第1章

において詳述されているように，監督官庁と現場とが一体となった施策の積み重ねと，教育学をはじめとする諸科学の成果を取り入れた矯正教育の実践・研究の歴史があった。

　少年院において教育課程に基づいて意図的，計画的な教育を行うという体制を確立し定着させたこの通達は，一般短期処遇，特修短期処遇及び長期処遇という処遇の区分に従って設置された処遇課程及びその細分（以下「処遇課程等」という。なお，処遇課程が設置されておらず，1つのコースしかない特修短期処遇を含む。）の一層の特色化を推進することを趣旨とし，その後数次にわたって部分改正が行われた。そして平成8年，定期的に教育課程を「評価」するという視点を明確にした大幅な改正が行われ，矯正局長通達「少年院における教育課程の編成，運用及びその評価の基準について」（以下「教育課程通達」という。）となって今日に至っている。この教育課程通達は，教育課程の編成，実施及び評価という三本の柱を立ててそれぞれの方針及び方法を示し，各施設はこの通達に定める事項に沿って，それぞれの処遇課程等に教育課程を編成し，実施し，そして評価するという，いわゆる「Plan－Do－Check（See）」というサイクルの形で矯正教育が展開される構造となっている。

　わが国の教育の根本を定める教育基本法によって掲げられている「心身ともに健康な国民の育成を期し」という目標と，刑事政策の一翼を担うものとしての少年法の掲げる「少年の健全な育成を期し」という目標とは，基本的には軌を一にしていると考えられる。矯正教育は，その対象者の特殊性に即した方法により，その教育的ニーズに応じた働きかけを通じて行う教育であり，広義においてとらえるならば，特殊教育の一領域を構成するものと位置付けられよう。さらに，矯正教育は学校教育ほかの教育一般と同様の成果が期待され，国民からは同様の深い関心が寄せられているところでもある。その充実と発展を期して矯正教育において用いられる概念もまた，広く教育一般に通底するものでなくてはならない。そこに，教育学一般の知見を活用しつつ，併せて領域に独自の視点を明らかにして矯正教育を論じていく必要性があるものと考えられる。

ところで，教育課程をめぐるこの仕組みの中には，大きく分けて二つの階層を見出すことができる。つまり教育の具体的な姿は，教育の現場において教育を「授ける」者と教育を「受ける」者，学習する者と学習を指導する者とが出会う場であるところの「授業」という形において表れるが，そこには授業そのものの計画である授業案あるいは指導案と，その前提となる教育課程がある。その教育課程は通例，教育の主体によって編成されるが，矯正教育の場合はその編成主体が少年院であり，その編成の基準は，上述の教育課程通達である。そこで，その教育課程通達を「基準教育課程」と呼び，その基準に基づいて教育活動が実際に展開される各教育現場で編成される実践に直結した教育課程を「実践教育課程」と呼ぶこととする。

基準教育課程はその基準性によって，教育主体（ここでは少年院）ごとに編成される教育課程と，それに基づいて行われる教育の実践についての較差を調整する機能を持っている。それは教育学，心理学等，広く人間をめぐる諸科学の成果を取り入れつつ，少年矯正における実践の積み重ねの中から，いわば緯と経の組み合わせの如くに，少年一人一人の成長と発達を促し円滑な社会復帰に向けて少年個々の特性と教育的必要性に対応して有効と考えられる非行少年への対応の手立てを，教育の現場である少年院に対して提示するものである。他方，実践教育課程は，これを受けて教育活動の行われる施設の具体的な対象者の心身の発達段階や特性，その地域や施設の実態等について十分考慮して，活きた教育を展開するため，その教育の実践の現場で編成されるものである。

(2) 矯正教育における教育課程

各少年院は基準教育課程である教育課程通達に沿う形で，それぞれの施設に設置された処遇課程に教育課程（実践教育課程）を編成する。教育課程通達は，その総則に「少年院における意図的，計画的な教育を行う体制を確立し，一般短期処遇の処遇課程，特修短期処遇及び長期処遇の処遇課程の一層の特色化を推進するため，教育課程の編成，実施及び評価の基準について定める」としているところである（傍点筆者。以下同じ。）。

ところで，上述のとおり一般教育と特殊教育としての矯正教育の特質とを考

えてみると，教育の目的とするところにおいて両者は共通するものであると考えられるが，対象者が特殊な条件下にあること，すなわち家庭裁判所における審判において，保護処分の一つとして少年院送致の決定を受けた者であり，少年院はその者を「収容して，これに矯正教育を授ける」施設であること，すなわちその「収容」というところに，学校教育とは根本的に異なる特徴を有していると考えられる。その対象者は犯罪・非行に陥った，あるいはその虞が強いと判断されたことを前提として審判の結果少年院送致になった者であるという条件があり，特殊教育としての矯正教育はこのことから来る対象者の「特別な教育的ニーズ」に対応して，その具体的な目標の形や教育方法が固有のものであるとして行われてきている。教育課程のなかで具体的に教育内容・方法を選定し配列することにおいて，矯正教育の特殊性，固有の性格が明らかになっているのである。なお，従来の，障害のある児童生徒等に対する教育として学校教育法に定められていた「特殊教育」は，「一人一人のニーズに対応した教育」を推進するため，近年新たに「特別支援教育」と位置付けられていることにも注目しておきたい。

　少年院における教育の総論的な特質については前章の冒頭においても述べられているところであるが，ここで，教育課程の編成，実施及び評価をめぐる主たる特色について述べてみることとしたい。

　第一に，教育課程の編成と実施における連続性と反復性という特色である。少年院における教育課程は，形としては入院から出院までを一つの流れ一まとめとして編成されるが，その実施に当たっては，一定の時期に始まり一定の時期に終了するということがなく，ひとたび動き始めると年度や暦年の区切りに関わらず，遂行され続ける回転運動のように進行される。家庭裁判所の審判を経て逐次その中に入院してくる少年が編入され続けることで，新入時教育過程，中間期教育過程，出院準備教育過程のそれぞれの教育活動が，次々といわば同時並行的，重層的に展開されている。教育課程の標準的な所要期間（全過程の始期から終期まで）は，それが編成される処遇課程ごとに定められており，同一施設に複数の処遇課程が併設されている場合は，これらが一斉に並走的に

運営されている。

　第二には，教育課程の実施における個別化という特色である。一人一人の在院者の必要性に応じて教育を行おうという考え方は，矯正教育の大きな特徴である。もちろん学校教育においても，生徒の個性を尊重し個々の能力を高めるという視点は重視されているが，それは一定水準の共通目標を達成するためのプロセスの中で，生徒個々の興味や能力に応じた方法をとろうとするものであると考えられる。矯正教育における個別化とは目標そのものの個別化をさし，その評価は「目標の到達度」が基準となる。

　一人一人の少年に個別化された「到達度」とは，直接的には教育課程上の教育目標の達成度のことを表したものではない。少年院の教育は，処遇課程等に編成された教育課程を背景としつつ，教育対象である少年個々の有する特性と教育的必要性とに着目して，個人別の教育目標とそれに基づく段階別到達目標を設定し，その達成のための教育内容・方法をいわば個人別の教育課程（教育計画）である「個別的処遇計画」として組み立て，これに沿って実施される。近年，我が国における特別支援教育等にも導入されている個別教育計画（IEP：Individualized Educational Program）と相通ずるものであるが，この個別的処遇計画に則って教育目標達成度及び教育過程における努力の度合いの総合的な評価により，個人別の進級と滞級あるいは降級が織り交ぜられて運用される。その意味で少年院の教育課程は，個別的処遇計画という形で在院者の数だけ準備され実施されているという認識に立って，弾力的な編成と運用が求められる。

　第三に，教育課程の内容となる教育活動の生活性，全体性という特色である。少年院における矯正教育は24時間に及ぶ全人格的な作用である。学校教育のように学校生活と家庭生活に分けられるものではなく，夏休み，冬休みといった長期の休業もない。また，その対象者は，すでに社会人となっている者が大半でもある。家庭生活，学校生活，職業生活，社会生活のすべての側面が少年院という教育条件の設定された生活空間で休みなく営まれる。したがって，教育課程の中にくつろぎとゆとりをも考慮したメリハリのある生活のリズムを組み

立てていくことが重要になる。この24時間の全人格的な働きかけは、まさに「収容して」行う教育であるところからくるものであるが、意図的・計画的な教育を準備するものであることが求められる一方、計画を外れたところで、課業としての指導に限らずその余の時間帯や場所における適時適切な指導が必要とされることは矯正教育の特質でもあり、さらに、課業と課業外とを通じた指導者の一貫した指導姿勢というものが作り出す教育環境は、矯正教育の重要な基盤でもあると言えよう。このことは、教育学上はいわゆる潜在的教育課程として捉えられてきているものでもあろうが、矯正教育においては本書後半の各論においても言及されているように、幾多の努力と創意工夫によって、収容生活の中から生じてくる多種多様な問題を克服し、また、それを活用して更生的雰囲気を作るという積極的な教育風土創出の営みとして位置付けられる。

(3) 基準教育課程としての教育課程通達の意義と構成

　教育課程通達は、「少年院における教育課程の編成、実施及び評価の基準について」という名のとおり教育課程の「基準」を示す基準教育課程であり、その構成を見ると、「総則」として通達の主旨、運用上の基本的留意事項、基本的用語等に続いて教育課程の「編成」、「実施」及び「評価」の三つの段階の、それぞれの方針、実施方法が示され、最後に報告事項と通達運用上必要な諸様式の参考が掲げられている。ここでは通達の構成を追いながら、教育課程の在り方として定められている事項を確認していきたい。

　まず、この通達の趣旨として、①少年院における意図的、計画的な教育を行う体制を確立し、②処遇課程の一層の特色化を推進するため、教育課程の編成、実施及び評価の基準について定める、とあり、既に述べたとおり、この通達が少年院長が行う意図的、計画的な教育の基準であることが示されている。ここで重要なことは、教育課程の編成及び実施が固定的なものとならないよう、これに「評価」を加えることにより、教育課程自体に改善・修正・更新の機能を持たせて、意図的、計画的な教育を行う体制の構築を意図していることである。

　また、少年院において教育課程を運用する上での基本的な留意事項として、

教育内容相互の関連，在院者の生活全体との関連を取り上げている。少年院における矯正教育は，少年個々に見た場合，非行の原因となっている問題性及び今後伸張すべき長所等を明確にし，心身の発達状況，資質の特徴，将来の生活設計等を総合的に検討して行われることとされているとおり，いわば全人的な働きかけであり極めて広範な内容を取り扱う教育活動である。教育課程に盛り込まれる教育内容が単に事務的・手続き的に選択・配列されるといったことに陥らないよう，対象者である少年を核として相互に関連をもったものとしなくてはならない。

さらに，少年院における教育は対象者を収容して行う教育であることから24時間の生活時間全体を視野に入れて行われる必要があるので，少年院における意図的，計画的な教育について取り上げる教育課程の運用は，その余の部分，つまり意図的，計画的ではないが教育的働きかけがなされる部分についての十分な配慮が必要であり，また，矯正教育において行われる改善更生のための働きかけは少年院の中でのみ完結するものではなく，矯正教育から保護観察の手に向けて適切な時期にバトンタッチされるものとして編成・運用されなくてはならない。

なお，教育課程に係る基本的な用語の概念規定がこの通達の中で行われているが，その中で特に留意しておきたいのは，「課業に準ずる指導」及び「課外の生活指導」である。

「課業に準ずる指導」とは，課外時間において行われる一定の時間枠を設けて行われる意図的，計画的な指導であり，正規の課業とは異なるがその他の点では課業と同じ指導であり，例えば，早朝学習や延灯学習などが想定されている。また，「課外の生活指導」とは，生活指導領域の指導のうち課外時間において課業に準ずる指導以外に適時必要性に応じて行う指導とされ，毎日の生活において生起するさまざまな問題への教育的対応のため，臨機の集団指導，基本的生活態度に対応する適時の指導等，意図的ではあるが，必ずしも計画的に実施できない課業以外の指導の意義を明らかにするために設けられたものである。

少年院における教育活動は，施設への収容を前提として行われるため，特に生活指導については一日24時間にわたる在院者の生活全般と密接な関連を持って行われなければならない。課外時間において個々の在院者の具体的な生活に即応して指導を必要とする場合が多いことにかんがみ，例えば，起居動作，食事，入浴等の日常生活に関する指導，在院者に対する相談助言・面接指導，規律違反行為についての指導等，適時必要性に応じた生活指導を位置付けたものである。いうまでもないことであるが，課業時間内にあっても適時必要性に応じて行う生活指導は，課業実施上の前提として当然に行うことができる。このように「課業に準ずる指導」と「課外の生活指導」とを課業と並ぶものとして位置付ける裏づけとして，通達では「課業に準ずる指導」については課業と同様に指導案等を作成し，それに基づいて指導すること，また，「課外の生活指導」については，可能な限り指導の留意点等を明確にして実施する，ということを求めている。

　生活指導は，非行にかかわる態度・行動を社会的で健全なものに修正するという価値の形成に大きくかかわる教育活動の柱として重要な意味を持っていることから，教育活動の中で課業及び課業に準ずる指導としての生活指導と，それ以外の時間，場面等における課外の生活指導とを相互に密接に関連づけて実施されなくてはならない。

(4)　実践教育課程の編成，実施及び評価

　ア　編成の方針と方法について

　　教育課程に盛り込むべき事項は，①対象者，②教育目標及び教育過程別教育目標，③教育過程別標準教育期間，④指導領域の細目別の教育内容及び教育方法並びに指導時数，⑤週間標準日課表及び年間指導計画表，⑥教育課程の実施に関する事項，⑦教育課程の評価に関する事項，⑧その他必要な事項の8項目が基準とされ，④及び⑤については書式も参考として示されている。教育課程は自庁で使用するだけではなく，対外的な説明という用途もあるので可能な限り共通の様式を用いることが望ましい。

　　教育課程を編成することの意義は，少年院の教育活動が「意図的・計画的

であること」及び「組織的に実施されるものであること」を示すところにある。その編成は，根拠法令に基づき諸条件に配慮して，処遇課程等ごとに行うこととなっている。その根拠法令とは少年院法，少年院処遇規則ほかの法令・通達を指しておりこれに則るべきであるが，その背景には関連する法令，広くは国際準則などがあることは当然である。また，諸条件とは，施設の有する教育環境，すなわち，人的・物的な諸条件，施設の立地する地域社会の諸特性等であり，そこにはそれぞれの施設が長年培ってきた伝統や蓄積してきた経験，地域社会との連携の実績等が含まれ，また，それは教育対象たる在院者の特性と教育的必要性のことでもある。さらに，教育課程が処遇課程等ごとに編成されるということについては，特色を明確にし対象者にとって適切な教育内容・方法を精選して配列することが求められる。

　教育内容の精選とは多様な教育内容の中から対象者にとって適切な内容を選択することであるが，あれもこれもと総花的な盛り込み方にならないようにとの趣旨からも，「精選する」という言葉が用いられていることに留意しなければならない。すなわち，不定期とはいえ無限ではない教育期間において，教育目標達成のため効果的かつ効率的な教育の展開を念頭において，かつ，従事する職員等の負担にも配慮しながら，必要かつ十分な教育内容の選定と配列を行うことが求められるのである。

　教育課程の編成に当たっては各施設内に教育課程委員会等を設置するなどして，直接教育に携わる者だけでなくその施設において様々な立場で教育を支えている者を含む全職員，その他の関係者からの意見を反映させることが必要である。

イ　実施の方針と方法について

　まず教育課程の実施に当たっては，創意を活かすとともに専門的知識，技能を活用しうるよう研究及び研さんに努めるべきことが掲げられている。教育の現場での実践が，文面に決められたことをただ実行に移すだけといった平板なものに陥らないよう配慮が必要であり，さらに，教官の活動として行われる教育活動の背景には常に専門性を高めるための活動がなくてはならな

い。教育活動の実践と，研究・研さんの成果は，教育課程の中に蓄積され，その蓄積は日々の教育活動の中に還元されていくものである。

　教育課程の実施においては，その計画性という点を具体化するため毎月・毎週の具体的な教育活動と結びつけた教育計画を，「月間計画表」及び「週間計画表」の形で作成する。また，課業及び課業に準ずる指導に際しては，その指導の目的・目標，内容・方法等をまとめた指導のための具体案を指導案として作成して，課外の生活指導についてはそれが課業及び課業に準ずる指導と相互に連関を保てるよう，指導の留意点等を明確にする必要がある。指導の効果を高めるため，あらかじめ想定される指導の要点などを取りまとめて指導案に準じた指導要領等として備えておくことが求められる。

　なお，教育課程は年度ごとに編成することになっているが，その実施においては，少年院の教育は，入学から卒業まで年度（学年）を単位として開始・終了される学校教育とは異なり，最初にその少年院の処遇課程が開設されて一人目の少年が編入されたときに始まり，以後，所属する少年がいる限り営々として休むことなく続くのである。少年院の教育は一人一人について立てられる「個別的処遇計画」によって教育目標及び内容・方法が基本的に個別化されているので，一人の少年が入院したそのときがまた教育課程の新しい始まりであり，在院者の数だけ「目標・進度別クラス」が存在しているような状況にある。

ウ　評価の方針と方法について

　教育課程通達が，その前身である「少年院における教育課程の編成及びその運用について」の通達の改正によって新たに盛り込まれた考え方が「教育課程の評価」であり，それは通達の名称にも反映されている。教育課程の編成がそれ自体として文書としては整然と編成されていても，実際の教育活動の場において，職員の配置は可能か，教材研究や教育活動のための時間は確保されているのか，計画内容と実施内容に齟齬は生じていないか，突発的な事態への対応が適切になされているか，そして最も大切なところであるが，在院者の役に立っているのかといった視点からの計画の点検とそれに基づく

修正がなくては，計画と実施はかい離し，時間と労力を浪費することになりかねない。そこで，先に掲げた「計画→実施→点検」（plan－do－check）の第三段階の「点検」は次なる計画に向けた，既に実施した計画の修正への新たな行動（action）を引き起こすものでなくてはならず，したがって，このサイクルは「計画→実施→点検→修正」（plan－do－check－action）となって新たな編成（plan）として展開されてこそ真価が発揮される。

　教育課程の評価は，教育課程を構成する教育目標，教育内容，教育方法，指導時数等を適時適切に評価して必要な措置を講ずるとされており，上述のとおり教育課程が在院者のために役に立っているのか，という視点から教育目標の実現に向けてその課程の教育活動が効果的に実施されているか否かを検証することに本旨がある。

　評価・点検の対象は，単に教育課程として編成された文書としての教育課程だけをさすのではなく，実施及びその評価という全体像を視野に入れたものでなくてはならない。教育課程通達には，①「教育課程の編成について」として，教育目標及び教育過程別教育目標，教育過程別標準教育期間並びに教育内容及び方法についての評価の観点，②「教育課程の実施及び評価について」として，指導計画表，評価体制並びにその他の事項についての評価の観点が示されており，各施設はこれを参考にして評価を行う。

　具体的な評価の作業については大まかに二つの方法がある。まず，直接意見を求めそれらを集約する方法である。具体的には，①実施担当者から意見を聞く，②教育の対象者である在院者あるいは出院者（出院直前の者）から意見を聞く，③保護者から意見を聞く，④その他関係機関の意見を聞く，ということである。もう一つの方法としては，実施結果を各観点から数量化して統計分析を行うことによって，当該教育内容・方法がその目的とするところを達成しているか否かについて検討を加えるということである。これらの評価を実施するためにはあらかじめその準備態勢が必要であり，年間を通じて評価の資料を取りまとめることが必要である。

　教育課程の評価に使用する資料としては，在院者に関する資料（各種のア

ンケート，成績に関する資料等），少年院の人的・物的諸条件及び地域社会の環境・社会資源の活用に関する資料（職員，教材，指導内容・方法，民間協力者等）などが活用される。さらに，その他の資料としては，関係機関や地域・一般社会からの少年院への期待に関する資料，職員の問題意識等から出される資料など，幅広い視点に立って資料を収集することが望ましい。これらの資料は評価の時期になったからといって即座に収集できるものだけではないので，データを蓄積・収集・処理するというシステムを別途構築しておく必要があり，そのため，各施設ではその責任者を定め平素から組織的に態勢を整えて計画的に収集に努めなくてはならず，担当者の通年の職務として位置付けておかなくてはならない。

(5) **教育課程の編成，実施及び評価についての留意点**
　ア　教育課程の管理に関する規程について

　　各少年院においては，教育課程通達を受けて，それぞれの施設における教育課程の編成，実施及び評価の手続き等に関する規程を定め，これに則って，その施設に設置された処遇課程ごとに教育課程の編成，実施及び評価を行う（以下，教育課程の「編成，実施及び評価」の実務を，教育課程の「管理」という。）。

　　その制定の目的は，当該施設における教育課程を管理するために必要な根拠となる事柄を明確にすることによりその管理の適正を期し，矯正教育の目的を一層効果的に達成することにあるといえる。その構成は，おおむね，教育課程通達の構成に沿って教育課程の編成，実施及び評価に関する手続き等に関する事項に加え，多くはこれを適正かつ効果的に管理するための機構・組織の設置が規定される。その機構を置くことには明確な根拠規定はないが，教育課程通達の趣旨を受けた形で，その名称は，例えば，教育課程委員会，教育課程管理委員会といった名称の下に設置されていることが多い。いずれであっても，教育課程の管理に関する最高，最終責任者は院長であり，院長は，その諮問機関である処遇審査会における意見を徴しつつ，教育課程の管理の適正を図っていくこととなる。

なお，この規程は単に教育課程に関する手続きを定めるだけのものであってよいかどうかは異論もあろう。現時点ではどのような内容構成を持つべきかという標準的な枠組みは示されてもおらず，共通の認識も成立してはいない段階ではあるが，管理に関する事項のほか教育内容・方法等の学問的背景への留意と研究・研さんの励行などについての基本姿勢や，教育・指導上の教官の基本姿勢等については，教育課程との関係で整理する上で，この規程に盛り込むことが適当ではないかとも思われるからである。
イ　教育課程編成上の留意点について
　(ｱ)　施設の教育方針を明確に立てること
　　　教育方針は，教育目標を達成する際の重要な指針である。一つの目標に到達するにもその方法や道筋は多様に存在する。いかなる道を通って，いかなる方法で目標に向けて進むかという道筋を示すことが肝要である。
　　　また，それぞれの施設には与えられた教育環境がある。矯正教育の施設として準備された施設設備，人材，予算が基本的な所与の条件であるが，その施設の立地からくる社会環境や自然環境もまた重要な教育環境である。さらに，その施設にはこれまでの教育実践の積み重ね，歴史と伝統があり，その中で育まれてきた教育への思いや理念，職員や施設のかもし出す教育的雰囲気，施設独自に大切にしてきたシンボル等から構成され醸成される，いわば校風のごときものがある。それがその施設の特徴・特色を形成し，魅力となり，そこに学ぶ者，教える者の誇りともなっていく。
　　　これらを踏まえた上で施設としての教育方針を明確にすることが必要である。現状では，それを教育課程の管理に関する規程に掲げるか，教育課程の中に示すかはそれぞれの施設の考え方に現れているが，教育課程のもつ対外的な役割・意義を考えると，教育方針が教育課程の管理に関する規程の中に掲げられている場合であっても，それを受けて教育課程そのものの中に示すということは，一つの方法であり有意義と考える。
　(ｲ)　教育内容・方法と指導の単元を明確にすること
　　　教育内容・方法の精選については既に述べたが，教育は教育の主体から

教育の客体に向けた働きかけであるので，そこには必ず具体的な内容と方法が存在する。少年院における矯正教育は，その対象者と教育内容にふさわしい有効と考えられる教育方法を実践の中で開発し，改良してきた。また，時代の変遷，社会の変動を見据えながら新しい取り組みも行ってきた。どのような教育内容を選択・採用するか，それに対応する教育方法はどのようなものが望ましいのか。その結果は，教育課程通達では「指導領域の細目別の教育内容及び教育方法並びに指導時数（課業）」という様式の中に，具体的な教育内容とこれに対応する教育方法を掲げることになっており，全国の少年院で実施されることの多い教育内容・方法の中から代表的なものを取りまとめ，その標準的な姿を分かりやすく手引きとして解説したのが，本書の後半である。

　例えば，薬物乱用により心身のバランスを崩した者を対象として，薬物乱用の害を理解させ，自分自身や家族の現在及び将来に与える影響を考えさせ，乱用を繰り返さないための決意を促し，それを維持する具体的な行動の在り方を考えさせる，といった指導内容（大単元）を達成するための指導方法として，生活指導領域における問題群別指導の一つである薬物乱用防止教育講座が選択される。その講座においては，どのような内容を指導する必要があるか，また，その事項（単元）を構成要素として何回の指導が必要かを検討して，一連の講座が組み立てられている。例えば，8個の単元を16回の指導講座によって指導するという講座があり，その1回1回が，細分化された指導目標と指導内容・方法をもつ講座として実施されている。

　一つの指導領域を組み立てるに際して重要な意味を持ち，最も基本になる指導単位がこの「単元」であり，それぞれに最もふさわしい教育方法が選定されねばならず，その方法は実践を通して練磨されなくてはならない。

ウ　教育課程実施上の留意点について
　(ア)　計画に則ることと，計画を超えること

少年院における教育は，既に述べてきたとおり過去における矯正教育の実績を踏まえ，教育学をはじめとする諸科学の知見を取り入れつつ所与の環境・条件下において創意工夫を重ねながら実施することが期待されているものである。そういった環境・条件と教育の場は，矯正教育の専門家としての教官全体に提示されたものであるので，そこでの教育的営為は専門家としての厳しい検討と修練を経て実践されるものでなくてはならず，その場は，十分な訓練と経験を経ていない者によって，随時の思いつきが安易に試されるような場であってはならないだろう。

　他方，教育課程は必要な教育内容を総合的に組織した標準的な教育計画であるから，その課程において明示された指導方法を着実に実施することをもって教育目標の達成を図るべきであると同時に，その計画性に固着し過ぎてその実施において新しい試みを導入するに臆病であってもならない。教育を実施するうえでは，計画どおり進展しない事柄が出現することはまれなことではない。さらに，教育とは既定の事柄の伝達に留まるものではなく，それを踏まえて未知の事柄に取り組み，新たな状況に挑む力を付けることでもある。時代の変遷，社会の変動を踏まえ，教育学，心理学，社会学等の学問の発展に留意しつつ，常に開拓の精神が発揮され伝達される必要があるからである。

　計画を推進することも，計画を超えて新たな試みに挑むことも，いずれも公の教育活動であることの自覚を持って，必要な検討と研究を重ね，しかも少年の成長・発達にかかわる重大事であるとの認識の下で，教官の専門性をかけた取組みが展開されなくてはならない。

(イ)　教官の専門性を高めるための活動を進めること

　教官は少年の成長・発達に深くかかわる重大な責務を負っており，しかも24時間，数か月から数年に及ぶ間にわたって深いかかわりを持つことになる。そのかかわりは，一般の社会における人間関係に比して極めて濃厚なものとなる。教官にとっては教えることが仕事であり，その責任と信頼を常に確保しておかなくてはならず，人の価値観や成長・発達にかかわる

という職務の重さに対する自覚が求められる。それには自らの姿を客観視し，これでよいのか，この方法で効果が上がっているのかなど，反省的な姿勢を保ちながら学び続けることで常に自らを鍛え，高めていくという努力を続けることを要する。極言すれば，教官自らが学び続ける存在であることを身をもって少年に示し，その学び続ける姿勢を少年に育んでいくことが教育の根本的な作用でもあり，教育者に求められる姿勢であろうと考える。

　そのためには，平素の課業をはじめとするさまざまな指導の在り方について，自己研さんや相互研さんの場を持つことはもちろん，施設を超えて同職者の交流を深めること，広く社会にもその場を求め更生保護，児童福祉，医療・看護，障害児教育・療育等々の隣接領域の知見を学ぶことや異業種従事者との交流の場を持つことなどが奨められなくてはならない。そのような機会を設けること，そのような場に積極的に参加する雰囲気を作ることが，教育課程を効果的に実践する重要な土台となる。

　それは，教官の一人一人に自己研さんが求められていることを示していると同時に，教官相互に切磋琢磨するべきこと，施設並びに監督官庁としての矯正管区，本省当局，さらには職員研修機関が，それぞれにまた全体として研究・研さんを推進するべきこと，そのような制度的支援を推し進めるべきことを意味しているといえるだろう。

　また，矯正教育が処遇課程ごとに編成される教育課程に基づいて行われることの意義については，これを実施する職員に対して周知徹底を図る必要があり，いやしくも計画と実施とは別物といった打算・割り切りがあってはならず，自らの活動を効果的にし，対外的な説明責任を果たすためにも教育課程についての理解は一層進めなくてはならない。さらに，その教育課程を効果的に実施できるよう職員の指導力向上を図る必要があり，そのためには院内の研究授業を計画し，日課の中に授業研究を実施する時間を設けるなどしつつ，平素から研さんと精進を進める雰囲気を作ることはもちろん，矯正教育の土台をなす教育学，心理学，社会学等の人間科学や，

隣接領域の諸科学の知見を生かし相互交流による一層の深化を促すためにも，施設外で行われる研究会，学会などへの参加が促進されなくてはならない。さらには教育学をはじめとする人間科学等の研究者との共同研究による効果的な教育方法の開発などの道を開いていく必要がある。

エ　教育課程評価上の留意点について

(ア)　評価の機会と時期

　　教育課程通達では，点検・評価は，①月ごと，②年度ごと，③臨時という三つの時期・時点に行うものとして定めている。特に月ごとの点検は，一つに，「指導領域の細目別の教育内容及び方法並びに指導時数」という様式を用いて指導内容の細目別の週間課業指導時数を積算し，計画と実施結果を対照して，実施できなかった場合などについては，その理由や手当てについて記載することとなっている。教育の現場では，さまざまな理由から臨時に日課を調整したり，季節的な条件から，年間を通して見ると，指導領域別の指導時数に変動を余儀なくされたりすることも多い。それらは予測できることであればあらかじめ計画に組み込むべきことであろうし，臨時に対応せざるを得なかったとすると，その欠落部分はどこかで補う必要があるのか，あるいは変更したことでもって十分補われていることなのかどうか，いずれにせよ理由を確認してその顛末を明らかにしておく必要がある。毎月行う指導時数の積算は単に時間数を算出するためのことではなく，これを機にできるだけ短いスパンでそれらの理由を検討して記録に残し，翌月の計画や翌年の計画に反映できるようにとの意図から設けられていることである。例えば，大きな行事の準備が予想外に手間取ったために他の領域の課業を削減せざるを得なかったとすると，その削減された時数への手当てはどうするのか，といったことを具体的に考えるきっかけとなるものである。したがって，月ごとに行うこの点検という作業をとらえて，教育課程の評価とは面倒な計算処理であるといった誤解に陥ったり，矮小化したりすることがあってはならない。

　　なお，月ごとの点検の実施を規定していることはこれ以外の観点での点

検を実施することを妨げるものではなく，むしろ教育課程の実効性を高めるためには，さまざまな観点あるいは方法による点検・評価が行われることは差し支えなく，また望ましいことでもある。

　また，先に述べたようにあらかじめ用意された評価のシステムに則って評価の作業が行われた結果は，次年度の教育課程に反映される。もっとも，年度ごとの編成であるといってもよほど重大・重要な事態，根拠がない限り，毎年，その骨格を組み替えてしまうような修正変更を行うのは望ましくない。そのような大規模な変更は，基準教育課程の改正があったとき，処遇課程の運営上重要な変更が必要と判断されたときなどに，慎重な検討と周到な準備の下に行われなくてはならない。また，臨時の評価は，突発的な事態の発生などにより教育課程を大きく変更・修正して対応せざるを得なくなった場合，例えば，教育対象者の急激な増減，職員の欠員，施設設備の新設・廃止，天変地異等による教育体制の急変等の場合に，どこをどのようにして教育課程を運用していくか，その判断を行う根拠となるものである。

(イ)　教育課程の評価という自己点検システム自体の評価について

　教育課程は「年度ごとに編成する」とされており，そのための評価が前項で述べた年度ごとの評価であり，それは実践教育課程の自己点検システムでもある。そして，その自己点検システムが有効に機能しているかどうかを評価するため，毎年度当初に矯正局長及び矯正管区長に対して「前年度の教育課程を評価した結果及びこれを踏まえて編成した当該年度の教育課程の改正の要点」を報告することとなっている。

　当局においては，この報告に加えて平素の報告・提出書類や各種の協議会，また，適宜行われる実情視察等から得られる情報等から，基準教育課程が基準として機能しているかどうかを自ら点検し，基準教育課程と実践教育課程との「計画→実施→点検→修正」（plan-do-check-action）の全体的なサイクルの稼動状況を評価することとなる。

2　実践教育課程の実例（中等少年院・職業能力開発課程（Ｖ２）・Ｈ17）

　少年院は，少年院法により初等，中等，特別及び医療の４つの種類が設けられているが，運用上の必要から通常同一の施設に複数の種類の少年院が設置されている。どの種類の少年院に送致するかは家庭裁判所の審判において決定される。

　また，少年院送致となった少年については，その一人一人について立てられる個別的処遇計画を効果的に実施するために分類処遇が行われている。対象者の改善の難易度等を基準として，処遇に要すると考えられる期間から短期処遇及び長期処遇に区分されており，処遇内容別に短期処遇に４つのコースが，また，長期処遇には５つのコースが設けられている。すなわち，短期処遇には一般短期処遇（Ｓ）（教科教育課程，職業指導課程及び進路指導課程）及び特修短期処遇（Ｏ）が，また，長期処遇には生活訓練課程（Ｇ），職業能力開発過程（Ｖ），教科教育課程（Ｅ），特殊教育課程（Ｈ）及び医療措置課程（Ｐ・Ｍ）の処遇課程があり，さらに，それぞれにはいくつかの細分が設けられている。これらの課程（コース）は，短期処遇と長期処遇を併せると全体としては17種類のコースが設けられていることになり，それぞれ施設を指定して設置されているが，ある場合には単独で，また，ある場合には同一施設に複数が併設され，前述の４種類（初等・中等・特別・医療）との組み合わせによって詳細な分類制度が確立されている。

　教育課程はその処遇課程及びその細分ごとに編成されるが，ここでは少年院における教育課程の実際の形（実践教育課程）の代表的な例として，職業能力開発課程（Ｖ）の教育課程を取り上げてみたい。家庭裁判所において少年院送致の決定がなされた少年は，あらかじめ処遇課程ごとに定めた選定基準に従って，少年鑑別所において鑑別結果等に基づいて選定され送致される。その実情を平成12年からの５年間で見ると，この職業能力開発課程（Ｖ）に送致される少年の比率は，全体における平均は36パーセントであり，また，長期処遇だけでは56パーセントとなっていて，すべての処遇課程等のうち最も大きなシェアを占めている。また，施設数においても，全53庁のうちの過半数の施設に設置されている処遇課程である。

職業能力開発課程は主として職業訓練及び職業指導を行う処遇課程であり，「職業能力開発促進法等に定める職業訓練（10か月以上）の履修を必要とする者」を対象とする課程（V1）と，「（同上の）職業訓練（10か月未満）の履修を必要とする者，又は職業上の意識，知識，技能等を高める職業指導を必要とする者」を対象とする課程（V2）との二つに細分されている。

　ここで取り上げている施設の例は，職業能力開発課程（V2）において編成されている教育課程の一つの典型であると考えられる。すなわち，この施設には初等少年院及び中等少年院が併設されており，処遇課程としては10か月未満の職業訓練を中心とした職業能力開発課程（V2）のほかにも別の処遇課程（生活訓練課程（G2）：教育対象者は外国人の少年）が設置されているものであるが，ここでは，同院に設置された中等少年院送致となった少年を対象とする職業能力開発課程（V2）の教育課程を，おおむね，教育課程通達に提示された「教育課程に盛り込むべき事項」の順に区切りながら見てみよう。

(1) 教育方針

教育方針

　在院者の教育必要性に基づき，健全な環境の下で，職員との人間的な触れ合いを通して，社会不適応の原因を除去し，罪障感や社会的責任を自覚させるとともに，発達段階に応じた能力の適切な伸長を図り，心身共に健康で問題解決の力を有する若者を育成する。

　この教育課程においては，まず，教育方針が掲げられている。前節で述べたように，教育方針を教育課程の中に掲げることは教育課程通達が求める教育課程の編成要素として必須の事項ではない。

　しかしながら，教育課程には，教育の姿を対外的に明示する手段として説明責任を果たすという役割もあり，施設の基本的な教育方針がその冒頭に示されていることで，より一層，理解の助けとなる。また，教育課程には，実践に当たる者にとっての業務を自覚化する，という意義があるだろう。

施設の教育方針は，本来的に教育をする者，実践に当たる者だけに示されるものではなく，教育を受ける者，学習者に対しても，さまざまな形で，生活・学習環境の中に組み込まれ，学習活動の指針として掲げられ，モットーやシンボルといった分かりやすい形においても示されるものでなくてはならない。

(2) 対象者

対象者
　入院時17歳から19歳までの男子のうち次の者を対象とする。
(1) 職業能力開発促進法等に定める職業訓練（10か月未満）の履修を必要とする者
(2) 職業上の意識，知識，技能等を高める職業指導を必要とする者

　対象者については，まず，管轄矯正管区内の施設ごとの分類を受けて，その年齢区分が示されている。少年院の種類は「中等」（少年院法上，中等少年院の対象者は，「心身に故障のない，おおむね16歳以上」の少年とされている。）のうちの年長者，すなわち「入院時17歳から19歳までの男子」として，当該施設の対象年齢を掲げているものである。

　なお，同じ中等であっても「入院時17歳に満たない少年」で職業能力開発課程（V2）の対象者となる少年は，他の施設に設けられた，低年齢層の少年を対象とした処遇課程に編入される。

　次に，具体的な対象者としての条件が2項目掲げられている。その一つは，運営通達による枠組みとして「職業能力開発促進法等に定める職業訓練（10か月未満）の履修を必要とする者」であり，さらに，「職業上の意識，知識，技能等を高める職業補導を必要とする者」という項目が加えられているが，これは，先に挙げたとおり，職業能力開発課程の対象者が「職業生活に適応するための態度のかん養及び能力の開発・向上を図ることを必要とする者」とされ，さらに，その細分が設けられていることによるものである。

(3) 教育目標及び教育過程別教育目標

> 教育目標
>   教育目標を以下のとおり定める。
> (1) 社会生活に必要な職業上の知識及び技能を習得・向上させ，責任ある職業生活を送る態度を身に付けさせる。
> (2) 非行や犯罪被害の事実及び自己の問題点を認識させ，自主的に解決する態度を養い，他人を思いやる気持ちを身に付けさせる。

　上述の教育方針と対象者を踏まえて，処遇課程の「教育目標」及びこれを段階的，発展的に達成するための「教育過程別教育目標」が掲げられている。教育課程通達上，「教育目標」はおおむね2項目設定することとなっており，そのうちの一つは，同通達の別紙2（処遇課程等ごとの特色化を図る教育目標等）を参考として設定することとされ，また，通例は2ないし3項目が設定されている。

　運営通達において，各施設はその処遇が平板に流れ，魅力に乏しいものになることのないよう配慮し，処遇の実効を十分挙げ得るよう施設の特色化を推進するものとされ，これを受けて，処遇課程の一層の特色化を推進するため教育課程の編成，実施及び評価の基準について定める教育課程通達が制定された。そして，その処遇課程に共通する全国的な標準的目標を取り入れることにより，他の処遇課程との差別化が図られ，また，他方で，在院者の特性や，その施設の伝統，人的・物的諸条件，地域社会の特性等々を考慮した目標を一つないし二つ設定することにより，より一層の特色化が期待される。後者の目標については，施設の教育方針との連関から，その施設らしさが現れることが重要である。

　ところで，教育課程は新入時教育，中間期教育及び出院準備教育という流れとして展開されるが，これを教育過程と読んでいる。その教育過程別の教育目標は，教育目標を受けて，次のように，段階を追って逐次高度の目標を達成す

るように設定されている。

教育過程別教育目標

教育目標を効果的に達成させるために，教育過程別教育目標を次のとおり定める。

(1) 新入時教育過程
　ア　職業に関する自分の考え方を整理させ，勤労の意義を理解させる。
　イ　自己の内面や非行事実を見詰めさせ，非行に至った自己の問題点に気づかせる。

(2) 中間期教育過程（前期）
　ア　社会生活に必要な職業上の知識及び技能の大切さを理解させる。
　イ　自己の問題点や非行による周囲への影響を理解させ，問題解決に取り組む姿勢を身に付けさせる。

(3) 中間期教育過程（後期）
　ア　社会生活に必要な職業上の知識及び技能を自主的に習得・向上させる。
　イ　自己の問題点や被害の実態等非行の社会的責任を自覚させ，自主的に問題解決に取り組む姿勢を養い，他人を思いやる気持ちを身に付けさせる。

(4) 出院準備教育過程
　ア　習得した職業上の知識及び技能を基礎に，責任ある職業生活を送る意欲と習慣を身に付けさせる。
　イ　問題解決を通して，自己を向上させ，責任ある社会生活を送る心構えを身に付けさせる。

　これらの目標は，およそ次のような展開になっている。

　入院した少年を受け入れる新入時教育の段階の目標は，まず施設生活への円滑な導入と，自己の問題を見詰め，教育を受けながらその改善に努める基本姿勢を形成することにある。

　この導入の時期を経て，いよいよ本格的な教育を実施する中間期に移行す

る。段階別教育目標も,非行そのものに目を向け,少年一人一人の具体的な問題を念頭に置いた指導を行うよう組み立てられる。教育課程通達上,各過程は指導の必要に応じて更に細分して編成することができるとされているが,この例では,その中間期の過程が,前期と後期に,大きく二分されている。

前期は,まず,そういった問題に取り組む姿勢を固め,一般的な問題を考えながら,考える力を養って,徐々に自分の問題に目を向けさせていく。次いで後期は,前期の教育を受けつつ,その問題を認識した上で,自分自身の課題として正面から取り組むことを求めている。

中間期の取組みの成果を受けて,出院準備の過程ではいよいよ仕上げということになる。その目標の設定は,単に少年院の中における取り組みだけでなく,

教育目標と教育過程別教育目標

教育目標 教育過程			教育課程通達による 処遇課程特色化目標等	例示した教育課程の教育目標等			
					目標(1)		目標(2)
教育過程			職業上の資格取得に努めさせ,職業生活に必要な意識,知識,技能等を身に付けさせる。	(1)	社会生活に必要な職業上の知識及び技能を習得・向上させ,責任ある職業生活を送る態度を身に付けさせる。	(2)	非行や犯罪被害の事実及び自己の問題点を認識させ,自主的に解決する態度を養い,他人を思いやる気持ちを身に付けさせる。
目標の過程別展開	新入時 教育過程		これまでの職業生活の問題点を理解させる	ア	職業に関する自分の考え方を整理させ,勤労の意義を理解させる。	イ	自己の内面や非行事実を見詰めさせ,非行に至った自己の問題点に気づかせる。
	中間期 教育 過程	前期	勤労意欲を高め,職業生活に必要な知識,技能等を習得させる	ア	社会生活に必要な職業上の知識及び技能の大切さを理解させる。	イ	自己の問題点や非行による周囲への影響を理解させ,問題解決に取り組む姿勢を身に付けさせる。
		後期		ア	社会生活に必要な職業上の知識及び技能を自主的に習得・向上させる。	イ	自己の問題点や被害の実態等非行の社会的責任を自覚させ,自主的に問題解決に取り組む姿勢を養い,他人を思いやる気持ちを身に付けさせる。
	出院準備 教育過程		職業生活に必要な意識,知識,技能等の定着を図り,出院後の生活設計を明確化させる	ア	習得した職業上の知識及び技能を基礎に,責任ある職業生活を送る意欲と習慣を身に付けさせる。	イ	問題解決を通して,自己を向上させ,責任ある社会生活を送る心構えを身に付けさせる。
備考				*左記の特色化目標等を受けて設定		*施設独自に設定	

(本表は筆者のまとめによる)

出院後の社会生活を念頭におき，そこにおける自主的，自立的な自己管理ができるよう，総まとめの形で，自分は社会でどのような生活を送るべきかを考えさせ，また，そのような生活を送ることができるという自信をつけて歩みださせることに主眼が置かれている。

この教育目標の系統的・段階的設定の構造を，教育課程通達に示された処遇課程等ごとの特色化を図る教育目標等と，これを参考として設定された教育課程における教育目標を整理してみると，前掲の表のようになる。

(4) 教育過程別標準教育期間

教育課程には，各教育過程別の標準教育期間を盛り込むこととされており，各教育過程別の標準教育期間の合計として，当該処遇課程の標準教育期間が示されている。

この標準教育期間は，その処遇課程の標準的な教育（予定）期間であるが，保護処分としての少年院送致の教育期間は基本的に「不定期」であるため，考え方としては，各教育過程別に必要な教育的働きかけが積み重ねられて，結果的に全体の教育（予定）期間が出てくることになる。

教育過程別標準教育期間
　教育過程別の標準教育期間を次のとおりとする。
(1)　新入時教育過程　　　　1.5か月
(2)　中間期教育過程前期　　3か月
(3)　中間期教育過程後期　　4か月
(4)　出院準備教育過程　　　3か月
　　　　（標準教育期間　11.5か月）

ここで留意が必要なことは，既に一般論として述べているように，一斉に新入時教育過程が始まり，対象者が一斉に次の過程に進んでいく，ということではなく，教育課程の編成そのものが，一般的な年度始めの4月を始期として組み立てられているわけではない。

また，個人別の対応という視点からは，一人の少年が入院するたびに，その対象者にとっての新入時教育課程が始まるのではあるが，運用上は長期処遇の場合，多くは1か月を単位として教育の活動が進行する。つまり，標準形から述べるならば，次の図のように一つの教育課程が同時に月遅れの形で順次時期をずらしながら進行している。

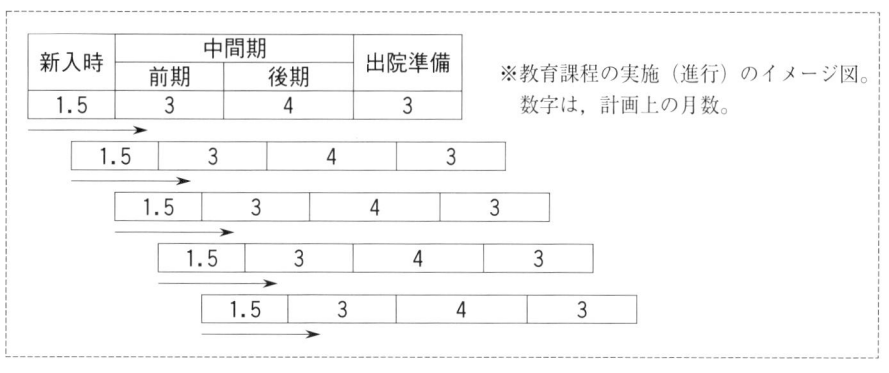

新入時	中間期		出院準備
	前期	後期	
1.5	3	4	3

	1.5	3	4	3

		1.5	3	4	3

			1.5	3	4	3

				1.5	3	4	3

※教育課程の実施（進行）のイメージ図。数字は，計画上の月数。

(5) 指導領域別教育目標

指導領域別教育目標
　教育過程別教育目標を標準教育期間内に効果的に達成させるために，各教育過程等ごとに，指導領域別教育目標を定める。

　ここで，前項に掲げられた，新入時教育過程，中間期教育過程及び出院準備教育過程の教育過程ごとに段階を踏んで，発展的，系統的に組み立てられた教育過程別教育目標の体系が，更に指導領域ごとに，その指導領域の目指す目標としてとらえなおして設定されている。指導領域は，教育課程通達によって，生活指導領域，職業補導領域，教科教育領域，保健・体育領域及び特別活動領域の五つが設けられているが，それらの領域を，具体的な指導内容・方法として教育の段階に応じてどのように組み合わせるかということは，それぞれの施設において，その対象者と所与の条件等を前提として準備されることであり，施設ごとの判断にゆだねられていることである。

指導領域別教育目標（職業補導領域）

教育過程			目標(1)		目標(2)
目標の過程別展開	新入時教育過程		ア 自己の職業生活の問題点に気づかせる。	イ	労働の意義・必要性について理解させる。
	中間期教育過程	前期	ア 自己の職業生活の問題点を考え，社会生活に必要な職業上の意識，知識及び技能を理解させる。	イ	職業生活に必要な基本的態度を身に付けさせる。
		後期	ア 職業生活に必要な知識及び技能が，自己の向上につながることを理解させる。	イ	自己の社会生活に必要な職業上の知識及び技能を自主的に習得させる。
	出院準備教育過程		ア 職業訓練を通して学習したことを基礎に，自主的に職業上の知識，技能を習得させる。	イ	勤労の喜びを体験させ，職業人として責任ある社会生活を送る心構えを付けさせる。

教育目標	(1) 社会生活に必要な職業上の知識及び技能を習得・向上させ，責任ある職業生活を送る態度を身に付けさせる。	(2) 非行や犯罪被害の事実及び自己の問題点を認識させ，自主的に解決する態度を養い，他人を思いやる気持ちを身に付けさせる。

指導領域別教育目標（生活指導領域）

教育過程			目標(1)		目標(2)
目標の過程別展開	新入時教育過程		ア 非行の事実や非行の原因となった自己のものの見方，考え方，感じ方を見つめさせ，自己の問題点に気づかせる。	イ	院内の基本的な生活様式の意味，必要性を理解させ，規範意識の大切さに気づかせる。
	中間期教育過程	前期	ア 非行の原因となった自己の問題点や非行による周囲への影響を理解させ，問題解決に取り組む姿勢を身に付けさせる。	イ	規則・規範の大切さを理解させ，自主・自律の態度を身に付けさせる。
		後期	ア 自己の問題点や被害の実態等非行の社会的責任を認識し，自主的に問題解決に取り組む姿勢を身に付けさせる。	イ	集団生活の意味を理解させ，他人を思いやる気持ちを身に付けさせる。
	出院準備教育過程		ア 自主的に問題解決に取り組み，自己を向上させていく姿勢を身に付けさせる。	イ	社会的責任の自覚を高めさせ，社会人として必要な心構えを身に付けさせる。

教育目標	(1) 社会生活に必要な職業上の知識及び技能を習得・向上させ，責任ある職業生活を送る態度を身に付けさせる。	(2) 非行や犯罪被害の事実及び自己の問題点を認識させ，自主的に解決する態度を養い，他人を思いやる気持ちを身に付けさせる。

（本表は筆者のまとめによる）

本稿では，過程の進行によって系統的に順次目標が高度になっているという流れをとらえやすいように，主たる領域である生活指導領域及び職業補導の二つの領域について取り上げて前の頁に示した。

(6) 教育内容及び教育方法

　前項で教育過程別に掲げられた目標について，それぞれに対応する教育内容・方法を一覧表に掲げることになっており，これらが，この処遇課程における教育活動の実質的な内容を表している。

　ここでは，それぞれの指導領域別に，教育内容と，これに対応する教育方法が掲げられ，さらに，その内容・方法が予定している対象者が示されている。その対象者は，在院者の全員であるか，特定の過程の在籍者であるか，あるいは必要に応じて選定された者の集団か，又は必要と認められる特定個人か，といったことが一覧表になっているのである。

　実物は全領域にわたって詳細に編成されているが，ここでは次頁の表のとおり，生活指導領域についてのみ掲げておく。この表の全体を見れば，その施設の当該処遇課程が準備している教育内容・方法の全体が掌握できる。

　教育内容としていかなる事柄を選択し，これをいかなる時期にいかなる前後関係，あるいは他の内容との連携の中に配列するか，そして，どのような方法をもってこれを指導するかということが，教育課程を編成する際に最も工夫を要するところであり，そこにそれぞれの教育現場における実践から得た智恵が発揮される。一つの教育内容は更に細分されて，一つ一つの単元となる。それをどうやって指導していくのか，その組立てを示すのが，本書の後半に掲げた一つ一つの指導方法である。

　ここに挙げた教育課程の例において，実際には，次に示す表の中で「指導計画番号」として数多くの指導計画が教育課程の付表とされている（掲載省略）。それに該当する一つ一つに，何時間の課業をどのように組み立てていくか，どのように指導を展開するかという指導計画が立案されている。

教育内容及び方法

指導領域	細目	教育内容	教育方法	教育方法の細目	対象者	指導の形態	指導計画番号
生活指導	問題行動指導	自己の問題点の解決方法を考えさせる指導	章集会	個別課題集会	全員	課業	1
		非行に結びつく各種の問題（家族、不良交友、薬物、交通）について認識を深めさせる指導	問題群別指導	家族問題指導	新入時及び中間期教育過程の該当者	課業	2
				不良交友問題指導		課業	3
				薬物問題指導		課業	4
				交通問題指導		課業	5
		過去を振り返らせ、今後の課題について具体化させる個別指導	一級下個別内省	作文指導	中間期教育過程の者	課業	6
		自己の成長を振り返らせ、生活設計を具体化させる個別指導	出院前個別内省	作文指導	出院準備教育過程の者	課業	7
		自分の周囲の人に対する考え方の変容を図る個別指導	内観	集中内観	必要と認められる者	課業	8
				早朝内観	集中内観終了者	準※	
		健全なものの見方・考え方の内面化を図る個別指導	日記指導	自由日記・テーマ日記	全員	課業	9
		自己の問題点に関する考察を深めさせる個別指導	作文指導	課題作文	新入時教育過程の者	外※	10
					中間期教育過程の者		11
					出院準備教育過程の者		12
		自己の問題点の解決方法を考察させる個別指導	面接指導	個別面接	全員	課業	13
		他人の気持ちを理解させ、自己洞察を深めさせる個別指導	役割交換書簡法	対象者別指導	必要と認められる者	外※	14
		非行にかかわった問題性の指導	非行別グループワーク	薬物問題指導	中間期教育過程の該当者	課業	85
				傷害問題指導		課業	86
				窃盗問題指導		課業	87
				性問題指導		課業	88
	情操教育	家庭的な雰囲気を体験させ、情操の安定を図る指導	対象者集会	誕生会	全員（該当者）	課業	15
		生命の尊さ及び責任感、いたわりの心を育てる指導	小動物飼育	熱帯魚飼育	必要と認められる者	外※	16
				ハムスター飼育			
		沐浴等を体験させることにより、将来父親になるための心構えを養う指導	父親教育	沐浴、おむつ交換、妊婦疑似体験等	出院準備教育過程の者	課業	83
	基本的生活訓練	入院直後の心情の安定を図るとともに院生活をスムーズに導入する指導	導入指導	面接・教材自習	新入時教育過程の者	課業	17
		少年院生活の意識や仕方を理解させる指導	導入訓練	探索課程	新入時教育過程の者	課業	18
		自己表現力を付け考えを深めさせる指導	発表会	読書感想文発表会	全員	課業	19
				意見発表会	全員	課業	20
				青春メッセージ	全員	課業	21
		広い視野と豊かな知見を付けさせる指導	テーマ学習	VTR視聴	全員	課業	22
			教育講話	課題講話	全員	課業	23
	保護関係調整指導	保護者等との関係改善及び円滑な社会復帰を図る指導	保護者会	新入生保護者会	新入時教育過程の者	課業	24
		保護者等との関係改善及び円滑な社会復帰を図る指導		新一上保護者会	出院準備教育過程の者	課業	25
	進路指導	出院後の心構え及び適応の仕方を身に付けさせる。	出院前準備指導	講話・個別面接	出院準備教育過程の者	課業	27
		出院後の帰住先や就職先等についての具体化を図る指導	生活相談	個別面接	全員	課業	28
		職場、家庭、交友関係等における社会適応力の育成を図る指導	出院準備講座	出院準備講座	出院準備教育過程の者	課業	30
				SST		課業	31
				ハローワーク講師		課業	32
				保護観察官講話		課業	33
		社会生活に必要な意識及び知識を身に付けさせる指導	面接指導	個別面接	新入時過程の者	課業	＊
					中間期教育過程の者	課業	＊

準 ※：課業に準じた指導，外 ※：課外の生活指導

⑺　教育過程別週間標準指導時数，各教育過程における指導領域の細目別の教育内容・教育方法・指導時数，及び週間標準日課表

　前項に掲げた教育内容・方法が，各教育過程別に昼間及び夜間の別に分けられ，かつ⑷の教育過程別標準教育期間を構成する具体的な内容，そしてその教育内容を指導するに必要と考えられる1週間の指導時間数として示される。まず，週当たりの指導時間数は，この例では，週当たり46単位が習得時数とされている。

　基準としては，週当たり，昼間をおおむね30単位時間，夜間をおおむね10単位時間とし，40単位時間を下回らない範囲で変更することが出来るとされており，この例のように，対象者や各種の条件・教育環境によっては，これを超えて設定することもあるが，それには，言うまでもなく合理的に説明できる範囲であることが必要である。

各教育過程における週間指導時数
⑴　新入時教育過程
　　週間標準指導時数　46.0単位
⑵　中間期教育過程
　　週間標準指導時数　46.0単位
⑶　出院準備教育過程
　　週間標準指導時数　46.0単位

　この週間指導時数は，具体的な教育内容・方法の集合として組み立てられる。
　次の表は，中間期教育過程の教育内容・方法であり，同様の形式で，他の教育過程についても計画が作成される。

指導領域の細目別の教育内容・教育方法・指導時数

教育課程等	職業能力開発課程（Ｖ２）		教育過程	中間期教育過程		
教育目標	(3)のとおり（P56所掲の表）					

指導領域		細目	教育内容及び方法（課業）		週間課業指導時数	指導領域別合計
			教育内容	教育方法		
昼間	生活指導	問題行動指導	自己の問題点の解決方法を考えさせる個別指導	個別面接指導	2.0	7.0
			自己の問題点（家族，不良交友，薬物，交通）に関する認識を深めさせる指導	問題群別指導	1.5	
			非行にかかわった自己の問題性（薬物，傷害，窃盗，性）の解決方法を考えさせる指導	非行別グループワーク	(1.5)※	
		基本的生活訓練	広い視野と豊かな知見を身に付けさせる指導	テーマ学習	1.0	
		進路指導	社会生活に必要な意識及び知識を身に付けさせる指導	個別面接指導	2.5	
	職業補導	職業指導	職業生活に必要な知識及び技能を身に付けさせ，職業資格を取得させる指導	各種訓練	15.5	15.5
	教科教育	補習教育	自己の学力を計画的に向上させる指導	自己計画学習	4.0	4.0
	保健体育	体育	体力の増進を図る指導	寮別体育	3.0	3.0
	特別活動	自主的活動	自主性・自律性及び責任感を身に付けさせる指導	役割集会	1.0	2.5
		クラブ活動	興味・関心を広げ，余暇の善用の在り方を理解させる指導	クラブ活動	1.5	
夜間	生活指導	問題行動指導	自己の問題点の解決方法を考えさせる指導	問題確認集会	6.0	10.5
			健全なものの見方・考え方の内面化を図る個別指導	日記指導	3.5	
		基本的生活訓練	広い視野と豊かな知身を身に付けさせる指導	教養講話	1.0	
	教科教育	補習教育	自己の学力を計画的に向上させる指導	自己計画学習	3.5	3.5
総　　　　　計					46.0	

※は，対象者のみ選定して指導

そして，この教育内容・方法と指導時数とを，実際の1週間に配列したものが，「週間標準日課表」となる。日課は，起床，食事，就寝等の基本的事項は共通であるが，課業の構成については異なるため，時間割として表現される場合は，当然，処遇課程や教育過程ごとに異なってくる。

　少年院における日課の特徴の一つは，夜間及び休日（土曜，日曜，祭日）においても，最低限必要と考えられる課業が組まれていることである。これは矯正教育の実践を通して作り上げられた日課運営の方法である。安定した寮生活の中で，一人一人が非行の反省を深め，改善更生に向けて努力を継続できる環境・条件を整えることは，矯正教育の効果を高めていくためには不可欠のこととなっている。その実施のためには，教育を受ける者も，教育する者も，たゆまぬ努力が必要であることはいうまでもない。

　日課は，少年の心身と生活に安定したリズムを生み出す。生活のリズムは，集団生活に求められる規律の柱であると同時に，更生に向けた確かな歩調の基礎であるので，安易な変更や恣意的な切り回しがあってはならない。時間を守ることは，ルールや約束を守ることと並んで，社会生活の基本であることを，生活の中で文字どおり体得することができ，それに向けた努力が報われるような生活を保障することが，矯正教育の土台である。

　起床から就寝まで，月曜日から日曜日まで，毎月の1日（一般的には，進級式の日となる）から末日まで，元旦から大晦日まで，あるいは，入院の日から出院の日まで，そのリズムは，軽んじられてはならない。その基盤の上に立って教育効果が最大限となるよう，そのリズムに変化をつけたり，大きな起伏を描き出すことが，教育課程編成上，大切な配慮であることはいうまでもない。

週間標準日課表

週間標準日課表		処遇課程 教育過程		職業能力開発課程（V2） 中間期教育過程			
曜日	月	火	水	木	金	土	日
課業時数	7.5	7.5	6.5	7.0	7.5	5.0	5.0
7:00	起床・洗面・清掃・ラジオ体操						
7:30	朝食・身辺整理・役割活動						
8:30	出寮準備・朝の歌・役割活動						
9:00	朝礼	朝礼	寮別体育(1.0)	朝礼	朝礼	寮別体育(1.0)	寮別体育(1.0)
9:15	職業指導(1.5)※非行別グループワーク(1.5)	生活相談(1.5)		職業指導(1.5)※非行別グループワーク(1.5)	職業指導(1.5)※非行別グループワーク(1.5)	自己計画学習(2.0)	役割集会(1.0)
9:45				テーマ学習(1.0)			
9:55							自己計画学習(1.0)
10:35							
10:45	職業訓練(1.0)	生活相談(1.0)	自己計画学習(1.0)	職業訓練(1.0)	職業訓練(1.0)		自己計画学習(1.0)
11:45 / 12:00	昼食・身辺整理・役割活動						
13:00	昼礼	昼礼	問題群別指導(1.5)	昼礼	昼礼	大掃除 役割活動	入浴 理髪 余暇時間 役割活動
13:10	職業指導(2.0)※非行別グループワーク(2.0)	職業指導(2.0)※非行別グループワーク(2.0)		クラブ活動(1.5)	職業指導(2.0)※非行別グループワーク(2.0)	余暇時間 役割活動	
14:00							
13:30							
15:00							
15:15	職業訓練(1.0)	職業訓練(1.0)	入浴 余暇時間 役割活動	個別面接指導(1.0)	個別面接指導(1.0)	学習等	
16:05	身辺整理・役割活動			身辺整理・役割活動			
16:30	夕食準備・役割活動						
17:00	夕食・余暇時間・身辺整理						
18:00	問題確認集会(1.0)	問題確認集会(1.0)	問題確認集会(1.0)	問題確認集会(1.0)	問題確認集会(1.0)	問題確認集会(1.0)	教養講話(1.0)
19:00	日記指導(0.5)	日記指導(0.5)	日記指導(0.5)	日記指導(0.5)	日記指導(0.5)	日記指導(0.5)	日記指導(0.5)
19:30	自己計画学習(0.5)	自己計画学習(0.5)	自己計画学習(0.5)	自己計画学習(0.5)	自己計画学習(0.5)	自己計画学習(0.5)	自己計画学習(0.5)
20:00	テレビ視聴						指定番組
21:00	1日の反省・就寝準備・役割活動						
21:15 / 24:00	就寝・延灯学習						

＊太線で囲まれた部分は，課業を示す。
※非行別グループワークは，この時間に対象者のみ選定して指導

(8) 年間指導計画

　これまで見てきたものは，新入時から出院時まで，いわば想定される少年像を対象として，時系列的に展開される教育の流れであったが，それは，いわば季節のない，一年を通して展開される無限軌道のようなものであり，またそれは，既に述べたように，同時に幾つもの過程が重層的に進行しているのである。他方，実際のカレンダーに沿って，現実の時間と密着して進行するもう一つの流れがある。それが，年間指導計画であり，そこには，年度の始期から終期まで，通年で計画される各種の教育活動が掲げられている。

　これらの教育活動・行事等は，重層的に展開される実際の教育活動（教育課程の実施）が，どの時期に開始されたものであっても，総じて偏りが生じることのないように組み立てられていなくてはならない。

　同種の企画が，年を通じて何回か設定されることで，いずれかの時にはそれを体験できるようにする，あるいは，最も適切な時期に体験できるようにするという配慮が必要である。例えば，正月ほかの節句，観桜会，プール開き，運動会，収穫祭といった季節の催事は生活に節目をつけると共に彩を添え，情操教育上も重要であるが，同じ行事を年間幾度も組むわけには行かないため，これらを通年でバランスよく計画し，順次体験できるようにするのと併せて，少年一人についてみた場合，先輩の寮生が中心となって進める行事に参加し，また，自らが運営に携わるような体験を積むというように，多様な体験ができるように組まれる必要がある。また，少年一人について見た場合は，入院のときが教育課程の始まりであるので，当然ながら，暦の上では途中から体験を始めることになる。

　季節の催事のほか，寮集団が団結し努力を傾ける目標となる競技会，将来の生活設計に基づき，こつこつと積み重ねた練習の成果を試す各種検定試験等，教育上有意義な行事はたくさんあるが，教育課程の中に組み込む場合は，すべてを組み込むことはできないので，ここでも精選することが必要である。

　また，少年院生活を安心で安全なものにするための行事も必要であり，防災・避難訓練のほか，心情の安定を図り，進んで悩みや心配事を打ち明け，相

談できる雰囲気で定期的に訪れる職員との相談日や検査日を設定するといったことも，在院者の安心感の基礎として必要なことである。
　ここに掲げた例では，社会生活への円滑な導入を図るため，矯正教育の中核的な指導領域である生活指導領域に関する行事は，多くが毎月の定番として安定した生活の基盤を固めて，生活のリズムを作り上げることを目指しているのに加え，保健・体育領域と特別活動領域の活動・催事が季節感をかもし出して多様で豊かな経験を積ませ，職業能力開発課程（V2）という処遇課程の柱として将来の職業生活の基盤を築く職業補導領域や教科教育領域においては，多種多様な資格取得試験と基礎学力の向上を目指す検定試験など組まれているところに特徴が出ている。

年間行事計画表

月	生活指導	職業補導	教科教育	保健・体育	特別活動（行事）	備考（その他の行事）
4月		基本情報処理技術者試験 初級シスアド試験			観桜会	
5月		ガス溶接技能講習 クレーン玉掛け特別教育				母の日の集い 総合防災訓練
6月	意見発表会 観察所往訪	簿記検定 アーク溶接特別教育 CAD技能評価試験 J検定 危険物試験	漢字能力検定			
7月		販売士試験 JIS検定			プール開き	七夕飾り作成 管内少年院剣道大会
8月	夏休み（夏季特別日課）			着衣水泳訓練 水泳大会	盆踊り大会	
9月	観察所往訪	ガス溶接技能講習 危険物試験 クレーン・玉掛け特別教育			運動会	彼岸法要（秋分の日） 総合防災訓練
10月		販売士（2級）試験 基本情報処理技術者試験 初級シスアド試験 アーク溶接特別教育	読書感想文発表会			
11月		簿記検定 CAD技能評価試験 JIS検定 クレーン玉掛け特別教育	漢字能力検定		収穫祭	
12月	冬休み（年末年始特別日課） 観察所往訪	J検定			演劇祭 クリスマスの集い	クッキー作り
1月	成人式 青春メッセージ発表会	ガス溶接技能講習				
2月		簿記検定 販売士試験 アーク溶接特別教育 クレーン玉掛け特別教育	漢字能力検定		サッカー大会	避難訓練
3月	観察所往訪	JIS検定 危険物試験				彼岸法要
毎月	進級式 生活相談 生活調査 給貸与品検査 誕生会 保護者会（新入生、新1上） ハローワーク講話	CS試験（3、4月除く） 建設機械特別教育（8月除く）	基礎学力テスト	体育種目 ・夏季：水泳 ・他は球技（バレー、バスケット、ソフト、サッカー） ・月例球技大会		院外訓練 自然歩道奉仕活動 福祉施設奉仕活動 BBS交歓会
その他						

(9) 教育課程の実施上の留意事項及び教育課程の評価上の留意事項

　この例では，最後に，以上のとおり編成された教育課程を施し，その結果を評価するに際しての留意事項が示されている（掲載省略）。

　教育課程実施上の留意事項としては，一般的留意事項と，各過程別の留意事項が掲げられている。この例では，在院者一人一人を大切にし，個別の教育的必要性に対応した教育を行うという基本的な姿勢が示されるとともに，各過程にある少年の特性を踏まえながら，系統的に，かつ，段階的に教育を進めていく上での留意事項及び教育課程を評価するうえでの留意事項が示されている。教育課程は，運用しつつ改善される必要があり，適時，適切な点検が基本である。各項目を子細に見ると，いずれも教育現場の重要な観点・留意点が掲げられている。

　これらは，教育課程管理のシステムとして基準達示をまず発出して，それに基づいて教育課程を編成するという構造の場合，むしろその基準となる規程に掲げられる内容でもあるが，留意を促すという意味で，あえて教育課程の中に示すことの意義もあろう。

　以上，一つの処遇課程に編成された教育課程の具体例を概観したが，この教育課程は，必要な事項を極めて簡潔に，要領よくまとめ上げてあり，全体を把握しやすい構造となっている。

　少年院における教育課程が明確な形をとり始めて以来，四半世紀を経たに過ぎないが，この間，矯正教育にふさわしい固有の教育課程の在り方をめぐって，さまざまな議論が展開され，実践が積み重ねられてきた。その担い手である少年院教官についても，法務教官採用試験制度の確立，基礎科・応用科等の専門研修の充実などにも格段の進展が見られる。しかし，教育の歩みに完結や終焉はありえず，しかも，少年非行は，常に時代を先取りしながら，新しい課題を投げかけてくる。その意味でも少年院における教育課程は，今なお開発途上にあるといってもよい。矯正教育の専門家たる少年院教官は，その専門性の重要な柱として，教育課程を編成し，実践し，評価するという力量を磨き続けねばならない。拙稿が，

その一層の充実の一助となれば幸いである。

なお，教育課程の引用に際しては，筆者の責任において，趣旨を損なわない程度に一部補正を行っていることをお断りしておきたい。

参 考 文 献

(1) 法務省矯正局教育課『少年院教育課程の手引き』（古田薫の研究をもとに矯正局がまとめた矯正教育執務資料）2000
(2) 副島和穂『矯正教育序説』未知谷　1997
(3) 保木正和『矯正教育の展開』未知谷　2002

第3章

矯正教育における授業実践

第1節 授業の組立てと展開

授業の組立てと展開

梅 村 　 謙
（東京矯正管区）

●はじめに●

本節では，授業の組立て方（教育目標に基づく指導計画立案の在り方）と授業を展開（指導計画に基づいた授業実践）する場合の留意事項について述べる。

1 授業成立の基盤整備

授業の質は，教育する者の教育内容に関する高い専門性に裏づけられた技量によって半ば規定されるものである。

しかし，授業という教育活動は，①教育する者とされる者の関係とそれぞれの在り方，②教室や教具などの教育設備の実情，③施設の教育目標や教育計画などの大枠から要請される個々の授業の枠組み，④教育運営に携わる人や予算から来る制約，⑤施設を取り巻く地域環境との関連の影響と深くかかわっている。

そこで，ここでは質の高い授業を実現するための前提条件について概略する。

(1) 指導環境の整備
　ア　人的・物的資源の把握

㋐　施設の教育資源を把握しておくこと
　　　①人の問題～教育部門職員の中に，どんな指導資格を持った職員がいるのか，どのような指導領域・指導内容に専門性を持った職員がいるのか，②設備の問題～体育館等の建物や視聴覚機器等の教育設備は整備されているか，③予算の問題～教育活動に必要な予算は手当てされているかを把握し，その範囲内で最大限の効果が発揮できるよう，教育計画を立てる必要がある。
　　　さらに，新たな教育活動を実施する場合には，活用できる教育資源や不足する教育資源を予測して，実施計画を立てる必要がある。
　㋑　地域の教育力にも目を配ること
　　　勤労体験先や奉仕作業先の確保，野外訓練の適地など院外教育に関連した事項，あるいは職業講話，専門技術指導等の民間協力者の有無，施設に対する地域の協力や連携の有り様を把握しておくと，教育活動の選択肢が増える。また，普段から民間の活力や教育力を活用できる良好な関係を維持する努力が欠かせない。
　イ　授業時間外の教育環境整備
　　　少年院は教育・訓練の場であるとともに，寮を中核とした生活の場でもある。教育の場と生活の場を連携させ，教育的な環境にするように努める必要がある。このためには，以下のことが考えられる。
　㋐　宿題を出せるような学習環境作りに努めること
　　　寮との連携（宿題や自己学習ができる時間が確保された日課編成），寮の教官の協力（復習・予習の促進，その他SSTの宿題の練習環境確保等）など施設全体が教育的な環境であるように整備を進めることが必要である。
　㋑　参考書等の少年が利用できる資料を整備すること
　　　図書，関連資料，参考書，ビデオ教材など自学自習ができる環境を整備する。調べたいとき，知りたいとき，他の意見を参照したいときに手を伸ばせば届くところに資料をそろえておくことが少年の自発的な学びを促進

する第一歩である。
(ウ) 更生的風土（互いの成長を支え合う雰囲気作り）の醸成が重要であること

　授業で学んだことと生活実感のかい離，学ぶ意欲が疎外される集団雰囲気があると授業内容が身に付くことは望めない。これまでの少年院の経験は施設の更生的雰囲気が授業の効果的成立に欠かせないことを教えている。

ウ　施設の処遇力の向上

(ア) 研究授業の勧め（指導技術の共有と向上）

　良い授業は，単独あるいはわずかの職員の献身的な努力では実現しないと思われる。施設の処遇力を高めることが良い授業の実現の必要条件である。職員が切磋琢磨し，教育的雰囲気が高まることが施設の処遇力向上に直結している。研究や練習なしに授業実践の実力は高まらない。このためには施設内で研究授業を活発に実施することが望まれる。

　保木正和「矯正教育の展開～研究授業の行い方と見方～」（未知谷2000）によれば，研究授業のタイプには，①ベテランが範示するタイプ，②新任職員等が実施して，助言者に指導を受ける研修型タイプ，③教材や指導法等の問題点を検討する問題提起タイプ，④ある目標を研究し，その途中経過を取り入れた授業を実施してその効果を検討する研究タイプ，⑤研究成果を発表する成果発表タイプがある。施設の処遇力向上が求められる現在，ベテランも若手もすすんで各種タイプ，特に研修や研究タイプの研究授業を行うことが必要である。

(イ) 施設間の交流

　他の施設の単元指導計画（指導案を含む。）を相互に活用することも望ましい。新鮮な教材，別の指導方法，新たな指導の観点等を導入でき，授業を刷新できる可能性がある。他の施設から転入してきた職員から意見を聴取することもよい。

(2) 指導者に要請されていること
　ア　対象者の理解
　　(ア)　資料からの理解
　　　　教官は自分の担当する授業の効果的実施の観点から，少年のレディネス，能力，興味・関心，行動上の問題性等を，少年簿，行動観察，作文，日記，面接，導入テストなどから理解しておく必要がある。
　　(イ)　変わりつつある非行少年像を把握すること
　　　　「少年は時代の子」であるから，少年が影響される「社会の風潮，時代相」を把握し，「何に価値を見いだし，何を求めているのか」など少年の変化を知り，固定した見方を避けることが必要である。
　　(ウ)　少年を理解する新しい切り口を学ぶこと
　　　　例えば，最近では，広汎性発達障害という概念で少年を見ることができるようになってきた。つまり理解の仕方が進み，見えなかったものが見えるようになることがある。これまでは，「授業中，落ち着きのない困った子」であったが，新しい見方により，「気が散るのを自分でも止められないで困っている子」という見方もできるようになってきた。ここからそれなりの方法で指導をすることができるようになってきている。
　イ　指導技術を支える基盤
　　(ア)　教官と少年の人間関係
　　　　「好きな先生だったので嫌いな科目が得意になった」，「信頼する先生に叱られて目が覚めた」など，教育技術の巧拙や指導計画の優劣によらないで，効果が上がり，あるいは心に届く授業が実践されている現実がある。これは教育が，教育する人と教育を受ける人との人間関係に基礎をおくということから生じることであろう。
　　　　村井実は，「教育学入門（上）」（講談社学術文庫　1976）で，「教育はもともと若者の善さを願う人間とともにあったし，今後もまたそうした人間とともにあるのだ」と述べている。また，教育の実践記録を読むと「願い」という言葉が出てくることが多い。矯正協会発行の矯正職員による体験談

集『喜びと苦しみと』は，その願いに基づく実践集と言ってもよい。すなわち，教育における人間関係は，「相手を善くしようとする働きかけ」という特色を持ち，この基盤に教育技術が根づいているのである。

教官と少年の人間関係の在り方や，教師の「願い」の具体的な実践手引きとして，名古屋矯正管区監修の「困った時のこの一冊～少年指導のヒント～」，札幌矯正管区編の「少年処遇の基本～若い職員へ伝えたいこと～」がある。

(イ) 教官に要請されていること

良い授業が成立するには，次のことが必要である。①教官と少年との間に信頼感が通っている必要があること。このためには職員に誠実さが要求される。その誠実さは少年の成長を願うことにその基礎を置いている。また，共感的態度も必要である。②少年の更生可能性を信じ，その可能性を引き出す働きかけが教育であると観念すること。③個々の多様性に着目すること。少年は「自分は自分であり，他と違う私に関心を持ってほしい」と思っている。少年の多様性への理解は少年への関心を持ち続けることにより深まる。④授業は少年と教師が協働して作り上げるものであること。少年の活動・参加が授業の基礎に置かれている。講義であっても，少年に活発に考えさせる工夫がいる。しかし，少年院の授業には根底に教官の指導性があることを忘れてはならない。⑤教官には，同一化の対象となるという覚悟が必要であること。教官が尊敬されていること，あるいは少なくとも親しみの対象であることが教育には必要である。とりわけ態度や行動の変容には，感化という現象が大きく働くという。慎重で落ち着いた立ち居振る舞い，清潔で場にあった身だしなみ，温かく，かつ，けじめのある言動，教官にふさわしい知的探求心と努力などを少年は求めている。

ウ 指導者としての自己理解

対象者の理解と並んで，教官自身は，「自分がどんな教官なのかを理解すること」が必要である。少年院で少年と接していると，どうしても自分に馴染んでこない少年がいることに気づくことがある。どうしたらいいのか悩む

ものだが，その少年に対する自分の感情を振り返ってみると，自分もその少年に何かしっくりこないものを感じていることがある。「よい教師はえこひいきしないとか，より好みしないという教師の神話」があるものだから一層悩む。相性といわれる問題であるが，近藤邦夫「教師と子どもの関係づくり」（東京大学出版会　1994）によれば，この相性には，その教師に特有の少年を認知する枠組みや視点，つまりその教師がどんな人間になりたいか，あるいはどんな人間像を望ましいと思っているかが関係するという。また，その教師の身に付いている行動様式や行動傾向が反映するという。教官は，少年を認知する枠組みや視点に関して，自分はどんな傾向なのかを調べ，自分のそれまで気がつかなかった偏りを自覚して，意識的に別の視点で見てみると，少年の良いところが見えてくるかもしれない。

2　組立て（準備）～　構想・設計

　教育活動の展開手順は，①施設の教育目標の設定→②（教育内容の選定と体系化）教育課程の設定：指導領域の設定と指導領域別教育目標の設定及びこれに応じた教育内容の選定と指導時数配分の決定→③（指導計画立案）単元設定とその配列：具体的教育内容と主たる指導方法の選定及び年間指導計画の作成→④（具体的展開）単元の教育目標に応じた教育内容の選定と具体的教育方法の選択及びその配列：月間指導計画・週間指導計画の作成→⑤（具体的実践）指導案作成と，これに基づく教育活動実施と考えられる。

　①，②及び③についての基本的な考え方については前章で触れているので，ここでは③及び④における具体的な留意事項について述べることとする。⑤については，次節で詳述される。

(1)　**教育課程と単元目標（教育計画）**

　単元に基づく指導計画の立案に当たっては，教育課程に規定されている当該単元が担う教育目標及び配当時数を確認し，年間，月間，週間の指導計画を立てる。

　この指導計画作成には，前記教育目標を分析して目標を明確にすることが大

切である。教育目標については，梶田叡一の目標の３類型（「絶対評価〈目標準拠評価〉とは何か」小学館，2004）による考え方を検討することが参考になろう。すなわち，達成目標（少年に身に付けさせる目標：例，知識，理解），これに対応した向上目標（達成目標の修得を通じて少年が成長する方向性：例，論理性，客観性）と体験目標（例：発見，気づき）の３類型である。目標分析に基づいて小単元とその達成目標を設定し，これを達成するための教育内容を選択する。次いで教育内容を少年に修得させるための教育方法を選択する手順を踏む。教育内容設定に当たっては，どんな方向性を持たせるのか（向上目標），どんな体験を付与するのか（体験目標）を設定指針として検討する必要がある。

　具体的な授業の組立てについて，梶田叡一（前掲書）によれば，次のようになる。①単元目標の分析：この単元の活動によって形成されるべき最低限，最小限のもの（単元目標）は何であるか。この単元の達成目標，体験目標，向上目標は何か。目標相互の関係はどういう関係か。②単元の授業設計：それぞれの目標はどのような具体的活動を通じて達成されていくか。単元全体の流れ（問題提起→追求→まとめ→定着化）をどのように設計するか。どのように評価を組み込むか。③指導案の作成と授業の実施。④形成的テストの実施及びその結果に基づく補充・深化指導。

(2) **教育目標と授業の組立て**

　良い授業をするためには「どこに少年を連れて行くのかを明確にしておくこと」が大切である。教官がこのことを把持していなければ，授業は羅針盤のない航海となる。また，授業は教官と少年の共同作業であることから，少年にも，授業で達成すべき目標を明確にしてやること（取り組むべき課題の提示，必要性の自覚化，意欲の喚起，達成度のフィードバック）が欠かせない。

　ア　教育目標の明確化

　　単元の教育目標は，次の観点から明確にしておくことが求められる。①達成することを明確にすること。この点から行動の変化を観察する視点，考え方の変容を把握する視点などが明確にされていなければならない。②教官

は，少年が目標を達成したときのイメージを描けること。これと関連し，評価の判定基準が教官の中にあることが必要である。各教科の指導の場合とは異なって，少年院における授業の多くの場合は総合的な指導であるので，認定評価に近いものになる傾向が強い。この客観性を担保するのは，複数による評価，評価（認定）基準の明確化，評価基準の妥当性の維持努力（追跡調査，諸科学の知見の活用，被評定者の自己評定との比較，関係者の評定との比較等）である。③授業の対象者の資質，能力，準備性，必要性に基づき設定すること。④満足感をもたらす目標を設定すること。達成感（成長した，やり遂げたと感じる授業），充実感（役立った，身に付いたと感じる授業），知的興味（そうだったのか，はっきりした，おもしろいという授業）を持たせることが必要である。⑤中核となる目標とその周辺の基礎目標及び発展的目標とに分けて考えることが必要である。このことは，この単元の中心となる目標を精選することと換言してもよい。教育目標達成における重要度に基づいてテーマを選択し，他は基礎又は発展的目標として編成することである。

イ 小単元のごとの指導計画の作成

大単元の目標を細分し，小単元の目標を明確にする。小単元の目標に個々の授業を割り当てるが，小単元の目標を1単位時限ごとに割り振る必然性はなく，2単位時限を割り当てても良い。先に述べた中核目標だけは確実に達成するように授業計画を立てることが大切である。

単元の授業計画作成に当たっては，①各小単元目標を達成するためどんな活動をするかを検討する。②大単元全体を小単元により組み立てる際は，別の観点や第三者の見方の提示（揺さぶり～客観的事実など少年の既成の概念に対する問題提起）→これを踏まえた少年の反省や振り返りなど問題点の追求→問題点の明確化と解決策等の検討→学習結果の定着のための活動の順で組み立てる。③形成的評価（後出の「評価の項」で説明）を計画して組み込む。計画に当たっては，この評価によって授業計画をどのように修正するかを検討しておく。

なお，教育目標の配列については，適時性（タイムリーさ），累加性（継続性，積み重ね，発展性），順次性（易から難へ，基礎から応用へ）について考慮する必要がある。
ウ　教材の整備
　(ア)　教材整備の必要性
　　　少年院では担当者である教官が交代で指導することが多いことから，複数の教官が系統的な指導ができるように，一般的・概略的な指導内容を箇条書きにした指導案を用意しているところが多い。しかし，用意された教材は，時の経過とともに古くなることを免れない。さらに，年々，少年の質や問題も変化している。
　　　そこで，毎年見直しがなされる単元の教育目標と教育内容及び配当時数に基づいて，担当者は教育内容を小単元として細分して配列し，各小単元の教育テーマの理解を促進する教材を更新し，あるいは開発する必要がある。教材として新聞記事が添付されていれば，これを読み込み関係資料を用意しておくこと，記事が古ければ最新データに基づく同種の記事を探すとか，あるいは別の素材を探すこと，これが授業成立の最低の条件である。
　(イ)　教材研究（解釈），あるいは教材開発に関する工夫
　　　教育内容は，抽象的で見えないものである。教材はこの教育内容を具体化したものであり，少年に見えるものとして提示して習得を容易にする。したがって，少年が既に持っている知識や体験を下敷きにすることによって，類推を容易にしたり，イメージしたりができるようにする教材を用意することが望ましい。また，少年の興味・関心の方向を踏まえて素材を選ぶこと，少年の理解力にあわせた教材とすること，できる限り新鮮な素材（話題，トピック等）を選ぶことなど，教材研究や教材開発に関して工夫を要することは少なくない。
　　　ところで，教材は，教材として用意されている場合と，用意されていない場合とがある。教材がある場合には，教官には教材研究（解釈）が欠かせない。例えば，教科書は教材として既に用意されている。教官は教材の

持つ教育内容を十分に自分のものとして授業に臨む必要がある。これが教材の解釈である。教材がない場合には，教官は素材を材料にして教材を開発・作成する。

(ウ) 教材開発・作成の際の留意事項

次に，教材開発に当たって留意すべき事項について述べる。①素材を教材にするのは教官であること。何を少年の中に実現したいのかという願いやねらいが不可欠である。このねらいを持って素材を集めることが教材開発の一歩である。②素材集めは毎日継続すること。有田和正（「教材開発に必要な基礎技術」明治図書　2003）によれば，素材集めのポイントは，「＊幅広く（新聞・雑誌・視察・見学などさまざまなジャンルや活動から），＊新鮮が基本（ネタも新鮮，教官も新鮮な気持ちで），＊問題意識を常に持って，＊骨惜しみしないこと」という。③教育目標に適した教材を目指すこと。単元や授業については，目標分析に基づく計画と実施が基本である。そこで教材を開発する際，その単元や授業は何を目標としているのかをしっかり押さえておくことが大切である。目標のカテゴリーを，「＊知識・理解の深化，＊技能の習得，＊思考力・判断力の養成，＊関心・意欲・態度の涵養，＊体験の付与の5つに分け（前掲書による。）」，それぞれに適した内容と方法を採用する作業が必要となる。そこで，この目標達成のための教材作成に役立つ素材という観点から素材を収集することが必要である。④教科書を作るつもりで。複数の教官が使うことを前提として作成することが大切である。作成意図を自分だけ理解しているのでは，他の教官は使えない。出典を明示し，また，指導目標との関連を明らかにするなど，他の教官が教材解釈に当たって困難がないようにしておくことが必要である。⑤噛みごたえがあるように。自分で考える必要がある教材にする必要がある。噛み砕いてあるもの，答えがすぐに出てくるものでは力がつかない。少年が自分の力を精一杯使い切ることを必要とする教材であることが望ましい。

3 展開（授業の実践）～ 授業の展開

(1) 指導案作成上の留意事項

ア　理解しやすい授業を計画する。

　　このためには，①イメージのふくらむ授業にすること。図解，写真など視覚的イメージに訴えるもの，少年の持っている体験から類推させることなど，具体性を持たせた授業を目指すとよい。②テーマを絞り，そのテーマをはっきりさせた授業にすること。それには，焦点を絞って教えることである。こうした配慮によって，少年には今何に取り組んでいるのかが分かって，集中することができる。

イ　引きつける授業を計画する。

　　このためには，①少年が自分の役に立つと思える授業をすること。少年が授業に真剣に取り組むのは，その授業が自分の役に立っていると思う時である。少年の興味・関心にかかわる教材を準備し，少年が自分の立ち直りに役に立っていると思う授業を準備することが大切である。また，②達成感を味わえる授業をすること。少年がやり遂げた満足を味わえるほどの取組み甲斐のある困難度を組み込むことである。③少年が参加する授業を計画すること。授業においては，少年が「かかわる，活動する，参加する，話す，発表する」ことが大切である。少年が受け身の授業は，退屈で生き生きとしていない。④リズムのある授業にすること。例えば，「序破急」，「間」，「流れ」などに配意することによって授業の盛り上がりを演出して集中させる。具体的には，間を作って息をつかせ，反芻させるなどリズムを作る工夫等が考えられる。

ウ　定着させる授業を計画する。

　　このためには，①既知の知識・経験を活用した授業をすること。少年がすでに持っている知識・経験を下敷きにして考えることができる工夫をした授業をする。②気づかせる授業を工夫する。最初から正しい答えが用意されている授業でなく，少年が考え，類推し，発見するように導いていくように計

画する授業である。③分かることが楽しい授業にすること。前述の「役に立つと思う授業，参加する授業」なども同様であるが，少年自身が自発的にかかわっていく授業である。④繰り返す授業を工夫する。結論は同じであっても，いろいろな角度から繰り返し取り組ませて，検討させる授業にする。

エ　一人一人を見詰める授業を計画する。

理解力や判断力，経験の量や質，問題の認識がそれぞれに異なる少年に対し，効果的な働きかけを組み込んだ授業である。個々の少年の反応を予想して発問すること，課題も難易を考えておき授業中に手待ち時間を作らないこと，授業テーマに関する経験の質と量の違いがあり，学習の深まりに違いが生じるだろうことを知っておくことなど一人一人に配慮した工夫をしておくことである。

オ　話し方や発問をよく練った授業を計画する。

少年が論理を追えるように話す準備，短く話す準備，的を絞って話す準備，やさしい言葉で話す準備など話し方を工夫しておくことである。発問も，理解の程度の確認か，フィードバックのためか，揺さぶりをかけるためかなど，発問の意図を明確にして内容を練っておくことが大切である。

(2)　授業展開上の留意点

具体的な教育方法や指導技術については次節で詳述されるので，ここでは授業を進める際の基本となる心構えについて述べる。

ア　指導の原理と原則

このことについて，保木正和は，「矯正論文集（少年矯正教育）　矯正協会　1988」で，簡潔に次のように述べている。①毎日，毎回，毎時新しい気持ちで臨むこと，②教授法の法則や指導技術について熟知すること，③授業あるいは指導全体についての展望をもつこと，④正確に教えること，⑤単純明快に教えること，⑥決めたとおりに教えること，⑦必要以上のことを教えないこと，⑧二つの内容や動作を一つにする工夫をすること，⑨瞬時に最善の判断をすること，⑩基本の基本を教えることを大事にすること，⑪在院者の失敗や誤り，また，後始末を丁寧に指導すること，⑫不安定な知識，技能，

態度を安定させてやること，⑬進度，能力，興味を注視し，しっかり受けとめてやること，⑭一瞬に見せる長所や短所を見逃さないこと，⑮共感的，協同的な一体性をもつこと。

イ　授業を展開する（組立て，進行する）際の心構え

　授業する際における心構えや指導技術については，次節に詳しく述べられているので，それを参照願いたい。

　ここでは，授業中に少年を「叱る」ということについて考えてみたい。「叱る」ことはこれまで否定的なニュアンスで語られることが多かったように思う。「少年の自発性の尊重」や「教師と少年の上下関係の省察」，あるいは「進歩的な教育学的思潮の立場」から「叱る」ことは避ける方がよいと考えられてきたように思う。

　しかし，「叱る」ことは古来主要な教育方法であった。非難されるべき叱責は，憶測に基づく叱責，感情の高ぶりにまかせた叱責など，誰しも不当な叱責と納得できる叱責である。子の幸せを願う親は叱り，弟子の成長を願う師匠も叱った。まして少年の全人的な成長を願う教官が叱らないでいいはずがない。叱るべき時に叱ることのできる教官になれるような日ごろの研さんと努力が大切である。

　何を研さんし努力するか。少年に伝えるべき内容に関して専門家であること，少年の成長発達に必要と考えられること，教官が自己を律するに厳であることが最低限必要なことと考える。

4　評価（点検と修正）〜　分析・評価

(1) 指導と評価のかかわり

　良い授業をするために，授業実践を指導と評価のかかわりから見た場合，①対象少年の能力，興味，教育の必要性などを理解（診断的評価）して，対象少年に適した授業を計画・実施し，②授業の経過の中で学習進度や習得の程度を一人一人の少年にフィードバック（形成的評価）してやって，少年が学習成果を挙げることを促進し，③単元（あるいは小単元）が終了する時には少年の教

育目標達成度を把握（総括的評価）して補習授業を計画するなど，今後の教育計画の修正に活かすことが行われている。

　診断的評価の資料は，鑑別結果通知，成績経過記録，行動観察記録，編入時アンケートなど多様であるが，教育目標達成にかかわる資料を教官が集め評価することが大切である。これが少年を理解することの基礎となる。データに基づかないままに少年を理解するには漏れが生じ，授業の展開に支障が出る。

　形成的評価とは，発問や小テストなどによって少年の発言や態度を評価し，その結果を個々の少年に示すことである。このことによって，少年は自分に欠けている点や努力すべき方向性が分かり，達成度を高めることができる。少年の望ましい発言に対して，教官が大きく頷くことも形成的評価である。形成的評価のフィードバック機能は非常に大切であり，教官は常に形成的評価の観点を忘れてはならない。また，小単元ごとの小テストやいくつかの小単元を終了した時点での理解度あるいは到達度の評価を実施して授業計画を修正することなどは教育活動に内在的に組み込まれた評価であり，この評価を計画的に実施することが，授業の質を左右する。

　総括的評価は，教育目標の達成度を評価するもので，例えば，講座や単元が終了する時など単元目標に関わるテーマについて作文を書かせ，あるいは討論させ，あるいは演技させて少年の理解の程度や自己省察の程度を図ることである。出院時の感想禄やアンケートを分析して問題群別指導や集会活動などの教育活動に対する少年の評価を抽出し，総括的評価の資料とすることも大切である。

　なお，評価は教官が行うことを原則とするが，少年自身による自己評価，少年同士の相互評価，第三者による他者評価をも併用することにもそれぞれ意義があり活用されている。

(2) **評価基準を共有する努力**

　少年院の教育は，梶田叡一による目標類型から見ると，「知識や理解に関わる指導（わかる）」や「技能の指導（やり方が身に付く）」にとどまらず「価値や態度にかかわる指導（構えや意欲が身に付く）」に比重のかかった授業が多

い。例えば，対人関係に問題のある少年の例を見ると，「協調行動の大切さの理解（分かる）」や「SSTによる対人関係技術の習得（やり方が身に付く）」とともに，温かい人間関係を体験させることや感動体験を付与するなどを通じて「協調的構えに変容（構えが身に付く）」も指導している。これは点数としては顕れない達成度を評価しなければならないということを意味している。これについては，複数による評価，評価担当者間における評価基準の擦り合わせが大切である。適正な評価があって初めて，授業の組立て方や展開の仕方が適切であったか，ひいては授業の出来・不出来が判定できると言えよう。

参 考 文 献

(1) 横須賀薫編『授業研究用語辞典』教育出版　1990
(2) 梶田叡一『絶対評価〈目標準拠評価〉とはなにか』小学館　2004
(3) 有田和正『教材開発に必要な基礎技術』明治図書　2003
(4) 向山洋一『授業の腕をあげる法則』明治図書　1985
(5) 向山洋一『続・授業の腕をあげる法則』明治図書　1986
(6) 小林幸雄編著『向山式指導の原理原則小事典』明治図書　2003
(7) 森部英生『入門教育十五講』川島書店　1987
(8) 近藤邦夫『教師とこどもの関係づくり』東京大学出版会　1994
(9) 佐伯胖ほか『すぐれた授業とはなにか』東京大学出版会　1989
(10) 佐藤学『教育方法学』岩波書店　1996
(11) 山下政俊・湯浅恭正編著『教育の方法』ミネルヴァ書房　2001
(12) 保木正和『矯正教育の展開』未知谷　2002
(13) 村井実『教育学入門（上)』講談社学術文庫　1886

教え方の基礎と応用

宮 本 史 郎
(瀬戸少年院)

1 はじめに

　教えることは我々の職務に不可欠のものである。法務教官であれば，だれもが効果的で実効性のある指導法を身に付けたいと考えている。このことは，何も授業に限ったことではない。我々は，日常生活のいろいろなところで非行少年を指導している。ところが，これまで指導法や教え方についてまとめられた文献は少ない。そこで，本稿においては，生き生きとした指導を展開していくために，留意すべき事項について考えてみたい。

2 「行儀のよい少年院生」考

　総じて少年院生は行儀がよい。授業中背筋を伸ばして，手を膝において（又は机の上において）教官を注視している。「分かりましたか」と問うと「ハイ！」と元気で大きな声が教室中をこだまする。
　これは少年院で授業をしたことのある人なら，必ず経験する一コマである。特に部外講師の方々の目には新鮮に映るようで，「こうした場景には久しく接して

いない。気持ちのよいのものです」と絶賛される。

　このことを私たちは素直に喜んでよいものだろうか。少年院で授業を「まじめ」に受けている少年たちの多くは，学校ではほとんど授業を受けていない。怠学や授業妨害を繰り返し，むしろ学校側にとっては邪魔者で，いないほうがよい存在であった。そんな彼たちが，おとなしく授業を受けている。私語や離席の多い学校の現状を考えると，非行少年ばかりの教室で静ひつが保たれていること自体に驚嘆されることは十分に理解できるが，少年院の持つ特殊性を加味して考察すべきことと思う。

　少年たちは学ぶために自らすすんでやって来たわけではない。保護処分の執行場所として，本人の意思とは関係なく，少年院に強制的に収容されたことが，当人たちの行動を過度に規制している部分がある。「悪いことをした結果，罰としてここに入れられてしまった」と考えている少年たちは案外多い。表面上の素直さには，落とし穴があることを私たちは知る必要がある。形だけ取り繕うことに精一杯の少年にとっては聞く余裕はないであろう。また，緊張の強い少年であれば，教官の声が聞こえていても，あまり頭には残らないであろう。個人的には少年院の授業に見せ掛けの行儀のよさを求めるべきではないと考えている。聞きやすい姿勢でリラックスさせることを心掛けたい。私語や離席を許すわけにはいかないが，手を膝において，背筋を伸ばしては必要だろうか！

　肝要であることは，少年たちの個々の表情をじっくり見ながら，理解度を確かめつつ，授業を展開していくことである。法務教官に何よりも求められるのは，学校で落ちこぼれた非行少年を少年院で再度落ちこぼれさせるわけにはいかないという信念で授業に臨むことである。

3　「指導案作り」考

　授業を行う際に，必要となってくるのが指導案である。指導案は，「教育課程に基づいて，教官が一定の時間枠ごとに課業を実施する際に，単元ごと，単位時間ごとの指導の進め方，展開の仕方をまとめた具体的な教育実施計画」であるが，この指導案を作成する上で留意しなければならないことが幾つかある。

① 一度作ったから終わりではない。
② 標準指導案は MY 指導案に修正しなければ使えない。
③ 毎時対象者に応じた変更が大切である。

①は，頭で分かっていても，現実にはなかなか見直しをするなど困難であるということである。日常業務の多忙さや指導案を離れての授業が経験上できるため，おおもとを直そうとする動きにならないからだ。②は，各施設で整備されている標準的な指導案は，一定程度の授業レベルを保つために作成されたものであり，それが直ちに実際の指導案となるわけではないということである。必ず，自分の教え方に合う形にアレンジする作業が必要となる。③は，教える内容は同じでも，対象者のレベルはまちまちであり，理解度は異なるものであるということである。指導案についても武道の「守・破・離」の考え方は応用でき，同じ指導案に固執するのは教条主義に陥る危険性をはらんでいる。

指導案作成のノウハウについては，別の稿でも触れられると思うが，かつて，「刑政」誌にも連載されたことがあるので，是非参照していただきたい（第111巻７月号～９月号（平成12年）「実務講座―指導要領の作成方法（日下部隆）」）。

4　授業の腕をあげる法則

教育技術の法則化運動を提唱した向山洋一によると，授業の腕をあげる法則を10の原則にまとめている(1)。

(1) **趣意説明の原則（指示の意味を説明せよ。）**

説明する際のコツを述べたものであるが，要点は三つである。
- 全体について説明し，その後に個別のことに触れる。
- 結論部分から先にいう。
- 簡潔に説明する。

少年院では，新入時のオリエンテーションに多くの時間を費やしている。何のために，少年院でいろいろな活動を行うのかを理解させておくことが少年たちの動機づけになり，強制的に収容された少年に学ぶ姿勢を持たせることになる。少年院生活の見通しと道筋をつけるために，趣意説明は丁寧，かつ，十分

に行う必要がある。こうした，学習内容そのものではないが，全体の枠組みや他のこととの関係性について説明されることによって，少年たちの取り組みは生き生きとしてくる。
(2) 一時一事の原則（一時に一事を指示せよ。）
　指示の発し方に関する原則である。
　　・　説明は具体的に！
　　・　一つだけを示し，それをやらせ，そのあとに別の一つを示す。
　具体的な指示・説明は，法務教官の最も得意とするところである。我々は職務上少年たちに指示を与える場面が非常に多い。その際に，努めて具体的に分かりやすく説明しないと指示どおりのことをやってくれないし，同時に複数のことを指示しても少年たちが混乱するだけである。指示の上手な教官を見習おう！　また，キビキビ動く少年にどのような指示がなされたのかを検証しよう！　指示の与え方は日常の勤務の中で訓練され，身に付くことではあるが，当初から心しておく意味は大きい。
(3) 簡明の原則（指示・発問は短く限定して述べよ。）
　5年生130名を相手に阿波踊りを教える際の説明が以下である。

>　阿波踊りには，4つの段階があります。
>　最初は足だけ，「右，前，左，前」のステップです。やってみましょう。
>　次は腰を落として，ガニマタでやります。
>　とっても上手です。これで半分終わりです。

　この後は「手のリズム」と「顔づくり」についての指導が続く。
　この原則は，説明を要しないであろう。だらだらした説明は少年を飽きさせる。まして，これから身体を動かすなど何かをしようとするときは，長い説明は「お預け」をさせていることになる。少年たちは早くやりたくてウズウズしているから，その意味からも簡明な説明が大切である。

⑷　全員の原則（指示は全員にせよ。）

　指示を伝えるときには，一人残らず全員に伝えなくてはならない。そのためのノウハウは，以下のとおりである。

・　全員の顔と身体をこちらに向かせる。
・　手には何も持たせない。
・　口も閉じて，一人一人の目が，教師を見ている。
・　「○○君，もう一回言ってみて」と確認する。

　この中のどれ一つが欠けても，それは「言ったつもり」にしかなっていない。それほど全員に伝えることは難しい。むしろ，全員には伝わっていないと考えるほうが現実的であろう。全員周知を徹底するには，途中で反復することを怠らないことだ。一度言ったから大丈夫ではなく，人間には聞き逃しや健忘があることを前提に，指導を展開すべきである。もちろんくどくなり過ぎないことに留意して！

⑸　所持物の原則（子どもを活動させるためには場所と時間と物を与えよ。）

　新聞作りをさせたいとき，「図書館で，月曜と水曜の朝の自習の時間に，カラーペンと模造紙を使って…」というように場所・時間・物を提示するということである。

　名授業者であった大森修（新潟県指導主事）は，「教材研究をしなさい。教材研究とは，物を用意することです」といっている。教材研究については別のところで触れたい。大森先生はズケズケものを言い，つっけんどんなところがあったらしいが，子どもの力がつき，楽しい授業をしているという事実が子どもや親からの支持を得ていたようだ。人当たりの良さや人間性の優しさ，快活さはあったほうがいいが，絶対的な条件ではないと向山は指摘している。我々も事実（実績）で勝負する法務教官を目指したいものである。

⑹　細分化の原則（指導内容を細分化せよ。）

　跳び箱を教えるとき，高さだけを競わせる方法がある。4段ができたら5段へ，5段ができたら6段へと進ませる方法であるが，これはアマの指導法だ。プロは4段を使って，指導場面を細分化して教える。

例えば，助走である。
- 跳び箱をしっかり見てから助走せよ。
- 身体を前に倒しながら，自然に足が一歩前に出てから助走を始めよ。
- 息を静かに吐きながら，身体を前に倒しながら助走を始めよ。

　一回ごとに次々に高い内容を提示していくのである。スタートだけでも少なくとも3つのステップがある。相撲の解説者は1，2秒で終わった相撲を事後こと細かく，正確に説明してくれる。その道のプロならそうした芸当も可能であろうが，法務教官は，その日の出勤職員に応じて勤務配置が決まるため，どこに配置されても相応の指導ができる幅広い知識・技術が求められる。その意味では，日ごろから世の中の諸事に興味と関心を持ち続けておく必要がある。そうすれば，プロのレベルの細分化は無理でも，指導に支障ない程度の概分化（？）はできるであろう。

(7)　空白禁止の原則（たとえ一人の子どもでも空白な時間を作るな。）

　分かりやすい例は授業中の個別指導である。先生が1人の生徒に熱心に教えるほど，他の生徒は何もすることがないと騒ぎ始める。これを防ぐには，時間差をつける工夫をすることだ。つまり，問題を解かせて，持って来させるとき，「1番目の問題ができたらいらっしゃい」ではなく，「3番目が終わったらいらっしゃい」というと，生徒の速さが異なるため時間差が生じる。

　少年院では保安を考えるため，絶えず全体を意識する。それでも，一人にかまけていると，全体が見えなくなってしまう。一人勤務の時，面接指導中でも全員の動静を見ながら行うのはそのためである。「一人も遊ばせない」は，法務教官としての指導姿勢の基礎中の基礎といえる。

(8)　確認の原則（指導の途中で何度か達成率を確認せよ。）

　先生がしゃべるだけの一方通行の授業では，生徒もだんだん聞かなくなる。確認のため問いかけをすることによって，効果は全く違ってくる。ツーウェイの授業が基本である。

　特に我々の指導対象者は，一人一人，理解度も進度も異なる。最も拙い問いかけは「分かりましたか」である。少年たちは大きな声で「ハーイ！」と答え

るであろう。元気な声に騙されてはいけない。こまめな観察と確認は，一人一人を大切にすることにつながる。

(9) 個別評定の原則（良いところと悪いところを一人一人評定せよ。）

どこが悪いのか，良いところはどこかを一人一人にいってあげると確実に変化する。

ダメな点を指摘することに，劣等感や差別意識を助長するだけだと抵抗を感じる教官がいるかもしれない。結果がそうなるのは言い方の問題であることが多い。上手くなりたい，向上したいと感じている者にとって客観的な評価は動機づけとなる。相手をへこませるのではなくて，引き上げようとする気持ちを持って評定すれば通じるはずだ。

我々の処遇の基本が個別化にあることを忘れてはならない。個別化とは目標や評価内容が一人一人異なるということである。一人一人違うのだから，他人と比較する相対評価ではなく，絶対評価をしなければならない。一人一人について評定し，達成度を告知することで，その後の取り組みの課題が明確になる。個別評定は，個人内評価をして成長の度合いを評定するのであるから，その点をキチンと説明し，伝えることだ。

(10) 激励の原則（常に励まし続けよ。）

落語の世界には，相手の芸をダメにする「誉め殺し」というのがあるそうだが，通常は「誉めて伸ばす」のが原則である。ダメなところをいう場合は，そのことを直せると確信できるときである。

少年院生たちは概して，これまであまり誉められた経験が少ない。最近の少年たちはちょっとしたことで落ち込んだりするが，そんなとき教官が丁寧に面接指導して激励すると持ち直す。このように，激励することは効果が大きい。一時的に有頂天になるという弊害はあるとしても，そのデメリットは大したことではなく，自尊感情を育てることの方が得策といえる。

5 「教材研究」考

教材研究とは物を用意することという指摘のとおり，授業に教材研究は欠かせ

ない。しかし，日常勤務の中で教材研究を行う時間は少ないのが少年院の実情である。配置から外れて，時間をもらえるのは研究授業等をするときぐらいであろう。そこで，勤務後に居残りして又は家に持ち帰って，教材作りをせざるを得ないが，日ごろから文具店やデパートなどに置いてある文具を見ることを趣味にしてほしいと思う。最近は文具も色や形状なども豊富になり，楽しく使えるものが結構たくさんある。実際に見て回れない人は文具メーカーが毎年出しているカタログを参照することもお勧めしたい。教材のあるなしで生徒たちの授業を受ける態度や目の輝きが全然違ってくる。あの生き生きとした表情や喜びのために，教材作りに精を出してほしい。

ここでは二つに絞って言及するが，そのほか既存のTV番組にも教材として活用できる番組は案外多い。日常的に「教材とならないか」という眼で対処することが大切なように思われる。

(1) 新聞記事を活用した教材作り（NIE）

つい最近も，少年非行に関する特集記事や，被害者の視点を取り入れた教育，薬物乱用防止講座に有益な記事が掲載された。新聞記事は時事の報道に接するだけでなく，矯正教育の教材として非常に優れている。新聞を活用した教育はNIE（Newspaper In Education）といわれ，毎年，全国又は各地域でコンクールが実施され，NIEに関する記事も定期的に掲載されている。多くの学校が参加をしているが，これまで少年院が参加をしたことはないようだ。NIEに関する市販の手引書は数多く出版されているし，各新聞社でもガイドブックを作成しており，依頼すれば無料で送付してくれる。新聞記事を活用した授業を行い，できれば少年院においてもNIEのコンクールに応募してはどうであろう。

(2) ピンレス掲示板の活用

厳密には教材ではないが，重宝する教具としてピンレス掲示板がある。この掲示板は白板の表面に粘着性を持つようにコーティングされたもので，画鋲を使用することなく，掲示物を貼れるところに特徴がある。白板内のどこにでも教材が自由に貼れ，剥がせる。何度でも簡単に繰り返し使用できる。画鋲を使わないということは，保安的にも安心である。授業だけでなく，寮や実科の掲

示板としても優れている。

　以前，ある少年院長から聞いた話である。炊場で味噌汁を作っていたところ，ちょうどその上に掲示板（画鋲で止める形の普通のもの）があって，画鋲の一つが味噌汁の中に入ったことがあっため，急いでピンレス型に代えられたそうである。現在では更に進化して，いろいろなバリエーションのピンレス掲示板が各メーカーで作成されている。是非，実際に試していただきたい。

6　授業展開上の工夫

(1)　授業開始時の工夫

　　授業を始めるときに教官の方を注目させることが必要になる。騒がしい時やざわついている時に，「静かにしなさい」と命令するのは一番下手なやり方である。ある先生は，テープレコーダーを回し始めた。それで，一言も発せずに，授業を開始することができた。

　　このように，言葉によらないで集団を惹きつける方法を幾通りか習得しておこう。擬音，擬声，手拍子，声の大小や強弱，ジェスチャーなどを用いて，変化をつけることで生徒たちが「オヤッ！」と感じることをやればよいのである。沈黙（間）も非常に効果がある。落語の間のように沈黙を効果的に使える教官は指導上手な教官である。

(2)　授業途中での工夫

　　授業途中にダレが生じることがある。中弛み現象である。午後一番の授業では，睡魔が襲い集中力が途切れることも多い。眠気防止，ダレの解消に努めなければならないが，本時に教える内容が多かったり，今後の進度のことを考えると授業を継続せざるを得ないことが多い。

　　そんな時に有効であるのは，背伸びをさせるなどの身体を動かす簡単な体操や音読など皆で同じことをさせることである。お笑い芸人であればジョークを10分おきに挟み，笑いを取って楽しい授業をすることが可能であろうが，そこまではいかないまでも生徒の表情を見ながら，ダレが感じられたら，せめて小刻みに小休憩を取ることくらいは心掛けよう。

また、板書について注意を喚起しておきたいことがある。結論からいうと、板書は可能な限りしないことが望ましい。これは、矯正施設の特殊性からくるものと割り切っていただきたい。なぜなら、板書している時間は生徒に後ろを見せていることになるからだ。その時間が長いほど、保安的には隙をつくってしまうことになる。板書の時間を少なくするためには、板書すべき内容をあらかじめ教材として作成しておいて、掲示することである。その意味からも教材研究には時間を掛けていただきたい。

(3) 授業終了時の工夫

　終了間際になってくると、生徒に落ち着きがなくなってくる。用便のこと、次の科目のことなどが気になってくる。そうしたとき、心掛けることは、後どのくらいで終わるかを知らせることである。見通しを持たせることによって、集中力が回復し、行動に落ち着きが出てくる。

7　心に届く指導を求めて

　全国の少年院で作成されている処遇の原則、指導の原則をまとめた冊子は、名古屋管区から発刊された「困ったときのこの1冊〜少年指導のヒント」をはじめ、相当数に上るであろう。それらは、我々の日常の実践から生まれた指導のエッセンスである。しかも、施設の文化や実情に合わせて、アレンジされているから使い勝手がよい。多くの施設で朝礼時等に朗読して、研修に用いられている。マンネリ化しない工夫をしながら継続していただきたい。

　教官にはその気がなくても、ついつい勢いや場の流れで指導した結果、相手を傷つけてしまうことがある。

　それは矯正施設が、職員対収容者という独特の関係を有しているためである。矯正施設には職員による不適切な処遇が行われる危険性を内在させていることを自覚しておかねばならない。体罰や暴行は論外としても、言葉による不適切指導も、その根底にある信頼関係を壊しかねない。心に届く指導も言葉によって行われることが多い。

　この稿の最後に、言葉による指導のうち戒めるべき事項について、家本芳郎の

著書から一部引用して，締めくくりたい。

(1) アイデンティティを無視する言葉

　　生徒　「先生，あした僕の誕生日だよ」

　　教官　「へえー。おまえにも誕生日があったのか」

　現代の嘲笑文化に慣らされていると，不用意にこうした言葉が口に出る。本人は軽い気持ちで言ったつもりであろうが，人によってはすごくこたえる場合がある。出生や故郷の話題など当人のアイデンティティに関する言葉は慎重に選ぼう。

(2) 人格否定の言葉

　　「君は全くいいところがないね」

　　「おまえは生きている価値がない！」

　「行為を咎めよ！」とは，よく言われることである。当院の「少年指導上の基本的心構え」にも基本事項のトップに挙げられ，「注意は人でなく行為に対して行うこと。人間全体の価値を下げるような怒り方では，注意をした効果はない。次には自分を卑小化した行動しかとれなくなる」としている。自尊感情の低い非行少年には人格否定は禁句である。

(3) 能力否定・蔑視の言葉

　　「おまえなんかにできるはずがない」

　　「やっても無駄だよ，止めとけ」

　少年たちの発奮努力を期待して，こうした言葉が発せられ，効果を挙げたのは昔のことである。今の少年は挑発に乗ってこない。逆に蔑視されたと落ち込むことが多くなった。少年たちを取り巻く環境の違いが，こうした言葉を許容できなくなっている。

(4) 親の悪口や非難の言葉

　　「親の顔が見たい」

　　「どうしようもない親だ」

　親の中にはそう感じる者もいるであろう。しかし，少年は親を代えることはできない。親を否定されることは自分を否定されることでもある。たとえ，少

年自身が自分の親の悪口をいったとしてもそれに同調してはいけない。自分がいうことと，人から言われることとは違うのである。

(5) 容姿についての言葉

「太っている」，「足が短い」，「毛深い」など，容姿に関する言葉に今の子どもたちは極めて敏感である。特に女子少年はそうである。出院間際になると，ダイエットを始めるのもその現れといえよう。ふざけ半分であっても当人を傷つけていることが多いことを知っておこう。

(6) 趣味・趣向についての批判的な言葉

「茶髪にろくな奴はいない」

「鼻ピアスは趣味が悪い」

こうした直接的な批判はしない方がよい。なぜなら，現代の子どもたちにとって，身に付けるものは人格の一部になっているからだ。趣味・趣向は個人差が激しく，自己表現の手段になっている。趣味・趣向を否定されることは自分を否定されたと感じるであろう。

(7) 比較する言葉

「お兄ちゃんはできたのに…」

「君と違って，○○は優秀だネェ」

兄弟や他人と比較されることをとても嫌がるのはだれしも同じである。

他人と比較されることを嫌がる少年ほど「自分は自分」「人は人」との想いが強い。非行の原因になることも稀ではないほど，強烈なものである。その子どもの尺度で評価してあげる。これが個別化の原則にも適っている。

(8) 伸びや努力を認めない言葉

「ちゃんとやったのか」

「こんなことしかできないのか」

こうした言葉は少年をよく見ていない場合に発せられることが多い。結果のみを評価してプロセスや取組み方を評価しない言葉である。結果が伴わなくとも，大変な努力を払っていることもあり得る。努力したこと自体がその少年の伸び（成長）なのである。

(9) 言動を疑う言葉

「これ，ホントに自分でやったの？」

「ウソだろ！」

人間はウソをつく動物である。非行少年もその例に漏れない。ウソに関しては巧みでさえある。これまでの生活経験の中で，言動を疑われたことも多いであろうし，人をウソによって騙してきた成功体験も多く持っているに違いない。そのような背景を持つ少年の言動を疑うことは，教官をこれまで彼らが接してきた人たちと同類とみなすことになる。教官は敢えてそうした言動をしてはならなのである。我々は，少年たちから信じられる大人のモデルなのであるから・・・。

(10) 無視（ネグレクト）すること

子どもはよいことをすれば誉めてほしいと思う。悪い行いは叱られて当然と思っている。しかし，何をやっても誉められもせず，叱られもしなかったとしたら，これほど辛いことはない。

多忙なときは丁寧な応対ができないことがあるが，そんなときは「今忙しいから後で」とはっきり理由を言って断り，必ず後にフォローすることをしてほしい。

では，どんな言い方・言葉遣いをすればよいのだろうか。あれこれ考えると，何もいえなくなってしまうと感じるかもしれない。そんな事態に陥らないようにするためのテクニックを覚えておこう！

その方法は簡単である。肯定表現を多用すること，つまり誉めること，これがコツである。叱ることや何かの行動を是正させたいときは，否定表現にならざるを得ない。それを，肯定表現から入るのである。いくつか例示する。

落ち着きのない少年の場合：「明るくて，元気が良くて，そんなところは好きだよ。だけど，今だけちょっと静かにしような」

試験の点数が悪くて落ち込んでいるとき：「きれいな字で答えが書けていてスゴイね。もう少し頑張れば正解だったのに，惜しい！」

人は誉められて悪い気はしない。日本人は誉めることが下手だといわれる。

法務教官も例外ではない。まだまだ，誉めることが甘やかしや教官の威厳を損なうと感じる人も多い。叱るだけが教官の指導方法ではない。少年に関心を持って接していると，どの場面でどんな誉め言葉を用いたらよいか自然と分かるようになる。誉め上手な教官に必ずなれると，将来の自分を信じて，少年に接していこう！

8　「行儀のよい少年院生」再考　──　おわりに代えて

　これまで生徒の行儀のよさ現象を否定的にとらえてきたことについて，別の考えが想起している。少年たちがそうした行動を取るのは，そうさせる見えざる力が存在しているのではないか。別の言葉でいえば，それは個々の少年院が持つ教育力とでもいうべき何とも不思議な力の存在である。この「施設の教育力」が，更生的な環境を醸成する。施設の伝統・文化，職員集団のまとまりや指導力，在院生の特性，衆情等々がダイナミックに影響し合い，作用し合って，施設の教育力は高くも低くもなる。施設の教育力が落ちている時は教官が前面に出て意図的，かつ，強力に指導をしなければならないであろうし，逆に教育力が高まっているときは，少年たち自身の判断に委ねても差し支えないであろう。行儀のよさを求めるか否かもそれらのことを総合的に考慮して判断すべきなのであろう。我々は，一人で仕事をしているのではない。組織で仕事をするのが少年院の特長である。このことを肝に銘じたいと思う。

引 用 文 献

⑴　向山洋一・前田康裕『教師の仕事365日の法則』11－29頁　明治図書　1998
⑵　家本芳郎『子どもの心にとどく指導の技法』196－203頁　高文研　1999

参 考 文 献

⑴　名古屋矯正管区『困ったときのこの一冊〜少年指導のヒント』2002
⑵　瀬戸少年院法務教官必携

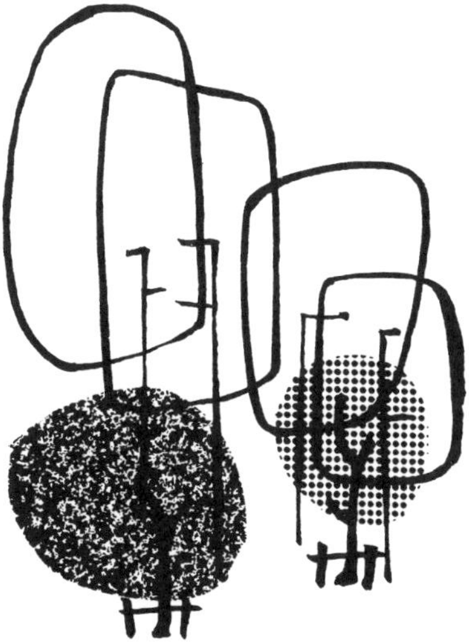

第4章

教育実践の実際

第1節　基本的な指導法による指導

／一人一人に向き合う

個 別 面 接

金 子 陽 子
(関東医療少年院)

1　はじめに

　個別面接は，担任にとっても少年にとっても楽しみな時間だと思う。法務教官になってよかったと思う瞬間が訪れることも多いのではないだろうか。私も法務教官になって以来ずっと教育部門に勤務し，8年目くらいの時は，毎日毎日，面接のうまい教官になりたいと真剣に思っていた。少年たちは，初めて自分の話を聞いてくれる大人と出会った，先生に出会えて良かったといってくれる。それでも，出院する時には，先生たちにもっと話を聞いてもらいたかったと言い残していく。自分だけが違った扱いを受けているのではないかと心配して，面接の回数や時間を他の少年のそれと比べる者もいる。限られた場所と時間の中で，どうしたら少年たちの話をうまく聞き，少年たちへの援助ができるのかということを考えると，身近すぎて当たり前，個別担任としての楽しみの一つではあるが余り意識せずに行っている面接について，意識的にうまくなりたいと思い，ずっと思い続けている。本稿では，筆者が少年院の教官として勤務してきた経験から，面接指導をどうとらえ，実施しているかについて述べてみたい。

2 面接指導の機能

　面接指導は,「対話をとおして少年の人間的成長を図ることを目的とした指導方法で,矯正教育にとって非常に重要なもの(1)」である。その機能は,究極的には少年の自己実現を図ることといえる。実務の面から見ると,少年院の目的に沿って個々の少年の問題性を解決し,考え方や態度の改善を図ること,現在生じている問題を解決していくこと,将来に対する不安を取り除き,情緒の安定を図ること,生活設計を具体化することなどが挙げられよう。初期の面接においては,上記のような対話ができるようになるために,お互いに打ち解けあったり,情報を収集したりすることもその機能として挙げられる。

3 実施機会の別に見た面接指導

(1) 定期的に行う面接指導

　多くの少年院では,面接指導の時間が設定され,個別面接や集団面接として行われている。この時間を利用して,計画的に少年の問題行動の変容を促す働きかけを行うことができる。

(2) 機会をとらえて行う面接指導

　ア　少年の求めに応じて行う面接

　　教官に「話を聞いてもらいたい」少年は多い。進級前の不安や少年間の問題の調整,身体不調など現在の生活に関する相談や将来の生活に関する種々の相談事など話題も多岐にわたり,さまざまな理由や意味が考えられる。

　イ　職員の判断により行う面接

　　前記アに挙げたような場合で,少年から言い出せないとき。少年自身は問題と思っていないが,そのことについて直面化させたいとき,集団の方向性に介入したいときなど,職員の判断で面接指導を行う場合である。機会的な要素がより強い例としては,規律違反の調査を終え通常の寮生活に戻るために行う面接,面会の後で気持ちを整理させるために行う面接などが挙げられよう。適時適切に指導することにより,少年にとっても具体的にとらえるこ

とができ，変化のきっかけとなるもので，生活全般を指導する少年院の教官にとってのだいご味もある。

(3) 集団面接と個別面接

少年の集団に対して1名の職員が指導し，問題点を考えさせ，話し合わせていくというのが集団面接である。少年集団の大きさや，その状態によっては，職員との関係よりも少年間の力関係が優先されてしまい，面接指導としてうまく機能しないおそれもある。そのため，実務上は問題群別指導や居室単位のホームルームなど，小集団に対して行われている。就職における面接試験のように，一人の少年に複数の職員が当たって話を聞くという形の面接もあるが，余り行われてはいない。教官と少年が1対1で向き合う面接を少年院では，通常，個別面接といっており，面接指導の基本的な形となっている。

4 面接指導の構造

(1) 場　所

面接室が望ましいとされるが，面接の目的や状況によっては，中庭やホール，少年の個室などでも行っている。

座り方についても，面接の目的や状況に応じて，①正対する，②並んで話を聞く，③90度の角度で向き合うなどの工夫が考えられる。

(2) 時　間

1回の面接時間は30分から50分くらいが実際的であろう。これも状況や目的により短くも長くもできる。しかし，長すぎるのは雑談になったり，一度見えてきた結論について堂々巡りしてしまったりするので，好ましくない。

時間帯としては，夜間や休日の面接は控え，できるだけ日課の中で行えるようにしたい。

(3) 回　数

週一回の定期的面接を基本とする。それに加えて，指導上の必要がある場合に適宜行う。

5　面接指導の実際

　少年の処遇経過に沿って，定期的に行う面接指導を念頭に置いて，実際の面接場面を交えながら，面接指導上の留意点を述べていきたい。
　なお，以下に述べる面接指導は個別面接とし，面接場面は斜体字で示すこととする。
(1)　面接初期
　　アセスメントとラポール形成を目的とする時期であり，新入時教育時期に当たる。少年院に入院したことによる，少年の不安や不満を聞きながら，本人の問題性を特定し，今後の面接指導の計画を立てていく。少年簿などの情報にはあらかじめ目をとおしておき，不足する部分を補うようにして聞いていくが，事件や自己の問題性について，本人がどのようにとらえているのか，自分の言葉で語ってもらうことも重要である。認知的なゆがみはないのか，自分を良く見せようとする傾向はどのくらいか，手始めに取り組むべき課題として何がふさわしいのかなど，今後の面接に役に立つからである。「先生は記録を読んで知っていると思いますけど」という少年に対し，「知っているけど，君がどう感じて何に困っているか，君の口から知りたいから」という時もあれば，「まず君がどんな人か知りたかったから，まだ読んでないんだよ」と答えることもある。言語化していくこと，少年の口から語らせることは，非常に治療的な意味を持つが，無理に語らせることによって少年を傷付けてしまう場合もあるので，注意深く進める必要がある。性体験や虐待を受けた経験などについては，初めのうちから無理して語らせたりしないようにしている。「知っているのに何で聞くんですか？」という少年に対しても，「疑問を解消して，さらに，君を理解したいと思う」ということを伝える時もあれば，「今は無理なら，無理して話さなくてもいいよ」と答えるときもある。
　　少年に心を開いてもらいたいあまり，少年をちやほやしたり，問題の核心にやみくもに迫っていったりするのは考えものである。

(2) 面接の展開期

　少年院の生活が軌道に乗り，教育が本格的に行われる時期であり，中間期教育期の全体及び出院準備教育期の初期に当たると考えられる。

ア　寮生活への適応

　この時期には少年院生活への適応上の問題が話題になることが多いと思われる。例えば，同室者との関係についての悩みが打ち明けられる。カツアゲ常習中学生のツッパリＤ君の場合を見てみよう。年上でも自分より後から少年院に入院してきた同室者の一挙手一投足が気になって仕方がなく，「イライラが治まらない。部屋を変えて欲しい」と相談してきたため，Ｄ君の悩みを聞いた上で，自分の立場を分からせていったものである。職員がすべて答えを出してしまうのではなく，具体的な事例に沿って少年が自分で考え，答えを導き出せるように助言することに心掛けた。

　Ｄ君：Ｉ君が，僕のいうことを聞いてくれないんで困っているんですよ。早く少年院を出たいと言っているから助言しているのに。Ｉ君のためを思って言っているのに聞いてくれなくて，Ｋ君には丁寧な言葉を使ったりするのに，自分にはろくに返事もしてくれない。Ｉ君は自分より年上だから馬鹿にしているんですよ。前の自分だったらもうキレテいると思うんですけれど，進級もあるので我慢しているんです。Ｉ君を見ていると前の自分を見ているようで，どうしても気になって仕方がないんです。でも，ほんとにＩ君のためを思って注意しているのに，聞いてくれないし，そばを通る時に舌打ちしたりされるので困っているんです。先生何とかしてくださいよ。

　教官：Ｉ君が君のいうことを聞いてくれなくて困っているんだ。寮委員は大変だよね。Ｉ君にもＩ君の事情があるのかもしれないって考えてみた？Ｄ君がＩ君の立場だったら，今の君を見てどう思うかなあ。よく考えてみようよ。それから，これは大事なことだからよく聞いてほしいのだけれど，Ｉ君が君の話を聞いてくれないのは，君の責任じゃないってことははっき

りさせておこうね。Ｉ君が社会生活をしていたときのような不良気分を捨てて，少年院での生活にきちんと取り組むように指導するのは先生方の仕事だから，君がそんなに責任を感じて苦しむ必要はないんだよ。同室者として必要なことは注意しても，君がいうことは最小限にして，先生方を通して指導してもらったほうがいいと思うけど。

Ｄ君：先生，でもＩ君は寝言で「畜生」って言ったりするんですよ。寝言には本心が出るっていうから，ほんとに僕のことを嫌っているんじゃないかと思って。

教官：「Ｄ畜生」って言ったわけ？

Ｄ君：そうじゃないけど。

教官：他の人のことかもしれないじゃない。問題がはっきりしたら解決方法を考えればいいと思うよ。Ｄ君はどうしたいの？

Ｄ君：人のこと気にしすぎなんですかね。どうしても，馬鹿にされてるんじゃないか，気になっちゃって。先生方に立ち会ってもらって話し合うとか，個室に行くとかかなあ。個室に行きたい気持ちはあるけど，弱いやつって思われそうだし。話し合っても変わらないと嫌だし・・・。

教官：Ｉ君の様子を見ながら，一番いい方法について考えてみたら？　まだ作戦立てる余裕はあるでしょ？

Ｄ君：はい。

　Ｉ君に対する不満という形でＤ君の対人関係上の問題点が出てきているので，Ｄ君の努力を認めながら，Ｄ君の物事のとらえ方や考え方のずれに焦点をあてて面接したもので，少年院では日常的に見かけられる面接の場面であろう。結局，この後Ｄ君からＩ君に対する不満が面接場面に出てくることがなかったので，解決策について具体的に話し合う機会は持たずに終わった。

　少年院への適応上の問題で，進級を前にした不安や職員に対する不満等を出してくるときには，「探りを入れる」「カマをかける」目的のこともある。自分を有利に取り扱ってもらうための駆け引きだったり，自分に関する情報

をいち早く手に入れるための行動だったりすることもあるので，引っ掛けられないように気をつけながら，どんなことに困っているかを明らかにしていくことになる。筋違いのことで悩んでいる場合や，目的が「探り」や「カマ掛け」である場合には，少年の話題の中の現実的な課題に焦点を当てるなどして軌道修正を図っていく。

　いうまでもなく，少年院に適応させることが最終的な目標ではなく，少年の社会適応上の問題点が，少年院生活への不適応あるいは過剰適応という形で現れていることに対して，具体的な事実に則して指導していくものである。

イ　家族関係への配慮

　家族との関係が非行の根底にあるケースは多い。出院後の安定した生活のためには家族との関係について受け止めさせ，行動計画を立てていくことは重要で，面接指導の重要なテーマの一つである。

　中学生で家出・援助交際にどっぷり浸っていたＳさんもその一人。Ｓさんの家族はＳさんとお母さんの二人。Ｓさんのお母さんは，離婚したＳさんの父親に対する意地もあって夢中で働いていた。Ｓさんはそうした母親の背中を見て育ち，中学生になるまでは「寂しい」ということを言い出せず，自分の感情を押し殺して生きてきた。中学生になって，当時はやっていたテレクラに電話を掛けると自分の相手をしてくれる人がいる，ちやほやされてお金ももらえるということで，どんどん深みにはまり，少年院まで来てしまったという少年だった。

　Ｓさんと個別担任である私との関係は順調に進んでいた，と私は勝手に思い込んでいた。必死に働いてＳさんを育てるお母さんの気持ちを分かってほしいと思いながら面接を続け，分かってもらえるものと思っていた。ある日のこと，当時少年院の庭にあった二人乗りの白いブランコに乗って面接をはじめた。いつものように家族について，私から話題を切り出した。Ｓさんは私の質問に答えず沈黙を決め込んでいた。歯を食いしばり，ブランコを必死にこいでいるばかり。話題を変えれば口を開いてくれそうだが，黙り込んで

しまったことに意味があるはず。私も負けず嫌いなので，「そっちがその気ならこっちだって」という気がなかったわけでもない。そうこうしているうちに面接に予定していた40分はあっという間に過ぎてしまった。私は，その日家に帰って面接場面を思い起こし，無意識に親の側に立っていた私に対し，Ｓさんが抵抗していたのだということに思い当たった。実は，このＳさんの抵抗こそ，私が「面接上手になりたい」と真剣に思ったきっかけである。

　家族に対する不満に同調しすぎても，少年から不信感を抱かれることになったりする。担任教官といえども，少年にとってはあくまでも他人なので，節度をわきまえた共感が必要とされる。

　保護者の力を引き出すような働きかけも視野に入れておくと，少年にとって社会生活への「軟着陸」は容易になると思われる。

　家族について面接で取り上げる場合には，あらかじめ分類保護担当者や面会に立会した職員などから情報を収集しておくことが望ましいのはいうまでもない。

ウ　非行を見詰めさせる

　少年の問題点を改善していくため，定期的に行う面接指導の中心になるのは非行を見詰めさせていく作業である。これをしないと成績がつけられないというのが担任の本音。そこで少年自身がしたこと，周りに与えた影響，被害者や共犯とのかかわりなどについて一つ一つ取上げ，少年たちの感情や考え方を受け入れながら，必要な軌道修正を図るように介入する。「私の人生でスポットライトが当たったのは，援交のときだけ」，「だれにも迷惑かけてないからいいじゃん」，「こんな私，生きてても仕方ないですね」，「被害者といったってあいつだってひどいんです」，「先生も一回打ってみれば？」・・・非行について話題にしているときに少年が言った言葉の数々。少年院や少年鑑別所で教官をした人なら，思い当たるところがあるのではないだろうか。

　暴走行為，万引，恐喝で入ってきたＭ君との面接場面を見てみよう。Ｍ君は中間期に入ったところ。非行について振り返らせようと，非行場面を取り上げてみるのだが，そのたびに自分のしてきたことを得意げに話すだけで，

自分の行為の非には目が向かない。中学を卒業したばかりで，年長者の多い少年院の集団の中では，背伸びし，突っ張ってしまうということもあるのかもしれない。

教官：*M君はいろいろやってきているよね。その中で一番うまくやれたのって何？*

M君：*万引き。万引は小学校に入る前からずっとやっていて，自分はプロだって思っている。・・・けど，最近2回続けて捕まったからちょっとだめかも。*

教官：*じゃあ，これは止められそうにないっていうのは？*

M君：*暴走族。目立ちたいんですよ。車を改造するのって，どこまでなら捕まらないんですかね。*

教官：*改造しようって思うこと自体がまずくない？*

このときの私の頭の中は・・・。

（万引きかぁ。彼の場合成功体験を積んでいた期間が長いからなぁ。万引きがれっきとした窃盗っていうこと，どうやったら身に染みて分かるんだろうか。しかも窃盗って癖になるし，内省させづらいもんなあ。指導しきれるかなあ。ここ2回続けて捕まったことを強調して，そうそううまくいかないって言い続けるしかないか。その上，車両の改造？ 参ったなぁ。私は車に興味ないから全然分かんないや。この少年院では暴走族についての問題群別指導があるわけじゃないし，車のことは担任の男性の先生に頑張ってもらおうっと。あとは，目立ちたいという欲求について，暴走族以外にも満足させられる事がないか一緒に探してみよう。）というものだった。

この後数回は，非行と言われない範囲で，どうしたら格好良く目立つことができるか等を話題にして，手段を取り違えた顕示性や偏ったものの見方について修正していくことに努めた。「いっそ社長になれば？」という私の問いには，「頑張るのは大変だから，社長は問題外」ときっぱり答えるM君で

ある。彼に対しては，話の中で，価値観のゆがみがはっきりと現れてきたときなど，とにかく聞きっ放しにしないようにし，こちらのメッセージを積極的に伝えることにも心掛けてはいたものの，頭を痛める日々が続いた。

　非行について振り返らせる時には，彼らは往々にして非行を誇らしげに語り出す。その背後にある辛さや悲しさ等の感情を見逃さないようにし，彼らが非行によって得たものと失ったもの，確実な手ごたえのある代替手段等についてじっくり話し合い，社会規範から大きく逸脱しない生き方を一緒に探していくことにしている。

　事件や非行性を見詰めさせるときには，被害者について考えることは重要で，避けて通ることはできない課題である。自分のことだけで精一杯で，往々にして被害感を強めていた少年たちも，少年院での矯正教育が進むにつれて，周りのことが考えられるようになってくる。自分を受け入れてもらう経験を積むことによって，相手の気持ちや，一人一人の人間の大切さが分かるようになってくる。そのような時期に，自分のしてしまったことについて言語化させ，相手に与えた被害の状況，そこから被害者がどのような生活を強いられるようになったか等について必要な情報を与えながら，じっくりと考えさせていく。今ここでしなければならないこと，出院後にしていくことなどについて計画を立てさせるようにしていくが，事件によって，また，被害者の状況によっては，謝罪することすら許してもらえないという厳しい現実があることについても，分からせておかなければならない。

　友人との関係についても，非行を振り返ることと同様に，一つ一つ丁寧に振り返っていくことになる。

エ　生活設計

　行動の修正を図るといっても，「ああしろ，こうしろ」と指示的にいうだけでは，少年に受け入れてもらえることは少ない。適応的な行動について，本人がすでに持っているレパートリーの中から探し出せるようにすると比較的うまくいくように思える。自分で決めたこと，自分ができると思って行うことが持続するということか。少年院では，教育によって少年たちの行動の

レパートリーを増やし，言語化もできるようにしているはずであるから，面接指導の場で，適応的な行動の範囲を示し，具体的な行動のいくつかを例示したり，リスト作成を共同で行ったりすることができる。私は，「他にどんなやり方がある？」，「どれならやれそう？」，「どんな風にしていくの？」という質問をしながら話し合うことが多い。「作戦を立てよう」，「計画を練ろう」という言葉もよく使う。特に，「もうやらないから大丈夫です」とか，「反省しました」などと言っている少年には，なるべく具体的に行動計画を語ってもらうことにしている。いざとなると「何から手をつければよいのか分からない」，「お金がかかることに気づいた」などといって頭を抱える少年も少なくない。そこを出発点として指導の手を入れていく。

オ　面接を支える施設の風土

当初強がって顕示的になっていた少年たちも，少年院での教育が進むにつれ話題が変わってくる。少し極端な例として，暴力的傾向と自傷が著しく，人格障害を疑われたHさんの例を挙げてみよう。自分がいかにヤクザを利用してきたか，移送元の少年院で先生や生徒を震え上がらせていたかについて，面接の場面ではとうとうと話すことが多い少年であった。医療少年院に移送されるきっかけとなった，中等少年院での不適応状態については，「差別されて嫌だったから，暴れてやった。ざまあみろ」と語っていた少年である。

教官：*院長先生にまで暴力を振るった時はどんな気持ちだったの？*
Hさん：*自分を差別する元締めだから，締めてやろうと思ったんですよ。*
教官：*それでついに実行したのね。すっきりした？　自分の力を再確認したとか。*
Hさん：*先生，そんなこと全然ないんですよ。辛くて寂しかった。一人ぼっちを痛感したんです。医療少年院に来たら，差別とかなくて安心して生活できるんですよ。*

彼女は三人きょうだいの第2子で，母から可愛がられていないという思いを抱き続けており，人一倍相手の言動に敏感だった。本人が差別と感じていることが差別ではなく，本人の状況から必要とされる個別的な対応であるということを理解させるには，面接を続けるだけではとても足りなかった。むしろ，緩やかな集団の構成や，施設の風土の中で安心して生活を続けていくことが有効であったように思える。そして，そのような環境の中で落ち着いて生活していくうちに，面接の場面でも，薬物に依存せざるを得なかった自分の寂しさや家族との関係について，整理して語ることができるようになり，将来の生活設計についても考えることができるようになっていった。

　施設の風土といったが，集団の規範が厳しく，教育訓練的な色彩が強いからといって，必ずしも，少年に強い心理的圧力をかけているとは限らない。集団が揺るがず，いじめたりいじめられたりする心配がない状況が確保されているか，少年院は更生の場だという意識が行き届いているかどうかが問題である。そうでないと，いくら担任として面接を重ねても，少年の不安を解消することはできず，砂漠に水をまくような思いでへとへとになってしまうことになる。

カ　いろいろな技法の組合せ

　面接指導には特別な技術がいるわけでもなく，通常の対話を通して少年の成長を図るものではあるが，対話の仕方について上達が図れれば，面接もうまくいきそうなものだ。そこで私は面接技法について，とにかく沢山本を読んでみた。その中で，マイクロカウンセリング，ブリーフセラピーについて自分なりに身に付けようと努力した。例えば，仮退院を控えた少年との面接の中でミラクルクエスチョンを使ってみる。ミラクルクエスチョンというのはブリーフセラピーの技法で，簡単に言えば，問題がすべて解決した時にどのような行動をとるか想像させ，その行動の中から今できることを選択させ，行動の変化を促していくことをねらったものである。

教官：*もし，仮退院後の生活がうまくいって，だんなのお酒もやめられたら，*

生活がどんな風に変わると思う？
Ｙさん：ぜんぜん考えられない。でも，お酒を飲まなければ，その分を貯金して，結婚式を挙げたい。
教官：御主人にそのこと話してみた？
Ｙさん：話したことはない。でも，お色直しに紫色のドレスを着たいんです。
教官：結婚式か。いいね。紫色も似合いそうだね。こうして考えてみると，目標があるっていいことだと思わない？
Ｙさん：だんなに話すのは恥ずかしい気もするけど，話してみようかな。
教官：いいねえ。それでお酒を飲まない日は，朝起きてからどんな風にすごすか，詳しく話してみて。

　Ｙさんの入院前の生活は荒れていて，生活の一こま一こまを細かく思い出すことは難しかったようだ。初めの答えは必ずしもこちらのねらいに沿ったものではなかった。彼女の気持ちを尊重しながら彼女の持つ具体的な資源を探るため，ミラクルクエスチョンとしての本筋に戻していったものである。現実の面接はこのように，なかなか理想的には進んでくれないものだ。無理やりに型にはめることは避け，自分がなぜそのような聴き方をしたのか，少年がなぜこういう反応をしたのか常に考えながら柔軟に対応していくことになる。
　技法としては，教官である自分が実施するということから，人格の奥深くに手を入れるのではなく，認知や行動の修正を図るものを意識的に使うようにしている。言語化すること，客観視することは重要である。しかし，少年院にはさまざまな少年たちがやってくる。定期的な面接指導の時間は，治療的技法（心理療法）を用いた生活指導の時間を兼ねることも少なくない。たまたま，言葉によるコミュニケーションが不得意な少年を担任することが多かったこともあって，適宜，非言語的表現による治療的技法（心理療法）を取り入れることにも心掛けてきた。面接指導は基本的には「対話による」ものだが，対象少年によっては，非言語的な方法も含めた治療的技法（心理療

法）の活用も考えられる。生活指導領域の細目に治療的教育が掲げられているものそのためであろう。治療的技法（心理療法）についていえば，生兵法はけがのもとなので，できれば何か一つ専門的に身に付けることが望ましいと思っている。私の場合は箱庭療法，コラージュ，家族画などを組み合わせているが，白状すれば，職場の研修や，先輩の指導によって身に付けたレベルでしかない。医療少年院では精神科の医師にも指導してもらえるなど環境には恵まれていた。これらの治療的技法は診断的な要素もあるが，過程を共有すること，出来上がったものを見ながら話し合ったりすることも大切にしている。また，コラージュや内省課題をポートフォリオとして持たせ，それを見ながら自分の成長を振り返らせるということも，少年が自分の変化に気づくよいきっかけとなっているようである。加えて，少年の作品や文章を目に見える形で大切に取り扱うというのも，少年自身を尊重する姿勢につながる。

(3) **面接の後期**

出院が近づき，社会生活を具体的にイメージしながら，少年院での生活を振り返る時期であり，出院準備期の後半に当たると思われる。

ア　家族との関係

面接のテーマとしては，残された問題点の整理ということになる。女子の少年院などでは，出院について具体的に考える時期になって，「実は兄から性的虐待を受けていたので・・・」等と少年から打明けられることすらある。

この場合，虐待という辛い事実を少年が一人で背負っていて，少年院の職員に対する信頼を持てるようになり，ともに解決策を模索してくれると思って思い切って打ち明けたものであろう。打ち明けてきたことを精一杯受け止め，どうしたら彼女が安心して生活していけるのか，具体的な方法を考えていくことになる。虐待の後遺症として身体的・心理的にどんな症状があるのか，彼女が今一番困難を感じていることは何かを把握した上で，医師やカウンセラーなどの専門家の援助を受けることも視野に入れて対応を考えていく。しかしながら，公的な記録にも一切載っていなかったことについて，彼

女がなぜ今になって言いだしたのか？　等々本人の意図がどこにあるのかということを押さえておく必要もある。家族からの束縛を嫌って虚偽の申立てをしてくる少年もないとは限らないからだ。ここまで深刻なケースでなくても，家族への対応について少年が出院を前にして不安を述べることも少なくない。

　例えば，「進学すると言ってはみたものの，本当は自信がない。でも母の反応が怖くて言い出せない」，「一年遅れで学校に行って後輩たちと机を並べるのは辛い。進学するといった時の親の喜ぶ顔を思い出すとどうしていいかわからない」などと相談されることはなかっただろうか。

イ　被害者との関係

　被害者との関係についても改めて考えていくことになる。担任としても，社会的に早くけじめをつけさせてやりたい，こんなに成長した少年を許してやってほしい，と焦るところではあるが，被害者の望むことと少年自身がやろうとしていることがかい離していないか，少年の謝罪計画等が独り善がりになっていないかということについては，特に慎重になる必要がある。

ウ　社会資源の再検討

　保護司や学校，雇い主等少年たちが生活する場所として活用できる社会資源についても，「こんなはずじゃなかった！」という時に備えて検討する。仕事が見つからない，保護司さんとうまくいきそうにない，被害者が許してくれない等々の場面はすぐに想起されるであろう。だめだったときのことを考えるのは，イメージトレーニングとしては余りうまいとはいえない方法であろうから，落としどころをどうするかには心を砕く。少年たちは意外に完璧を求めてしまいがちで，その結果，完璧にできなければどうでもいいと投げやりになってしまったりする。そこで，「回復可能な失敗」とその回復方法についても語り合っておくことになる。

　夢を語り合い，夢を実現するための具体的な方策を考えることで，上記のような検討もできるときは，ほっとする。もちろん，少年の願いや少年に入れ込む私たちの願いが上滑りしないように，心の中では注意信号を灯し続け

ることにはなる。

　出院後1か月の行動計画を綿密に立てさせてみる，という担任もいた。女子の少年院では，自由帳にいろいろと出院後の計画を書き込んでいる少年がかなりいたことから思いついて定型化したようだった。計画を綿密に立ててしまうと計画どおり行かない時に困るという心配もあろうが，社会生活をできるだけ具体的にイメージし，適応を図るのがねらいで，具体的に計画する中で問題点も洗い出していこうとするものである。できるだけ現実的，具体的にイメージさせるほうが効果的なようだ。

6　面接指導に当たっての注意事項

(1) 面接者の態度

　面接者の態度としては，少年を尊重し，成長していく存在であるととらえて少年に接することが第一ではないだろうか。相手を尊重するといっても，決して少年の言いなりになるのではない。少年の気持ちや考えを聞きながら，大人として，教官として助言をしていくのである。一方的に説教をするのは論外としても，「難しい少年だから」，「自分は教官になって間もないから」と腰を引きすぎないことが望まれる。生活設計について時折経験したことだが，少年の望みだからといってそのまま受け入れ，励ますだけでは指導にはならない。家庭の状況，本人の資質や能力，社会資源などから具体的に実現可能なこと，「自分が真剣に取り組み，周りのみんなが少し頑張れば何とかなりそうなこと」について，一人一人と向き合って共に考えていくのがよい。

　叱ることも褒めることと同じように重要である。少年院という施設で生活していることの目的を忘れずに，それだけでなく大人として，「ダメなことはダメ」とはっきり言って，叱るべきことは叱れるようにして，少年たちに自分の行動や考え方の誤りに気づかせることが必要だ。教官は，少年に，今，「いい人」と思われるのではなく，いつの日か振り返ったときに「自分のことを親身になって考えてくれた人」と思ってもらえれば幸いといえようか。

　話が横道にそれるが，医療少年院の医師は言葉遣いが丁寧である。

少年たちは，医師に自分の苦しみや辛さを丁寧に聞いてもらうことで，自分自身がきちんと扱われているという実感を持つことができ，安心して生活できるようになるのだと思える。丁寧な言葉遣いはよそよそしいようで，少年たちにも受け入れられないのではないかと思うかもしれないが，施設の目的から見ても，少年との間にある程度の心理的距離が存在するのは避けられないことである。また，少年を一人前の人として取り扱っていると感じさせ，安心感を持たせることは，虐待の被害者も多く全般的に自尊感情が低い少年院の少年にとっては必要なことと考える。

(2) 担任という役割活動の遂行

　担任という役割行動をしていると意識することで，気持ちが楽になるといえることがある。処遇の難しい少年，重大事犯の少年，なんとなく馬が合わない少年などが，施設への適応不良で規律違反を繰り返すような場合，担任として必要以上に責任を感じて抱え込んでしまったり，少年に対して拒否感が湧き上がることに自責の念を感じたりすることがあるかもしれない。そのようなときには，たまたま担任として出会ったのだと，ある意味では開き直り，他の職員や部外協力者などの力をコーディネートして，少年も自分も追い込まずに済むようにすることも，担任の務めと考えてみるとよいと思う。自分の力量と相手の限界を知り，無理をしないというところか。ひどい虐待を受けた少年たちの場合は，特に施設への適応が難しく，やっと関係が持てたかと思うと「裏切られる」ということが続く。そのような対象者の心が揺れるという特徴を知って，必要以上に担任である自分を責めないで，粘り強く必要な働きかけを続けていくことが望まれる。虐待の事実については，何が起こったかを知ることは大切であるが，性急に暴き立てることの危険についても，よくわきまえてほしい。

(3) ともに歩む

　私たちが対象にしている少年たちは，恵まれない養育歴や資質上の問題等があって，少年院に来るような問題行動に至っている。彼らの気持ちや行動に変化を起こすために誠意と善意は必要だが，それだけではやっていけない。プロとしての技術と覚悟が要求される。収容施設の中で十代後半という時期を過ご

させることを考えると，彼らの成長と発達のためにいろいろな仕掛けを作りながら，ともに歩むことが必要となる。時には，矯正施設という枠組みや権威を最大限に利用することも心掛けるとよい。少年から，「先生，面接してください」といわれても，時には我慢させてみよう。定期的な面接という枠組みの中で解決していくこと，予定された時間までに自分で解決を図ったり，問題となる事項について振り返ったりすることも少年の成長にとっては大切なプロセスである。逆に，状況によっては，面接に対して消極的な少年に対して臨時に面接を行うなど，タイミングを見て適時適切に働きかけていけるようにしたいものである。

(4) 知識は面接の質を高める

　精神発達や精神障害，児童虐待等に関する知識があると，少年の認知や理解力等についての問題点が分かりやすくなり，援助の方法を考えやすくなる。進路について，出院後の不安について等々，面接場面で取り上げられる話題は多岐にわたる。資格の取り方，生活保護など福祉行政に関する知識，年金・免許等の手続きをはじめ，現実的なスキルをこちらも高めるように努めたい。すべてを知らなくても，どこに聞けばよいか，どうすれば知っている人にめぐり合えるかというチャンネルは押さえておくとよい。

　知識を押し付けるのではなく，少年の必要性に沿い，少年の自主的な行動を促しながら援助できるように心掛けるということになろう。

(5) 記　録

　記録の重要性は強調しすぎることはないと思っている。しかしながら，実際のところ，面接指導の状況を記録している担任職員はどのくらいいるのだろうか。業務全体に多忙で，逐語録などにさく時間はないし，第一そんなことをしていたら，少年たちから信頼されなくなるに決まっているという声が聞こえてきそうだ。

　私の場合は面接しながらメモをとることはほとんどしない。終わったら，少年の言葉で印象的なこと，問題と感じたこと，自分が指導したこと，次回の面接で取り上げたいことなどについての概要をメモしておくようにしている。記

録を取っておくと面接の経過を流れとしてとらえることが容易になる。流れとしてとらえることができると，少年の成長・変化の過程を把握することが容易になる。

また，時間があるときには，自分の行った面接についてできる限り詳細に思い起こし記録をとってみる。カウンセリングでは録音をしてそれに沿って分析，検討し，腕を磨くわけだが，そこまではできなくとも，自分の話し方や考え方の癖，話の腰を折ってしまうところや受け止めきれないところなどが分かり，次回以降の面接に余裕を持って臨めるようになる。

(6) スーパービジョン

少年院で担任教官が行う個別面接についてはスーパービジョンのシステムが特別に整備されていないことが一般的であろう。意識的に結果を同僚と話し合う，寮主任に聞いてもらうなどしてケースを分かち合うことが，面接の行き詰まりや自己満足に陥ることを防ぐ。実際，多くの教官が実行していると思われる。先輩職員の智恵や技を自分のものにできるだけでなく，新人のフレッシュな視点なども取り入れることができるので，うまくいかないと感じたときほどコンサルテーションを求めることがお勧めだ。統括や首席などの管理者に報告することも，面接の経過や教官として感じた問題点等について整理するのに役立つ。問題少年や行動観察上気になった少年，重大事犯の少年等との面接指導を終えた教官は，特に，教官のストレスマネジメントも兼ねて積極的に周囲の同僚や上司に話しを聞いてもらうとよいと思う。面接の内容により，悲惨な事件の状況，周囲への恨みの念等にさらされてひどく傷ついている場合もあるし，少年の行動や偏った考え方に対する怒りの情がこみ上げておさまらないときもあるからである。

繰り返しになるが，記録を取っておくとスーパービジョンが受けやすく，事例のまとめもスムーズにいく。残された課題について考える際にもとても役に立つ。

(7) その他

上に述べたように，少年に対し，特に事件のことなどを題材にして面接指導

を行っていると,こちらも暗くなったり,辛くなったりすることが少なくない。最近では,人格障害を疑われるような,対応の難しい少年が医療少年院以外の少年院に送致されることも少なくない。焦点になっている問題を,いろいろな切り口から取り扱い,時にはユーモアで乗り切ることも大切である。また,これはとても手に負えない,許せないなどの気持ちが湧き上がってくることもあるが,そうした自分の気持ちも大切にしてほしい。少年たちは,うそ臭さ,形だけの大人を見抜く天才であるし,自分の気持ちに不正直な指導をしてもストレスが溜まるばかりである。自分の気持ちについては,スーパービジョンのところで述べたように,同僚や上司に聞いてもらい,場合によっては役割分担をして,指導者としてのメッセージが的確に少年に伝わるように工夫していこう。深刻なケースは,それほどたくさんあるわけではないと思われるが,通常のケースに対するときにも自分の癖や価値観を知っておくと,少年との関係が結びやすくなる。また,周囲とのネットワークが良好に保たれていると,柔軟な対応が可能になる。

7 おわりに

少年院において担任教官が行う個別面接について述べてきた。本稿を終えるに当たり,私の面接に付き合い,私の予想をはるかに越えて成長していってくれた少年たちと,その経験を分かち合い,アドバイスをしてくれた先輩や同僚に深謝する。実施者の経験や背景によって,時々に取り上げる話題など,短期的に見た面接の進め方は異なってきて当然である。面接に関連する個々の技法などについてはそれぞれの専門書に当たり,研修に参加するなどして腕を磨いてほしい。しかしながら,少年は技法の巧拙・話題の扱い方などの適否以上に,相手が自分に対して真剣に向き合ってくれているかどうかに対して敏感に反応している。少年院の目的に従って,非行に関わる態度や価値観の変容を図ることに主眼をおきつつ,少年たちとともに人間的に成長していくことを望み,「面接のうまい教官になりたい」と思い続けていきたい。

引 用 文 献

⑴　鎌原恵子『面接指導』「矯正実務講座（少年編）」矯正協会　1986

参 考 文 献

⑴　新井浩二『面接指導』「矯正処遇技法ガイドブック　第2分冊　生活指導の技法と実践編」矯正協会　1991
⑵　国分康孝『カウンセリングの理論』誠信書房　1980
⑶　矯正協会『研修教材　矯正教育学』1993

一人一人に向き合う

日記指導

片 山 裕 久
(矯正研修所)

1 はじめに

「文章による対話」としての日記指導は，今日の少年院における矯正教育の中心的指導方法の一つであるとともに，最も多くの少年院教官が携わっている指導方法の一つであるといっても過言ではない。それは，日記指導が，単に日記記載場面における指導形態，日記の活用目的，日記の中に取り上げられる内容及び教官からのコメントなどについて，多様な有様を許容する弾力性をもつということだけではなく，教育方法としての有用性が広く認知されていることに由来すると考えられ，その結果，少年院の教官であれば，だれもが習熟することを求められている教育方法である。

しかし，他方，現実には矯正教育だけではなく，広く教育一般の領域においても日記及び日記指導に係る学問的研究は必ずしも多くないのが実情である。それは，日記そのものがもつ秘匿性によって研究材料の入手が困難であるという実情だけではなく，先ほど述べたような指導実施場面における多様性に加え，日記を挟んでの教官対収容少年の関係の個別性や，矯正教育の中における教育方法としての日記指導の半独立性が，結果のいわゆる科学性を追究しようとする姿勢をもった従来型の研究方法によるアプローチを許さないからである，という実情もまた容易に理解されるであろう。

このような意味において，本書の旧版（「矯正処遇技法ガイドブック　第2分冊　生活指導の技法と実践編」矯正協会　1991）における日記指導の解説は貴重な成果であるとともに，その内容は，現在においてもなお我々が寄って立つ実践指針としての地位は揺るぎないものである。

　ゆえに，本稿においては，旧版における解説が執筆された以降の日記指導やその周辺領域における新たな状況を踏まえながら，少年院における日記指導をより充実させてゆくための視点を提供することを目的としたい。

2　少年院における日記指導の分析

(1)　日記を「書く」ということ

　少年院における日記指導とは，字のごとく少年が書いた「日記」を教官が「指導」するというものであるが，それでは，日記を「書く」とはいったいどのような意味をもった行為なのであろうか。

　本来は私的なものであるにもかかわらず，その書誌的な様式が一つの形式として社会的に確立してきたと認められる「近代の日記」が，キリスト教的な基盤と資本主義の精神，そして，自己意識に深い関連をもったものとして登場するのは17世紀の半ばであり，日本では，文学史の中において登場してくる作品としての日記を除けば，このような「近代の日記」が広く書かれるようになったのは，19世紀後半，明治20年代以降であるという[1]。それは，「近代の日記」が成立する条件である，日記が書かれるためのリテラシーの普及と読書スタイルの「音読」から「黙読」への変容が，日本において現れた時期であるからとされる。

　さらに，日本における日記の広がりは，いわゆる日記帳が一般に発売され始めたこと及び筆記具としての鉛筆の普及が大きなきっかけであったという指摘がある。1896年に，総合出版社であった博文館が25銭で発売を開始した「当用日記」は同年に約1万部が売れ，当時，輸入品が主流であった鉛筆の輸入量は1900年代に入って飛躍的に増加したという。むろん当初は，そのような「近代の日記」を書くことの具体的な行為には，階層差や地域差があったであろうこ

とは想像に難くないが，明治期末までには，日本においても「近代の日記」が広まる素地はほぼ整っていたと考えられるであろう。

　以上のような状況を踏まえると，矯正施設への日記の導入は，例えば，浦和監獄川越分監では明治43年であるとされ，少年院の前身である矯正院においては，太平洋戦争時下において短期練成が行われている際に，日記記入が日課として義務づけられていたことが認められることから，一般社会の状況と比較しても，その導入は早かったのではないかと推察される(2)（ただし，この短期練成実施下における日記記入については，当時の軍人には，その思想をチェックするための方法として，新年に日記帳が支給され日記記入が命じられていたことも，当時の社会状況の一つとして把握しておくことも必要であろう(3)）。

　しかし，少なくとも日下部守が指摘するように，その日記記入の日課が終戦後においても少年院に引き継がれ(4)，現在もなお広く日記指導が行われている理由は，日記を「書く」行為そのものが次のような機能を含んでいるということが認められているからではないだろうか。

　押見輝男によれば(5)，日記を書くという行為は，書き手の自己フォーカスを刺激する，つまり，自己への注意が一時的に高まる状態を生み出すとされる。この自己フォーカスが高まると，日記の中においては，自分の体験した出来事により引き起こされた感情の強度が増幅される効果が認められるとともに，その出来事に係る原因・責任の判断の面について，必要以上に自分と関連づけて考えるか，あるいは，過度の他者への責任追及を行うかの傾向が生じるという。そのような違いは，日記に記載する出来事の本人にとっての重要さに左右され，自分にとって重要な出来事であると，自尊心の低下を防ぐために自己防衛的になり，過度に他者を追及する姿勢をもたらすとされる。

　一方，日記を書くという行為によって自己フォーカスが刺激されると，日記に書かれた出来事に係る原因・責任の判断の面だけではなく，自己標的意識，つまり本当はその人を対象とはしていない他人の行為や出来事を，自分に対してなされたと過剰に判断する傾向も生まれるという。

　しかし，そうであれば，自己フォーカスは決して人にとって快い状態ではな

いのであるから，そのような自己フォーカスをもたらす日記を書くという行為は忌避されるのではないか，という疑問がわく。

この点についてデュバルとウィックランド（Duval, S. & Wicklund, R. A.）の自覚状態理論では，自己フォーカス状態による不快さを弱めるために，人は自己評価がマイナスにならないように自分の状態を正しいと見なす規準に一致させるように試みるとされている。(6) つまり，日記を書くという行為によって自分に注意が向くと自己対話が生じ，その結果，自分が既にもっている価値規準に従って振る舞い，自分らしさを実現することになるのであり，ゆえに人は日記を書くのだとする。

以上のような理論に基づいて考えると，少年が自らについて考え，自分の持っている価値規準を表出させる機能をもっている日記を「書く」という行為は，教官が少年に対して働きかけるポイントを発見するまたとない方法であると言え，同時にその表出された既存の価値基準の問題点をきちんと指摘する教官のコメントが，いかに重要であるかが理解されるであろう。

それでは次に，日記を「指導する」という行為について，考えてみることにする。

(2) 日記を「指導する」ということ

現在の少年院における日記指導については，嶋谷宗泰が的確にその有様を示している。(7)

「矯正教育の方法としての日記指導は，少年と教官とのラポートを基盤として，日記という心的内面の自発的表示の方法を使い，日常生活と密着して考え方や行動の仕方を吟味させる方法である。この場合の日記は，少年が単に日々の反省や行動の記録として記録するものではなく，あらかじめ教官に読ませることをも意識して書くものであり，その意味ではこれは文章による対話としての性格をもつものである」。

続けて嶋谷は，この日記指導を実施する立場として，次の3点を示す。

① 作文指導（生活綴方）の原理に立って，客観的な認識力の育成を図るもの

② カウンセリングの原理に立って，受容的な態度で積極的に肯定的な関心を示し，指導者のフィードバックによって自己洞察に至らせようとするもの
③ 条件付け学習の強化理論を基礎として，日記を通じて少年の日々の行動を賞賛しあるいは叱責することにより，適応行動を強化しようとするもの

　以上のような定義の下に，改めて少年院で行われている日記指導を眺めてみると，少年院において少年たちが書いている「日記」は，先に示した秘匿性をその特徴とする「近代の日記」と比較すると，非常に特殊な存在であるといえる。

　つまり，本稿の冒頭でも実は既に示しておいたのであるが，少年院における日記は「文章による対話」を媒介する装置なのであり，日記指導とは，実は一方的に教官から少年に対して「指導する」という行為なのではなくて，まず少年が日記を書き，それに対して教官が日記を解釈し，コメントという反応を返し，翌日の日記記入の時間にそのコメントを少年が読んで解釈し，場合によっては，そのコメントに直接日記で「再度反応する」，あるいは「行動で反応する」という相互の主観的な解釈と，それに付随する行為（反応）の緩やかな連鎖とその積み重ねの総体である，と考えることができるのである。

　よって，ある一人の少年にとって日記指導を受けるということは，全在院期間を通じて，少年にとっては準第二者的存在としての教官（それは多くの場合，複数である。）から反応を受け取り続けるという作用を経験することによって，少年院の生活の中で自分というものを構築していく過程そのものなのであり，他方，教官（職員集団）にとっては，少年の日記に対するコメントを付与することによって，自分自身が個々の少年に対するポジションを自覚するとともに，自分自身にとっての少年院という存在（あるいは教官（集団）という存在）を構築していく過程が，教官にとっての日記指導を行うことの意味になるのではないだろうか。

　以上のような認識に立てば，日記を「指導する」という行為が全少年に対して全教官がかかわりながら毎日行われているということは，日記指導とそれに

かかわって行われる相互行為が，少年院の現実を日々作り上げ続ける重要な機能を果たしているということを意味しているのであり，これほどの規模と意味をもって毎日必ず用いられている教育方法であるからこそ，少年院における矯正教育にとって重要な意味をもっている方法となっていると考えられるのである。

(3) 日記指導を考える視点

ア　コミュニケーションとしての日記指導[8]

　前節において，日記を「文章による対話」を媒介する装置として見たが，それでは，そもそも日記は他者に読まれるという性質を本来的に内包しているものなのであろうか。

　近年，一般社会においては，インターネットの普及により日記の新しい形態が生まれてきている。それは，本来，個人の中で閉じた営みであるはずの日記が，不特定多数の他者に見られることを前提としたインターネット上で書かれ，公開され，読まれるという「Web日記」の登場である。実は，日記が絶対に他人に知られたくない内容を書くものという秘匿性をもつだけではなく，何らかの意味で聴き手を予想する告白性をもつという矛盾を抱え込んでいる存在である，と考えれば，条件さえ整えばそのような「Web日記」が現れることは不思議ではない[9]。

　そのように他者（読み手）を意識して日記を書くということは，秘匿性を乗り越えて告白性を強調するという行為であることから，それは自己と他者とのコミュニケーションの敷居を意図的に低くする意味をもち，当然，その内容や表現においては虚飾性や演技性が高まると考えられる。

　少年院における日記記入の場面では，それに加えて，拘禁されているという条件がそれらの性格を一層強めるであろう。しかし，コミュニケーションの敷居が低くなることによって，少年の自意識や感情が読み手である教官に発露されやすくなるという効果が得られるのであり，虚飾性や演技性などの負因をも含んだ文章の解釈力や文章の背景を見抜く洞察力を教官が身につけることによって，日記指導の矯正教育の方法としての有用性が高まるのであ

る。
　つまり，日記指導が有用であるということは，偶然ではない。日記指導が教官という他者を意識して書くという構造を有しているからこそ有用なのであり，その有用性を高めるのは教官の努力次第なのである。
イ　生活綴方の考え方に立った日記指導
　少年院における日記指導を生活綴方の立場から分析することは，既に橋本徹夫が行っている(10)ほか，本書では次項の「(3)　作文指導」で生活綴方と矯正教育の関係が扱われていることから，ここでは生活綴方の中で，日記指導と作文指導の関係がどのように考えられているのかを確認しておきたい。
　亀村五郎は，日記指導と作文指導の関係が生活綴方において古くから問題にされてきたとし，その関係を次のように整理している(11)。
　「作文指導が子どもの生活とかかわって，子どもの生活を書くことによって表現させるというならば，日記指導とあまり変わらないのではないかということになる。しかし，日記指導は，あくまでも文章表現指導がその目的ではない。日記指導は，今まで述べてきたように，子どもが一日の生活をふり返って，その中から値打ちのあるものをみつけ出し，それを表現することによって子ども自身の物を見る目・考える目を広げていこうとするものであり，また，子どもが自分の生活を表現することによって，教師や子ども同志とのつきあいを深めていくという，大きなねらいがある。そして，そのことが継続的に行われるところも，作文指導とちがうところではないだろうか」。
　「わたしはこの両者を，生活綴方の仕事として考えてみたい。すなわち生活綴方の仕事の両面として，この仕事があるということである。授業を含む意図的・計画的な作文指導と，一日一文章というのに近い日記指導が，生活綴方の仕事ということになるというのである」。
　換言すれば，日記指導の方が作文指導と比較して，より「臨床性」が強い，つまり日記の文章を挟んでの書き手と読み手の関係性を軸とした即時性の強い指導ということになるのではないだろうか。この点については，少年院における日記指導と作文指導を比較して考えるならば，その違いはより説得的

に理解できるであろう。

ここでは，その日記指導の臨床性を象徴的に示しているような亀村の日記指導にかける真情を紹介し，少年院における日記指導にかける教官の想いを想起しておくこととしたい。

「時間的な制約があるために，充分なことはできない。例えば，赤ペンのあと書きでも充分には書けないに違いない。しかし，たとい二行でも三行でも，時には一行でも，子どもたちがその生活に対して自信を持ったり，生活の値打ちを知ったり，あすへの期待を持って奮い立つような言葉を書いてやりたい。そして，子どもたちが，日々の生活をよろこんで書くようにしむけてやりたいのである」。

ウ　森田療法における日記指導との比較[12]

日記指導の治療的側面に光を当てるならば，やはり森田療法における治療手段としての日記指導を忘れてはならない。

森田療法は，1920年ころに森田正馬によって創始された，主として神経症レベルの強迫神経症や対人恐怖，あるいは神経衰弱などの患者を対象とする心理療法であり，人間に本来備わっている自然治癒力の発動と神経症的な感情執着の悪循環を断ち切ることをその目標として，約40日間の入院治療を行うことを主たる内容としている。

日記指導は，入院直後約1週間の絶対臥褥期を過ぎた後の軽作業期から始められる。入院者は毎日の生活という現実に直面したときに感じるさまざまな感情に対する反応を含めた日記を書き，治療者は，患者が症状にとらわれた感情的な執着を断ち切り，「あるがまま」の自分本来の在り方に身を任せることができるような状態になることを目標として，指示的な姿勢でコメントを付すのである。患者は，退院後も日々の体験を日記にまとめ，それを治療者に読んでもらいコメントを書いてもらう，という指導の形を取っている。このように，日記指導を受けることを通して，基本的生活の姿勢を患者は作っていくのであり，森田療法では，治療技法の中に日記指導が位置付けられているのである。

このような森田療法における日記指導は，少年院における日記指導と指導が行われる環境や状況が類似している部分が多く，特に日記を読む相手を明確に意識して日記を書くこと，換言すれば，日記が本来的にもっている「対話」という性質をうまく活用し，その対話する相手を自分自身ではなく他者にさりげなく置き換えるとことで，他者の目を意識しつつ自分の変化を無理なく自然に促すという，日記のセラピー的な作用を強化するように働いていると考えられるのである。
　日記指導とは，その形態こそ簡便な方法のように見えるかもしれないが，日記の特性をうまく利用した指導方法であることを再確認したい。

エ　カウンセリング的な働きかけとしての日記指導[13]
　日記指導のカウンセリング的な側面について考える際に参考になるのは，日記と同じ文字をその媒体とするメールカウンセリングの存在であろう。メールカウンセリングとは，援助を必要とするクライアントに対して，専門的訓練を受けたカウンセラーが，電子メールを媒介とした非対面の相談活動により，理解や問題解決を行うために，心理的支援及び情報的支援を行うプロセスであるとされ，日本においては1990年代後半ころから広がってきている状況にある。
　文字をカウンセリングを行う媒体としていることに由来するメリットとしては，クライアントが文字で自分を表現するために，過去を振り返ったり，文章を読み返したりしながらドラマや物語を作り上げてゆくプロセスにおいて自分と向き合うことが多く，自己カウンセリング効果も期待でき，それに伴うカタルシス効果（感情浄化）やアウェアネス効果（自覚化，意識化）が得られる点が挙げられるが，これは日記指導についても当然同じ効果が期待できると考えられよう。
　他方，メールカウンセリングは，対面でないカウンセリングであることから，クライエントの表情や態度など，ボディランゲージや非言語的メッセージを読み取りにくく，その結果，気持ちや感情，それに病理などを理解することが困難になるというデメリットがある。そのため，カウンセラーには，

文章の量，文脈，行間，文章や物語の構成，パンクチュエーション（文章や表現の区切り，括り方，間，沈黙，冗長，脈絡を構成するものであり，具体的には句読点の打ち方で決まってくる。）といったメタコミュニケーションに関する高い能力が要求されるという。また，「感情言葉」や「関係言葉」，「繰り返される言葉」，「副詞」や「形容詞」の読み取りは，それらに気持ちや感情が含まれているので，それらの言葉に対する鋭敏さと繊細な感覚をもっていることもカウンセラーには要求されるのである。[14]

一方，日記指導の場合には，実は純粋な文字情報だけではなく，その日記を記載している少年が自分の担任でないことはあるにせよ，何らかのその少年に関する処遇情報を事前に把握していたり，日常場面におけるその少年と自分（教官）の間に何らかの関係が既に存在し，前提となっていることから，メタコミュニケーション能力だけではなく，日ごろの処遇情報収集能力と日記指導をそのほかの指導方法とリンクさせて指導を展開することをイメージできる，指導方法の総合的な運用能力が少年院の教官には問われることになるであろう。

同時に，少年院における日記指導は，少年の立場からすれば，毎日の日記は特定の教官（多くの場合，当日の当直教官である。）を名あて人として，その教官と自分との関係を推し量りながら記入した文章であることから，書簡としての性質をも帯びていることを意識しておくべきであり，日記の解釈に当たっては，虚飾性やその日のテーマとして選ばれなかったこと（書かれなかったこと）に対しても注意を向けられる力量も少年院の教官には求められるのである。

(4) ナラティヴ・プラクティスとしての日記指導[15]

前項においては，さまざまな視点から少年院の日記指導について検討を行ったが，ここでは少年院における日記指導分析の総括として，本稿の「(2) 日記を「指導する」ということ」で提示した日記を書くこと，日記を読み指導すること，そして，そのような日記指導を少年院という共同体全体で行っていることが，少年院の現実を日々作り上げ続けていることについて，日記指導を社会

構成主義（social constructionism）を背景としたナラティヴ・プラクティスとしてとらえる視点を提示しておきたい。

社会構成主義の源流はバーガーとルックマン（Berger, P. L. & Luckmann, T.）の『現実の社会的構成』（1966）に求められるが，その理論的前提を簡潔に示すと，

① 現実は，社会的に構成される。
② 現実は，言語によって構成される。
③ 言語は，ナラティヴ（語り，物語）によって組織化される。

というものであり，「問題」は言葉のネットワークの中に存在し，それはナラティヴという「問題をめぐる語り」，「問題の染み込んだ物語」という形式で組織化され，「問題」が「問題」として成立させられ存続させられていると考えるのである。

ナラティヴ・プラクティスは，「いま語られているナラティヴ」を「いまだ語られていない（新しい，別の）ナラティヴ」へと移行させることによって，「問題」を解決するのではなく，解消させる実践過程であるが，少年院における日記指導とは，少年は文章（言語）を操作して「問題」を抱えている自らの姿を意図的，非意図的に物語として構成し，教官はそれに対するコメントを加えることによって，少年の「問題」を解消しようとするナラティヴ・プラクティスを日々実践していると考えられる。しかも，マクロな視点に立てば，そのような少年と教官（集団）の日記指導という日々の相互作用の総体は，少年院というその施設全体の現実を構成し，かつ，そこに立ち現れてくる「問題」を解消しようとする行為の連鎖として眺めることが可能なのである。

次項で紹介する研修教材「日記指導」は，このような視点からも読み込むと，得るものが大であると考えられるので是非試みていただきたい。

3 日記指導事例に学ぶ 〜研修教材「日記指導」〜

(1) 研修教材「日記指導」の意義

研修教材「日記指導」は，当時の多摩少年院教育調査官であった谷川洋が平

成15年度の矯正研修所研究科においてまとめた研究結果を基にして，平成16年1月に法務省矯正局教育課から各施設に試行版として配布された。

全国の少年院から集められた日記指導事例集がこのような質と量をもって取りまとめられた意義は，極めて大きい。

すなわち，少年院における日々の指導は，タイムリーに行われることが必要であることから，教官からの働きかけの多くは言語を用いて行われることとなり，通常，その記録は残念ながら残し得ない。文字情報として残された少年の生活記録媒体としての日記帳，そして少年と教官のコミュニケーション録あるいは指導記録の媒体としての日記帳は，数少ない矯正教育の実践記録の宝庫ともいうべき存在なのである。

事実，少年矯正の「事例研究」では，この日記帳が行動観察記録とともに，少年の成長が少年自身の言葉で記録されている貴重な資料としてふんだんに活用され，研究が継続的に行われている。その意味では，この研修教材は単に我々が「日記指導」を学ぶためだけの研修教材ではなく，生きた矯正教育の実践を学ぶ教材とも言えるのである。

読者には，是非，そのような観点からも当該教材をもう一度読み直していただきたい。矯正教育の有様や指導の在り方を具体的な相手に届く言葉で外へと語ることの困難性は，少年矯正に携わる教官であればだれもが感じているところであろう。日記指導の記録集成は，少年院教官の指導の結晶なのである。

(2) **指導事例検討**

本項では，以下，研修教材「日記指導」からその一つの事例を取り上げて検討してみたい。

事例18
（端的なコメント）

（少年の問題点，記載時の状況等）
規制を嫌い，力で問題解決しようとする。不正連絡の規律違反が約2か

月に2回あった。自棄的になっていた。職員からの信用を完全になくしたと思っていたようだ。

（コメントの意図）

失敗を反省し，やり直そうとする気持ちを後押しする意図

（その後の処遇状況）

失敗の繰り返しをしたが，やり直そうとする意欲を信用してもらえたことから，規範意識が高まる。また，反権威的なところがなくなってきた。

（日記要旨）

「今僕はあせってきている。でも宙ぶらりん。年長者から非行を誘われても断ることができるか。お金のことで悪質なことをしたり，せこいことをしたり，なまくらなことをしたり，泣き言いったり，慌てたり，こんなことはすべて改めなくてはいけない。特に，しんどいことは後回しにすることはないように忘れずに心に止めておきます」

（コメント）

今のお前は好きだ。

（翌日の日記）

「昨日の先生のコメントを見てめちゃくちゃ嬉しかった。そう思われるほど僕はやっているんだあと思った。やっていることに自信がついた。そんな自分も好き。今，僕にとって一番必要なことが分かった。お金を稼ぐことをあほらしいと思う自分を変えること。」

　この日記の要旨とコメントを読んで，読者は何を考え，感じられるであろうか。この事例に対する教材の解説は，実際に読んでいただいたときの楽しみにしておくこととして，ここでは一点だけ述べておきたい。

　それは，もし，読者が少年矯正の仕事に携わる方であれば，今，このときに考え感じたことが，現在の自分の日記指導だけではなく処遇全体にかかっての力量なのである，という自覚をもってほしいということである。また，現在は

少年矯正の仕事に携わっていない方であっても，この事例を読んだ瞬間に心が「ぎゅっ」となる感動を味わっていただけたであろうか。少年に対する指導はこれほどタイミングが重要なのである。

4 おわりに

以上，少年院における日記指導についていくつかの角度から分析を試みてみたが，今，我々にとって最も必要であることは，少年矯正の現場で行われている一つ一つの営みを丁寧，かつ，十分に明確化，言語化することであろう。その意味で本稿もわずかではあるが，その一翼を担えたとすれば幸いである。

引用文献・参考文献

⑴　小林多寿子『自己メディアとしての日記』「現代のエスプリ No.391　73－83頁」2000
⑵　矯正協会『少年矯正の近代的展開』1984
⑶　ドナルド・キーン『百代の過客　日記にみる日本人』朝日新聞社　1984
⑷　日下部守『日記指導』「矯正処遇技法ガイドブック第 2 分冊　生活指導の技法と実践編」矯正協会　1991
⑸　押見輝男『自己との対話』「現代のエスプリ　No.391　129－141頁」2000
⑹　Duval, S. & Wicklund, R. A.『A theory of objective self awareness』New York: Academic Press　1972
⑺　嶋谷宗泰『矯正教育の方法』平尾靖，土持三郎「矯正教育学入門」大成出版社　1981
⑻　三浦麻子他『座談会／日記コミュニケーション』「現代のエスプリ No.391　9－46頁」2000
⑼　依田新『青年の心理』培風館　1950
⑽　橋本徹夫『 7　生活綴方』「矯正のための処遇技法」大阪矯正管区　1980
⑾　亀村五郎『日記指導』「生活綴方教育叢書　実践方法篇 1 」百合出版　1971
⑿　永井徹『心理治療と日記』「現代のエスプリ No.391　142－152頁」2000

⒀　高石浩一他『座談会／インターネットにみる心の世界』「現代のエスプリ　No.418　5－36頁」2002
⒁　武藤清栄『電子メール表現とコミュニケーション』「現代のエスプリ　No.418　46－57頁」2002
⒂　野口裕二『社会学とナラティヴ・プラクティス』「現代のエスプリ　No.433　13－21頁」2003

/一人一人に向き合う

作文指導

末 信 眞 司
(佐世保学園)

1 はじめに

　少年院の少年たちは「書く」機会が多い。入院間もなく作成する帰住関係の書類，毎日の日記，折に触れての内省文，読書感想文，自分を待つ家族への手紙，行事の感想文，場合によっては反省文等々である。

　そして，どこの少年院でも，少年たちは父親，母親，兄弟姉妹などの家族のこと，友人や学校，職場，事件の被害者のことについて，課題として，あるいはテーマを自分で選択して作文を書くことが求められる。こういう面から言うと，少年院では作文を書くことは日常生活の一部である。ある全国紙に掲載されたように，少年たちはさながら「作文漬け」の状態といえるのかもしれない。確かに決められた題に沿ってただ単に書いていくだけ，課題をこなすだけでは単調な繰り返しに陥ったり，場合によっては苦痛になったりしかねない。

　ここでは，作文指導の目指すものは何か，限られた教育期間内に矯正教育の実を挙げる意図的，計画的な作文指導とはどのようなものか，それをどのように指導していくべきか等について適宜事例を交えながら述べていくこととする。

2 作文指導とは

(1) 作文指導の目的

今日いずれの少年院においても実施されている作文指導は，ノートや筆記具以外には特別の用具は不要であって，課題を与えればすぐできる，一見実施が容易なものであると思われがちである。しかし，このことが日常的であるために，「書くこと」そのものが先行し，そもそも何のためにということが分かりにくくなってしまっていることがあるのではないか。ここで，作文指導の目的を改めて考えてみる。

　作文は，種々のテーマに沿って少年一人一人が（自分の問題点などを）考え内省し，それを書くことで表現するものである。表現されたものには，その時点での少年の考え方やもののとらえ方が（浅いか深いかを問わず）表れるわけであり，指導者はそれに基づいて（必要に応じて反復して）指導する。それはまさに認知と行動の変容を目指すものといえる。ここで，少年院における矯正教育が，副島和穂がいう「よき社会人への行動の変容を目指して，（中略）中心に生活指導をおき，直接的目標として認知構造の対象化，客観視の指導に重点をおく」との立場に立てば，作文指導はいたって直接的にその目的にかなうものである。

(2) **作文指導の枠組み**

　実生活を題材にするという点において少年院の作文指導と近いものに，「生活綴方」がある。生活綴方は，戦前の生活綴方運動を端緒とし戦後結実したものである。生活指導とのかかわりなどを巡る諸説はあるが，指導者の援助・指導のもとに，①生活と学習の主体である生徒たちが，②自分を取り巻く生活の中で，見たり，聞いたり，感じたり，考えたりしたことを，③実感にもとづいて，ありのままに生き生きと文章に表現するものである。そして，完成した文章の指導・検討によって，あるいは集団での討議を通じて，④言葉を理解しその使い方に慣れ，⑤自然や社会の事物の関係，意味（ねうち）に気づき，事実を見つけ出そうとする態度を養い，⑥豊かな感受性と表現力を身に付けるとともに，⑦固定観念・偏見・独断・思い込みから解放され，さらには⑧他者とのかかわりが大切なことを理解し連帯感を養っていくものとして大過はないと思われる。

なお，戦後山形県山元村の中学教師であった無着成恭が，社会科学習の一環として実施した生活綴方の成果を文集としてまとめた『山びこ学校』は，賛否両論はあるものの教育界に多大な影響を与えた戦後生活綴方の古典といってよいであろう。1995年岩波書店から文庫版化されたので入手が容易である。一読をお勧めする。[4]

　概して生活綴方は，実生活の中での出来事を通して世の中のしくみや矛盾に気づかせていくことを目的としており，少年院で行われている作文指導とは目指すものが異なるが，方法論として重なる部分が少なからずある。枠組みとして大いに参考にしたい。

(3) 作文指導の長所と短所

　作文などを「書く」という行為には，①書いたものが残るので，②何度でも見直すことができる，③自分が考えていることをまとめることができる，④語いが増える，⑤論理的思考の訓練になる，そして，言うまでもないが，⑥文章表現の力がつく等のメリットがある。

　反面，①紋切り型，偏った認知の繰り返しになってしまう，②一つの考え方の複写や単なる言葉の置き換えにとどまり思考がそこで止まってしまう，③考えが行き詰まり，その結果，殻に閉じこもったり自己閉塞に陥ったりする，④再入少年（少年院の収容が2回以上ある少年）にしばしば見られるが，無用で取ってつけたような難解な言葉を多用する，といったデメリットが考えられる。そもそも，近年注目されているLD（学習障害）の児童で，ディスレキシアと呼ばれる，読み，書き，記憶に障害を有する者への指導においては，相応の配慮が求められる（もっとも，ディスレキシアを有するLDやADHD（注意欠陥多動性障害）の少年に，作文指導が文書作成，自己主張のスキルを高めるなどの効用があることはいうまでもなかろう。）。

(4) 少年院での作文指導

　いかに効用があっても一つの処遇技法が直ちに少年たちの改善・更生につながるものではない。また，少年院での集団生活での変容と社会復帰後の行動を一概に論じることはできない。例えば，自分史をただただ綴らせるだけで，少

年たちが内省を深め洞察に至ることが可能であろうか。では，少年院では，どのような作文指導をしていけばよいのであろうか。

「指導」という言葉には，なんとなく授ける，押しつける，決めつける等のニュアンスがある。確かに少年院には細かな規則があり，それを守る義務が少年たちにはある。しかし，少年院を出院した後，厳しい社会で生きていく彼らが強力に持続することを期待できるのは，「主体的な認知構造の変容」[5]に他ならず，強制的・他律的な環境への適応ではないと考える。

自己の観念を対象化・客観化する端緒として，少年院では先ず「過去」を振り返る作文を書かせることが多い。そこでは往々にして「惨めで，ダメな自分」や「力強さを頼みに精一杯見栄を張る僕」，「家族から，そして，周囲からも拒まれた私」などが出てくる。しかし，そうした過去の人生は，少年院での実感を伴う日々の生活の中で「やり直し」をすることができる。課題にじっくりと取り組む「現在」の中で，将来こうしていくのだという「将来」の展望を持たせること，「生きる」とは一人一人意味が異なることを実感させることが重要である。作文指導がそのことにどう資するのか，以下，具体的に例示しながら述べていく。

3　作文指導のポイント

(1) 指導者

作文指導に限れば，指導者は個別担任の職員になろう。個別担任はたいていの施設では少年が所属する寮（学寮）の担任職員がなり，誤解を恐れずにいえば，少年の傍らに寄り添い，必要があれば突き放してみせることもある。担任職員と少年との言語的・非言語的やりとりは，さながらキャッチボールのようになされるものである。

例えば，「君が望んでいる○○の仕事，給料はよいが柄が悪いのでダメだ」など考えを押しつけることはせず，「下手な鉄砲数撃ちゃ当たる」とばかりに書かせっ放しにもしない。「こうなったのは，親のせい，学校（教師）のせい，職場（上司）のせい，被害者のせい」と，何かと責任転嫁を図る少年たちが，

自分の言葉・自分の思考による「気づき」に達するまで寄り添い援助するという営みを続けるのである。

(2) テーマの選定

テーマ（題）は，作文指導の中核といえる。指導者は，少年にどのようなテーマを与えるか知恵を絞らなければならない。

例えば，新入時に過去を振り返らせるとした場合，「生まれてから現在までを書きなさい」では範囲が広すぎてまとめにくく，少年の筆が進まない。といって，「初めて非行をした小学生のときについて書きなさい」では，指導者の価値観が入りバイアスがかかりすぎる。

書く範囲を狭くし，論点を絞って書きやすくすることも大切であるが，一つの仮説（「幼時生き別れした母親の代わりに彼女に甘え，自分の意のままにならないといっては暴力をふるう」など）に基づいて，テーマを継続的にうまく設定することで少年の内省が深まり，気づきにつながることがある（もちろん紆余曲折があり，短期間で効果が挙がるものではない。）。その際，上記のようなバイアスがかからないような配慮（「あなたが一番大切に思う人（信頼する人）についてまとめてなさい」など）をしたり，適宜少年院生活での一過的なエピソード（「配食の役割活動での他少年の動きに対して感情的になったことについて思うところを書きなさい」など）を取り上げたりする工夫をするとよい。

指導者は少年が何を書かこうとしたのか，何が書かれているのか，などの質を検討するわけだが，少年がどれくらいテーマに共鳴して（乗って）いるか，書いた量（例えば，原稿用紙1枚がやっとというのと，一気に5枚書き上げたのとは違う。）にも注意を払う必要がある。

(3) 実生活の中での思考

実生活とは文字どおり現実の，生（なま）の生活である。

少年たちは，だいたい10数名から20数名が在籍する寮（学寮）で衣食住を同じくする共同生活を送る。作文指導の題材は，寮や職業補導における（職業補導種目ごとに編成される）実科の集団生活の中で生起する事柄になることが多

い。

　少年院での生活は，一見日課表どおりの決まりきった平板な生活のようでいて，実のところは，少年一人一人に，例えば，他少年とのいさかい，保護者との面会・通信での思わぬ心の通い合い，実科作業で職員に褒められた（注意された），勉強なんてできない，面白くないと思い込んでいたのに嫌々やってみたらできた等々，社会生活では気にもとめないようなささいな出来事がたくさんあり，それが悩んだり喜んだり腹が立ったりする機会や経験となる。指導者は，それを題材に作文指導等の働きかけを行い，少年が内省する。そして，少年は再び日々の生活において自身の「変容」を（あるいは「変わらない自分」を）確認し，実践するのである。

　ところで，少年たちに入院前の社会生活を聞いたり書かせたりすると，自分を美化・英雄化したり，あるいは，悲劇のヒロインになったりすることが，少なからずある。（「僕はだれよりも強かった」，「盛り場に行くとみんなが引いた」，「自分だけが家で要らない子だった」，「教室に入るとクラスのみんながいやな目で見た」など）事実をありのままに思い起こす（再生する）ことと，少年たちの認知や解釈（いわばフィルターを通ったイメージ）とを，指導者は区分しなければならない。

(4) **実感に基づく記述**

　実感と何となく感じたこと，一時的な感情のほとばしりとは異なるものである。簡単にいえば，自分の言葉で書かれているか，それとも借り物の言葉に過ぎないのかということになる。

　指導を始めたばかりで，実感を伴う記述を求めるのは難しい。例えば，当初は友人関係について，「不良交友は悪いと警察や家庭裁判所の先生がいうから，多分，不良交友はいけないものである（なんだろう）」とする。そして，「不良交友は絶ち切らなければならない」，「暴走族と絶縁しなければいけない」と結論する。こうした思考の流れは，単に他人の考えや既存の（大人が良いとする）価値観の継ぎはぎのようなものである。

　しかし，指導者の援助・指導によって内省を深めていけば，やがて少年には，

例えば，「気の合う仲間と一緒にいると楽しかったのに，急に断ち切るなんてできるのだろうか。何か無理があるんじゃないか」といった思い（実感）が徐々に生じるのである。

(5) 言葉の理解と事物の関係・意味の発見

言葉は思考の道具であり，コミュニケーションの手段である。まず指導者との間でシンボルとしての言葉を共有することから始めたい。例として，「ムカツク（とても腹立たしいの意）」や「キレる（行動を抑制できない状態になるの意）」は少年院では使用しない言葉であるが，実はこれらは心の状態を漠然と表すに過ぎず，動物の咆哮と大差はないものであること，等々を単なる禁止ではなくきちんと理解させたい。

少年院では一人一人に教育目標を設定し，さらに，処遇の段階ごとの目標を設けて本人に教える。生活の核ともいえるその目標について，時に少年たちに進ちょく状況を尋ねてみると，例えば，「実科にまじめに取り組み，勤労意欲を高める」という目標で，「一生懸命汗を流して実科を頑張りました。勤労意欲も高まりました」とほぼオウム返しのような答が返ってくることがある。重ねて「どんな風に，どんな時に，どんな意欲が？」と問えば具体的な話に展開するのだが，この少年にとって目標は単に目標，実際の生活は生活であり，両者の関連性は薄いものであったと考えられる。こうした指導者の思い込みと実態がかい離していることは間々見受けられる。

「話しコトバまたはレトリックは，書きコトバまたはロジックを通して確かめられることはあり得ても，前者は後者によって代行されることはあり得ない」との傾聴すべき意見があるが，課題を与え作文をまとめさせてから面接をすると短時間でも深まりのあるものになることは日常経験するところである。言葉の意味，言葉が表す事柄，その関係などについて，じっくりと考えさせていきたい。

(6) 固定観念からの解放

ビリーフ（信念体系）である考え方（「大人は言うこととやっていることが違う」など）はなかなか変わるものではない。ある概念（「信用できる大人は

いる」など）を刷込み（注入）によって取り入れさせることは，さほど難しいことではなかろう。しかし，そのまま推移すれば実感と新たな概念とがかい離しダブルスタンダード（建前と本音）になりかねない。指導者は，少年の記述が実感を伴っているか，自分の言葉で書かれたものかどうか，等チェックする視点を持ち，思考を少年と二人でたどっていくことでこの危険性を回避しなければならない。

　出院間近になって，「作文ではこう書いていたけど，本当はそうは思わない」などと言わせないように，作文だけではなく雑談の形でもよいので日ごろから，「○○について，どう思う」などと揺さぶりをかけ，確かめたい。

(7) **自己開示への対応**

　作文（綴方）で自己開示若しくは自己解放がなされた場合どうするべきか。

　一般社会でもそうであるが，特に少年院という枠組みでは個人の内面と（寮）集団との間には力動関係がある。（寮）集団が教育的雰囲気の横いつする更生的土壌であれば，少年が集団に自分の気持ちに正直に率直に発言することの教育的な意義は大きいが，そうでない場合本音と建前がかい離し，ダブルスタンダードが生じることになる。

　指導者は，寮集団や集団討議の質を見極め，十分な見通しを持ってケアしていく必要がある。それを欠くと，少年が出院し集団を離れたとき自分が考え気づき，学んだことを持続させることが難しくなる。

(8) **指導者が陥りやすい穴**

　指導者が，「作文がよく書けている」と感じる場合，留意すべきことがある。

　第一に，できた作文が課題に沿って書かれていても，それが「こう書いてほしい」との指導者の期待に応えようとしたもの，期待を先取りしたものではないか，ということである。例えば，他少年とのいさかいが絶えないことについて作文を書かせ，少年が「思いやりが足りなかった」，「他人の立場に立って考えてから行動したい」などと書いた場合，手放しで喜んではならない。もしかすると，以前から繰り返し指導したことを書いただけなのかもしれない。面接で「どうしてそう思うのか」などと問いかけをすることで，本当の気持ちを確

認したい。

　第二に，表現力に富みうまく書かれている場合，それが実感に基づいた具体的なものか，抽象的な言葉（概念）に逃げようとしていないか，である。例えば，「なぜ，先生方の指導を素直に聞けないのか」という課題に，「小さいころからの大人への不信感があって」と少年が記載して，「洞察が進んだ」などと考えることは早計である。単に聞きかじったことを書いたものであったり，あるいは，そうした概念でいわば蓋をしてそれ以上内省することを回避したりすることがある。この場合，次回の課題で「不信感とは具体的にどのようなものなのか」を書かせ，内省を深いものにしていきたい。

　指導者は，功を急げば少年が言葉（概念）の殻に閉じこもってしまうこと，「急がば回れ」を肝に銘ずるべきである。

(9) **タイプ別指導のヒント**

　以下，少年院でよく見かける少年のタイプを挙げ，指導上のヒントを述べていきたい。

　ア　低空非行

　　規律に反することもなく，一応課題をこなすが，覇気がなく意欲が低いタイプである。作文でも「ここまででいい」とばかりに表面的，抽象的なものが多い。彼らには，とにかく具体的で細かく書くことを求める。例えば，「これまで家族に迷惑をいっぱいかけたので，しっかりする」には，「どんな迷惑か，精神的なものはどれくらいで，経済的なものはどうか，しっかりするとはどういうことなのか」と返していく。指導者は，言葉の置き換えや逃げ口上を認めない一貫した姿勢を保つ。

　イ　規律違反多発

　　大きなものは少ないが何かと規則違反の多いタイプである。作文を書かせると，「ついつられて」，「他の少年とトラブルを起こさないように，なるべく人とかかわらないようにする」，「今度のことでは寮のみんなに迷惑をかけたし，先生に心配させたので，これからは小さな規則も必ず守る」などと書くが，反省は浅くできそうもないことばかりで現実味がない。彼らには院内

の生活で何が問題であって，今後何ができるのか，可能な限り具体的，現実的に考えさせ，指導者と約束させるのがよい。

ウ　再入少年・院内優等生

そつのない生活振りで，器用に課題をこなす。文芸作品コンクールなどで入選したり，学力テストや珠算で上位になったりする少年も少なくない。

しかし，「男らしさ」に強いこだわりを持ち女性への優越意識があったり，「シンナーは薬害があるので絶対吸引しない」と，ことあるごとに書くが信ぴょう性が乏しかったりするのがこのタイプである。彼らには，「女性を守るとはどういうことか」，「男女の対等の関係とはどんなものか」など突き詰めていく指導がよい。例えば，薬物乱用について，「分からないが好きだから」，「体に合うから」であっても構わない。それを突破口に指導者が少年と二人で検討し考えを深めていくのである。

エ　被害者の視点に立てない少年

このタイプが最も抽象的，紋切り型の作文を書きやすく，指導者が作文を読んでも無味乾燥で少年の実感を感じることが少ない。「取り返しのつかないことをした」，「遺族にいう言葉がない」と一応は書くのだが，内心では「被害者にも落ち度があった」，「（共犯関係にある少年が複数いるので）自分だけが悪いわけではない」といった考えを抱く。彼らには，例えば，犯罪被害者遺族の手記を1冊丸ごと手渡すのではなく，1章ずつコピーを取り細かくテーマを設定しじっくりと時間をかけて指導していくこと等が糸口になろう。指導者の創意工夫と忍耐強さが求められる。

4　実践事例

ここでは，ある少年院での実践事例を取り上げる（この施設では週の始めに課題を与え作文を書かせる。週末に担任職員が作文を読み丁寧にコメントを付して戻す。必要があれば面接を行う。）。なるべくありのままを掲載するが，プライバシー保護のため本質にかかわらない程度で内容の一部を変更したことをあらかじめお断りしておく。

(1) プロフィール

　男子　年齢：18歳3月（入院時）　中等少年院（長期処遇）　非行名：恐喝（知人から継続して多額の現金を喝取）・窃盗・道交法違反（彼女とのドライブのため自動車を窃取し無免許運転）　学歴：工業高校中退　職業：飲食店店員（溶接工見習等転職多数）　少年院収容2回目（前回の少年院では規律違反はないが，成績は普通以下）　著患なく健康

（家族関係等）

　保護者は実父で，兄との3人暮らし，交際中の女性がいる。実父は少年の度重なる非行でさじを投げているが，審判には出席した。実母は少年が小学校6年時離婚し（一時養護施設で生活する），以後交流はない（このころから万引き等の非行始まる）。シンナー・覚せい剤・大麻の使用歴あり（数回程度）。元暴走族のカラーギャング（赤，オレンジなどのシンボルカラーの衣類を成員が着用する不良集団）とのかかわりや暴力団との関係がある。

（性格傾向）

　IQ＝80台　興味・関心の幅が狭く，独善的に物事を考えやすい。気の置けない仲間の前では見栄を張り軽率に振る舞うが，大人への不信や警戒感が強く物事を被害的にとらえやすい。上辺を取り繕い，自分のことを他人事のように語りごまかそうとすることが多い。「男らしさ」へのこだわりが強い。

（処遇経過）　　　　　　　　　　（＋月：入院後経過した月数を示す）

X　　　　　　　入院　新入時教育過程（2級下）編入
X＋2月　　　　中間期教育過程前期（2級上進級）・中間期集団寮編入
X＋2.5月　　　珠算・暗算検定合格（以後，毎月のように合格）
X＋5月　　　　中間期教育過程後期（1級下進級）
X＋6月　　　　環境調整報告書（実父の許　環境調整継続）

(2) 作文指導

　① X＋1.5月　題「自分の居場所」

　　家族，友人のだれからも相手にされず，ホームレスのような暮らしの中で暴力団関係者に拾ってもらい，組が自分の居場所になった。その他，これま

で迷惑をかけてきた交際中の女性への想い，不仲だったのに審判に出席してくれた父への感謝などを幾分固い表現で綴った。

② X＋3月～3.5月 題「暴力団との関係」

暴力団は，「集団なのですごく卑きょう」，「一人では何もできない見栄や虚勢の固まり」，「口がうまく，いかにも正しく，もっともらしく聞こえる」などの批判，うまく利用されていた自分，その中で「人を信じることができなくなった」，「心に大きな傷を負った」自分について記載した。

③ X＋4月 題「彼女について」

彼女は，「今でも愛している」一番大切な人なのに，考えもなく事件に巻き込んでしまったことへの深い後悔の念と，「(彼女が) 本当に幸せになることがあるのだろうか」，「自信がないような気もしますしすごく不安です」といった迷い，悩みなどを率直に述べた。

④ X＋4.75月～5月 題「対人関係の作り方」

「対人関係がすごく苦手」で，「対人不信の」自分は，実は「相手を受け入れるということ自体すごく怖いという思いでいっぱい」だった。しかし，「信用してもらったり，又は自分が信用するには，自分をさらけ出すことが大切」であることをここで学び，面接や課題を通し「自分の中でクリア」したと述べた。また，今では「暴力や権力で（対人関係を）築くやり方は，怖くて仕方ない」等と記述した。

⑤ X＋5.5月 題「彼女への恋愛感情と母への思いを対照して書く」

離婚について，両親の関係を整理し理解を示しつつも，母親に甘えることを「突然シャットアウトとなった時のショック」は大きく，人間不信になった。そして，「途中シャットアウトになってしまった続きを彼女に対して求めようとしてしまう」ところが自分にはあると記載した。

⑥ X＋5.75月 題「どの時期の何を直せばよいと思うか」

彼女だけではなく，友人にも，そして父親に対しても，「自分だけが求めるばかりで」，人からは「求めさせないようにしていた」こと，「自分がしていたことのすべてが家族にも影響」していたことを痛感したと述べた。

⑦　X＋6月　題「本当にお父さんは必要なのか」

「自分には生きていくっていう意味でお父さんは必要ありませんし，お父さんも自分は必要ないと思います」と書くのだが，「お互いの中に嘘があってはいけない」，「自分の心が開けなかったり，許すっていうことが出来なければ築くっていう面で成立しない」とまとめた。

⑧　X＋6.25月　題「お母さんについて」

お母さんが家を出ていってから，「ついていきたかった」と思い，「お父さんとの間に壁を作ってしまっていた」が，今は「（お父さんは）父親としての責任を十分に果たしてくれていた」と思えると記載した。

⑨　X＋6.5月　題「お父さんについて」

「本当に「お父さんごめんなさい」って言いたくなってきます」，「お父さんとの新しい人生のやりなおしっていうことを，今，心から願っています」と記載した。

(3)　考　察

本少年は再入であり，前回収容された少年院と同様規律違反はなく，予定期間で進級している。入院後1月半で書いた作文①は，丁寧に書かれてはいるが型どおりで実感が感じられるものではなかった。

作文②では，「暴力団は悪い＝絶縁」のテーマに陥りやすいが，批判は具体的でどんどん自分の言葉になっていき，少年のこれまでのビリーフともいえる「男らしさ」や「力強さ」の崩れる兆しがある。この段階で既に指導者と少年にラポート（信頼関係）がついていることが看取できる。

作文③は，少年が最も大切に思う交際中の女性について書かせたものである。「この先生には何を話しても大丈夫，しっかりと受け止めてくれる」との少年の安心，安堵から，くどいまでに自分の気持ちを吐露している。感情が揺れ，思考が行きつ戻りつしている。

作文④で，少年はこれまでの指導者とのかかわりの中で学んだことを再確認する。「怖い」という感情表現が実に興味深い。少年にとって磐石であったはずの思考体系が音を立てて崩れ，新たな認知がスタートする。傍らに指導者が

いるからこそであるが，それは文字どおり「怖い」出来事である。

　それを足場にいよいよ本事例の山場である作文⑤を迎える。指導者はこの機を逃さず，作文⑤に的確なコメントを付し少年のこれまでの認知構造を図解することで，少年が自ら気づくことを支援し，少年は作文⑥で洞察に至るのである。

　作文⑦，⑧で多少の揺らぎはあったが，少年は作文⑨においてカタルシス（浄化作用）を迎える。母親の消失というトラウマ（心的外傷体験）が癒され，父親，彼女，周囲の人たちとの新たな関係の始まりである。そして，この直後に，帰住調整がなかなかはかどらなかった父親が劇的に面会に訪れ，いわば大団円となったものである。

5　まとめ

　以上，少年院での作文指導について，指導のポイント，事例を中心に述べてきた。この機会に多くの作文に目を通したが，行間には少年たちの「変わりたい」という思いが感じられた。実践事例についても，情熱にあふれ確かな視点を有した指導者との出会いがなければ，もしかしたら少年は表面上の適応はともかく，内面は入院当初の作文に見られるスタンスのまま推移したのかもしれない。作文指導に限らず，少年が真の洞察を得るには教官のたゆまぬ支援が必須であることを改めて感じ入る次第である。

参　考　文　献

(1)　朝日新聞（朝刊）『「犯罪」少年たち①』（2004年6月16日）
(2)　副島和穂『少年院の教育理念』「矯正教育序説」未知谷　1997
(3)　橋本徹夫『生活綴方』「矯正のための処遇技法」大阪矯正管区文化会　1980
(4)　無着成恭編『山びこ学校』岩波文庫　1995
(5)　副島和穂　前掲書
(6)　竹内常一『生活指導の理論』明治図書　1969

/一人一人に向き合う

読 書 指 導

門 脇 高 次
(喜連川少年院)

1 読書指導とは何か

(1) 読書と読書指導

　本を読むことは，言語（文字）から情景や場面を自分の中で作り上げ，さまざまな感情体験や物の考え方に遭遇する。自分の持っている生活体験を基盤にして，あるときは共感し，あるときは反発をする。こうした精神的な作用は，思考力を高め，自己表現力を豊かにし，自己の客観視を可能にする等，人格形成に何らかの意味で影響を及ぼすことはだれもが認めるところであろう。しかし，読書指導という場合は，何らかの意図的な働きかけがなければならない。
　矯正施設においては，収容者に対してある一定の法目的を実現するためにさまざまな働きかけがなされているが，読書指導は，そのための教育手段の一つとしてとらえられる「対象者に応じた特定の図書を選定し，読書活動を通して，態度変容，人間形成を図ろうとする指導方法」（法務省矯正局編『矯正教育用語ハンドブック』2000年）である。このことから，少年院における読書指導は，①非行要因となっている問題性の改善，社会性の付与を目的とし，これに沿って②対象者の問題性に応じてその指導を行うことが特徴でなる。

(2) 教育手段としての読書指導

　少年院に収容される少年たちの問題点の一つに，先の見通しを持たず，快・

不快といった情緒的なレベルで行動選択をするという幼児性や，社会的な未熟性を指摘することができる。これは，言語を通して自分の考え方や感情を他者と伝達しあうという体験を十分に積んでいないため，心の中の問題を論理的に整理することができないので，やみくもに行動し不適応を起こすことになるのである。こうした少年たちにとって，「本を読む」ということは，そこで出会うさまざまな主人公の代理体験を通して抽象世界の中で論理や感情を整理することを迫られ，物事を論理的に考えさせられることになる。物事を論理的に考えることができるようになるということは，思考力を高めるということであり，行動選択の仕方においてさまざまに想像し，考えて選択できるようになるということで，これは，非行少年に対する極めて有効な教育手段であると言える。

2 少年院における読書指導の実践

(1) 矯正施設における読書指導の歴史

　矯正施設においては，古くは犯罪者を徳性の欠けた者ととらえたことから，読書を精神修養として考え，倫理，道徳書，宗教関係の読み物が多かったようであるが，昭和の初めころになると少しずつ実用書や，娯楽としての読書が認められるようになった。少年院は，矯正院時代から読書は教育媒体としてあったが，自由に本を読ませるというだけで読書指導が，教育処遇関係の研究対象となり，一つの指導形態として明確になってくるのは昭和30年に入ってからのことである。昭和32年，盛岡少年院における「読書会における読書能力について」，同年，浪速少年院における「読書指導」，昭和35年，中津少年学院で精神薄弱非行児童に目を向けた読書指導研究「精薄非行少年の読書指導について」，また，少年鑑別所では，昭和44年，大阪少年鑑別所において「鑑別所における読書指導とその問題点」等の研究が行われ始めて現在に至っているが，とりわけ昭和52年，「少年院運営改善通達」発出以降，少年院における読書指導として「処遇の個別化」という視点から洗い直し，一般化されている読書指導理論に少年院において実施されている処遇技法を有機的に関連づけ，少年院教育独

自の読書指導として展開しようとする試みが多くなされてきた。
(2) 読書の形態と読書指導の方法
　ア　読書の形態
　　少年院における読書は，個々の少年が自分の興味と関心に基づいて一定の決められた範囲で自由に行う自由読書と，少年個々の教育的必要性や問題性に応じて図書を選定し，具体的な実施方法や内容を定めて意図的，継続的に行う課題読書による指導とに分けることができる。前者は，教育課程上，特別活動領域における自主的活動として行われるもので，少年が自発的，自主的に行うものであるが，一方，後者の課題読書は，生活指導領域に位置付けられ，少年個々の教育的必要性や非行要因となっている問題性の改善に向けて，実施されている一つの処遇方法である。

　　課題読書指導における図書の選定は非常に重要なことで，その選定の仕方は，①指導目的に対応した課題図書リストを作成し，対象者の必要性に応じて与える方法，②対象者に一定の範囲から選ばす方法，③グループにより話し合わせて選択させる方法等がある。

　イ　読書指導の方法
　　少年院における読書指導の主な方法には，①読書記録（日記），②読書ノート，③読後記録等の個別的な指導方法と，①輪読会，②テーマ討議会，③読書集会，④読書発表会，⑤読書感想文発表会（コンクール），⑤朗読会等集団で行う方法があるが，これらは面接指導や課題作文など他の指導技法と関連を持たせたり，個別的な指導方法と集団的な指導法とを組み合わせて行うことにより，より効果的なアプローチが可能となる。

(3) 読書指導の構成要素
　　読書指導を効果的に実施するためには，読書意欲や興味・関心の開発，読書力の養成，読書環境の整備，読書領域の拡充，図書（読書材）の選択力の養成等が必要であるが，ここでは，主に下記項目に絞り述べる。

　ア　読書への興味・関心を持たせる指導
　　具体的方法としては，①著者のエピソード紹介や内容紹介を行う。

内容紹介の仕方については，どのような人に読んでもらいたいか等の説明を簡単にまとめるブックリストの作成や，ブックトークという集団討議形式での紹介方法も効果的である。②ストリーテリング（語り聞かせ）や読み聞かせ等の方法があるが，対象者の読書傾向や読書能力を把握しておくことや，対象者の発達段階に応じて図書を与えるという配慮が基本になければならないこと。また，新着図書の紹介など施設全体として広報活動に取り組むことが必要である。

イ　読書指導計画の作成

　読書指導を行うためには，どのような目的で，どのような内容・方法で行うかを明確にすることが必要条件となる。

　実施目的については，次のことを観点とする。

(ｱ)　基本的処遇計画における施設目標の獲得を図る。

(ｲ)　教育課程における生活指導領域実施内容として

　A　非行にかかわる意識，態度，行動上の問題性等の改善を図る。

　B　資質及び情緒等における問題性の改善を図る。

　C　情操のかん養を図る。

　D　収容対象者の共通した問題特性の改善を図る。

　E　寮内生活の教育的風土の醸成を図る。

　また，指導計画作成に当たっては，①指導目的（主題）の明確性，②指導単元ごとに指導案を作成する連続性，③指導案の具体性，④授業時間配分の適正，⑤指導対象者の状況把握（進ちょく状況の確認・読書能力の確認等），⑥指導結果の検証等が主なチェック事項となる。

(ｳ)　読書力を高める指導

　読書力の内容には，読解力，鑑賞力，批判力，読書習慣態度，読書技能などがあげられるが，自ら進んで読書を行うようになること（読書習慣態度の養成）が前提条件となる。読書力を高める指導にはさまざまな方法があるが，輪読会や読書会等，同一の図書を与えて，文意，ある場面における主人公の感情，心の動き等，細かにテーマを絞って集団により討議する

という形で進める方法が効果的である。
(エ) 読書環境の整備
　少年院においては，さまざまな教育活動が組み込まれているばかりでなく，自由時間帯においても役割活動等の自主的活動が活発に行われているので，読書時間が比較的取りにくい。このような状況では，少年が読書への興味・関心を持ったとしても読書指導はなかなか進まない。したがって，全体の教育体制の中で読書指導の在り方を考えていく必要がある。
　読書環境は，次の観点から整備する。
A　場所と時間の設定
　一斉に読書時間帯を設け，静かな環境を用意する。個別読書指導として課題図書による指導を行うときなどは，単独室での読書についても考慮する。
B　図書の整備
　自由閲覧方式の検討や図書借り出し手続きの簡素化について検討し，少年が容易に図書を選べるような環境の工夫をする。
C　読書衛生の整備
　明るさや読書するときの姿勢等についての指導を行う。
D　情報の提供
　少年は図書に関する情報の入手が難しいので，ベストセラー一覧表の作成，新刊本の内容紹介，移動図書館の活用等新しい情報を提供する工夫が必要である。
E　読書相談体制の確立
　自分の悩みに応えてくれる本は何か等，適書の選択やその読書に関する相談にタイムリーに応えてやれる体制をつくることが必要である。読書指導担当職員の指定などについても考慮する。
(オ) 指導者体制の確立
　読書指導は，指導する担当職員がその図書の内容を知らなければ始まらない。その意味では，指導者は読書人であることを前提とするが，そうは

言っても少年が読む本をすべて読むことは不可能であり，また，一部の職員だけでは継続的指導は難しく効果を望みがたい。したがって，課題図書ごとに複数の指導体制にするとか，受け持つ少年ごとに指導担任を指定し，進ちょく状況のチェックから感想文の作成，途中での相談・助言等，一貫した指導を行える指導体制について検討することが必要である。

(4) 読書指導の実際

少年院における読書指導は，①少年個々の問題性の改善を図る。②在院者全般に必要な社会性等を付与する。③更生的風土の醸成等を構築することを目的として行うものに区分できる。

ア 少年個々の問題性の改善を図るための読書指導

これは，非行にかかわる意識や態度の問題，行動面の問題，資質や情緒等の問題に対する指導の一技法として行われるものであり，教育課程上の「問題行動指導」「治療的教育」に位置付けられるものである。

(ア) 問題行動指導としての読書指導

A 個別的処遇計画に基づく読書指導

少年が少年院で改善しなければならない問題点が段階別到達目標として設定されると，この段階別到達目標に対応した図書を各教育過程で2冊程度選定し，読み終えたら読書感想文を作成させ，提出された読書感想文を指導教材として，主人公と自分とのずれ，主人公と自分を置き換えての考え方，感じ方等について面接指導を加え，自己の問題点への認識を深めさせるとともに，改善のための手立てを見いださせるというものである。

実施に当たっては，指導する者が与えた図書を熟読し，どの場面の何をどのように問題提起していくか等あらかじめ整理し，指導案を作成しておくことが大切である。また，どのような図書を選択するかということが指導の決め手となるが，この図書の選択については，下村治男が「矯正施設における図書管理等に関する研究—対象者の問題性改善に応じた読書指導の手引き」（矯正教育研究第19号　1983年）の中で，各少

年院で実際に実施されている個別的処遇計画表から個人別教育目標を収集し項目を分類するという方法で，個人別項目と類似項目を「主体的条件に関するもの」と「環境的条件に関するもの」とに分類し，「主体的条件に関する個人項目」として，「根気」，「自己統制（含衝動抑制）」，「洞察力（含内省，内面化）」，「視野の拡大」「積極性」，「自主・自律（含自発，主体性）」，「自信」，「責任感」，「協調性」の9項目を，また，「環境的条件に関する個人別項目」として，「家族関係の改善」，「健全な職業観」，「望ましい異性関係」，「シンナー・薬物等の断絶」，「暴力団からの離脱」の5項目に分類し，これに対応する段階別到達目標と図書185冊をも及ぶ課題図書一覧表として作成している。

　その他の指導上の留意点としては，①事前指導においては，面接を通して自己の考え方や性格，行動の問題性などについて十分考えさせ，少年自身が積極的に問題意識をもって図書を読むよう動機づけること，②読書時間を日課の中に明示する等時間を確保すること，③読後指導は，面接を補う形で読書記録（ノート）等を設け，個別担任との意見交換を行うことも有効である。

B　非行態様別に行う読書指導

　これは，通常，非行の態様等の問題群別にグループを編成して行うものである。

　その指導方法は，グループごとの具体的な問題行動に対応する課題図書や同一テキストを全員に与えて読み合わせる読書会，指導担任による朗読，対象者による輪読等が行われ，一般的には，これに討議を加えた形で展開される。この方法は，問題とする焦点が，例えば，暴力行為とか，薬物，家庭内暴力，暴走行為であるとかに絞られるので，具体的な指導案の作成が可能であり，その結果，活発な討議や問題の客観的な把握，内面化等が期待できる。

　実施に当たっては，次の点について留意したい。

　①対象人員は，10名〜15名程度が適当である。②読書会形式で行う場

合は，読み合わせにかかる時間について考慮し，長くなることによるダレを排除する。③討議においては，自慢話にならないよう注意する。また，できるだけ全員が話すよう配意する。④討議を数回にわたって継続して行うような場合は，導入において必ず前回のまとめを確認する（配置により指導者が変わる場合は，引継ぎを確実に行なっておく。）。

C　しょく罪指導としての読書指導

瀬戸少年院においては，しょく罪指導の一環としてワークブック（設問作文）を使用しての読書指導を実施している。これは，課題としての図書を選定し，被害者の視点を中心にテーマを絞った設問を設定し作成させるものである。作成した自由作文は指導教材として面接指導，読書ノートによる個別担任との意見交換等により，具体的な謝罪行為をも視野に入れ，被害者存在の意識化，家族の苦悩の気づき等，自己のなした行為の問題性，重大性への認識を深めさせていくものである。基本的には個別的な手法であるが，役割交換書簡指導，グループ・ワーク等，他の処遇技法に発展させ，関連づけて行うことも可能である。

なお，この課題図書名及び設問項目例示については，「表１」を参照されたい。

本指導においては，主に次の点について留意したい。

①事件を想起させ内省を求めるので，形式的に定められた実施期間にばかりこだわらず，よく心情を把握して行う。②実施中においても，日記の反応，課業への取組み態度の変化等に配意し心情の変化に注意して進める。③進め方等について綿密な事前指導を行う。④読書能力に欠ける対象者もいるので，この場合は，読む範囲を定め，その都度内容把握ができているか確認する。⑤指導担任は，単に設問作文を書かせるのではなく，一つ一つの設問について確認し，何を感じ，何を考えたか等面接指導により必ず把握するよう配意する。⑥命日法要等，他の指導方法と関連させて行うことも考慮する。

(イ)　在院者全般に必要な社会性等の付与を目的した読書指導（情操教育とし

ての読書指導）

　この指導は，本を読んだ感動等感じたこと，考えたことを他の少年に言葉で適切に伝達させること，また，その反対に他の少年が感動したことや考えたことなどを受け止めることによって，自己表現力，共感性，理解力等の伸長を図ることを目的とするものである。一般には，寮集団を単位として行われる。

　また，課題図書を選定して意図的に実施することから，いわゆる自主的活動としての自由読書とは異なる。

　具体的な実施方法は，次のとおりである。

A　テーマを決めて行うもの

　テーマの決定は，あらかじめ作成した指導案により進める方法や，少年たちそれぞれに読書感想文を作成，発表させ，その中からテーマを選んで進める方法などがある。前者の場合は，何をテーマとして進めるかについて事前に説明し，そのテーマ選定の理由や意味について考えながら読書を進めさせる。また，後者の場合は，感想文発表に基づく自由討議により決めるので，指導者が討議の的とすべき主題をはずさぬよう注意することが肝要である。実施する上で，次の点について留意したい。

① 　課題図書をどれだけ読み込んでいるかをチェックし，指導していかないと，討議の段階で主人公の言動を理解できず，討議に発展や深まりを得られない。

② 　少年の読書能力の全体的なレベルを把握して課題図書を指定する。

③ 　感想文の作成や発表をさせると，それだけに集中してしまい，課題図書を通しての討議から得たものを日常生活に反映していくという本来的な目的が損なわれる場合があるので，十分留意しておく必要がある。

④ 　討議前に，共感した人物や行動，場面等について事前にアンケート調査を行ってまとめさせておくことも効果的である。

B 読書感想画により行うもの

読書感想文を作成させ，それを発表させ，討議してテーマを決める。あるいは指導者サイドからテーマを指定し討議する。どちらの方法であっても，能力的な問題や参加人員が多い場合など，司会者と発表者のやり取りに終わってしまいがちになるので，討議が盛り上がらず形式的になりやすいことに注意する必要がある。

福岡少年院では，こうした問題を改善するために「読書感想画」という方法を取り入れた読書集会を行っている。これは，課題図書から個々が感じ得た心象場面を絵画として表現させ，互いに説明等発表を行わせるもので，表現の仕方が千差万別，かつ，自由であり，少年個々の独自性や創造性が豊かに表現され，絵の上手い下手という別の要素も入り込んでくるので和やかな雰囲気も生まれ，本音による討議や，問題（主題）の深まり等が期待できるもので，この面から効果的な方法であると言える。（農上貴博ほか『当院における読書集会の現状と今後の課題について』九州矯正第58巻１号　2004）。

その他，能力的なバラツキの問題や，より集団討議を効果的に実施する目的で，絵本や童話を課題図書として選定したり，自分たちで絵本や童話を作り，これによって討議を進めていくといった試みがされている。童話や絵本は一般の小説に比べてストーリーが短く，その展開が分かり易く，特に絵本は絵によってストーリーが展開されるので，言語レベルでの共感，自己洞察，自己表現を苦手とする少年に対する読書指導においては有効な読書材であると言える（堺美和ほか『童話・絵本を素材とした読書指導について』貴船原少女苑　広島矯正管区職務研究1990）。

(ウ)　更生的風土の醸成を目的として行う読書指導

これは，寮集団の中で生じる対人関係上のトラブルやさまざまな問題に焦点を当てて，その改善を図ることを目的として適書を選択して実施するもので，教育課程上，基本的生活訓練に位置付けられる。

奈良少年院においては，このことを毎朝20分間の読書時間を設け，読書を継続的に行わせることによって集中力を養い，出寮前に心を落ち着かせて課業に取り組ませる「朝の読書」を導入することによってアプローチをしているので，紹介する。

　「朝読書」は，1960年代に米国のバーモント大学のR.C.ハント・ジュニアが提唱したSustained Silent Reading（SSR 黙読の時間）に遡るとされ，日本では『読み聞かせ』（ジム・トレリース著　亀井よし子訳　高文研）によって紹介され，林　公教諭（市川学園）が1998年に船橋女子高等学校（現東華高等学校）で実践されたもので，生徒の活字離れを防ぐだけではなく，遅刻者の減少，いじめ，校内暴力の減少等の教育効果があり，全国的に多くの小・中・高等学校で実践されている。実施の方法は，①読みたい本を読む，②10分間は机に座って話をしない，③朝の読書について感想文などを求めない，という三つの約束をし，朝の一定の時間帯に読書を行なわせるが，読書能力がかなり低いような場合は職員による読み聞かせを行うことも可能である。

　奈良少年院においては，朝食後の8時30分から8時50分までの20分間を「朝の読書」の時間として実施しているが，中等少年90名，特別少年16名，計106名に対してアンケート調査を実施した結果，入院前に読書指導について思っていたことについて，「面倒くさい」，「興味がない」，「本を読んでも無駄」のいずれかに一つ以上回答した少年は60名で全体の56パーセントであったが，「朝の読書」の実施後は，「落ち着く」，「楽しい」，「集中できる」のいずれかに回答した者が69名，全体の65.1パーセントとなり，「朝の読書」が少年たちに心情に何らかの影響を与えているとの研究報告がなされている（丸山　敦ほか『読書指導〜朝の読書導入による一考察』「奈良少年院」第39回日本矯正教育学会研究発表論文　2000年）。

3　おわりに

　少年院における読書指導は，そのより効果的な在り方を志向して，さまざまな

角度から，また，さまざまな方法で実践されている。本稿では，これを教育課程上の生活指導領域に位置付け，生活指導領域の細目ごとに整理し，その実践内容を紹介したが，これ以外にも，資質及び情緒の問題に対する治療教育としての読書指導や，保護関係調整指導の一方法としての読書指導も実施されている。

例えば，組織化，体系化されたものには至っていないが，個別担任が少年との日常のやり取りの中で，生活態度に対する助言，対人関係上の悩み相談，通信や面会などから親へのかかわり方の助言，出院後の進路など将来の生活設計についての悩み相談や助言等に関連して課題図書を与え，主人公の生き方やものの考え方などを例に取り，これを少年と対峙させていくことによって問題への認識を深めさせる，あるいは問題改善への手立てを発見させていくという形でも実施している。これは，いわば「指導の間としての読書指導」ともいうもので，面接指導等でいくら言葉によって助言指導をしても，進展が見られない場合などに行うものである。少年にとってみれば，今まさに自分にかかわっている直接的な問題であることから，主人公の心の動きや周囲の情景等がまるで動画のように浮かび，臨場感が沸き起こる。このとき，読書への動機づけは十分なされ，非常に効果的である。

また，近年は，資質面においては自己中心的で抑制力が弱く，精神発達の未熟さが顕著で対人関係を持てず孤立化していく少年や，その過程の中で自己又は他者への攻撃的な行動に及ぶ少年が増えてきているが，こうした少年たちに対する，読書療法的な読書指導も非常に効果が期待できる。

こうした中で，少年個々の問題性に焦点を当て，その問題性改善の手立てとして行う課題図書による読書指導は少年院独自の指導方法であり，今後さまざまな形，方法で更に積極的に実施されていくことを望みたい。

参 考 文 献

(1) 神保靖道ほか『個々の少年の問題性に対応した読書指導』「矯正職務研究42号」2000
(2) 長谷川芳恵『読書指導における読後集団討議の指導計画』「矯正教官研究30号」

2000
(3)　樫村則行『生活指導領域における読書指導について』「矯正教育研究28巻」1983
(4)　後藤恵子『貴船原少女苑における読書指導について』「矯正教育研究28巻」1983
(5)　下村治男『矯正施設における図書管理等に関する研究』「矯正研究19号」1983
(6)　三谷弘照ほか『少年院における組織的な読書指導の在り方』「矯正教育研究19巻」1987
(7)　梅村謙『読書指導』「矯正処遇技法ガイドブック　第2分冊　生活指導の技法と実践編」矯正協会　1991
(8)　瀬戸少年院『しょく罪指導実施要領』2002

表1　しょく罪指導用課題図書リスト

図　書　名	著　者
少年リンチ殺人事件「ムカつくからやっただけ」	日垣　隆
淳	土師　守
少年にわが子を殺された親たち	黒沼　克史
栃木リンチ殺人事件	黒木　昭雄
御直披	板谷　利加子
話を聞いてください	少年犯罪被害当事者の会
少年に奪われた人生	藤井　誠二

表2　設問作文例

図書名	少年リンチ殺人事件「ムカつくからやっただけ」（日垣　隆著）
設問内容	①　この事件が起きた直接の原因はどこにあると思いますか。 ②　君が事件の現場にいたとして，その場を止めるために一番良い方法を考えてください。 ③　この事件の加害者の中で，これまでの君とよく似ている人物はだれですか。それはどうしてですか。 ④　この事件の加害者の処分についてどう思いますか。一人ずつ感想を書いてください。 ⑤　加害者の親たちの対応について，どう思いますか。自分の親と比較してどうですか。 ⑥　被害者の宮田稔之君の無念な気持ちを君が代わって書いてみてください。 ⑦　被害者宮田稔之君の家族の気持ちを君が代わって書いてください。 ⑧　この本を読んで，もっとも印象に残った部分，文章はどこですか。 ⑨　この著者がこの本で一番言いたかったことは何だと思いますか。 ⑩　このリンチ事件の現場の絵をできるだけ想像して描いてみてください。 　　君の思ったとおりでよいです。 ⑪　絵を描いてみた感想はどうですか。

（瀬戸少年院「しょく罪指導実施要領」から）

/ 一人一人に向き合う

内省指導

工 藤 弘 人
(矯正研修所東京支所)

1 はじめに

　矯正教育における内省指導は，各施設でさまざまな実践が積み重ねられており，その方法や内省テーマは多様である。つまり，矯正教育における内省指導は，個別的な指導法の中では比較的柔軟で，個々の対象者に合わせた指導法として実践されているというメリットがある一方，定型化されていないため，個々の指導者の技量によって，指導内容もその効果についても差異が生じるというデメリットもある。このようなことを前提として，自己の内面に目を向け，行動様式を変化させるための方法としての内省指導の在り方について検討する。

　内省指導の方法を考えた場合に大きく二つに分けられる。一つは，どのようなテーマを与えるかということであり，もう一つは，どのような方法でテーマを与えるかということである。当然，この二つは緊密な関係があり，相互に作用し合うもので，実践上は厳密に分離できるものではない。本論では，その点についても実践を踏まえた上で，分析的な視点も用いながら，より効果的な指導法を探る。

　また，ここで論じられる内容は，あくまで内省指導を考える際の基本的枠組みである。いくつかの例を示しているが，実際の処遇場面においては，対象者の特性を十分理解したうえで，この基本的枠組みを踏まえ，対象者に合致した応用的な方法が求められる。

2 内省指導とは

　内省指導は「自らの問題に気づかせ，自己の置かれた立場や，自己を取り巻く周囲の状況を冷静，かつ，客観的に受け止められるようになること」(1991，品田) とその目的についてまとめられている。また，「一定期間単独処遇を行い，具体的なテーマを与えて，自己の内面に目を向けさせ，在院者の自身の考え方や態度，行動の変容を促す指導方法」(2000，法務省矯正局) とも定義される。これを踏まえると，内省とは，まず自ら"気づくこと"がその第一歩である。そして，その気づきを元に，問題解決の方法についての具体的な行動を整理していくことが一連の流れである。

　例えば，問題行動がある場合に，問題の具体的な解決方法を教官側から提示することもできる。実際に教育的な働きかけとして問題群別指導や面接指導などを通して，問題の解決方法は対象者にさまざまなものが提示されている。しかしながら，その提示された内容をそのまま受け入れる対象者ばかりではない。解決策が提示されても，それを受け入れられない対象者にとっては，それら問題解決の方法を受け入れるための第一歩が"気づき"ともいえる。

　気づきの過程について，野口 (1986) は「自己の心身の気づきを深め，成長していくためには，まず日常の慣れ親しんだ行動パターンをストップ (Stop) し，自己の心身の状況を客観的に見詰める (Look) ことを徹底的に行う。そうすることによって，日常の無意識的な行動の背景にある意味 (または報酬) に気づく (Awareness)」と述べている。

　また，藤ら (1987) は少年院での実践の中から，内省指導について「環境から一時的に隔離，すなわち距離を与えることによって，客観的に環境と自分を観察・思考させる方法をとっていることが特徴である」と述べている。

　これらを考え合わせると，内省指導において気づきを生むためには，その環境を整えることで，自己意識を整理し，焦点化することが必要になる。その上で，指導者が対象者に自らを見詰めるための働きかけを行うこととなる。働きかけの方法はさまざまであるが，単に知らなかった知識を得ることで"気づく"場合や，

今までとは異なる感じ方，考え方をできるようになって，"気づく"場合もある。
　内省指導においては，その気づきを促すための具体的な方法としては，対象者にテーマを与え，そのテーマについて考えさせ，まとめさせる方法が一般的である。そして，対象者は与えられたテーマについて内省したことを指導者に報告し，指導者はその報告を受けて，新たなテーマを与え，さらに，具体的な方向性を示唆して，内省を深めさせる。
　上述したように，矯正教育において，内省指導が持つ環境的な側面を考えると，社会において犯罪・非行という行為をしていた対象者が，そのような場所から切り離されて，じっくりと自らと向き合う時間を確保するという状況がある。そのような状況で自分というものを冷静に見詰め，行動を変化させる意味や方法を自分のものとしていく過程が内省である。
　少年院に入院するまでに親，教師，警察，その他の関係機関から数多くの働きかけが行われた少年にとって，自らの言動を変化させるということは，それほど簡単なことではない。言動を変化させるために必要なことについては，さまざまな知見があるものの，外的な要因としては，時，人，場所を変化させることともいわれている。その人自身の気づきによって，自己の内面の変化が促される場合も，そのきっかけとなるのは，時，人，場所の変化である場合が多い。
　このように時，人，場所という概念を用いれば，内省指導は時と場所を変化させることで，その人の言動を変化させるという位置付けになる。つまり，内省指導は，一定の時間，人とのかかわりを制限し，自らの内面と向き合うことで，気づきを促すための方法であるともいえる。
　また，そこで行われる内的な作用を"理解"という視点から考えた場合には，対象者が自らの問題をしっかり認識し，自らの言葉で考えて語れることが，本当の意味の理解である。しかし，そのためには，ある程度の時間をかけてさまざまなことを消化し，自分のものにする必要がある。そのために自らのペースで自己の問題やその問題の解決策の理解を深めていくための時間を提供することも内省指導のもう一つの側面である。
　さらに少年院における内省指導における重要な要因は，"向社会的"な言動へ

の変更が必要ということである。変化を促すということで，その方向性を定めることも矯正教育の視点からは重要である。そこに求められるものは，単に対象者の変化による癒しや安らぎ，問題の解決だけに限定されない。本人以外の周囲の人（家族など）や被害者の問題も，対象者が考え，解決していかなければならない問題の中に含まれ，特に犯罪や非行という他者や自己を侵害した行為を改めるために向社会的な価値観の付与は不可欠である。したがって，内省による変化には価値観の変化も含まれ，その変化は向社会的な変化が求められる。

これまでのことをまとめると，矯正教育における内省指導は，自らの内面を見詰める環境を整えて対象者の気づきを促し，その言動，態度を向社会的な方向に変容させるため働きかけということになる。

3 内省指導の方法と種類

⑴ 方　法

内省は，与えられた時間を安座で黙想して実施するのが一般的である。対象者は指導者から，事前に内省するテーマを与えられ，そのテーマについて黙想をして考える。30分から１時間程度の黙想を終了した後に，内省した内容について面接や作文で指導者に報告をしてまとめる。内省するための環境は静かで，落ち着いて考えを深められる場所が適している。できれば個室において行うことがふさわしい。

⑵ 種　類

内省指導の種類については，安森（1985）が，通常内省，集中内省の二つに大きく分け，さらに，集中内省は点検内省と特別内省とに分けている。点検内省と特別内省の違いは，対象者について，前者が全員であり，後者が特定の者であるということなので，それぞれの施設によって，名称は異なるものの，その種類はおおむね通常内省と集中内省の一つの枠組みで収まるものと思われる。

ア　定期的な実施（通常内省）

一般的に就寝前や心情を落ち着けるために10分から30分程度の時間，定期

的に毎日実施する内省である。その内容は一日を振り返らせたり，その場に必要と思われる内容を指導者が提示して実施する場合，また，一連のテーマを事前に与えて実施する場合がある。就寝前の内省では指導者に内省の状況を報告しない場合もあるが，通常は内省で考えたことを面接や作文，施設によっては内省ノートを用いて指導者に伝える。指導者は，その報告内容を受けて，対象者に指導を行う。

　通常内省は，対象者に自らの内面と向き合う時間を日常的に提供することがその目的となる。対象者が常に内省のテーマを持ち続けることで，日常生活と内省したことを実態的に関連づけることが重要である。また，この通常内省は集中内省と関連づける必要がある。対象者の通常内省の状況をみて，集中内省の計画を立てたり，逆に集中内省の結果を受けて，通常内省にそれをつなげることも大切である。そのためには，指導者は対象者の日々の変化の積み重ねを把握しておかなければならない。

イ　計画的な実施（集中内省）

　対象者を個室で一定の期間，集団と接することを制限して，その計画の中で実施する内省である。この指導法の場合には，面接や作文という他の指導法や処遇技法とも組み合わせられることが多い。さまざまなケースがあるものの，3日から5日間の個室処遇を実施することが多い。また，週末の金曜日，土曜日，日曜日の課業時間が少ないときに集中して内省指導を行うようなケースもある（この内省を「週末内省」と呼称する施設もある。）。

　内省の各々一日はその中で，午前，午後，夜間のそれぞれにテーマを与え，30分から1時間程度の時間を黙視し，そのテーマについて考えを深めて行く。その後，内省したことを，面接で話したり，作文を作成したりして指導者に伝えることで内省の状況をまとめる。

4　働きかけの方法

(1)　指導の段階

　内省指導の基本的なスタイルは，以下の3段階に分けられる（2000，鈴木）。

第1段階　対象者の具体的な状況を明確にする。
第2段階　問題についての具体的言動を明らかにさせ，どのようなことが起こり，自分や周りにどのようなマイナスがもたらされるのかを明確にする。
第3段階　問題解決のために行う具体的対策を考えさせる。

　これらの3段階をとおして，対象者の内省を表面的レベルにとどめることなく，最終的に対象者だけでなく，周囲もその考えや言動の変化を納得，理解できる形まで深めていく必要がある。特に，第3段階においては，単に問題行動を止めるのではなく，その代わりに何をするのかということと，他人のせいにするのではなく，自分ができることを考えさせることが重要である。

　これらのことを踏まえて，集中内省（3日間）のモデルを表1のように作成した。このモデルは，交友関係を例としているが，先の内省の進度の第1段階から第3段階までのそれぞれに応じて，例示的に内省のテーマを掲げたものである。したがって，表の見方は，第1段階における1日目の午前，午後，夜間というのがテーマの流れであり，第1段階が終了した，あるいは，それまでの通常内省の状況やその他の教育状況から，第2段階からの指導でよい対象者は，第2段階の午前，午後，夜間のテーマを3日間集中して行うというような形になっている。

　対象者の状況によっては，内省テーマをこの3段階で明確に分ける必要がない場合もあるので，その状況に応じて，内省テーマの割り振りを考えればよい。

表1　段階別の集中内省モデル

集中内省モデル（3日間）：交友関係

		午　前	午　後	夜　間
第1段階	1日目	私の交友「一緒に非行をしたり，遊んでいた人の名前を挙げる」	交友との関わり「具体的な交友関係，だれとどのような付き合いをしていたのかを明確にする」	不良交友の楽しみ

第1段階	2日目	良い交友，悪い交友「実際の交友関係の中で，それぞれの付き合いでどうだったのか」	良い交友との関係（具体的な名前が出てきたら，それも活用する。）	悪い交友との関係（具体的な名前が出てきたら，それも活用する。）
	3日目	交友関係について親からいわれたこと	交友関係について周りからいわれたこと	交友関係について入院前に考えていたこと
第2段階	1日目	今，不良交友と距離をおいて，問題になること	不良交友で失うもの	不良交友で親にかけた迷惑
	2日目	不良交友で周りにかけた迷惑	もし，不良交友を続けたら	不良交友と縁を切らなくてもうまくやっていく方法
	3日目	なぜ簡単に不良交友はやめられないのか	今，考えられる具体的対策	交友と非行のかかわり
第3段階	1日目	友人を大事にするということ	自分にとって，一緒に非行をする友人は何だったのか	家族と友人
	2日目	友人がいない生活	友人関係で得るもの，失うもの	非行をしないで，友達と楽しむ方法
	3日目	不良交友と距離をおくための具体的方策「日中での生活」	不良交友と距離をおくための具体的方策「夜の生活」	非行とかかわらない友人関係

（注1） それぞれの段階について午前，午後，夜間のテーマを作成した。対象者の内省の深まりに応じて，第1段階，第2段階と順次に集中的な内省を行うことを想定している。
（注2） 内省の深まり具合に応じては，テーマを変更して実施する。

　第1段階においては，対象者自身が考え，認識している交友関係について，明確になるようにテーマを設定している。これらのテーマをとおして，例えば，具体的な友人の名前が出てきたら，その友人との関係を詳細に考えさせ，さら

に，具体的な友人関係を明確にさせることができる。また，「不良交友の楽しみ」というような逆説的なテーマを設定することで，実際にどのような経験，感じ方をしていたのかを振り返らせる。

　第2段階においては，不良交友の問題点を明確化することが目的になる。それは，単純に「不良交友が悪いから断絶をする」というアプローチではなく，問題がどこにあって，問題があるにもかかわらず，不良交友を続けた意味を考えさせる。また，問題行動を改善するために，それに代わる行動について考えるという第3段階につなげるために，不良交友を止めた場合の損失についても明らかにさせる。

　最後に第3段階は，単に悪いから止めるということではなく，それに代わる別の行動をはっきりイメージさせる。ここで向社会的な行動様式と自分の実際の生活を重ね合わせることが重要である。これは問題行動を止めるというだけでは，行動の改善につながらないことが多いからである。問題行動を止めさせるというよりは，新たな行動を身に付けることで，問題行動を伴う態度を変化させることが重要である。このような一連の流れの中で，内省のテーマを設定することで，指導者は対象者の内省を深めていく。これらの指導を効果的に行うために，指導者はその内省の内容をしっかりととらえることが大切である。

(2) **内省内容の分析**

　内省指導の際，内省で報告された内容をどのように分析するかについて整理すると，以下のようになる。

　① 内省で報告された内容が向社会的であり，本心も向社会的である場合
　② 内省で報告された内容は向社会的であるが，本心は反社会的である場合
　③ 内省で報告された内容が反社会的であり，本心も反社会的である場合
　④ 内省で報告された内容は反社会的であるが，本心は向社会的な面もあり，露悪的な場合

　①，③及び④については，比較的指導しやすいパターンである。特に①については教育の効果ありという評価が得られる。しかしながら，①と②をどのように区別していくかは問題点である。場合によっては①と②に同じ評価を与え

かねない。つまり，①と②が異なる形で表出されるように内省させることが指導の一つ目のポイントである。

さらに，指導に対して対象者がかたくなに②のパターンに固執して，変化を拒むようになる場合もあり，そのようなときに対象者の変化を促すためにどのようなテーマを与えるかが，指導の二つ目のポイントである。

次に指導者の視点から考えると，対象者の立場として，(ア)対象者が本心を表出している，(イ)対象者が本心を隠している，という二つの場合が考えられる。内省指導という方法論から考えれば，(ア)の「本心を表出している」ことを前提として指導の計画を立てるわけであるが，矯正教育という立場から考えれば，(イ)の「本心を隠している」という場合もあり，(イ)「本心を隠している」を，(ア)「本心を表出している」に変化させていくことが働きかけの第一歩となる。さらに，本心を表出した場合に，先の③の反社会的な意識を①の向社会的な意識に変化させていくように内省させることが，矯正教育の視点から考えた場合のテーマの与え方である。

ここで働きかけの方法によっては，(イ)から(ア)への変化ではなく，(ア)から(イ)への変化，つまり，対象者が本心を隠していく方向への変化も考えられる。つまり，先の③から②へ，内容が変化していくことも考えられるわけで，留意する必要がある。

先の指導のポイントの一つ目については，内省が詳細になることで，その内容を分析しやすくなる。したがって，それぞれのテーマについて詳細に考えさせることが重要である。そのときの状況や自らの心の動きを詳細に考えさせることで，表面的，形式的な内省を防止することができる。

次に指導のポイントの二つ目の変化を促すために逆説的なテーマを設定する方法がある。「不良交友の楽しみ」や「相手の悪いところ」というようなテーマを設定することにより，対象者の本心を引き出して，問題点を自らの手で明らかにしていくという作用が期待される。また，自らに対して肯定的なテーマ「自分の良いところ」，「親にほめられたこと」，「職場でうまく行ったこと」などを用いて，自分の対するプラスのイメージを引き出すことで自己のイメージ

を変化させた上で，言動の変化を促すという方法もある。

(3) フィードバックの方法

　対象者が内省したことについて，面接や作文を通して，指導者に報告してくるが，それをどのように対象者にフィードバックするのかは重要である。内省指導において，本人の気づきを促すために面接することは欠かせない。面接することで，対象者の内省の進度や深まりを知ることができ，次にどのように働きかけるかが明確になってくる。

　その際に，素直に指導者側が求めているような方向に内省が深まっていれば，計画どおりのテーマで内省を継続すればよいことになる。しかしながら，内省に深まりがなかったり，本来進むべき方向に進んでいない場合には，働きかける必要がある。先に述べたように，逆説的なテーマを与えることも，その方法であろうし，露悪的な反応の場合には，本人の良いところを多く取り上げることで，そのような反応を無力化する方法もある。

(4) 内省テーマの与え方

　内省指導を行う場合には，通常は対象者に内省テーマを与えて実施する。テーマは，対象者の必要性に応じて与えるが，施設によってテーマ別の一覧を準備して，それを参考にしながら，内省の計画を指導者が立てる場合もある（本稿末に「内省テーマ一覧」を表示している（189頁～195頁)。)。

　内省テーマを考える際に指導者が苦心するのは，その対象者に合うテーマをいかに提示するかということである。品田（1991）は内省を実施する上での問題点として，「①テーマの系統性及びテーマ相互の関連性が薄いため，内省が散漫になりやすい。②事前調査が不十分であると，対象者の問題性と一致しないテーマを与える場合がある。③職員の場当たり的な対応や指導が散見される」を挙げている。対象者の問題性を十分把握しないまま実施した場合や，内省の状況をきちんと見極めないままにテーマを与えたり，指導したりした場合には，このような問題が生じる。

　一方，実務においては，対象者の問題性にかんがみ，あらかじめ準備していたテーマについて，内省前に面接した際に，「別のテーマに変更した方が効果

的ではないか」と思うこともある。これは場当たり的な指導というよりは，事前の調査を十分行っているので，対象者との面接において，内省の状況を指導者が把握したことによる変更である。したがって，この場合はテーマを変更した方が，内省が深まっていくと思われる。

表2　内省テーマを変更した事例

集中内省モデル：遵守事項違反

		午　前	午　後	夜　間
1日目	事前計画	弱い者いじめ 集団の中の自分	いじめる人，いじめられる人 ふざけと失敗	どんなことがいじめか 良い集団，ダメな集団
	実施テーマ	弱い者いじめ 集団の中の自分	いじめる人，いじめられる人 ふざけと失敗	どんなことがいじめか 良い集団，ダメな集団
2日目	事前計画	ふざけといじめの違い 私より弱い人	表の生活，裏の生活 ルールを守れるとき	アドバイスとは何か ルールを守れないとき
	実施テーマ	<u>私が付き合ってきた仲間</u> <u>感情をコントロールする方法</u>	<u>同調といじめ</u> ルールを守れるとき	表の生活，裏の生活 ルールを守れないとき
3日目	事前計画	虚勢，見栄 職員に対する態度	いじめを起こさない方法 考えることと実行することの違い	私が生活の中で実行すること（各場面ごとに詳しく。）
	実施テーマ	<u>集団場面での私</u> <u>周りに頼らない自分を作る</u>	私が生活の中で実行すること（各場面ごとに詳しく。）	<u>今一番大切なこと</u>

(注1)　事前計画は，当初計画していた内省テーマである。
(注2)　実施テーマのうち下線のあるものが，当初計画していた内省テーマを変更したものである。

当初の計画の内省テーマを変更した事例を表2に示している。実際に2日目，3日目では対象者の内省の状況が当初予定したものと異なっており，テーマを変更しながら，指導を行った。ある程度の期間内で，それなりの行動変容を促すための手段として，対象者に応じた対応が不可欠である。このように全体的な計画をあらかじめ立てることで，その後の対象者に合わせた変更もスムーズに実施できることになる。
　また，同じような問題性を有している対象者に対して，同じ内容のテーマを与える場合であっても，個々の対象者を見極めて，どのようなタイミングで与えるのか，あるいは，内容は同一でも文言を変更して与えた方が効果的な場合もある。これによって，対象者の内省の深まりなどの変化に合わせてテーマを与えることができ，また，対象者の個々の特性にも柔軟に対応することができる。
　内省のテーマについては，「こうあるべき」というように，ある程度答えが決まっている内容を与えても，対象者の内省に深まりがみられない場合が多い。そのようなテーマ設定であれば，指導者側としては，常識に照らし合わせて，対象者が報告した内容に対して，「そうではない」と指導することは簡単であるかもしれない。また，対象者によっては，そのような指導で今までの自己の価値観のゆがみについて，認識を新たにする者もいるであろう。ただ，多くの場合は，指導者に認められる内容を表面的に報告するか，指導者が受け止めやすい内容を学習していくことにとどまるのではないだろうか。したがって，解答が一通りでないテーマ，あるいは本人自身の考えを表出しなければならないようなテーマの提示が必要である。
　そのようなことを前提とすれば，テーマを与える際に，指導者が対象者について熟知していなければ，与えるテーマも抽象的なものになりがちである。例えば，「不良交友について考える」というテーマを与えるよりは，「○○君（不良交友の氏名）との付き合い方を考える」というテーマを与えた方が，より具体的な内省の深まりが期待でき，さらに，対象者も表面的で形式的な内省をしにくいことになる。

ただ，最初から対象者の具体的状況を指導者が熟知していない場合もあるので，対象者にテーマを与えるに当たっては，指導者は対象者の具体的状況を理解していくことも目的として念頭におきながら，指導することが必要である。つまり，内省指導は，対象者が一方的に内省するのではなく，指導者も対象者の理解を深めていくことで，より効果的な内省を促すことができるということでもある。すなわち，指導者が対象者を理解することで，指導者はより具体的なテーマを提示して，対象者の内省を進めていくことが可能になる。

　　実務的には，「自分の問題点」という抽象的なテーマを与え，そのテーマに対して対象者が出してきたいくつかの問題点の中から焦点を絞って，本人の問題性と向き合うような具体的なテーマを与えていくような働きかけ方もある。例えば，「自分の問題点」というテーマの中で，対象者が挙げたものとして，「自己中心的」，「わがまま」，「我慢できない」などがあったとすれば，次に「これまでの親に対してとった自己中心的な行動」，「周囲に対してわがままにふるまったこと」，「我慢できなかった場面」のように，その問題となる行動が具体的に表出したしやすいテーマを与え，内省させる。

　　さらに，問題となる具体的な行動が出てきた場合には，「そのような言動をとったときの親の気持ち」，「そのような行動によって，自分が失ったもの」というように，次にはそれが周囲や自分にとってどのようにマイナスなのかを考えさせる。さらに，「同じような場面でどうふるまうのか」，「どのような対応が望まれるのか」というように「その行動を止める」という結論にもっていくのではなく，先に述べたように「その行動の代わりとなる行動」を考えさせる。

　　このように一概に抽象的なテーマ設定が悪いということではなく，対象者の状況や指導者側の対象者への理解に応じて，内省テーマの内容について検討することも大切である。

5　内省を援助する

(1) 教材を用いた内省

　　内省を行うための教材を提供し，その教材に基づいたテーマの設定により，

考えを深めさせるという方法も用いられる。教材となるのは，図書やVTR，あるいは他の少年の作文や新聞記事などである。つまり，内省のテーマに応じた図書やVTRを選定し，それを教材として，内省のテーマを深めさせるという方法である。単にその教材の感想文にならないためには，教材をどこで使用するか，あるいは，教材に合わせて内省テーマをどのように設定するのか，ということも十分計画しておく必要がある。

例えば，被害者の手記を読ませて，内省を深めさせるような方法もあるが，全体の感想文を作成させるような指導を行うのでは内省指導にそぐわない。その際は，その教材は内省を行うための補助的な教材として用いて，内省すべきいくつかのポイントをあらかじめ提示しておくことで，指導者の意図した内省を行わせることができる。

(2) 事例内省

上述の教材を用いた内省と同様に教材を用いるものでも，特に具体的な事例を用いて，内省を促す方法もとられている。事例内省については安森（1985）が少年院内の取組みを紹介しているが，その後，「自分を生かすワークブック よりよい人とよりよい関係を築くために」（法務省矯正局，1998）の中においても事例を提示して，さらに，内省を援助するための質問項目を追って，内省を深めさせる手法を用いている。

また，法務省矯正局編「性犯罪少年に対する指導教材」（法務省矯正局，2000）においても，非行や問題行動を事例として与えて，さらに，どこに焦点を当てるかを質問で与えながら，その中で，内省を促進させる方法を用いている。

(3) その他

その他にも，与えられた質問事項について，思いつくことを箇条書きで50個自由記述させる方法である「50の質問」（小川ほか，1997）を用いる場合もある。この手法は，もともとは意図的行動観察として用いられていたものであるが，内省を援助する方法として，内省が深まらない対象者に対して，例えば「家族」，「交友」などで思いつくもの記述させることで，対象者の考えを引き出し，

それを内省テーマを与える材料にすることもできる。また，一つの課題について50個記述するということは，その課題についてさまざまなことを考えることが求められるので，記述そのものが，内省に対する姿勢を作り出すことにもつながる。

　また，三栖（2001）は概念地図法を用いて，文章だけでなく，視覚的に問題を整理し，検討することで，内省が促された例を紹介している。そこでは，「作文などの従来の方法では表現できない多くの情報」を含んでいる概念地図を見ることで，自らの状況について気づき，問題解決に向けての内省が促された事例を紹介している。対象者によっては，内省テーマを与えて，考えて，面接や作文でまとめても内省が深まらない場合があるので，"気づき"を与えるためにこのような方法が必要な場合がある。特に概念地図法においても概念地図を作成することそのものが，内省テーマについて考えることになるため，その後の内省にスムーズに移行できるというメリットもある。

(4) **具体的な計画**

　他の処遇技法等と組み合わせた計画として，表3に家族関係について考えさせるための3日間の集中内省の計画を例示的に挙げた。この計画では，対象者の家族関係を整理させることを指導の目的としており，少年院であれば，入院してからそれほど日がたっていない対象者を想定している。したがって，まずは，対象者の認識している家族関係を明確にして，整理させるとともに，指導者もそれを理解して行くことが主眼となっている。

表3　他の処遇技法等と組み合わせた計画

集中内省モデル：家族関係

今回の集中内省の目的：対象者の家族関係を整理させる。

		午　前	午　後	夜　間
1日目	指導内容	内省テーマ「私の家族」 家族画「私の家族」	内省テーマ「父親に対する不平・不満」 50の質問「私の家族」	内省テーマ「母親に対する不平・不満」 ロールレタリング（対母親第1回）

1日目	留意点	内省テーマと併せて家族画も作成させることで、表面的な内省であるかを検討する材料とする。	親に対する不満を表出させるとともに、50の質問を用いて、対象者の全体的な家族イメージを把握し、対象者が感じている問題点を確認する。	
2日目	指導内容	内省テーマ「父親はいつも私にこう言った」間取図作成	内省テーマ「母親はいつも私にこう言った」ロールレタリング(対母親第2回)	内省テーマ「父親との思い出」系統図作成
	留意点	前日に不満を表出した後に、親から言われたことを思い出させる。間取図は自宅を描かせる。対象者の家族観も表出されるので、その内容について確認する。		系統図は、本人が分かる範囲でなるべく広範に作成させる。
3日目	指導内容	内省テーマ「母親との思い出」家族画「家族との思い出」	内省テーマ「家族にかけた迷惑」ロールレタリング(対母親第3回)	内省テーマ「自分の家族とよその家族」概念地図法「私の家族」
	留意点	家族画は内省との内容の違いに着目する。	対象者と家族との関係を整理し、また、他の家族と比べることで、家族について客観的な視点で内省を行う。	

(注1) 家族関係を事前に把握し、父母や兄弟がいない場合には、テーマの内容を変更する。
(注2) 指導者が面接できる状況によって、指導内容も変更を行う。特に家族画、間取図、系統図などは対象者と面接をして、その内容について確認する。
(注3) ロールレタリングの使用はさまざまな方法があるが、本事例のロールレタリングでは、家族の中で対象者と一番親和性が高いと思われる者を相手として選ぶ。したがって、母親に限らず、父親や兄弟姉妹のほうがふさわしい場合もある。
(注4) 家族関係を改善するためには、1回の集中内省ではなく、さらに、集中内省を実施して内省を深めさせる。

　最初には「私の家族」というように比較的抽象的なテーマで内省をさせて、合せて家族画を補助的に用いている。家族画はいくつかの解釈仮説があり、家

族の絵を描かせることで，対象者の家族に対する認識をある程度読み込むことができる。例えば，工藤ら（2002）は家族について「仲がよく，問題がない」と話す少年でも，家族画では少年が家族のだれかを描かなかったり，家族全員がばらばらに活動している場面を描くことがある例を取り上げ，そのような状況をまず把握することも指導者にとっては重要であると指摘している。ここではそのような問題を指導者が把握することを前提として，家族画を補助的に使用している。

さらに，内省テーマとして，家族に対する不平・不満を与える。これは問題を明確にするという意図もあるが，逆説的なテーマを与えることで，家族に対する親和感を引き出すという意図もあり，それらを補足するために，「50の質問」や「ロールレタリング」と組み合わせている。内省テーマについては面接を実施する方法もあるし，作文にまとめさせる方法もあるので，そのときの状況に応じて，対象者に指導をする。

次に「親のいったこと」というような客観的な事実を想起させ，さらに，「家族との思い出」を内省させることで，自らと家族との関係をもう一度見直させる。間取図（1995，廣井）や系統図（1988，マクゴールドリックら）を用いるのも同様の効果を導き出すための手法である。これらを用いることで，対象者自身も客観的に自らの家族関係を見直すことができるとともに，指導者もその状況を確認することができる。これらの手法は，対象者が実施に当たって，比較的抵抗が少ないので，なかなか家族のことについて，内省が深まらない対象者に対しても効果が得られる。

さらに，概念地図法を用いることで，自分と家族との関係，また家族同士の関係について，対象者自身がどのように捉えているかを見出すことができる。対象者によっては，家族の概念地図を描くことで，自分の家族についての認識が思い込みであったことを気づかされた例もある（三栖，2002）。

先に述べたように，この例示した計画は，対象者の家族関係を整理させることが目的であるので，その目的が変われば，計画内容も変更される。集中内省を実施するに当たっては，この程度の計画を事前に立てることが必要である。

そして，実施することによって，対象者の内省の深まりの状況を確認しながら，内省テーマを変更することが必要となる。できれば，毎回の内省状況を確認して，その後の内省テーマをどのようにするかを検討する必要があるが，実態的には1日に1回は，対象者の状況を確認して，次回以降の内省テーマを検討することは必要であろう。

6　問題への対応

　内省がスムーズに進まない対象者については，その対象者の持っているこだわりに着目することが重要である。なぜなら，それが対象者の問題点の表出の一つの形であるからである。したがって，最終的な指導の目的はその対象者の問題点の表出と言動の変化であるが，たいていの場合，そのような対象者には，直接的にそのこだわりに対するテーマで内省を指導してもうまく行かない場合が多い。したがって，ここでは，内省に拒否的な者，内省が表面的な者，自己中心的で他罰的な者の三つのケースに応じた対応を検討する。

(1)　拒否的な対象者への対応

　　内省そのものに対して拒否的な対象者への指導では，内省することが自分のためになるということを理解させ，動機づけることが重要である。非行の反省や，自分の問題点について考えを深めていくことが必要であっても，なかなか素直に受け止めない対象者もいるので，その際には，対象者にとって自分が必要と思われることを内省テーマとする方法が有効である。

　　例えば，出院後の就職先のことや家族との関係のこと，あるいは現在の少年院生活における対人関係のことなど，自分に必要と思われるテーマを与えることで，内省に対する取り組み姿勢が変化する場合がある。そして，内省をしてきた内容を対象者にフィードバックする場合にも否定的にフィードバックするのではなく，少しでも良い点を見いだしていくことが大切である。例えば，内省の内容が全く具体性のないものであったとしても「随分，よく考えているね。ここの部分をもう少し具体的に考えると，今後のためにプラスになるのではないかな」というようなアプローチをすることも必要である。

内省に拒否的なのはテーマを与える方法がよくないということも考えられる。対象者ときちんと向き合って話し合う中で糸口を見つけることが大切である。どちらにしても，指導者は一方的に内省テーマを与えて，考えさせるという姿勢だけではなく，対象者とともに問題について考えていくという姿勢を見せることが，このような対象者の内省を進めるためには必要である。

(2) 表面的な対象者への対応

　表面的な内省しかできない者については，基本的には逆説的なテーマを与える。「こうやって答えていれば，いいんだよ」というような心情の者にとって，自分の素直な気持ち（それが非行肯定的なものであっても）を表出することが指導のきっかけとなる。非行行動それぞれに対象者なりの理由があるとすれば，その理由を探って，指導の手がかりをつかまえることが，このような対象者に対して，内省指導を行うためのポイントである。また，このような対象者は「どうせ言っても理解してもらえない」，「職員が良いと思う答えが求められている」と感じている場合が多いので，それを変化させる必要がある。

　したがって，非行肯定的な内容について内省したとしても，それは単に非行肯定的な内容に終始させるわけでない。このような対象者の場合，自分なりの考えを持っていることが多いので，その考えを引き出すことが内省を進めていくための糸口となる。つまり，最初に非行肯定的なことを考えさせても，さまざまな状況について具体的に考えさせることで，非行行動の問題や疑問点が対象者にも見えてくる。対象者にその問題点などが見えてきたところで，その点について内省テーマを設定することが，より内省を深めるための方策である。

(3) 自己中心的，他罰的な対象者への対応

　自己中心的で他罰的な対象者には，正当な方法で自分の問題点を考えさせる内省テーマを与えても，内省が深まっていくことは難しい。したがって，多く用いられるのは逆説的なテーマの与え方である。通常は「自分の問題点」や「自分の悪いところ」というような内省テーマを与える場合であっても「相手の悪いところ」，「相手はどうすればよかったのか」というような形でテーマを与える。このようなテーマを与えることが，自己中心的で他罰的な考えを強化する

のではないかという懸念もあるが，そのテーマについて具体的に考えていくことで，自分のことも考えざるを得なくなる。例えば，問題が起こった状況などを詳細に内省するためには，相手の立場，状況や気持ちを考えることも必要になってくる。そのようなことを積み重ねて行くことで，徐々に自分に目が向いてくるのである。したがって，入り口は異なっていても，目的とするところは違わないわけである。対象者の入りやすい入り口から導入して，指導者は対象者を目的の方向に導いていくことが大切である。

7 おわりに

内省指導に関して，矯正教育における実践を踏まえながら，より効果的な働きかけ方についても含めて検討してきた。矯正教育にはさまざまな方法があるが，特に内省指導については，それが単独で存在しているわけではない。本論でも触れたように，対象者の意識の変容を知るための技術として，面接，作文はもちろんのこと，さまざまな教育方法，処遇技法と組み合わせて行う必要もあり，それらの方法を熟知している必要がある。

最初に述べたように，そういう意味においては，定型化されておらず，指導者によってその方法はさまざまであり，効果という点でも指導者によってばらつきがあるという面もある。しかしながら，内省指導は個別的な働き掛けという面では，個々の対象者の状況に合わせて実施する，まさに"オーダーメイド"方式の処遇方法であるといえる。

対象者の状況を見極めて，さまざまな処遇技法と組み合わせながら，対象者の内省を深めさせるのが，内省指導である。本論でもいくつか集中内省の計画のモデルを提示したが，実際には，これらのモデルをそのまま使用できるケースはほとんどない。それぞれの対象者に合わせて，これらのモデルを参考にして，指導計画を立てることが必要であり，そのために指導者は個々の対象者の理解を深めて，内省をさせやすい状況をつくり，援助していく必要がある。

参 考 文 献

⑴　藤正健・鶴田房子・高垣頌子・出海光子・吉田艶子・荒川征人・岩本ひとみ・和田承子・中野賀永子『内省指導の制度化と運用について』「矯正教育第37巻　120－124頁」1987
⑵　廣井亮一『間取図』「臨床描画研究Ⅹ　特集変法家族画　45－62頁」1995
⑶　法務省矯正局教育課編『自分を生かすワークブック　よりよい人とよりよい関係を築くために』1998
⑷　法務省矯正局教育課編『矯正教育用語ハンドブック』2000
⑸　工藤弘人・熊谷康之『家族問題融和的アプローチの試み－少年院在院者の処遇を通して－』「犯罪心理学研究第40号　178－179頁」2002
⑹　三栖敬之『概念地図の活用について』「日本矯正教育学会第37回大会発表論文集　81－84頁」2001
⑺　三栖敬之『概念地図を用いた個別面接』「日本矯正教育学会第38回大会発表論文集　27－33頁」2002
⑻　野田雄三『気づきの構造』「日本交流分析学会第11回大会抄録集　35頁」1986
⑼　小川正浩・出海光子・峯正己・小山孝直・松林剛彦・浅野憲司・鈴木浩之『少年鑑別所における五〇の質問について』「矯正教育第47巻の３　115－122頁」1997
⑽　品田信生『内省指導』「矯正処遇技法ガイドブック　第２分冊　生活指導の技法と実践編　129－145頁」矯正協会　1991
⑾　安森幹彦『「事例内省」－その試行の過程と反省－』「矯正広島第29巻第２号　18－25頁」1985
⑿　鈴木貴司『内省課題の在り方について』「東北矯正研究第36号　58－59頁」2000
⒀　法務省矯正局教育課編『性犯罪少年に対する指導用教材』2000
⒁　モニカ・マークゴールドリック・ランディ・ガーソン『ジェノグラムのはなし　家系図と家族療法』1988

別表　内省テーマ一覧

1　家　族
　よい家族関係を築くためにはどうすればよいのか。
　出院後の親との接し方
　家族について（自分でテーマを考える。）
　家族について相談したいこと
　お父さん，お母さんが自分に期待していることは何だろう。
　今の自分（規律違反を犯した自分）を親はどう思っているのだろうか。
　今の自分の姿を見て家族はどう思うだろうか。
　親の期待に応えてきたか。
　家族が君に望んでいること
　親の生き方

2　交　友
　これまでの対人関係を考える。
　私が望む友人像
　不良交友と距離をおくための具体的な方策
　不良交友で失うもの
　非行当時，自分の周りにはどんな人がいたか。
　出院後の交友で危機的場面をどのように回避していくのか。
　出院後，交友関係でどんな危機場面が待っているだろうか。
　社会での遊び（遊びから不良交友の発展など，自分にマイナスに影響したことはなかったか。）
　これまでの不良仲間と付き合いを続けながら自己改善する方法
　仮退院後の不良交友を断ち切れるのか。
　交友関係（友達に何を求めたか。）
　自分はどのようにして人と仲良くなれるか。
　共犯者との関係を今後どうしていくか。（在院中・出院後含めて）
　仲間を裏切ること
　友達のでき方，作り方
　遊びに誘われたとき

3　対人関係
　今回の失敗を他少年はどう思っているのだろうか。（自分のしたことを他人はどう思うか。）
　理想の対人関係

自分が失敗したのは他少年のせいか。
馴れ合いからどのようなことに発展したのか。
人から好かれる人になるために（自分を変えるために）どんな努力が必要か。
どのような注意の仕方が相手に受け入れられるのか。
他人を思いやるとは，どんなことか。
他少年のことを日記に書くことについて，どうあるべきか。
他少年とのかかわりで気をつけること
第一印象（見た目）で判断するのはなぜダメなのか。
上級生，下級生の差別について考える。
出院後の対人関係について
自分は集団内ではどんな存在か。
自分の嫌いな人，その理由（少年院でも，社会でも）
自分にとって理想の対人関係とは。
今後の対人関係の危機場面と対策について
嫌いな人とでもうまくやっていくコツを探す。
気に入らない相手に対する態度はどうだったか。
陰口や悪口を言うことの問題点は何か。
相手によって自分の態度が違うところはないか。
なぜ，集団生活に戻りたくないのか。
理想の人間関係を築くためにどのように努力するか。
他人から好かれる人間，嫌われる人間とはどんな人か。
新入生の目に映っている自分の生活はどんなものか。
傷つけられるのを恐れる訳
一人だと不安になる訳
他人に迷惑を掛けたとき，どのようにするのか。
他人に理解してもらうには。
自分が人にやさしくするとき

4　生活設計

刑務所に入っている自分を想像し，そうならないための方法を考える。
非行の代わりになる楽しみ
長所を生かした仕事とは。
出院後やりたい趣味
出院後の生活設計（仕事，交友，家族，貯金，買い物，結婚，夢，余暇等）
自分が考える「自立」，自立するために必要なこと
仮退院してからしなければならないこと。（自己改善できなかった点を，社会でどうするか）

仮退院後の自分はどうなっているのか。
私の望む出院後の生活
仕事を通してどんな生き方をしていきたいのか。
自分に合っている仕事
自分に合っている趣味
仕事でミスをしたときにとるべき態度
仮退院後にありうる危機場面（複数挙げて考える）それらを乗り切る方法はあるか。
出院後に待ち受けている問題にどう対処するか。

5　職業観
今まで仕事が長続きしなかったのはなぜか。
仕事を続けていくために必要なこと（自分に欠けているもの，持っているもの）
職場での信頼を得るために努力すること
今，働かないで楽して，どうなるのか。
職場の人間関係
職場で気をつけなければならないこと
職業人として最も大切なこと

6　自己理解
社会での生活で自己中心的な考え方，指導や注意に素直に従わないということがなかったか。
自分の思い通りにしようとする問題点について
自分が思う「理想的な自分の姿」を考える。
強い人間
世間の常識と君の考えがずれているのはなぜだと思うか。
他人から見た自分
社会にいたころの自分と今の自分との違い
今回の遵守事項違反から気づいた私の問題点
今の自分に満足しているか，満足している点，していない点を挙げて考える。
私の長所
少年院になぜくることになったのか。
自分はこんな人になりたい。私の尊敬する人。なぜそうなのか。
自分の問題点を再確認し，改善方法を考える。
自分のこういうところが嫌いだ。
自分で気をつけなければならない自分の性格
自己改善できた点・できなかった点（少年院生活での自分の変化を振り返る。）
少年院生活で得たもの，得たいもの

今までの生き方を変えた場合のメリット
今までの自分に足りなかったもの
少年院生活は今の自分にとってどんな意味があるのか。
今，自分は何をどうしなければいけないのか。
自分のセールスポイントをまとめる。
自分の人生を決めるのは誰か。
少年院で身についたこと
自分の性格，取柄，特技，苦にならないこと
調子に乗ったり，見栄を張らずに自分らしさを出すにはどうしたらよいか。
前までの自分はこういう人間だ。
非行をしているとき，自分は何を求めていたのか。
どうして非行行為をするようになったのか，自分で考えてまとめてみる。
今の自分はこういう人間だ。（以前と変わった考え方はあるか。）
ストレス発散（何のストレスがたまっていたのか。）
叱られた時どうしたか。
悪いことをして見つかったとき
反抗するとき
うるさく意見されたとき
落ち込んだとき
けんかするとき
得意で，誇らしい気分になるとき
なりたくない自分とその理由
こうなりたい自分のモデルとその理由

7　規範意識
復寮前に約束できること
単独室生活で気づいたこと
前回の失敗を生かせなかった最大の理由は何か。
新入時の緊張感は何に対してものだったか。これからは何に対して緊張感を持つべきか。
少年院で更生することは可能か。
社会でも同じ問題点から失敗しなかったか。
自分が決めた少年院での生活の仕方（具体的に細かく）
今後の目標
今回の失敗と本件非行の共通点を考える。
今回の最大の問題点（問題点から特にと考える3点を見つけ，どうしてダメなのかを考える。）

これまでの院内生活を振り返って
少年院に入院したときの自分の心境
今しなければならないことは何か。
今，一番不満に思っていること（何に対してでもよい。）
自分が考える少年院の長所と短所
嘘をつくのはなぜいけないか。
遵守事項をどのように思っていたか。
決まりを守れない自分をどう思うか。
決まりは守るべきか，守らなくてもよいのか。その理由も考える。
決まりについて甘く考えていないか。
決まりに対する私の考え
自分ひとりくらいいいやという行為は，集団生活にどんな影響があるか。
自由とは無条件にあるものではないが，それはなぜか。
遵守事項を守らなかったら。（決まりを守らないと，自分や集団にどのような影響が出るか。）
遵守事項はなぜ必要なのか。（決まりはなぜあるのか，なぜ破れば処分が下されるのか。）
不正通信の理由と，もし社会で連絡を取り合ったら，どうなっただろうか。
入院前の反省と少年院生活
自分のしてきた非行を今こう思う。
自分が今までしてきたことで周りに掛けてきた迷惑
今まで自分がしてきた非行（非行と思われるもの）を思い出し，具体的に書き出してみる。
〇〇君と遊んだ場合，どのような問題が起きると予想できるか。（不正通信）
再非行の原因
考えたことを行動に移すには。
言い訳すること
言い訳をする生活をする訳
「見つからなければいい」が社会で通用するのか。

8　協調性
人が不快に思うことを平気でするのはなぜか。
なぜ嫌がらせをしたのか。
〇〇君は自分のことをどう思っているだろうか。
新入生にどのような行動をとるべきだったのか。
今までの生活で，〇〇君とどのような接し方をしてきたのか，どんな点が問題なのかを考える。

今回関係のあった人と今後どうしていくか。
他少年は自分のことをどう思っているだろうか。
周囲の信頼，信用をどうやって回復するのか。
「自分に厳しく，他人にやさしく」と言われるのはなぜなのか。
同調と協調の違いは。

9　感情統制
自分を強く見せようとして，どうするつもりだったのか。
自己中心的な考えはなぜいけないのか。
不貞腐れたり，落ち込んでしまう自分について気づいたこと
感情的になったり，暴力で解決しようとすることはなぜいけないのか。
感情が高ぶったとき静める方法について考える。
自分のわがままは周囲の人と比較してどうか。
感情的になったとき
欲しいものが手に入らないとき
馬鹿にされたり，傷つけられたとき

10　忍耐力
楽な方ばかり流されてしまうのはなぜか。
楽して，将来幸せになれると思うか。
私はこんなときに投げ出してしまう。
簡単にあきらめてしまうことをどう思うか。

11　責任感
上級生としての生活（本当に上級生らしい生活だったか。勘違いしていなかったか。）
上級生としての役割について
正しいことを正しいと言える格好の良さと，わざと悪いことをする格好の良さはどう違うか。
被害者にかけた迷惑や被害者の気持ちについて考える。
被害者と私
被害者のために自分のできること
出院後の被害者の遺族との接し方を具体的に考える。
被害者のために自分のしなければならないこと
自分の犯した事件について周りはどう考えているか。それについて自分はどう対応するのか。

12　問題行動（暴力団，暴走族など）
　窃盗について思うこと（自分でテーマを考える。）
　暴走族で満たされたもの
　暴走族と付き合うことで自分はどんな損をするか。
　暴走族の代わりになれるもの（趣味，仕事）
　暴力団はなぜ悪いか。（自分にとって，社会にとって）
　暴力団の人とどう付き合っていたか。
　暴力団と絶縁するための具体的な方策
　暴力団と関係を持つことで自分のみに起こりうるトラブル
　暴力団関係の人をどう思っていたか。
　暴力団，共犯者を今はどう思っているか。
　暴力団，共犯者と今後も付き合うと，どうなるだろうか。
　仮退院後の暴力団関係者との付き合いをどうするのか。
　暴力団や不良交友との関わりにはどんな問題があるか。また，かかわってきた自分の問題は何か。
　薬物はなぜいけないのか。
　仮退院後，薬物を本当に止めることができるのか。

　　　　　　　『内省課題のあり方について』「第36回東北矯正研究発表会　資料から」鈴木貴司

/一人一人に向き合う

役割交換書簡指導

髙 木 春 仁
(矯正研修所福岡支所)

1 はじめに

　平成9年9月「少年院の運営について」の一部が改正される依命通達が発出され，少年院の生活訓練課程に，G3という処遇課程の細分が設けられた。G3の教育目標は，殺人等重大な非行の結果に対して「非行の重大性を深く認識させ，複雑・深刻な問題性の解決を図る」としている。

　また，殺人等特定の犯罪行動の背景には特定の思考，感情，対人関係と自己認知，衝動統制における問題があり，再犯率低下への働きかけのためには，そうした問題に手を入れる必要があるといわれている。

　この問題解決に対しては，役割交換書簡指導（以下「ロールレタリング」という。）を中核とした処遇に取り組むことにより解決できるのではないかと筆者は考えたのである。

　それは，ロールレタリングに取り組むことにより，被害者（第三者）の視点を自己に取り入れ，生と死という極めて深刻な自己対決を経験するため，自己の特定の思考，感情，対人関係と自己認知，衝動統制の問題性を直視することができ，自分の犯した非行の重大性を深く認識させる効果が得られると実感しているからである。

2 教育内容・方法

　被害者を死に至らしめるといった重大事件を犯し，少年院送致となった少年に，被害者とのロールレタリングに取り組ませることは，自分の無責任な行動により被害者を死に至らしめた問題性を直視させるために必要と考えられる。

　しかし，重大な事件を犯した少年の場合は，ロールレタリングへの導入は慎重に行わなければならない。なぜならば重大事件の場合，その背景には親による虐待等の心的外傷を少年自らが体験していたり，現実逃避を図りたいという強い気持ちが働いたり，死に至らしめたという現実を受け止めきれず解離症状（意識，記憶，同一性等の通常は統合されている機能の障害，あるいは変容）を呈する少年が見られるからである。

　また，「物に当たる」ことと「人に当たる」こととの感情的差異がないと思われる少年についても，現実を直視し，生と死という極めて深刻な自己対決を迫るロールレタリングへの導入には，慎重になる必要がある。

　そこで，初回面接実施時の少年の心的状況（解離症状・心的外傷等），事件に対する認識の程度，現実逃避の度合い等をもとに，他の処遇技法（自由画等）と併せてロールレタリングに取り組ませている。

3 導入時の留意点

(1) 説明と同意（インフォームド・コンセント）の必要性

　　ロールレタリングを実施する場合，事前に個別面接（面接者と被面接者が一対一で行う面接。少年院においては，日常的に行われている相談・助言を始め，新入時の面接，問題行動に対する面接等広範囲に実施している。また，課業への動機づけ，ラポートの形成，心情安定等の観点から，矯正教育上，基本的，かつ，最も重要な指導方法の一つとなっている。）を行い，あらかじめ少年が書いた書簡に，指導者が目を通すことを約束している。

　　このことは，少年に自分の書いた書簡を指導者が，読んでくれているという安心感を与えるとともに少年の考えや心の変化を読み取ることができるからで

ある。

　また，書簡に少年自身が悩みごとや何か助けてほしいことを直接書いたり，そのことを察知してもらいたいという内容を書く可能性も考えられる。そうした場合の対応に遅れないためにも，確実に読むことを約束するのである。ただし，どうしても読まれることを拒否する少年の場合は，少年自身に書いた内容を読ませることも一つの方法である。その際には，読みたくない部分は，読まなくてもよいことを約束するのである。

　また，書いた書簡を読まれることを意識しすぎて，本音を書かないのではないかと懸念されると思われるが，そのときは面接を通してラポートが取れるように指導者が細かな気遣いをし，少年が安心して自分の気持ちを書けるように働きかける必要がある。

(2) 自己開示の条件設定

　心理療法は，まず，心を開示することから始まると言われている。

　また，法華経に『開示悟入』という言葉がある。少年院における教育に当てはめると，心を開いてなぜ悩んでいるのかを明らかにするからこそ，気づき（悟り）に入るといえるのではないだろうか。

　このように本心を素直に訴えてこそ，心はいやされるのである。その際に，必要なことは発言の秘密性を保持することである。秘密が確実に保持されることが，本音をさらけ出すための必要条件と考えられる。

① 書簡は指導者以外だれにも見せないようにする。
② 書簡は自己の管理の下に置き，他の者に見られないように配慮する。
③ 本心を素直にだれにも気兼ねすることなく書くように方向づける。
④ 書体や字体，誤字及び脱字などは全く気にすることなく，自分の思考及び感情をあるがままに自由に表現させる。

(3) 初回（受理）面接から新たな葛藤が判明

　通常はすでに少年鑑別所における資質鑑別の結果等から葛藤の相手等が明確になっており，個別的処遇計画（個々の在院者ごとに，その特性，教育上の必要性に基づき，在院する全期間における処遇内容を盛り込んで作成する。）の

教育内容及びその方法の欄にロールレタリングに取り組むことが明示されている。

　しかし，初回面接（クライアントに対して行われる最初の受理面接（インテーク面接））を言う。そのクライアントの抱えている問題の概要を明確にし，治療の方針を決定したり，問題解決の手掛かりを見つけることが主たる目的である。したがって，受理面接においてはクライアントに関する資料を収集することが大切である。）を実施した際に，少年の言動から新たに葛藤の対象が明らかになったときは，「その葛藤を解消する方法の一つに，ロールレタリングというものがあります」と少年に，ロールレタリングに取り組むように促すのである。ただし，強制せず，ロールレタリングについて説明し，少年の反応を待つことが大切である。

　私の場合，面接でこのような状況が分かった際には，ロールレタリングに取り組むように促すとともに，ロールレタリングの冊子を手渡し，表紙の裏の説明書を居室で読んで，取り組むかどうかを自分で考えてくるように指示している。

4　ロールレタリングの対象人物

　少年の生き方に最も関係深い相手や心理的葛藤が根深い相手を対象とする。
　具体的な例としては，「父親」，「母親」，「祖父」，「祖母」，「兄弟」，「姉妹」，「教師」，「亡き親」，「被害者」，「亡くなられた被害者」とロールレタリングを行うのである。
　その他にも，問題群別指導で行う薬物指導などで，「自分の体」，「自分の内臓」や「自分の脳」，薬物が自分の体以外にも与える悪影響を考えさせるために女子少年に対しては「私の赤ちゃん」なども対象となる。
　なお，ここで心得ていただきたいのは，書簡の書き始めは，自己を見詰めるといった体験が初めてであるため『自分から相手へ』の方が書きやすいということである。この形で，不満や怒りを発散させる方がより効果的である。

5　ロールレタリングを実施する際の留意点

(1) 書きやすい配慮をする

　　ロールレタリングの内容については，少年のプライバシーを尊重し，だれにも気兼ねすることなく，自己開示できるように配慮することが必要である。ただし，書く時間帯は特に設ける必要はない。

　　ロールレタリングはどこでも書けるが，生と死という究極の対決であるため静かな環境である個室で取り組むのが望ましいと考えられる。

　　また，集団寮で取り組むのであれば，衝立などを使ってできるだけ他の人に見られないよう配慮することも必要である。

(2) 少年の心の動きを知るように心掛ける

　　少年の心の動きをできるだけ正確に知るために，ロールレタリングに取り組んだ後で面接を実施し，少年に感想を聞いている。

　　また，面接などで話すことが苦手な少年であれば，ロールレタリングに取り組んだ後で感想文を書かせている。さらに，文章で自分の気持ちを表現するのが苦手な少年であれば，取り組んだ後の気持ちを絵で表現させる方法もある。

(3) ロールレタリングに書かれた内容や感情を受容する

　　ロールレタリングの内容や表出された少年の感情及び面接時の少年の発言に対して，その内容，感情及び言葉の背後にある苦悩や悲しみなどを理解し，受容する態度を取ることが必要である。

　　しかし，指導者が理解に苦しむ内容であれば，その内容について面接で確認することも必要である。そこには，少年の問題性が浮かび上がることがしばしばあるからである。

(4) ロールレタリングの内容については，基本的には指導はしない

　　内容がどうであれそのことで叱責はしないこと。例え書簡の量が少なくても，指導者が期待する内容でなかったとしても，じっと見守ることも指導者として身に付けるべき条件である。ただし，矯正教育は，ダブルロール（少年院の処遇の場面において，教官は治療者と権限執行者の役割を担っている。少年

の問題性を見つけ出し，治療する役割と，遵守事項に反する行為を規制し，抑制する権限をもっている。場合によっては物理的及び心理的に強い指導を行うことを伴うのである。このように少年の状況によって，行動規制を行う必要性があるために，少年院の現場では，非指示的カウンセリングなどにおける無条件の受容・共感的理解のみでは処遇は成立しないと私は考えている。やはり必要な時に必要な指示的・制限的指導があってこそ少年は処遇され，時には混乱した状態にあるときには，反対に守られると考えられる。）が基本だと考える。明らかにふざけた内容と指導者が判断した場合は，面接を行い，なぜふざけた内容を書くのかを少年に聞くことが必要である。

(5) **心の動き，行動の変容があれば，すぐに行動観察票に記載する**

少年が書いたロールレタリングの内容や感想文，面接時に話した内容や感想などに変化が見られたときには，その変化を具体的に行動観察票に記載する。また，日常の生活場面での行動の変容が見られた際にも行動観察票に記載するのが望ましい。

このように行動観察票に記録を残すことは，後に少年の行動変容を整理するときに役に立つとともに，処遇の検証を行うときの重要な資料となると考えられる。

6　ロールレタリングにおける生と死の自己対決

〜　死に至らしめた被害者とのロールレタリングを通して　〜

自宅に放火し，三人を死に至らしめるという事件を犯した少年に対する実施事例（事実をもとにしているが，対象少年プライバシー保護のために，事件の内容等については一部修正している。）である。

本少年は，強い情動体験を伴っていたため，意識や人格の統合的な機能の一時的障害を生じ，解離症状（解離性健忘）やいわゆる外傷後ストレス障害（以後「PTSD」という。）を呈していた。

(1) **少年の特質**

少年（以下「A少年」という。）は自我が弱く，すぐに物質依存に至るなど

の現実逃避が強い傾向にあった。

(2) 事件の概要

　睡眠薬とアルコールを多量に摂取した後，火をつければ家族が相手にしてくれるという思いから，灯油を自宅の居間にまき散らし，火を放って自宅を全焼させ，家族を含め三人を死に至らしめた。

(3) 精神科医の診断

　数回の面接により，殺人の映像が日中も頭に浮かぶこと，夜は夢でそれを繰り返し見ること，周囲との遊離感，諸活動への意欲の低下，熟眠感不良，えたいの知れない緊張感の持続，自殺念慮などが明らかになり，いわゆる「加害者のPTSD」であることを確認した（なお，「精神科医」については，以下「医師」という。）。

(4) 処遇の経過

　本件非行について深く考えようとすると心情不安定になり，自殺をほのめかすような言動が続いていた。また，三人を死亡させたという現実を受け止めることができず，解離症状を呈していた。

　さらに，PTSDのため，自責の念を募らせては自殺念慮をうかがわせていた。医師には，本人から「もう限界。助けてほしい。薬ももっと使ってほしい」との訴えがあったため，過度の不安や緊張感を軽減させるためにも薬物治療を行う一方，当面は非行については，直接的に内省を深めさせるといった働きかけは行わず，毎日の生活に全力で取り組むよう助言を行った。

　このような少年の状況であったが，在院期間を考慮し，試行的に被害者である母親あてのロールレタリングを実施した。

　実施後はかなり不安定になった時期もあったが，ロールレタリングの内容については医師と話し合い，綿密な連携を保ちながら治療・教育を施した。

　その結果，母親あてのロールレタリングに取り組んでも不安定になることもなく，解離症状及びPTSDとされる症状は消失し，本人に向精神薬の減量を促したところ，A少年も自ら医師に相談し，徐々に薬の減量を図った。その後の経緯も良好であったことから，投薬は打ち切り，仮退院するに至った。

(5) 導入時面接

　初回面接時に，A少年にロールレタリングについての説明も行った後，定期的な面接は筆者の当直のサイクルである5日に1回のペースで実施した。また，並行して医師のカウンセリングも定期的に実施し，ロールレタリングへの導入を図ったのである。

　導入に際しては，A少年自らがロールレタリングに取り組みたいと申し出てきたのを契機に，ロールレタリングに取り組むための心構え等に関する説明を兼ねて面接を実施した。その後，居室でロールレタリングの冊子に記載している説明書きを読ませ，少年の同意を得て書簡の相手方を被害者でもある母親に決めたのである。

　さらに，取組み方については
① 初回の書簡は，「自分から母親」に手紙を書くこと
② それに対する返信を書くこと
③ 自分の気持ちを素直に書くこと
④ 書く事が辛くなったり，苦しくなったりした時は遠慮なくすぐに申し出ること
⑤ 返信の期間は，2，3日あけてもよいが，できるだけ一往復を書き終えてから提出すること

を約束し，導入に至った。

(6) ロールレタリングの経過

ア　初　期（初回一往復）

××××様
この手紙に何を書いてよいのか非常に悩んでいます。
　あなたを殺したのは息子の僕です。そんな僕からの手紙です。この手紙を切っ掛けにあなたのことを思い出したいけど正直なところ，僕はあなたの顔，声はおろか存在自体すらあまり覚えていません。
　今僕は，まるで他人への手紙を書くような冷めた気持ちです。そして，へ理

屈を述べるのもそろそろやめます。僕は，あなたに何かを伝えたいのです。謝罪？　若干それもあるが，多分違う。何でしょうか。二人でこの心の糸の絡まりを，少しずつ解いていきましょう。表面的にでもあなたに伝えたいことをいくつか書いていきます。

　①もう一度あなたに会いたい，どうしたらいい？　②僕を恨んでください。③僕がこれからする行為を止めてください。もっとあるはずです。そして内面的な心の中に，それ以上の何かがつかえています。今の僕は，それが分からないのか，避けているのか・・・こんなことを書いているうちに終わりです。くだらないことばかりですみません。

Ａから

　（注）　今後掲載するすべての書簡は，本人のプライバシーの保護などから内容を損なわない程度に修正してあります。また，原稿として活用することについて承諾を得ています。

　Ａへ
　手紙ありがとう。母として息子が元気でいてくれるだけで何より幸せだよ。Ａは今，とても悩んでいるみたいだね。私もその心の糸を解く作業を手伝ってあげたいけどそれはできない。そして，Ａを恨むこともできない。

　もし，Ａが罪の重さに絶えられなく自殺をします。これは，母として許しません。それこそ私たちの死は何だったの？　あの事件はＡが自殺するために起こしたことなの？　違うよね。助けてもらいたかった。そういう気持ちで起こしたことだと今でも信じている。だからＡが死ぬことは許されないよ。本当に私たちの死を無駄にしないで。今のＡには，この気持ちが重荷になっているのでしょう。でもＡは，それを背負って生きていかなくてはだめなんだよ。生きることが罪滅ぼしと沢山の人に言われたでしょう。これに対してＡは，反感を持っているでしょう。そんなことやり合ってたらすべて意味がない。もっともっと死について考えてください。そして，あなたは生きてください。

> ××××から

　初回の往復書簡では，「この手紙を切っ掛けにあなたのことを思い出したいけど正直なところ，ぼくはあなたの顔，声はおろか存在すらあまり覚えていません」との記述からも見られるように，放火により死に至らしめたというエピソード記憶の選択的な障害がうかがえたのである。単なる物忘れでは説明できない，個人的な情報に関する記憶を思い出せないという解離性健忘（系統的健忘）を呈していると考えられる。

　また，書簡では省略した内容に本件非行以前に，被害者でもある後輩とその仲間に暴行を受け，それから常におびえていたことについて触れ，その後輩が事件の当日に家に来たが，それからの気持ちは覚えていないなど解離性健忘（限局性健忘）をも再び思わせる記述が見られた。

　さらには現実を見詰めるよりも「考えに考え抜いた答が，やはり死ぬことなんだよ。」と意識レベルでの逃避を繰り返したのである。

イ　中　期（7往復）

> 母へ
> 前略
> 　今日は何を書いたらいいのでしょうか。先日まで生と死についてものすごい葛藤がありました。（中略）ただ，最近あなたがうらやましい。なぜですかね・・・私が死んだらだれが悲しむのでしょうか？
> 　昔よくあなたは私にこう言いました。「Aが死んでも少しの期間泣けば慣れる」。当時私が家庭内暴力をしていたからといっても，この言葉はひどかったと思います。現に今もこの言葉が忘れられません。そんな中でも，あなたは私を息子として愛してくれていたのですか？　ただ答が知りたい。
> 　　　　　　　　　　　　　　　　　　　　　　　　　　Aから

> Aへ
> 前略
> 　手紙の問いについては答えることはできません。ごめんなさい。手紙の様子からすると，あの言葉は，Aにすると大きなものになってしまったのですね。ごめんなさい。今のAに対しては手紙が書けません。なんてAに言ったら良いのか分かりません。(省略)
> 　　　　　　　　　　　　　　　　　　　　　　　　　母から

　中期の段階になると，自分から母親あての書簡の中で初めて「自分の手で母親を殺してしまったという現実を認めたくはなかった」という記述が見られるようになった。これは，自殺を引き合いに出して逃避していた自分に目を向けたと考えられる。

　さらに，母親から「Aが死んでも少しの期間泣けば慣れる」と言われ，「その言葉が，今も忘れられない」ことをA少年は思い出している。これは，心に深い傷を負っていたことに自ら気づいたと考えられる。

　そして，その返信に「あの言葉は，Aにすると大きなものになってしまったのですね」と自ら記述している。A少年にとって，忘れないほどの強い精神的な衝撃だったことを自ら表出したのである。これはいわば心の治癒能力を超えたストレッサーにさらされていたと言っても過言ではなく，そのような辛い体験を自らの力で想起できたと考えられる。

　また，少年鑑別所で三人が亡くなったことを知り，泣いた時のことを思い出し，自分なりにその時泣いたことを「悔やみ，悲しさ，現実，こういうのが混ざってなぜだか分からず泣いたんだよな」と見詰めることができた。このことから，解離性健忘（限局性健忘）も解消しつつあると考えられたのである。

ウ　後　期

　後期の段階では，自己洞察が深まるとともに三人を死に至らしめた現実を

更に冷静に見詰められるようになった。また，母親の親類が自分に対してどんな感情を抱いているのかまで目を向けられるようになった。さらに，父親が自分に対してどう思っているのかについても目を向けたのである。

母親に対しては，強くカタルシス作用が働いたことで，冷静，かつ，明確に文章化できるようになったと考えられた。

このようにして，ロールレタリングを繰り返し書くことにより，自分の犯した非行の事実を受け容れることができ，心情も安定してきた。なお解離症状及びPTSDの症状も消失したと医師により診断されたのである。

（命日供養後の課題ロールレタリング）

お母さんへ

お久しぶりです。元気でしたか。昨日あなたたちの冥福を祈り供養しました。気持ちが伝わることだけを信じて，ずっとあなたたちの冥福を祈っていました。昔はずっと自殺を考えていたけど，僕が死ぬと家族はもちろん，母さんもやり場のない悲しみと怒りを抱くと思う。あなたたちのためにも，自分のためにも，もうそういう馬鹿なことは考えないから・・・

いつまでも過去を引きずらないようにする。それは時々考えて落ち込むこともあると思う。でも前を向いて生きていく。もしかしたら謝罪の気持ちよりも，こういう気持ちの方が強いかもしれない。でも，どんな状況になっても絶対におふくろのことは忘れないし，いつまでも思っているから。

Aから

---

(7) 考 察

ロールレタリングを繰り返して書くことは，深呼吸により心身の統一を図るのと同じように，意識と無意識を統一する精神神経筋肉活動（Psycho neural muscular activity）が行われると考えられる。

繰り返し書くことによって，自分の考えが洗練され，形付けられ，より明確になる。つまり，文章による感情の明確化といえる。そして，最終的には，全

体と各部分の関係が明確になってくると考えられる。

　解離による健忘とは，いわゆる物忘れや疲労では説明できない最近の重要な出来事，個人的な情報を思い出せないことであり，器質的要因や中毒などによるものではなく，元の状態に戻り得る機能性の記憶喪失であるといわれている。

　本事例のA少年も，放火により三人を死に至らしめたという事実を受け止められずに，事件当日の記憶はもちろん，自分の母親という個人的な情報すら思い出せずにいた。また，殺人の映像が日中に浮かんだり，熟眠感不良，自殺念慮など加害者のPTSDも呈していたのである。

　このような状況で，繰り返して書くという活動を通し，受け容れられない死者（母親）との対決が図られ，三人を死に至らしめた事実を見詰めたのである。また，その事実を受け容れたことにより，事件当日の記憶及び母親に対する記憶も元の状態に戻ったと考えられる。

　ロールレタリングの中期の過程でも触れたが，母親から心に深い傷を刻まれた一言も思い出し，それらを表出できたことは一つの自己カウンセリングになりえたといえる。これは，A少年の人格形成において，多大な影響を及ぼした言葉であるという新たな認識が得られたと同時にA少年の家族関係について再考察する切っ掛けが得られたともいえよう。

　A少年の処遇においては，ロールレタリングに取り組んだことはもとより，PTSDを呈していることにも着目し，強力な枠付けと環境設定，さらには更生への援助を明らかにした医師及び寮担任の力強い協力を得られたことが，A少年が破たんを来すことなく，前向きな自分づくりができた要因と考える。

　そして，ロールレタリングに取り組み，母親の死を見詰めたことにより，常に罪の意識を持ち，「今後どのように償っていけばよいのか」を考えるまでに至ったのである。

　最後に，出院準備教育期にA少年に対する処遇効果の検証の一つとして鑑別技官が面接を実施した。その概要を以下に紹介して終わりとしたい。

『面接結果（概要）』

　少年はこれまでの少年院生活を振り返り，初めの一年くらいは取りあえず言われることにしたがって，無難に過ごそうという気持ちが強く，何事につけても消極的であったという。また，一番変化したところとして，「自分の問題を見詰めるようになった」ことを挙げていた。

　ロールレタリングと問題群別指導がその切っ掛けとなったとのことであり，そこでの課題を通してより深く自分の気持ちを見詰め直すようになっている。少年は自分の問題を「自分の思っていることや正直な気持ちを相手に伝えず，自分を強く見せようとしていた」ととらえており，そのため周囲に対して自分を偽ってきた結果，どんどん自分自身を追い込んでいたこと，そうした現実が辛くなって薬物やアルコールに逃げていたこと，現実から逃げようとして本件非行も起こしたものであることなど，適切な自己洞察が進んでいることがうかがえた。

　本件非行についても，A少年自ら話題を持ち出しており，本件を見詰め直すのに耐え得る精神的な強さが身に付いていることが感じられた。これは，投薬の量が減っていることからも裏づけられる。被害者に対して，罪の償い方はよく分からないが，「死にたい」と考えてばかりいるのではなく，罪を背負って被害者の冥福を祈っていかなければならないという覚悟のようなものが感じられた。こうした少年の気持ちの変化には，ロールレタリングを通して母親の気持ちに触れられたことが作用しており，大きな処遇効果を上げたと考えられる。

7　まとめ

　例えどんなに優れた処遇技法を実施したとしても，まず少年との心の交流を図り，少年が安心して自分の内面を表出できるような雰囲気を作り出すことが必要である。

　また，少年が心の中にうっ積した感情を表出した際に，それを受け容れる姿勢を職員が持つことも忘れてはならないのである。

さらに，少年が今まで閉ざしてきた心の傷や悩みなどをロールレタリングによって表出した際に生じる現実を受け入れる苦しみ等に対して，職員が支持的に受容しつつ，時には指示的に方向付けをすることも必要と考えられる。そのためにも，少年が書いたロールレタリングは確実に読み込み，そこに表出された感情の背景には，何があるのかを少年と共に考える良き援助者となるべきである。

参 考 文 献

⑴　『DSM－Ⅳ精神疾患の分類と診断の手引き』医学書院　1944
⑵　『心理学辞典』有斐閣　1999
⑶　『こころの科学　83・95・102号』日本評論社
⑷　『心理臨床大辞典』培風館　1994
⑸　杉田峰康　春口徳雄『ロールレタリングの理論と実際』チーム医療　1995
⑹　杉田峰康監修　春口徳雄『役割交換書簡法・人間関係のこじれを洞察する』創元社　1987
⑺　髙木春仁『実務講座ロールレタリング①②③』「刑政　第115巻第5号～第7号」2004

/一人一人に向き合う

内 観 指 導

木 村　　敦
(久里浜少年院)

1　内観とは何か

(1)　内観とは

　内観とは，ひたすら自分自身の内面を見詰め，身近な人々との対人関係を詳細に振り返ることで，ありのままの自己を探求するものである。内観は自己探求法のほか，人格改善法，精神修養法，心理療法等さまざまな呼ばれ方をするが，これは内観に何を求めるのか，その動機や目的による。ただし，創始者の吉本伊信は，「結局，内観は内観だとしか言いようがありません。自分の内心を観察することなのです。(中略)『汝自身を知れ』とは古来よりいわれていますが，その汝自身を知る具体的な方法の一つを示したのが内観法だと思います」と述べている。

　内観には，集中内観と日常内観の二つの形態がある。単に内観と言った場合，集中内観を指すことが多く，本稿でも同様である。

　集中内観は原則として１週間，毎日15時間前後，部屋の一隅に立てた屏風の中（畳半分の広さ）に座り，刺激や情報を遮断して行う。

　日常内観は通常，集中内観を経験した人が日常生活に戻ってから一定の時間を充てて行うものである。日常内観で調べることは基本的には集中内観と同じであるが，相手を特定せず，毎日の生活を後述の基本テーマにしたがって調べ

る方法もある。集中内観は日常内観を行うための実習訓練であると言え，日常内観はいわば内観的思考様式をもって人生を生き抜こうとする姿勢そのものであるとも言える。

(2) 集中内観の実際

内観は，自分と身近な人との関係を相手の立場に立って調べるものである。原則として母親から始め，次いで父親，兄弟姉妹，配偶者，祖父母，友人等かかわりの深い人に対して順次，自分がこれまでどういう態度を取ってきたのかを，生まれてから現在に至るまで（おおむね2～4年ごとに）年代を区切って調べていく。具体的には，その人との関係の中で「していただいたこと」，「して返したこと」及び「迷惑をかけたこと」をテーマに，実際にあった具体的な出来事，経験を可能な限り詳細に，井戸を掘り下げるように思い出す。母親から始める理由は，一般に最も身近で世話になっており調べやすいからである。当初は断片的であいまいな記憶も，繰り返すことでそのときの言葉，色，におい，温かみ等もまざまざと思い出されてくる。何気なくしてもらった当たり前のことでよく，そのようなさ細なことを思い出すことで深い洞察に向かうのである。

三つのうち「迷惑をかけたこと」が最も重要，かつ，困難なテーマであるため，特に重点的に調べる。重点の置き方としては「していただいたこと」，「して返したこと」を各2割，「迷惑をかけたこと」を6割の配分とし，各テーマとも1分1秒を惜しむようにして徹底的に調べる。

内観には他に「嘘と盗み」，「養育費の計算」というテーマがある。「嘘と盗み」は，自分がこれまで犯した嘘と盗みについて調べるもので，先述の基本テーマを補い，罪の意識を深めるために行う。「養育費の計算」は，自分が自立するまでに親にどれだけの経済的負担を掛けたのか，あらゆる経費を積み重ねて算出するものである。

面接者はおおむね2時間おきに面接し，内観者の調べた内容を尋ねるとともに，質問を受け，必要な助言を行う。面接は1日7回前後行うのが通例で，1回の面接時間は3～5分程度，普段は聴き役に徹する。

集中内観は徹底した刺激遮断が大きな特徴である。そのため，食事，入浴，睡眠等日常生活に最低限必要なこと以外は行わず，内観者同士の私語も禁止される（内観者は食事，入浴等の際も内観を続けるよう督励される。）。
　屏風の中に入ることにも深い意味があると筆者は感じている。内観当初は狭く息苦しさすら感じるが，そこはある面，保護された空間であり，母胎の中を象徴している。日に３度の食事も面接者等によって屏風まで運ばれるが，一方的に与えてもらう食事は母からの授乳を象徴している。そして，それらのことが内観を深める土台を支えている，と思われるのである。

(3) 内観の効果
　内観の効果は多様であり，人それぞれであるが，列挙するとおおむね次のようなものである。
　それまで気づかなかった自分自身の本当の姿を知る。人生にとって有意義な洞察，気づきが得られる。過去のとらわれ，恨み，悩みから解放される。自分が多くの人に支えられ，認められた存在であることを実感する。至らない存在にもかかわらず，たくさんの愛情を注がれてきた自分を発見し，感謝・報恩の気持ちを抱く。素直な気持ち，謙虚な態度，他者への思いやり，自省的なものの考え方が身に付く。さっぱりとすがすがしい気持ちになる。また，持病の身体疾患が軽快した例も多い。

2　内観の誕生と歴史

(1) 内観の誕生と発展
　内観は，もともと浄土真宗の一派にひそかに伝えられてきた身調べという荒行を起源としている。身調べとは，いわゆる悟りを開くために洞窟や屏風の中に一人こもり，断食・断眠のうちに数日から十数日間，死と直面しながら自らの内面を調べるというものである。内観は，奈良県大和郡山市の吉本が昭和10年代中ごろ，この身調べから宗教色をふっしょくし，だれでも実施可能な自己探求法として確立させたものである。
　吉本はその後，この内観の普及に努め，昭和29年には奈良少年刑務所・奈良

少年院の篤志面接委員となって，犯罪者・非行少年を内観によって救おうという，かねて念願していた事業への着手を果たした。その後，内観は矯正界に止まらず，医学界でも注目されるようになり，薬物・アルコール依存症等に効果を発揮し，精神療法としても認められるに至る。さらに，西欧を始め海外にも普及してきている。

　また，昭和53年（1978年）に日本内観学会が発足したほか，最近は内観医学会（1998年），国際内観療法学会（2002年）が相次いで設立されるなど，理論的な研究も盛んに進められている。

(2) 少年院における歴史

　少年院における内観の歴史は，昭和29年吉本によって奈良少年院に紹介されたことから始まる。矯正教育の指導方法として本格的に導入されたのは，昭和30年代始めからであり，矯正部内の研究誌等をひもとくと，その時代，先駆けて実施した施設として奈良少年院，河内少年院（現在は廃庁），岡山少年院，東北少年院等の名前が見られる。

　その後，各施設では導入，発展，休止，あるいは再開等決して平坦ではない個別の歴史を刻み，今日に至っていると思われるが，少年院全体としては，矯正教育の指導方法の一つとして着実に根づいていると言える。なぜならば，昭和30年代初頭にはわずか数庁であった実施施設が，昭和48年（1973年）には10庁となり，平成16年（2004年）は，法務省矯正局の調査によると35庁にまで増加し，全国53庁のうち66パーセントの少年院で実施されているからである。

3　少年院における内観指導

(1) 教育課程上の位置付け及び指導要領の作成

　内観は，少年院の教育課程において，生活指導領域に位置付けられる。各施設の指導のねらい等によって，同領域の問題行動指導，治療的教育又は保護関係調整指導等のいずれかの細目に組み込まれる。

　教育課程に盛り込み課業として実施する際は，指導要領を作成する。内観を多数の少年に継続的に実施するためには，その指導要領の中で日課表の標準

モデルを作成する必要がある。下記に矯正局発刊『内観法の指導手引』にある日課表（例）を一例として掲げる。なお，日課表は基本どおりの１週間を確保して作成すべきである。内観は通常４日目以降から深まるので，平日５日間のみの実施では中途半端に終わってしまうおそれがあるからである。

集中内観日課表（例）

時間＼日	１日目	２日目	３日目	４日目	５日目	６日目	７日目
6:30～8:00	起床／朝食						
8:00～10:00	9:00～オリエンテーション	母 鑑別所に入るまで	父 小学校６年まで	母 鑑別所から少年院入院	先生 中学校３年まで	嘘と盗み 中学校を終えてから現在まで	母 鑑別所に入るまで
10:00～12:00	母 小学校入学まで	母 鑑別所から少年院入院まで	父 中学校１年	父 少年院に入ってから今まで	先生 鑑別所の先生と少年院の先生	母 小学校入学まで	母 鑑別所から少年院入院まで
12:00～13:00	昼食／録音テープ聴取						
13:00～15:00	母 小学校３年まで	母 少年院に入ってから今まで	父 中学校２年	養育費について	嘘と盗み 小学校３年まで	母 小学校３年まで	母 少年院に入ってから今まで
15:00～17:00	母 小学校６年まで	父 小学校入学まで	父 中学校３年	先生 小学校３年まで	嘘と盗み 小学校６年まで	母 小学校６年まで	感想文 内観を終えて
17:00～18:00	夕食／録音テープ聴取						
18:00～19:00	日記記入						
19:00～20:50	母 中学校３年まで	父 小学校３年まで	父 鑑別所に入るまで	先生 小学校６年まで	嘘と盗み 中学校３年まで	母 中学校３年まで	感想文 今後の自分の在り方について
21:00	就寝						

(2) 少年院における内観指導の実際

ア　実施時期

　　各教育過程のいつごろ行うべきという原則はない。過去をさかのぼれば，入院直後の考査期間中に実施する事例から，出院準備教育過程の出院前指導で実施する事例までさまざまである。しかし，内観の実施効果を院内処遇に十分にフィードバックすべきことを考慮すると，新入時教育過程終了後なる

べく早い時期というのが最も適切だろう。
イ　対象者
　どのような少年でも相応の効果が期待できるので，基本的にはだれに行っても構わない。また，在院中1回と限定せず，少年によっては複数回実施することもある。
　現状は，教育上の必要性等を勘案し，一部の在院者に実施している施設が多いが，水府学院のように原則全員に実施している施設もある。
ウ　居室等の事前調整
　少年院では通例，単独寮の個室を使用する。内観をより効果的に実施するためには，内観専用の単独寮を確保することが理想であるが，実情としては同一の単独寮で，例えば，考査生，昼夜間単独生等と一緒に生活させることが多い。その場合，単独寮の奥側の数室を内観専用室として指定している施設もある。また，実施前に資格取得講座，保護観察官面接その他の諸活動との調整を図り，内観に専念できるようにしておく。この事務は，多くの少年に継続的に実施していく場合，意外と煩さなので留意を要する。
エ　オリエンテーション
　開始前に職員がオリエンテーションを実施し，内観の基本テーマ，面接の仕方等を説明する。少年の動機づけを高め，内観を効果的に実施することを念頭に行う。また，少年には，調べたことでも話したくないことは，報告しなくてよい旨を説明する。
　実際にテーマを与える際は，指導要領の日課表を基盤としつつ，面接の中で少年の意向も参酌しながら，面接者が流れを作るのが望ましい。ただし，母親（又は母親に代わる人）から始め，最後になるべく再び母親に戻るようにする。それらのためには，面接者は，少年の家族構成及び生育史の概略をあらかじめ把握しておいた方がよい。
オ　面　接
　面接の際はお互いに向かい合って正座・一礼し，面接者から「ただ今の時間，どなたに対し，いつの自分を調べて下さいましたか」等と尋ね，少年が

調べた内容を報告する。

面接者を配置表で別途明示する施設もあるが，職員配置の厳しさのため単独寮配置職員が面接者を兼務する施設もある。面接回数を確保するため，土・日曜日，17時以降の夜間等も当直者間で連携を取るなどして可能な限り面接を実施するのが望ましいが，やむを得ず，調べた内容をノート等に記録させる，いわゆる記録内観に切り替える施設もある。

食事時間帯等を利用して，過去の模範的な内観者の面接状況，内観指導者・研究者による講演等の録音テープを聴取させる。これは，内観の方法，効果等について理解を促進させ，内観を深めるのに有効である。

カ　実施後の指導

複数の少年に実施した場合，終了後に職員を交えて座談会を実施する。少年たちにとっては，他者の意見，感想等を聴くことによって，自らの内観体験を更に深く掘り下げられる。また，多摩少年院では，全体行事である意見発表会の際，自由テーマの発表者に加え，数名の少年に内観体験発表を行わせている。これは，発表者にとっては体験をまとめる意義がある一方，聴講する側の多くの少年に「自分もやってみよう」という動機づけを図るメリットがある。

集中内観の終了時，日常内観の動機づけを図る。その際，院生活において日常内観を継続できるための配慮も必要である。多摩少年院では「早朝内観」と称し，あらかじめ申し出た希望者は通常の起床時間より早く起き，布団の上で安座して行うことを許可している。水府学院では「日常内観ノート」を個別に貸与し，午後の課業終了後の時間等を利用して行わせている。また，「一日フォロー内観」と称し，集中内観から約１か月後，個室で一日内観を行わせ，内観的思考様式の定着を図っている。

キ　記録内観

集中内観とは別に，日常内観の一形態である記録内観を実施している施設もある。喜連川少年院では，昼夜間単独処遇の際の課題や個別担任が少年に与える課題ノートのテーマ等でよく活用している。

4　少年院で実施する上での留意事項

　少年院で内観を効果的に実施するためには，基本を大切にしなければならない。可能な限り基本どおり行うことを前提として，少年院という施設で実施することに由来する制約に対し，対応策を考えていくことになる。以下，具体的事項に分けて論じていくが，少年の動機づけを高めること，面接を計画どおり行うことの2点が全体を通じて特に重要である。

(1)　実施場所

　実施場所については，いかに継続的に部屋を確保するか，いかに静ひつさを保つか，内観に集中できる環境をいかに提供するかが問題となる。

　一つの単独寮で他の個室生と混合収容して実施する場合，特に高率収容の施設では，内観のための単独室の確保自体に苦慮する。実施したいときにタイミングよく実施するためには，綿密な居室調整が必要である。また，他の単独寮生にも内観の主旨を説明したり，貼り紙等で協力を求め，寮内の静ひつを可能な限り維持させる。さらに，内観に集中できる環境作りのためには，例えば夏季にはうちわの貸与，冬季であればストーブの使用等，暑さ・寒さ対策にも気を配る必要がある。

(2)　面　接

　内観の成否は面接にかかっていると言っても過言ではない。そのことを肝に銘じ，計画どおり確実に行わなければならない。面接予定を万一変更するときは，事前に少年に説明しておくべきである。

　面接は1日7回前後実施したいが，休日・夜間が困難であれば記録内観を併用するのもやむを得ない。その場合も，面接者が記録内容を速やかに読み，読んだことを少年に確実に伝えることが肝要である。

　面接中は少年の報告が基本テーマからそれないように常に留意する。内観は，例えば，母親であれば「母親がどういう人であったか」をせん索するのではなく，「母親に対して自分がどうであったのか」を調べるものである。母親に「してもらったこと」，「迷惑をかけたこと」を調べるのであり，「してもら

えなかったこと」,「迷惑をかけられたこと」を思い出すのではない。また, 母親に対する好悪の感情ではなく, あくまでも過去に起こった具体的な事実を調べるものである。特に, 少年院在院者は不遇感, 愛情飢餓感が強い場合が多いので, 少年を励ましながら横道にそれないように注意する必要がある。さらに, 一般に最近の出来事より遠い過去に経験したことの方が冷静に観られるので, 内観の原則どおり, 必ず過去から現在へ向けて順次調べさせる。

　面接中の言葉遣いにも, 基本どおりなされているか留意する。例えば「していただいたこと」が「感謝しなければならないこと」に,「迷惑をかけたこと」が「謝らなければならないこと」にすり替わるのは, 単に言葉の問題ではなく内観の本質にもかかわるものである。

　「嘘と盗み」は, 罪悪感を促し内観を深めるのに有効であるとされているが, 少年院在院者は嘘や盗みへの抵抗感が弱く, 期待どおりの効果が得られない場合もある。一方,「養育費の計算」は現代では数千万円という結果になることが多いが, 少年にとっては分かりやすく有効である。

(3) **面接者**

　面接者の資格要件としては, やはり集中内観を経験していることが必要であろう。集中内観を通じての心身の変化, あるいは内観するとどのような心境に至るのかを共感的に理解できることは, 面接者として何よりの強みである。そのため, 施設としては各地の内観研修所に教官を派遣して集中内観を体験させ, 定期的に面接者を確保していく必要がある。なお, 内観はそれを体験した職員自身の人格的成長をも促し, 内観指導という枠に止まらず, 少年指導全般について好影響をもたらし, 処遇力の向上に資するものである。

　内観はあくまでも少年が自力で行うものであるが, 面接者には指導者としての自覚もまた必要である。内観がうまく進むように方向付ける役割のほか, そもそも面接時の受け答え, 振る舞い, 大きく言えば面接者の人格が, 内観の成否にかかわってくるからである。その意味で, 面接者には謙虚さ, 丁寧な言葉遣い, 一人の内観者として敬意を持って少年と接する誠実で受容的な態度が求められる。

同一職員が内観専従として配置され，1週間継続して面接を担当できれば，それが理想である。しかし，実際は当直，非番，週休日等もあり，理想どおり実施することは困難である。同一職員の面接にこだわるより，面接に従事する職員間の引継ぎ，情報の共有に努め，特に主担当職員に面接内容等の情報を確実に集めることが肝要である。

面接者は聴くことに徹し，先回りして指導し過ぎないように心掛ける。また，内観は3，4日目からが勝負なので決してあせらないことである。面倒見の良い教官ほど説明し過ぎてしまうので，意識して抑えなければならない。内観は少年が自ら気づくことに意味があるからである。

面接中は少年の語る言葉に耳を傾けることに専念し，メモは取らない。また，聴取した内容は不必要に他言しないのが原則である。内観テープ作成のため録音を試みる場合は，本人の事前了解を得るとともに，個人情報保護に細心の注意を払う。

面接者以外は，内観に集中させるため，日課進行上の指示を除き，原則として声掛けしない。このことを事前に周知徹底させておく。

1週間座り続けることは（特に最初の2，3日は）どんな人でも，膝や臀部が痛くなるなど身体的につらいものなので，姿勢にはある程度寛容であってよいが，横臥は許さない。身体的に健康な人が横臥して調べても真剣な内観はできないし，自然と眠くもなるからである。

(4) 対象者

対象者の選定は，動機づけの問題とも絡む重要事項である。

内観とは本来，希望者が行うものである。少年院の内観も，希望者のみに実施するのが正統であるとも考えられる。しかし，実際は，ある程度定着し軌道に乗っている施設は別として，希望者が継続的に現われる可能性は低い。しかも，元来，少年院の生活指導は少年の希望を待って行うべきものでもない。むしろ，教官がこの少年に内観が必要かどうかを判断し，個別的処遇計画に盛り込み，事前に面接等で動機づけを高めることが重要である。一方，成績不良の少年を集団生活から切り離す目的のみで実施するのも，あまり望ましくない。

動機づけの点で「(日ごろの生活が悪いから) やらされている」と感じたまま入るのでは、十分な効果は期待できない。

ところで、内観的なものの考え方は、院生活における対人関係、院内の更生的風土の醸成にも効果があるので、全員に実施するという選択肢もあり得る。動機づけという点でも「みんながやることだから」と比較的抵抗なく導入できるメリットがある。筆者としては、原則全員実施というのが少年院における内観指導の理想型であると考えている。

ここで、あえて「原則」と書いたが、被虐待経験のある少年、精神疾患、発達障害のある少年への適否についてどう考えるべきか。

被虐待経験については「あえて過去を蒸し返すべきではない」という意見もあろうが、筆者はやってみる価値はあると思う。なぜならば、今現に生きていること自体が、身近な大人から愛情を受け、してもらったことが数多くあることの動かしがたい証拠だからである。その事実に自ら気づき、本人の心の中で忌むべき記憶の比重が相対的に軽くなり、恨みの人生から解放されることの意義は大きい。ただし、細心の注意を払い、内観の基本テーマどおり忠実に行うことが大前提である。

精神疾患、発達障害については、一般の少年院で処遇している少年であれば実施可能と思われるが、必要に応じ医師と相談するなど念のため慎重な配慮を払う。特に、注意欠陥・多動性障害の少年などは屏風の中で静座すること自体困難な場合も考えられる。苦痛を強いるのみで、挫折経験を重ねるようであれば、無理して行うことはない。ただし、このような少年でも1週間続けられれば、相応の成果を期待できる。

(5) **保安上の問題**

集中内観では屏風を立てて行うが、内観研修所等で通常使用している屏風より丈を短くしたり、立てる際に壁から少し離して隙間を作るなどして、巡回職員が容易に少年の動静を確認できるように配慮する。また、面接者は、少年について気になることは当該寮配置職員等にちゅうちょせず引き継ぐ。さらに、休日・夜間に面接を行うときは、必ず複数職員立会の下で居室を開扉する。特

に土・日曜日は，通例集中内観も終盤に差し掛かり，面接者にとっては少年の内観の深まり具合や心情を十分に把握しているとの過信に陥りやすい時期でもあるので，自戒が必要である。

　ところで，内観中の少年の心情について，*内観の深まり→罪悪感の高まり→自殺のおそれ*という図式を思い浮かべる方もおられるかもしれないが，内観の基本的な感情変化のパターンは，むしろ，*内観の深まり→罪悪感の高まり→そのような自分でさえ，多くの人々に支えられていることへの気づき→生きていることへの感謝*というものであり，内観が自殺を誘発することは通常あり得ない。

5　少年院における内観の効果

　少年が内観を行う意義は，単に親を始め身近な人たちに感謝の気持ちを抱くというレベルに止まるものではなく，自分もまた愛されている存在であること，自分の存在を認めてくれている人がいること，その他それまで思い至らなかった真実に気づくことにある。また，過去から引きずってきたこだわり，恨み，不遇感から解放される，人の立場に立って物ごとを考えられるようになる等ものの見方，考え方が転換されることにある。いわば，気づきと意味の転換である。更に言えば，それらを経て，親を始めこれまで庇護を受け甘えてきた人々から，精神的に自立するための第一歩を踏み出すことにある。

　内観が院生活や出院後の予後に及ぼす効果という点については，心理テスト及び統計的手法を用いた研究報告がこれまで数多くなされており，そのほとんどは好影響を与えていると結論づけている。

　一方，内観ですべての問題が解決する訳ではないという認識も必要である。過大評価も過小評価もせず，淡々と確実に実施していく姿勢が望ましい。内観によって「変わった」ことを確認する視点も大切であるが，内観した結果「変わろう」，「変わりたい」という成長・変容への意欲を高めることも同等に重要である。これまでの生き方を反省し，院生活を前向きに受け止めるための，いわば下地作りの意義も大きいのである。

さらに，少年院における内観の実施効果を論じる場合，長期的視野に立って考える必要がある。院内成績や仮退院後の保護観察成績等と関連づけて考えることは当然必要であるが，加えて，更に20年，30年のスパンでとらえる視点も必要である。これについては，三木善彦が自著『内観療法入門』，『内観ワーク』で紹介している元少年院生の感動的な事例がある。

　内観は1週間やり通すこと自体忍耐力のいる作業である。少年にとっては，とにかくやり通すことで，自己統制力・集中力の強化や一つのことをやり遂げた自信にもつながるものである。また，集団生活から切り離されることで日常のストレスから解放され，心身の生理的リズムが安定するという副次的効果もある。

6　おわりに

　本稿は，主に下記の文献を参考にしつつ，少年院で内観を効果的に実施するための課題について考察したものである。内観法の詳細については，それらの文献を参照していただきたい。

　内観は矯正教育の有効な指導方法の一つであり，少年院で実施する意義は高い。このことは，吉本が内観法を確立した当初から考えていたことであるが，現在でも変わりはない。その理由はこれまで述べてきたとおりであるが，改めて端的に言うと，内観は少年のものの見方・考え方，対人態度に直接焦点を当てるものであり，（1週間という）短期間のうちに変化が期待でき，得られる成果もある程度予測できるところにある。このような指導方法は他にあまりないだろう。

　内観が矯正教育の主要な柱の一つとして，今後ますます発展することを願うものである。

参 考 文 献

(1)　吉本伊信『内観四十年』春秋社　1965
(2)　吉本伊信『内観と精神衛生』内観研修所　1978
(3)　吉本伊信『内観への招待』朱鷺書房　1983
(4)　三木善彦『内観療法入門　日本的自己探求の世界』創元社　1976

(5) 三木善彦『内観ワーク』二見書房　1998
(6) 武田良二『内観法の心理学的課題』東北少年院　1962
(7) 武田良二『内観法』「矯正処遇技法ガイドブック　第1分冊　心理療法の原理と実践編　矯正協会」1991
(8) 柳田鶴声・村瀬孝雄『内観法』「心身症の治療　別冊」1988
(9) 柳田鶴声『愛の心理療法　内観』いなほ書房・星雲社　1997
(10) 法務省矯正局『内観法の指導手引』1998
(11) 石井光『1週間で自己変革「内観法」の驚異』講談社　1999
(12) 高橋弘『矯正施設における処遇技法指導案の作成［内観］』「矯正研修所紀要　第6号　54－63頁」1991
(13) 岩岡正『矯正施設における内観指導の課題』「刑政　第108巻第6号　16－25頁」1997
(14) 渡部進一『水府学院における内観指導』「刑政　第111巻第8号　103－109頁」2000
(15) 黒澤圭司・高柳憲二『統計的手法を用いた処遇効果の検証の在り方について－水府学院における内観指導に対する試行的測定－』「矯正教育研究　第47巻　71－74頁」2002
(16) 竹元隆洋『薬物乱用・依存と内観療法』「こころの科学　111号　57－62頁」2003

/グループで力をつける

ＳＳＴ

櫻　井　英　雄（京都医療少年院）
品　田　秀　樹（新潟少年学院）

1　目　的

　SSTとは，Social Skills Trainingの略である。ここでは，ソーシャルスキル（社会的スキル）を，個人的な生活行動も含め，望ましい対人関係を保持・発展させるための言動全般と定義しておきたい。社会生活においては，純粋に個人的な行動というものは限られており，多くの場合は他者との関係に直接・間接に影響を及ぼすものである。このように考えると，これは，次のように分類できる。
　①　個人的な場面における社会的スキル（例　身だしなみ）
　②　対人的な場面における社会的スキル（例　あいさつ）
　ところで，少年院の教育場面では，①に当たるものについては基本的生活態度の側面から，②の一部については対人関係の側面から，それぞれ日常的に指導されているものであり，それぞれ矯正教育の生活指導領域に元来含まれているものである。しかし，従来は，一般の社会生活を視野に入れた指導としては限られていたこと，また，体系化・構造化された指導方法として十分に確立されていなかったことが指摘でき，このために，社会的スキル全般についての練習が可能であるSSTが導入されたのである。
　さて，SSTは，対人場面における望ましいコミュニケーションを中心に練習する方法であるが，少年院に収容されている少年たちについては，家族との親和感

や職場での信頼感の増進など日常生活での成功体験を積み重ねていくことで，非行や犯罪とは無縁な社会生活へ結びつけていくことが期待できるものであり，この意味で，少年院において行っているSSTも，一般のSSTと同じ目的を持っていると考えられる。

2 教育内容

　矯正教育におけるSSTの内容については，SSTをどのように活用していくかということにかかわるものであり，これは，どのような社会的スキルの向上をねらいとするのかということを，その対象者の特質なども含めて検討されなければならないものである。SSTはその性質上多様な社会的スキルをその内容とするものであるが，ここでは指導案作成上及び指導上重要と思われる項目を以下に示したい。

① 必要とされる社会的スキルは各個人により違うこと，同一の目標でも，それぞれの人間性によりふさわしい社会的スキルは相違があることを念頭に置いておく必要がある。
② 矯正教育の中で伝統的に行われていた社会的スキルについての指導との関連性を明確にして，SSTをどの指導分野で活用するかを検討する必要がある。
③ SSTの構造は，人間の成長過程における自然な社会的スキルの体得方法を基礎にしているということを念頭に置いて，自然な流れの中で指導するよう心掛けることが重要である。
④ SSTの指導は，リーダーの活用できる範囲の社会的スキルを基礎にしており，その具体的な指導方法ではリーダーの人間性により違った形を取ることになる。すなわち，基本原則から外れないよう注意しながら，自由な創意工夫で指導することが重要である。

3 SSTの方法

(1) SSTの原則

　SSTの鍵となる重要な概念は，個別化，体系化，構造化である。

① 個別化とは，行動練習が本人の能力と生活の実態に合い，練習したいという希望に添ったものであること
② 体系化とは，学習内容を段階的に積み上げ，学習が順序よく進んでいくように工夫すること
③ 構造化とは，学習する場を作りリーダーが指導して適切な順序に従って練習を助けていくこと

(2) リーダーの心得

　SSTを効果的に行うためには，職員と少年たちとの信頼関係がポイントである。職員集団の意識統一や雰囲気がSSTの進行と展開に大きく影響する。

　SSTで気持ちのよいあいさつを学んでも，指導に当たる者自身があいさつを返さなかったり，失敗を責めるだけでは少年の心に不信が生まれる。少年の信頼を得るためには，よく話を聞き面倒を見て，励ましてやることである。

　処遇現場でよくいわれる，少年は「いう」とおりにはしないが「やる」とおりにはするというのはSSTのモデリングのようであり，指導に当たる者は健全な生活者としてのモデルなのである。24時間自由が制限された環境の中で少年たちは指導者の行動に期待している。

　SSTのグループがうまく育つと，少年たちは状況に合わせた言動の改善点，アイデアを出してくる。グループの成長を促すためにリーダーが目指す目標は，次の三点である。

① リーダーと参加者の間に親和的な関係を築くこと
　　リーダーは参加者の人格を尊重し温かい接し方を心掛ける。
② 一人一人の参加者が安心してグループの中にいられること
　　参加者は多くの場合，いつロールプレイが振り当てられるのか，どんな展開になるのかと緊張しているものである。
　　嫌なことはパスできるという約束にしたがって，パスの練習をしてみせ雰囲気を和らげるのもいい。リーダーはグループの中を自由に動きまわり，発言者の脇に立ったり，背後に回り肩に手を置き他の参加者が攻撃的なことを言わないよう心理的に守ることも必要である。

③　参加者自身が練習を楽しいと感じること

　　参加者の自尊心を損ねたり，ざ折感を招くおそれのあることは避けることである。そのためには，参加少年の生育歴，個別の問題，不得意なことに敏感になることが大切である。

(3)　コ・リーダーについて

　リーダーと一緒に練習の進行を助ける役割の者をコ・リーダー（Co-leader）という。「Co」は，「共に」の意味である。リーダーとの上下関係はなく互いに協力していくスタッフである。どちらかと言えば，経験の深い者の方が適切な補助ができる。

(4)　SST の基本的順序

　SST には基本的な指導の順序がある。これは個人 SST でもグループ SST でも同じである。以下のように例示するが，それぞれの場面での創意や工夫が SST を生き生きとしたものにする。

①　職員のチームを組み，全力を挙げて少年の指導に当たる。他の職員の協力は SST を成功させるための原動力である。一人だけが熱心に行っていても少年への説得力は弱い。育成していこうという職員集団の温かい応援と理解が不可欠である。

②　リーダーは少年との間に信頼関係ができるように，少年のできない点ではなく，できているところ，行動上の長所を観察して見つける。

③　リーダーは個別に面接し，将来の生活設計，具体的な生活目標などを少年と一緒に考え明確にする。そこから SST の練習課題が導きだされる。

④　これからの生活に必要となる行動練習のために，SST の時間が日課にあることを SST を初めて体験する少年に伝え動機づけをする。

　　あらかじめ「SST ってなあに？」というような簡単で分かりやすいプリントを用意しておいて興味を高めておくのもいい。「百聞は一見にしかず」，参加してなるほどと思わせる準備をしておくことである。

　　また，これまでに SST が役に立った「先輩からの手紙」を読み聞かせたり，成功の実例を伝えやる気にさせる。初めての参加者や集団活動が苦手な

少年には見学だけでもよいと安心させる。能力の高い少年には，「他の人を助けてやってほしい」と頼んでおくと，ロールプレイ等で積極的に協力してくれ前向きな流れになっていく。

⑤　少年たちの希望を勘案し，新しい生活に必要となる社会的スキルを考え，それを細分化し，小さな練習段階に分ける。最初から緊張感の高いきわどい場面は避け，その前のストレス度の低い場面から，少しずつ積み上げていくことである。

　　SSTの和やかな雰囲気を幼稚っぽいという印象として抱かせないために，理論的なことも説明し，理解できるようにさせておくことも大切である。

⑥　SSTの開始前にリラックスした雰囲気を作るために，ウオーミングアップ活動を取り入れたり，日常生活の話題や共感を持つような楽しい話をするといいだろう。

　　ウオーミングアップ活動はスポーツの前の準備体操のようなもので，自己紹介や簡単なゲーム等を楽しくやることである。職員はあくまで練習のサポーターであり，グループの参加者が互いに助け合うところが一番の教育力である。

⑦　少年が希望する練習課題を取り上げたり，必要とする練習課題を提案したり，ときにはグループ全体で同じ課題を練習したりする。大切なことは，少年たちにとって本当に役に立つ練習をすることである。これが決まれば，8割は成功している。

⑧　参加少年に協力してもらい，よい練習ができるよう順序よく和やかな雰囲気で軽快に指導を展開していく。

　　リーダーは話をなるべく短くし，一人でも多くが具体的な行動を学べるように配慮する。全員が興味を持って練習を進められるように，参加少年同士の相互作用を活発にしながら指導していく。

⑨　練習の終わりに感想を述べてもらい，SSTに対する一人一人のフィードバックをもらう。

⑩　少年院生活の中で，SSTの効果が上がっているか注意深く観察する。少年

のための新しい練習課題をいつも探し，指導を工夫する。

SSTの前には，指導案をよく確認し，参加メンバーの問題点や性格的な特徴を把握して始めることである。「よいコミュニケーション」，「SST参加のルール」，「SSTの練習順序」のポスターを作成して掲示しておくことも大切である。

SSTの要点やパターンを毎回確認することが，練習の流れと理解をスムーズにしてくれるはずである。また，初めての参加者はルールが決まっていることをポスターで再確認することによって安心する。

以下がSSTのためのポスター内容である。

表1　ポスター

よいコミュニケーション 　① 視線を合わせる 　② 手を使って表現する 　③ 身をのり出して話をする 　④ はっきりと大きな声で 　⑤ 明るい表情 　⑥ 話の内容が適切
SST参加のルール 　① いつでも練習から抜けて見学することができます 　② いやな時は「パス」できます 　③ 人のよいところをほめましょう 　④ よい練習ができるように，他の人を助けましょう 　⑤ 質問はいつでもどうぞ
SSTの練習順序 　① 練習することを決める 　② 場面を作って一回目の練習をする（必要ならば，お手本をみる） 　③ よいところをほめる 　④ 更によくする点を考える 　⑤ 必要ならばお手本をみる 　⑥ もう一度練習する 　⑦ よいところをほめる 　⑧ チャレンジしてみる課題を決める（宿題） 　⑨ 実際の場面で実行してみる 　⑩ 次回に結果を報告する

(5) 良いSSTの練習課題

　良い練習課題を決めることがSSTの指導過程の中でいちばん難しい作業である。漠然とした訴えや悩みの話から，適切な練習課題を引き出すという技量がリーダーには必要になる。どんな課題が少年の役に立つのか，練習課題を決めていく際のポイントは以下のとおりである。

① 少し努力すれば現実にできそうな課題にする。達成感は自己効力感を高めるが，高すぎる目標は意欲をそぐ。
② 少年の生活の長期的，短期的目標を踏まえた練習にする。
③ 少年の主体性を尊重し，提案には必ず同意をもらう。一方的に決められたという感じを持つと効果が小さい。
④ SSTは少年と職員の共同作業である。少年の希望を尊重するのは少年のいいなりとは違う。
⑤ 練習の重点が具体的に理解されるようにする。
⑥ 院内の日常生活のなかで，練習した行動を実際に使う機会を作る。
⑦ 積み重ねができること。
　（註）SSTの方法については，「生活する力をつける～更生保護施設におけるSSTマニュアル～前田ケイ著」を手引きにして引用した。

4　指導計画

　少年たちに「出院後に心配なことについて」たずねたアンケート調査の結果をみると，大きく職場，交友，家庭の三つの問題テーマに分けることができる。
　治療的な対応が必要となる個別的な悩みもさることながら，非行のきっかけは不適切な対人的振る舞いを当然のように続けていたり，しつけられるべき常識が身に付いていない等に起因していることが多い。少年院で教えられた応対や振る舞いが現実的に有効であることを模擬体験させ，認知を変えていくことがSSTの要点である。
　以下は，指導内容の参考例であるが，アンケートを取り問題テーマを選び出し，内容を検討していくことが大切である。

(1) 指導単元・内容
表2　指導単元と内容

単　元	指導内容	指導方法
職業生活	1「面接」 ・委員面接 ・就職面接	SST
	2「同僚，上司との関係」 ・初めての出社 ・同僚，上司に話しかける。	SST
	3「職場でのトラブル」 ・仕事で失敗してしまったとき。 ・厳しく叱られたとき。	SST
	4「職場のマナー」 ・急な休みを申し出る。 ・飲み会に誘われて断る。	SST
交遊関係	5「不良交友断絶1」 ・遊びの誘いを断る（やさしい場面）。	SST
	6「不良交友断絶2」 ・遊びの誘いを断る（厳しい場面）。	SST
家族関係 社会生活	7「家族への配慮」 ・保護者へ出院のあいさつをする。 ・出院したその日，家族で食事をする。	SST
	8「家族とのトラブル」 ・帰宅が遅れると連絡する。 ・夕食時に母親が日常生活のことで怒り出し気まずい雰囲気になった。	SST
	9「近所の人との関係」 ・出院後どこに行っていたのか聞かれた。	SST
関連指導	10「SSTオリエンテーション」 ・SSTとは何か。	講義・SST
	11「非行を振り返る」 ・山田太郎の人生	ソシオドラマ
	12「被害者への配慮」	SST

(2) 指導案

　職業生活，交友関係，家族生活の一例を示すが，実施後の反省を踏まえ，より効果的なスキルを少年たちと共に発見し獲得していくことである。指導案を常に見直し発展させていくことでマンネリを防ぎ充実したスキルが得られる。

① 職業生活
表3　単　元：職業生活
　　　内　容：同僚，上司との関係

本　時	初めての出社 同僚，上司に話しかける		
方　法	SST		
項目	時間	指導内容	留意点
導入	15分	出社時の心得 　1　早めに行く。 　2　身だしなみに気をつける。 　3　あいさつ，返事はしっかり行う。 　4　自己紹介をする。	・第一印象が大切であることに気づかせる。
展開	60分	設定場面 　　場所～会社の事務室 　　相手～主任・係長 　　　　　同僚（少し先に入社した人） 　内容 　1　少し早めに出社して，主任や先輩同僚にあいさつをする。 　2　朝礼時に集まった社員の前で簡単な自己紹介をする。 設定場面の変更 　同僚・上司に話しかける。 　場所などの設定は出社時の練習と同様。	場所例 　現場職員の休憩室 ・メンバーを交替しながら，大勢の者に練習させる。 ・丁寧な言葉遣い。 ・礼儀正しい態度。

			・「少しいいですか」と前置きする。
まとめ	15分	ロールプレイであがった良かった点，参考になった点を発言させ，スキルを強化する。	・全員に発言させる。

② 交友関係

表4　単　元：交遊関係
　　　　内　容：不良交友断絶1

本　時	遊びの誘いを断わる（やさしい場面）		
方　法	SST		
項目	時間	指導内容	留意点
導入	15分	出院後の交友で心配なことや場面をあげさせる。 　交友を断わるとどんなことが起こるおそれがあるのかあげさせる。	・現実的ではないものでも一応受け止めておく。
展開	60分	設定場面 　場所～コンビニエンスストアの中 　相手～同年輩の不良友達 　内容～少年院に入っていたのを知っていて，久しぶりだからこれから飲みに行かないかと誘われた。 設定場面の変更 　相手が複数になった。 　女友達が含まれていた。	・しつこく誘わないことを誘い役に伝えておく（まずはやさしい場面から）。 ・適宜役割を交換する。 ・拒否しない（K）。 ・短く切り上げる（M）。 ・第三者のいる場所で話す（3）。 ・次の約束をしない（Y）。

			・KMY3とスキルを覚えやすいようにまとめる。 ・全員にKMY3を復唱させる。
まとめ	15分	ロールプレイであがった良かった点，参考になった点を発言させ，スキルを強化する。 出院者からきた断絶場面体験の手紙を読み聞かせる。	・感想を全員に発言させる。

③ 家族生活

表5　単　元：家族関係・社会生活
　　　内　容：家族への配慮

本　時	保護者へ出院のあいさつをする 出院したその日，家族で食事をする		
方　法	SST		
項目	時間	指導内容	留意点
導入	15分	出院は出発であることを理解させる。 家族の立場や気持ちになって自分の出院を考えてみることを伝える。	・分類の職員が保護者へのあいさつを見て述べていた感想を参考に紹介する。
展開	60分	設定場面 「保護者へ出院のあいさつをする」 　場所～分類保護の事務室 　相手～父母 　内容～出院に向けてのあいさつをする。 設定場面の変更「出院したその日家族で食事する」 　場所～自宅の食卓 　相手～父母，兄弟，姉妹，祖父母等 　内容～食事前に家族がそろったところで迷惑をかけたことをわび，今後の決意を述べる。	・分類保護の職員の役割は，職員が行う。 ・適宜役割交換をする。 ・家族内容はロールプレイを行う少年の家族内容に合わせて変更する。 ・親しき中にも礼儀が大事な点を理解させる。

			・家族のいない少年に配慮する。
まとめ	15分	ロールプレイであがった良かった点，参考になった点を発言させ，スキルを強化する。 　出院者から来た，家族とうまくいっている内容の手紙を読み聞かせる。	・感想を全員に述べさせる。 ・特に親，祖父母，兄弟役を行った少年の感想を尊重する。

5　SSTを成功させるポイントと実践例

⑴　SSTを成功させるヒント

① SSTの効果を知るためには，まず自らが練習してみることである。指導者が効果を確信できなければ説得力は弱い。家族に提案し家庭で行い反応を確認してみてもいいだろう。小学生程度なら反応は早い。文具店に消しゴムを買いに行けなかった小3の長女が，練習をして買い物をできるようなった体験を持つリーダーもいる。

② 同僚を集めて練習を重ねる。

③ 出院する者が出るたびに少年のグループメンバーが変わるが，積極的でよいスキルを導き出してくれるグループが育つときがある。そういう機会に，不良交友の断絶場面の本音や家族とのかかわり方の問題点等を導き出し真剣な練習を重ねていく。熱気のある練習結果は少年の宿題報告として，出院後手紙で返ってくる場合が多い。

④ 出院によって，直接宿題の結果報告を受けることができないが，この検証がないとスキルの有効性の確認ができない。朝の訓話やホームルームの機会などを見つけては手紙での報告を促しておく。

　「お礼とおわびは早くする」というのは大事な社会的スキルであることや，練習した結果の報告を先生たちは期待していることを話す。出院した少年からの手紙を少年たちに読み聞かせると練習での説得力が違う。また，そこには要点をついた新たな練習課題が提案されていたりする。失敗につけ，

成功につけ少年たちからの反応は職員の仕事への励みとなる。少年からきた手紙には誠意を持って返信することである。そして，電話での報告はしない，手紙は院長あてに書くように付け加えておく。
⑤　少年たちの声を尊重して練習をいっしょに作り上げていく。例えば，不良交友の断り場面，拒否しない（K），巻き込まれず短く話を切り上げる（M），第三者のいるところで応対する（3）というような要点を「KM3（ケー，エム，スリー）＝ケミストリー」という合言葉にまとめてみる。
　　また，職場で厳しく叱られたとき，まず謝る（あ），言い訳しない（い），んーと気持ちを引きずらない（ん），「あいーん」と大きな声で繰り返し言わせ印象深いものにするなどの創意工夫をしてみる。
⑥　毎回パスをする少年ほどスキルを求めている。緊張や見栄，恥ずかしさから動きを見せないことが多い。見学しながらアンテナを張り巡らせているのである。参加を重ねていくうちにロールプレイにも参加するようになる。見学も大事，急がせず参加チャンスを見つけてやる。
⑦　指導技法には熟練が必要である。運転の仕方を知っていても，実際に道路を走ってみなければ運転技術が身に付かないように，SSTも実際のリーダーとしての経験を重ねていくことで，分からなかったことが分かるようになってくる。
⑧　事例の蓄積が効果的なスキルを生み出す。SST実施直後の反応を知る「練習の振り返り」を書かせ，記録をとる。出院感想文でのSSTの感想にも必ず目を通す。
⑨　SSTの研修会に参加したり，SSTを行っている施設を積極的に見学する。医療関係施設，学校，養護施設，更生保護施設等様々な分野でのSSTに興味を持ち交流する（SST普及協会のホームページで研修等の有益な情報が得られる。）。
⑩　ウォーミングアップは，幼稚園のお遊戯等が参考になる。むずかしく考えず童心に戻ってみる。リーダーが童心になれば少年も動きやすくなる。簡単な歌をゲームに取り入れていくと活動性がより高まる。慣れないうちは

ウォーミングアップ活動集等の手引きを活用するとよい。慣れてきたら創作するのも楽しい。

> ※ 創作事例
> 　かつてレスリング選手だったN統括専門官が、少年への講話でレスリングの話をした。N統括の得意技はタックルだったとのことで技のポイントを説明をした。顔を向けた方向に力が行く。顔を相手にしっかり向け顔からぶつかって行く。脇を固め、腰を落とすのが基本姿勢であると教えた。そのとき、SSTのよいコミュニケーションの項目「視線を合わせる」が頭に浮かび「やさしくタックル」というウォーミングアップを思いついた。
> 　タックルについて一通りの説明をしてから、少年を二人一組にして向かい合わせタックルの構えをとらせる。やさしい力を相手に向けてタックルと掛け声を掛けながら交互にタックルするというものである。単純ではあるが、男同士ソフトに抱き合う親近感で和やかになった。

⑪　失敗を恐れず思いついたことを実行してみる。実行したことには結果が出る。少年と共に考えながら率先垂範、リードしていく。
　「失敗しても必ず何かを学ぶが、やってみなければ悔いだけが残る（キングスレイ・ウォード）」、「体験してはじめて身に付くんだなあ（相田みつを）」などの格言の意味を少年と共に体験し、確認していく。格言の中には大事な社会的スキルが包含されている。

⑫　生活をSSTの考え方、対処の仕方で取り組ませる。面接や面会での応対などは効果の分かりやすい場面である。係活動での対立や伝え方等、生活場面の具体的な出来事がよい練習課題となる。

(2) 実践結果報告例
　① 仮退院した初日にかつての不良仲間から連絡があった例
　　「仮退院した初日に不良仲間から連絡がありました。内容はお前が入っている間さびしかったとか、毎日暇だったというようなことで甘い誘いでし

た。今はもう前の私ではないことを伝えました。あのＡＡＡ（明るく，愛想よく，あいさつする）を実践してみると，相手を怒らせず話を切り上げることができました。それ以上は誘ってきませんでした」。
② 在院期間が2年を超える長期に及び，家族との対応に苦悩していた例
　在院期間が長期にわたる少年ほど社会へ出ることの不安を抱えている。在院期間2年を超えた少年は家族への応対をどうしたらいいのか悩んでいた。練習したことを，両親に引き受けにきてもらった段階から実行し結果を報告してくれた。
　「退院式の後，すぐに両親へのあいさつをしました。SSTで習ったことを思い出して，まず謝り，次に決意を話しました。母が涙を浮かべていたので，これからは同じ失敗を二度と繰り返すことはできないと思いました。帰宅する前に保護観察所，保護司のお宅に寄りました。ここでもSSTで習ったことが役立ちました。実家に行き，祖父にあいさつしました。
　祖父は『たいへんだったろう。よく頑張った』と温かく話し掛けてくれました。予想もしなかったやさしい対応にうれしくなりました。夕食時には会話も多くなりとてもいい雰囲気となりました」。
③ 姉を包丁で切りつけ大怪我をさせ在院期間2年を超えた少年の例
　「お礼とおわびは早くという言葉がずっと心に残っていたので，早々に書かせていただきました。SSTで経験したことは大きく役立っています。
　さらに，良くするためにはどうすればいいのかということを常に考えています。両親や姉に謝った時，しっかり目を見て，はっきりとしゃべり，深く頭を下げました。今後の関係を良くするにはどうすればいいのかを考えながら生活しています」。

6　まとめ

SSTは基本的なやり方が決まっており，理論が明確であるから，初心者も一見簡単にできるように見えるが，実際には専門家と初心者との成果の相違は大きい。具体的な結果を安定的に出せる力を持つ人が専門家である。専門家になるため

には，理論をよく勉強しその場限りに終わらせない継続した実施と工夫，熟練が必要である。

そうはいっても，まずは論より証拠，臆せずにやってみることである。失敗もあるだろう。しかし，その失敗の一つ一つが明日の成功の源になっている。植物人間状態になった被害者宅に謝罪に行く練習をしたいという少年の希望で練習したことがあった。場面の深刻さに立ち往生した。SST 単独では対応できないことを知った。少年から結果報告の手紙が来た。結果は厳しいものだった。

「先日，被害者の方のお宅に謝罪に行かせていただきました。被害者の方のお母さんも少しノイローゼ気味で大変とのことで無理かと言われましたが OK してくださり行ってきました。家に入ってすぐ被害者のお母さんから『許さないからね』と言われました。被害者の方に土下座して何度も頭を下げました。言葉が声になりませんでした。涙も最初は被害者の方を見てショックのあまり出なくて，時間がたつうちに涙があふれてきて大泣きしました。被害者の方は意識不明のままで何も言えません。口をパクパクして涙が流れていました。家に帰っても何も手につかず頭から被害者の方の姿が消えません。一生消えないと思います。

最近は償いについて考えたりします。何が償いなのかと思います。金なのか気持ちなのか，反省なのか，全部違うと思います。償いの根本には元に戻すとかそれに代わる何かを与えること，命だったらそれに代わるような，それに値するようなものを償いというと思いました。人を殺すよりひどいことをしてしまいました・・・」。

対人関係場面は SST でやればそれなりの結果が出ると思っていた浅学のあさはかさ。圧倒的な現実の前で，頭でまとめたこそくなスキルが通用する余地などはなかった。まず被害者の感情を知ることの大切さが分かった。次に謝罪に行く前のさまざまな配慮や調整が必要であったことに気づかされた。そこからの SST である。

その報告を受け，被害者の感情や視点を理解する教育のために専門家からソシオドラマ（社会劇）を学ぶことになった。失敗が次の展開を生み出してくれたのである。

SSTの学習は，対人状況に関する適切な「ものの見方」と「行動の取り方」の学習を助けていく専門的な援助方法である。さらに，他の技法や治療と組み合わせられる柔軟性を持つからさまざまな場面で有効性を発揮するだろう。

　SSTの練習を行うたびに，人は人によって学び，人によって人となっていくことに思い致させられるのである。

参 考 文 献

⑴　前田ケイ『更生保護施設におけるSSTマニュアル・生活する力をつける』「更生保護法人　日本更生保護協会」2003

⑵　法務省矯正局編『SSTの指導手引き・改訂版』2004

⑶　前田ケイ『SSTウォーミングアップ活動集』金剛出版　1999

⑷　黒木保博・横山穣・水野良也・岩間伸之『グループワークの専門技術』中央法規　2001

⑸　ハワード・ゼア『修復的司法とは何か』新泉社　2003

⑹　前田ケイ『矯正におけるSSTのありかた』「刑政　第108巻第7号　16頁」1997

⑺　前田ケイ・品田秀樹・高橋和雄『SSTの理論と実際』「犯罪と非行　第131号　109－158頁」2002

⑻　木村勉『被害者の視点を取り入れた教育について』「刑政　第113巻第2号　46頁」2002

⑼　緑川徹『修復的司法と矯正教育における被害者の視点』「刑政　第115号　16頁」2004

⑽　吉村雅世『SST雑感・10年間の歩みを振り返って』「全国家庭裁判所調査官研究協議会　家裁調査官・研究展望　第32号　32－38頁」2004

⑾　法務省矯正局編『ロールプレイングの指導手引き』1994

⑿　品田秀樹『男子中等少年院におけるSSTの反応』「第42回特殊教育学会論文集」2004

⒀　品田秀樹『実務講座・ソーシャル・スキルズ・トレーニング（SST全3回）』「刑政　第116巻　通巻1349～1351号」2005

>グループで力をつける

モラルジレンマ指導

山 本 善 博
(京都医療少年院)

1 はじめに

モラルジレンマが矯正教育の実践に取り入れられるようになってきたのは，ごく最近である。そのため，モラルジレンマという言葉を聞いたことがあっても，例えば，本書で紹介している役割交換書簡指導（ロールレタリング），SSTといった他の処遇法のように，漠然とであっても，何となくその内容や処遇場面がイメージできる，というほどには浸透していない，中には全く「何だそれは」という方も少なくないのではなかろうか。そこで，本稿では，できるだけ実践的な視点から矯正教育におけるモラルジレンマ指導を紹介したい。

2 モラルジレンマ指導とは

L.コールバーグ（Lawrence Kohlberg）は，デューイとピアジェの理論を基底に，道徳性認知発達段階理論を提唱した。道徳性が発達するというのは，道徳的な認識（公正，正義的なものの見方，考え方）が，発達的に変化して表れるということであり，それは道徳的にプラスの価値を持つ二つの価値の間における価値葛藤状態の中で，どちらかを選択させるか，どのように判断するか，という行為と理由づけを経験することによって高められ，段階的な発達を促すことができると考えた。モラルジレンマ指導は，意図的に道徳的な価値葛藤場面を設定し，

コールバーグの考えた認知能力と役割取得の場面を設定し，他人との意見交換と自己認識の確認作業を通じて道徳性の発達を促す集団指導である。

3　少年院の指導場面において

　少年院の指導場面において，教官が，指導する少年に対して，何気なく使う言葉に「～よく考えて，正しい判断をしよう」ということがある。この言葉を使った教官には，「よく考えた，正しい判断とは，すなわち何であるのか」の一応の答えがあって，目の前の少年を指導していると思われるが，果たして「正しい」という答えはどうして導き出せたのであろうか。それは，彼が（彼女が）教官になるまでに成長・発達を通じて獲得したものにほかならない。では，その正しい答えに絶対の自信はあるだろうか？

　例えば，こんな場面では，どう判断すればよいのだろうか？

　「お父さん，痛いよー！」痛み止めが切れる頃になると，悲痛な叫び声が病室に響きわたります。ある国，ある時代，ある町に，病気で死にそうな子どもがいました。医者は，救うためには，唯一，最近開発された新薬があるといいます。その薬は偶然にその町で開発されていました。開発には200万円もかからなかったといわれていましたが，薬を投薬するには2,000万円必要だといわれました。今にも死にかかっている子どもをだれよりも愛している父親のAさんは，投薬に必要な金を借りようと，知人を何人も訪ねましたが，必要な金の半分しか借りることができませんでした。そこでAさんは薬を開発した人に，子どもが死にかけているので，薬を安く売ってくれるか，後払いにしてくれるよう頼みましたが，薬を作った人は，薬は金をもうけるために作っているので，個人に売ることはできない，と言いました。困りはて思いつめた，Aさんはその夜，薬屋に忍び込みその薬を盗みました。

　Aさんは，薬を盗むべきだったのでしょうか。なぜ，そうすべきだったのですか。

（ハインツのジレンマ，コールバーグ（1969）をアレンジ）

これは，原案に少し加筆修正してあるが，モラルジレンマ指導において，道徳性の発達段階を測定する際に使われる「ハインツのジレンマ」というモラルジレンマ教材である。

　少年院の教官としての答えには，「盗むべき」という答えは有り得ない。盗む行為は法律に違反し，処罰されるべき行為であり，少年院の教官は，そういった犯罪（非行）を犯した少年の改善更生に携わっているから，自ずと答えは決まってくる（これを「クローズドエンドの指導」という。）。しかし，それが「絶対的な正義」と言い切れるだろうか？　心の片隅で，なんとなく同情するような感情を抱かないだろうか。もし，あなたが少年院の教官という立場でなければ，時代・国・制度・法律などが異なれば，盗むのも止むを得なかった，といった答えを導き出したかもしれない。

4　モラルジレンマ指導の特徴

　では，なぜそのような感情が湧いてくるのであろうか。心のどこかに引っかかるような，なんとなくすっきりしないこの感情の葛藤こそが，モラルジレンマなのである。そして，このジレンマが生じた理由は，この教材には遵法という価値観と共に，生命の尊重という異なった価値観があるからである。

　生命尊重の精神は，生きることの尊さを確信し，命というものを，かけがえのない存在として，生きとし生けるものに対し無条件に認め合うことであって，そこから，人格の尊重，人権の確立，人間愛といったものが育まれてくる。そして，何ものにも代えがたい命を守るためには，薬を手に入れ投与することにも一定の価値が存在しているからだが，同時に法治社会における約束事としての，遵法（ここでは，盗みをしてはいけない）という価値が，目の前の状況と行動の判断の前にジレンマを生じてさせている。

　モラルジレンマ指導は，このような道徳的な異なる複数の価値判断場面（ジレンマ）に直面し，その時どのように判断するか，なぜ，そう考えたか，ほかの人はどう考えたか，を複合的に考えさせることで，道徳的な水準を発達させようとする働きかけであり，その判断と理由づけに着目するため，必ずしも「正解」と

言い切れる答えがない点に,特徴がある(これを「オープンエンドの指導」という。)。さらに,答えが,たとえ同じ行為(判断)を選択していても,なぜ,そう思ったか,それが正しいのか,なぜ良いことなのか,といった判断の理由によって,「道徳性の発達の水準」の異なり具合を分析する(後述,「価値分析表」参照)。

5　モラルジレンマ指導の実践

モラルジレンマ指導は,モラルジレンマ教材を用いた実際のグループディスカッション指導を中心とした,直接的な働きかけの効果と,その指導の際に観察される,生徒一人一人の判断について,道徳性の発達を確認するという効果がある。

(1)　モラルジレンマ教材

　ア　教材選定の留意点

モラルジレンマの教材は,生徒の発達段階に応じたさまざまな教材が開発されており,必ずしもオリジナル教材である必要はない。しかし,既製の教材を選定する場合においては,指導対象とすべき少年の状態に応じた,教材を選定する必要がある。

少年院の収容少年は,実年齢では14歳以上であるから,中学生版や高校生版でなければならないというのは早計である。なぜなら,モラルジレンマ教材は,対象者の学力・道徳性について,一般的な学年(学齢)による健全で正常な成長発達を前提としているので,学年が上がれば当然教材の内容も,高度な難しいものとなる。モラルジレンマ指導は,教材に書かれている物語を読むところから始まるが,物語の内容だけでなく,使用されている漢字や文章表現,そして,教材のメインテーマといったものは,当然それぞれ学年に比例して難しくなる。そのため,少年院の実践においては,今,現在の対象少年の実年齢で教材を選定するのではなく,基礎学力面(漢字力,文章表現力,理解力など)に相応する学齢期の教材を使用すべきである。

イ　オリジナル教材を作成する場合の要件

　モラルジレンマ指導が軌道に乗り出すと，少年個々の指導目標に即し既製の教材からもう一歩踏み込んだオリジナル教材が必要となることもある。

　ガルブレイスとジョーンズ（Galbraith, R. E. & Jhones, T. M. 1976）は，次の三つの要件を備えた物語が，良いモラルジレンマ資料であるとしている[1]。

---

① 主人公が本当に葛藤に陥り，悩んでいる。
② 考慮すべき多くの道徳的な論点，または価値（issues）を含んでいる。
③ 問題に対して適切と思われる行為について，子どもの間で意見の違いが認められる。

　ベイヤー（Beyer, B. K, 1976）は，ジレンマの性質を分析し，次の四つの基準を示している[2]。

---

① できるだけ単純である。登場人物を2，3人とし，状況がすぐのみこめるようにする。場面が複雑だと事実を知ることに時間を要し，道徳的推論の展開を妨げる。ジレンマ教材は，取るべき行動の理由について討議させるためのものである。
② オープンエンドである。ジレンマにはこれが唯一の正しい答であるということがなく，いく通りかの解決策が考えられ，しかもそれぞれ正当とみなせる理由や論証がある。したがって，すぐ結論の出るもの，明確な回答がすぐ予想されるものは道徳的思考の深化にいたらないからよくない。
③ 道徳的な意味について二つ以上の論点が含まれている。ジレンマ資料には，法律とか良心とか愛情という道徳的な価値についての論点や，道徳的葛藤が二つ以上含まれているのがよい。
④ 「主人公は何をすべきか」というように，すべき（当為：should）を用いて，主人公のとるべき行為を意思決定させる。つまり，どうすることが「正

しいか」または「よいことか」を子どもに考えさせ，決定させる内容のものである。

　日本におけるモラルジレンマ指導の先駆者でもある荒木紀幸も，オリジナル教材作成の要件（抜粋）を以下のとおり整理している[3]。

① 状況はできるだけ簡潔にすること
② 「中心人物はどうすべきか」というように，中心人物の取るべき行動を意思決定させること
③ 現実の特定個人を傷つけたり，攻撃する場面や状況を設定しないこと。特に，登場人物の姓名や人物像について，細心の注意をはらうこと
④ 学級の実態をおさえ，学級の中の個々の児童・生徒の必要感に見合ったジレンマにすること
⑤ 比較的単純な構造のジレンマ（一つの価値についての当為をめぐる葛藤〜タイプⅠ）の教材と複雑な構造のジレンマ（二つ以上の価値の間で生じる当為をめぐる葛藤〜タイプⅡ）を扱うこと
⑥ タイプⅡの場合，内容が中心価値の二者択一的な葛藤とならないこと。つまり，一方の選択を決めても，他方の価値が無視されてしまわないようにすること
⑦ 表面的な葛藤とならないために，対立する中心価値の判断・理由づけがそれぞれ低次から高次のレベルまで広く表れる内容であること
⑧ ジレンマの内容は，オープンエンドであること

(2) モラルジレンマ指導（授業）の構成
　ア　モラルジレンマ指導は2時間（単位時間）が基本
　　わが国における学校教育現場による多くの実践経験から，以下の理由により，小学校低学年を除き，授業の基本は「2時間扱いの構成」が一般化している。

少年院における実践を検討した場合においても，この構成は教育課程編成上も，さほど困難なことではないと思われる。2時間扱いの指導は，連続であっても，数日間をおいてもかまわないが，あまりに間隔が開いてしまうと，教材に対する興味が萎えてしまうこともあり，できるだけ近い間隔で連続している方が好ましいと思われる。少年院の日課の中では，例えば，1時間目を日中の日課時間に配列し，2時間目を夜間の集会指導の時間に行う，といったことも可能であり，このあたりは学校教育における実践（例えば，来週の同じ道徳の時間といった週単位のカリキュラム編成）よりも，むしろ夜間の集会活動が日課として根づいている施設においては，カリキュラム編成上は，好都合であろう。

① 少年間の状況把握の差異をなくす。
　モラルジレンマ指導は，他人との意見交換（ディスカッション）が重要なので，授業に参加する一人一人が，ジレンマ教材に対する自分の考えを持つことが出発点となる。そのため，すべての少年が正確に自分の考えを持つことができるよう，資料の状況把握に十分な時間をかける必要がある。
② 自分の考えを持って授業に参加させる。
　ディスカッションでは，少年が自分の考え（判断と理由）を表明する必要がある。少年院における指導では，少年は真に自分の意見を言えているかどうかといったことを押えておくことは，別の意味においても重要で，本旨のモラルジレンマ指導とは別に，少年の日頃の発言内容や思考傾向と，生活調査（ソシオメトリーリック・テスト，ゲス・フー・テストなど）の結果等を比較検討しておくことも必要である。
③ ディスカッションに十分な時間を用意する。
　モラルジレンマ指導の目的は，ディスカッションによって他人の意見と自分の意見とを比較しながら，少年の道徳的な思考の発達を促すことであるので，ディスカッションには十分な時間を確保する必要がある。そして，ここで特に留意しなければならないのは，ディスカッションはディベートのよう

に相手を言い負かせるのが目的ではなく，あくまでも多くの人の「判断と理由づけ」の意見を聞き，良い意見を取り入れ，もう一度考え直す場面である，ということを指導者も常に心にとどめておく必要がある。

④ 指導者は，2時間目の準備を行う。

1時間目と2時間目の間に，指導者はディスカッションを効果的に進めるための準備を行う。1時間目に出された最初の判断・理由づけを整理し，2時間目を効果的に進行させるために使用する教具（意見カード「判断理由づけカード」や黒板等に表示する意見カードのまとめなど）を作成したり，ディスカッションで論点となりそうな点をあらかじめ考えたり，少年の道徳的な思考を促すための発問を用意したり，などを準備しておく[4]。

イ　2時間の授業構成（案）

	ねらい	指導過程	内容・方法
1時間目の授業	状況把握を的確に行い，少年間のずれをなくす。	① ジレンマ教材の読込み ② 主人公の葛藤状況の共通理解と，道徳的葛藤の明確化 10〜35分	少年の反応を見ながら，指導者が読む方法と，少年に輪読させる方法のいずれでもよい。内容によっては，資料の適当なところで中断し，解説を加えたり，また，少年の生活経験と結びつけた発問をしたりして，そこまでの内容について発言させるなどにより，ジレンマ教材の状況理解を促す。 例）ハインツのジレンマの場合であれば ・登場人物はだれですか。 ・病気の様子はどうなんでしょう。 ・医者はなんと言っていますか。 また，ジレンマ内容が的確にとらえられるように，OHP，スライド，VTR，絵などを活用してもよい。
	第一次判断	③ 第一次の判断と理由づけをする。 10〜25分	主人公の葛藤の内容を発言させ，整理しながら，主人公の行為について賛成・反対（又はどうすべきだったか）を考えさせる。 授業のまとめとして，意見カード（図1），判断・理由づけカード（図2）を作成させる。

※　少年院の指導場面において，特に留意する点
　実際の少年院の指導場面において，ジレンマ教材の内容理解を深めようとしてこれまでの生活経験を結びつけた発問を促すと，不良文化を背景とした話に飛び火したりして，およそ道徳的とは思えない話に展開してしまう危険性があるので，教材の読込みには十分留意する必要がある。指導者は，参加少年のプロフィールを十分に理解しておくことは重要である。例えば，普通一般的には当たり前と思われるような家族構成，家族間の信頼関係，対教師関係等といった生活経験が，同年代の非行のない少年とは，異なっていることが多い。

　図1　意見カード(1)（第一次判断）

```
意見カード（1）
　　題目「高価な薬」
　　　　　月　　日　　　氏名
　Aさんは薬を盗むべきだったのでしょうか？
　　□　賛成
　　□　反対
　　□　わからない（迷っている）
　そう考えた理由は何ですか。
　＿＿＿＿＿＿＿＿＿＿＿＿＿＿＿＿＿＿
　＿＿＿＿＿＿＿＿＿＿＿＿＿＿＿＿＿＿
　＿＿＿＿＿＿＿＿＿＿＿＿＿＿＿＿＿＿
```

※　1時間目のまとめに「意見カード」を作成させ，主人公はどうすべきであったかについて，賛成，反対（題目によっては，○○すべきだった，××すべきだったという対立するジレンマ内容），自分の意見（コメント）をまとめさせる。
　留意すべきこととして，自分の意見ではあるが，「自分が主人公だったら」ではなく，「物語の中の主人公（の立場で）は，どうすべきか」を考えさせること（役割取得）にある。
　このように，自己の考えや期待と矛盾する他者の視点を意図的に取り入れ，それらを統合して解決を図る「役割取得能力の発達や個人差を考慮）」を個人の思考過程に組み込むことが重要である[3]。

図2　意見カード(2)（判断理由づけのカードである。図1のカードの裏面に印刷してもよい。）

意見カード（2）

題目「高価な薬」

　　　月　　日　　　氏名　　　　　　　

Aさんは薬を盗むべきだったのでしょうか？

　1時間目のみんなの考えのまとめ

賛　成

理由	○×	意見や質問
子どもの命はお金では買えない		
親なら当たり前の行動		
薬屋が悪い		

反　対

理由	○×	意見や質問
人のものを盗むことは悪いこと		
病気は治るとは限らない		
僕が子どもだったらいやだ		

※　2時間目のディスカッションに入る前に，「意見カード」の内容を元に，「判断理由づけカード」を用いて，賛成，反対（題目によっては，○○すべきだった，××すべきだったという対立するジレンマ内容）それぞれの代表的な意見に対しての自分の意見（コメント）をまとめさせる。

授業構成（案）（251頁のつづき）

	ねらい	指導過程	内容・方法
2時間目の授業	主人公の葛藤状況を思い起こし，問題を焦点化してとらえる。	① ジレンマ教材もう一度読込む ② 意見カードを返却する。 5〜10分	一時間目に葛藤状況の理解，論点の把握を行っているが，資料をもう一度読み，返却された意見カードを見ながらそれらを再認識し，討論への動機づけとする。
	全体の判断と理由づけを知る。	③ 一時間目の判断の人数分布を知らせる。 5分	板書や意見カードから選んだ代表的な意見の札を掲示しながら，全体の判断のダイジェストを行う。 他少年の理由づけを見ながら（聴きながら）自分の意見との類似点・相違点を確認させる。
	他少年の理由づけに対する賛成意見，反対意見，質問を考える。	④ 判断理由づけカードを作成させる。 5〜10分	時間をとり，他少年と自分の考え方の相違点を明確に把握させる。
	他少年の理由づけに対して，意見，質問を発表する。	⑤ 自由なディスカッション 10〜15分	各自の判断理由づけカードへの書き込みをもとに，自由に発表させる。
	焦点化された論点について討論する。	⑥ 意見の整理 10〜15分	発表の様子を見ながら，徐々に論点を整理し，適宜整理し提示する。
	第二次判断	⑦ 最終判断と理由づけをする。 5分	第一次の判断にとらわれないで，ディスカッション，討論を通じて自由に判断，理由づけをさせる。

図3　意見カード(3)（最終判断，授業感想）

```
意見カード（3）
    題目「高価な薬」
            月   日      氏名
  Aさんは薬を盗むべきだったのでしょうか？
    □  賛　成
    □  反　対
    □  わからない（迷っている）
  そう考えた理由は何ですか。
  ＿＿＿＿＿＿＿＿＿＿＿＿＿＿＿＿＿＿＿
  ＿＿＿＿＿＿＿＿＿＿＿＿＿＿＿＿＿＿＿
  ＿＿＿＿＿＿＿＿＿＿＿＿＿＿＿＿＿＿＿

  授業の感想・その他（気づいた点があれば自由に書いて
                    下さい。）
  ＿＿＿＿＿＿＿＿＿＿＿＿＿＿＿＿＿＿＿
  ＿＿＿＿＿＿＿＿＿＿＿＿＿＿＿＿＿＿＿
  ＿＿＿＿＿＿＿＿＿＿＿＿＿＿＿＿＿＿＿
```

ウ　指導効果（評価）

(ア)　ダイナミックな直接的効果

　　モラルジレンマ指導は，指導過程そのものが，グループディスカッションを軸に展開されるため，意見カード作成，ディスカッション，討論を通じて，

① 　少年個々に，主体的な判断を促す

② 　人の気持ちや物事を多面的にとらえる

③ 　ジレンマ資料における主人公，主人公の判断に関わる他者（例えば，病気の子ども，医者，薬屋，背景にある社会の諸制度など）の立場に立っ

て考える（役割取得）

④ 自己とは異なる意見やものの見方（価値観）を理解する

といったダイナミックな効果が期待できる。

(イ) 価値分析評価

指導過程で作成させた意見カードの内容（判断・理由づけ），第一次と第二次の判断の変化や表現方法の変化を整理し，少年個々の道徳性の発達段階について，コールバーグの道徳性発達段階に照らして分析を試みる。

価値分析表　　判断・理由づけの意見の内容と道徳性の発達段階の分析指針[5]

Aさんの行為に賛成	Aさんの行為に反対
段階1　他律的な道徳性	
・命は大切だから。 ・売らなかった薬屋が悪いから。 ・息子を救うためには仕方がない。	・警察に捕まるから。 ・法律は守らないといけないから。 ・盗みはいけないことだから。
段階2　個人主義，道具的な道徳性	
・人の命はお金より大切だから。 ・もし命が助かったとしたら，息子は喜んでくれる。	・田中さんは警察に捕まり，当分息子と会えなくなるから。 ・薬を盗んでもそれで息子が助からなかったら意味がないから。 ・田中さんが警察に捕まったら，家族は生活に困ることになる
段階3　対人的規範の道徳性	
・親として，自分のことより息子の命を優先するのは当然だ。 ・人間の命は，薬屋の欲，お金，薬，あるいは，法律に従うことよりも大切なものである。	・親が盗みを働いたことを知ったら，息子は悲しむ（喜ばない）から。 ・薬屋は薬を開発するのに一生懸命働いたのだし，それを売って利益を得る権利がある。
段階4　社会システムの道徳性	
・生命を尊重することは，法律上で最も重要なことであるから。	・同じような状況でみんながそうしたら社会の秩序は保てない。

・薬屋の発見は，もっと社会の人間愛のために使われるべきである。薬屋は自分の利益のためだけに使おうとしているのだから盗むべきである。	・薬屋には，自分の開発した薬を自由に使う権利がある。それは法律によって守られ，Aさんはそれを犯すことはできない。
段階5　社会的契約，法律尊重，および個人の権利志向	
・人の命を救おうとした時，盗みを犯さなければならない社会は，それ自体，不公平な社会と言わざるを得ない。この場合，盗みは動機において人間愛に満ちた道徳的行為である。	・法は人が守ることを前提として作られた約束ごと，契約であり，個人の権利を守るためにも必要な生活の規範であるから盗むべきではない。

6　まとめ　～　矯正教育におけるモラルジレンマ指導とは

　モラルジレンマ指導は，道徳性の発達を促す心の訓練であり，従来のモデル価値観の提示（徳目）による道徳教育とは根本的に異なる指導方法である。コールバーグによる道徳性の発達とは，道徳的な判断や推論，道徳的な認識（公正：Fainess，正義：Justice の見方，考え方）が変化することであるという。

　モラルジレンマ指導の根幹にある「役割取得能力」についての詳述は，字数の都合上割愛したが，「自分の考えや気持ちと同等に他者の立場に立って，その人の考えや気持ちを推し量り，それを受け入れ，調節し，対人交渉に生かす能力」であり，知的にいくら優れていても，他者に対する関心や他者を尊重するという役割取得能力の発達がなければ，道徳性の発達は期待できない。また，今日の新たな課題でもある，被害者の視点を取り入れた教育においても，相手の立場に立って考える力が求められる。

　これまでの矯正教育において，少年院の教官は常に「正しい答え」を用意して処遇にあたってきた。しかし，少年の仮退院後の生活場面では，少年院の教官の示す物差しはなく，少年自身が「自らの物差し＝道徳性」を使って答えを導き，行動しなければならない。困難（ジレンマ）に直面しても逃げずに対処していける生きた力を身に付けさせなければならない。

道徳性の発達を促すということは，矯正教育を含むすべての教育活動の土台を固めることであり，それは他律から自律へ段階的に取り組まれる少年院の教育の根幹部分でもある。道徳性という心の土台の発達を，少年の発達段階に応じて促し，確かな価値観を獲得させていくことが，本書に紹介されている少年院における諸活動をより効果的に展開するためには不可欠であると思料する。

引用文献・参考文献

(1) Galbraith, R. E. & Jhones, T. M. 1976 *Moral reasoning: a teaching handbook for adapting Kohlberg to the classroom*. Minneapolis: Greenhaven Press.（収録　荒木紀幸編「続　道徳教育はこうすればおもしろい」北大路書房（2000.11）なお，本書には，「道徳教育はこうすればおもしろい」北大路書房（1988.8／2000.6）がある。）

(2) Beyer, B. K. 1976 Conducting moral discussion in the classroom, April. *Social Education*, 194-202.（収録　前掲書）

(3) 荒木紀幸編『モラルジレンマによる討論の授業（中学校編）』明治図書2002
　　（収録執筆者：松尾廣文「モラルジレンマ教材作成法・中学校」堀田泰永「モラルジレンマの授業構成法」；鈴木憲「中学校三年生の実践『田中さんのジレンマ』；宮本史郎「少年院におけるモラルジレンマ指導」

(4) 堀田泰永「モラルジレンマの授業構成法」から抜粋引用（収録　前掲書）

(5) 鈴木　憲「中学校三年生の実践『田中さんのジレンマ』から抜粋，一部修正（収録　前掲書）

(6) 佐野安仁，吉田謙二編「コールバーグ理論の基底」世界思想社　1993.9／2002.12

(7) 宮本史郎『モラルジレンマ授業による道徳性の発達』「刑政　第109巻第6号」1998

> グループで力をつける

行事におけるプロセス学習
その1　運動会

横　澤　宗　彦

(法務省大臣官房秘書課)

1　はじめに

　各少年院においては，教育課程の評価，処遇効果の検証やその改善に資することを等を目的として，出院時アンケートを実施しているが，瀬戸少年院のアンケート（平成11年度）では，「少年院生活でうれしかった（楽しかった）ことはなんですか」という質問に対する回答（自由記述式）では「行事」が最上位であり，このことについて，「行事が1位になっているのは，非日常的活動によって日ごろのストレスを発散することができることや，これまでの生活の成果を発揮でき，喜びを味わうことができるためと思われる」との考察がなされている。また，市原学園のアンケート（平成10年度）では，「教育内容について，どのような点がためになりましたか」という質問に対して，「行事については，一番多い意見が取組姿勢を学んだということであり，純粋に行事を楽しんだという意見を圧倒している。当園における行事の位置付けがその過程を重視して少年に指導している結果であると推察される」との報告がなされている。

　少年院の教育活動は，それぞれの少年院が各指導領域ごとに作成する「年間指導計画表」に基づいて実施されるが，前述の報告にみられる行事等は，計画表を構成する柱の一つとなっているものである。また，少年院の行事は，指導領域やその規模により企画から実施に至る一連のプロセスの在り方は異なるが，一般的

に多くの時間をその諸準備に要するもので，少年院において重要な位置を占める教育活動ということができよう。それだけに，各種行事の実施に当たっては，関係職員による意識化された取組みが求められる。

　本稿では，少年院の矯正教育における行事について，その切り口として運動会を据え，その特質を踏まえつつ，実施上の留意事項等を中心に考えてみたい。

2　意　義

(1)　少年院及び学校における行事のなかでの運動会の位置付け

　ア　少年院における行事（運動会）の位置付け

　　(ｱ)　現行法令上の位置付け

　　　　少年院における行事（運動会）については，「少年院における教育課程の編成，実施及び評価の基準について（通達）」により，教育目標を達成するために在院者に取り組ませるべき教育内容を「生活指導領域」，「職業補導領域」，「教科教育領域」，「保健・体育領域」及び「特別活動領域」の五つに分けられた指導領域の一つである「特別活動領域」の教育内容に該当する。この「特別活動領域」は，「在院者に共通する一般的な教育上の必要性により，主として集団で行われる他の領域に含まれない領域」と規定されている。

　　(ｲ)　「特別活動領域」の指導細目としての「行事」

　　　　「特別活動領域」は，「自主的活動」，「院外教育活動」，「クラブ活動」，「レクリエーション」及び「行事」の五つの指導細目に分類され，このうち「行事」の教育内容は，「少年院全体又は教育課程の各期別に行う儀式的，学芸的，体育的，保健・安全的及び勤労生産的行事」と整理されている。

　イ　少年院における行事（運動会）の実施状況

　　(ｱ)　少年院における行事（運動会）の歴史

　　　　最も古い歴史のある多摩，浪速少年院の記録である『多摩少年院五十年史』及び『浪速少年院の教養　第一号』によれば，少年院における行事（運動会）は，少年院の開設とともに，訓練や情操教育の教育の内容，方法と

して実施され，行事の種目についての変遷はあるにせよ，現在まで連綿と引き続いて実施されている。
(イ) 近時における行事（運動会）の実施状況
　それでは，近時における少年院の行事，その中でも運動会の実施状況について見てみたい。

表1　行事（運動会）の実施状況　　　　　　　　　　（単位：回）

区分 年次	運動会の実施状況			未実施施設総数 （　）内は，短期施設の数	教育行事の総実施回数（運動会を含む。）
	平日開催	休日開催	計		
12年	32	13	45	8（5）庁	4,935
13年	32	15	47	9（6）庁	5,191
14年	34	13	47	8（5）庁	4,502

（注）　法務省矯正局「教育実施状況報告集計」（教育行事実施状況）による。

　以上のとおり，少年院における教育行事のうち運動会については，短期処遇の少年院を中心に実施していない施設が数庁見られるものの，8割以上の施設で実施されている。
ウ　学校教育（中学校）における行事（運動会）の位置付け
　(ア)　現行学習指導要領における位置付け
　　中学校の教育活動は，現行の「中学校学習指導要領」では，「各教科」，「道徳」及び「特別活動」により構成されており，学校行事は「特別活動」を構成する三つの柱（学級活動，生徒会活動，学校行事）の一つとして位置付けられており，「学校又は学年を単位として，学校生活に秩序と変化を与え，集団への所属感を深め，学校生活の充実と発展に資する体験的な活動を行う」ものと定義されている。この学校行事は，さらに，「儀式的行事」，「学芸的行事」，「健康安全・体育的行事」，「旅行・集団宿泊的行事」

及び「勤労生産・奉仕的行事」の五つの類型に分類されている。
　(イ)　学校行事（運動会）の歴史
　　　学校行事（運動会）の歴史は古く，明治20年代から30年代にかけての時期に，広く行われるようになり，その後，学校の代表的な行事として定着している。
　　　戦後における学校行事は，これを含む教科外活動の教育的意義をとらえ直し，それを教育課程の中に位置付け，指導の方法原理を明らかにするということを内容とした，学習指導要領上の位置付けの変化がみられるものの，学校教育の一領域として継続され今日に至っている。
(2)　少年院における運動会の意義と特質
　ア　少年院における行事（運動会）の意義
　　(ア)　特別活動領域の特性
　　　運動会を含む行事は特別活動領域の細目であるが，教育課程を構成する他の指導領域との関係において，特別活動領域の特性として次のものが挙げられる。
　　　A　指導者の段階的な指導のもとで「協働」生活を体験させることで，在院者の主体性，自主性を養い，責任感を醸成することを意図した意図的，計画的な教育活動であること
　　　B　在院者の日常生活に直結し，在院者自らの創意により在院者自身の生活向上を図らせようという創造的な教育活動であること
　　　C　生活指導，職業補導，教科教育及び体育といった指導領域との関連のもと，これら指導領域を補完し，かつ，反射的な効果を有する教育上の一般的な必要性を重視した教育活動であること
　　　D　寮集団における活動を基本とし，さらに，これから離れて随時各種の集団を編成し，高次の集団活動への発展を意図する機能的，応用的な教育活動であること
　　　E　院内生活の社会化をねらい，さらに，施設外での指導を含む社会的な教育活動であること

少年院の特別活動が目標とするところは，学校教育のそれと大きく変わるものではなく，各少年院においては，集団活動の体験を通して，責任をもって目標到達に努力する主体性を培い，望ましい人間関係を保つことができる情操を豊かにさせ，社会性を発達させることを中心として，施設の諸条件に合わせて設定されている。

(イ) 少年院における行事の意義

少年院における行事は，生活に有意義な変化や折り目をつけ，清新な気分を味わわせることによって，情操・情緒の安定と発展を図る上で重要な役割を担っている。前述したとおり，行事は教育課程を構成する五つの指導領域のうち特別活動領域における細目であり，その教育内容は少年院全体又は教育課程の各期別に行う儀式的，学芸的，体育的，保健・安全的及び勤労生産的行事とされている。各行事の内容とねらいは，表2のとおりである。

表2　少年院における行事の区分等

行事の区分	行事のねらい	行事の具体例
儀式的行事	生活に望ましい秩序と変化を与えて生活の節目となり，厳粛で清新な気分を味わうとともに，集団への所属感を深めるような教育活動	朝礼，進級式，始・終業式，成人式，卒業証書授与式，観桜会，母の日の集い等
学芸的行事	日常の各教育活動における学習や経験を総合的に発揮させその向上・発展を図る教育活動	意見発表会，文化祭，読書感想文発表会，写生会等
体育的行事	各寮を基本とした集団意識，更に在院者及び職員を総合した全院的な一体感，協調心を図る教育活動	運動会，水泳大会，バレーボール大会，スキー大会，盆踊り大会等
保健・安全的行事	心身の健全な発達や健康の保持増進などについての理解を深め，安全な行動や規律ある集団行動の体得などを図る教育活動	体力測定，交通安全教室，避難訓練等

| 勤労生産的行事 | 勤労の尊さや意義を理解し，働くことや創造することの喜びを体得し，感謝の心を育てる教育活動 | 収穫祭，茶摘会等 |

運動会は，本表のとおり，体育的行事の一つということができる。

イ　少年院における運動会の目的

また，特別活動については，「第二の生活指導」と言われるとおり，運動会を含む行事に関しても（機能概念として）少年院の教育全般に底流する生活指導の機能を色濃く有する教育活動である。

上記「ア−(イ)」においては，運動会を含む行事を，少年院の教育課程上，特別活動領域の細目として整理した。しかし，行事については，そのねらいとするところにより，特別活動領域ではなく，他の指導領域等に分類することもできると思われる。

例えば，運動会については，当該教育活動の実施上のねらいとして，

A　協調性，自主性のかん養（特別活動的要素）
B　通常の訓練（教育活動）の成果の発表（保健・体育的要素）
C　保護者との心的交流の深化（生活指導的要素）

といった複数のものを設定している場合が多い。このことからすると，運動会という教育行事を他の指導領域に分類することも可能ではあるが，本稿では，複数の指導領域から構成された総合的な教育活動ととらえて，特別活動領域に分類している。

運動会をその当日に行うに至るまでの過程のそれぞれにおける練習や準備は，例えば，競走などは体育，応援歌や応援看板製作等の創作活動は芸術（情操），行進は集団行動訓練，各係の分担作業は役割活動といった要素に分解することができ，そして，運動会当日（予行演習を含む。）は，それぞれの要素についてこれまでの成果を結実させる「発表会」の場として位置付けることができる。言い換えれば，運動会は，一つ一つのレンガとしての異なる指導領域の構成要素である練習や準備が積み重なり，その当日に建築物が構築される場ということができるのであり，他の教育活動と密接に関連をもち

ウ 少年院における運動会の特質
　次に，少年院における運動会の特質について考えてみたい。
　㋐ 全施設的な教育活動であること
　　運動会の最も特徴的な性格は，この教育活動が，教育部門の企画・教務のみならず分類担当職員も関与し，加えて庶務課や医務課をも含む，まさに施設を挙げて実施する大掛かりな教育活動であるという点である。これは，運動会という教育活動が以下の２点を含むことによるものである。
　㋑ 保護者，地域社会，関係機関の参加を得る教育活動であること
　　運動会は，多くの施設において，少年の保護者の参加を得て実施しており，参加する保護者と少年による昼食時における集団面会などの企画を，その一環として盛り込むことが多い教育活動である。
　　また，運動会は，施設が所在する地元自治体や町内会といった地域社会の関係者，関係諸機関及び少年院における民間協力者を招待して行われる教育活動である。
　㋒ 外部要因による影響を受けやすい教育活動であること
　　上記のことに加えて，運動会の特質として，外部要因による影響を受けやすい教育活動であるという点が挙げられる。
　　運動会は，屋外で実施する教育活動であるため，雨天，強風等天候に大きく左右される。
　　保護者や来賓が参加しない，施設の関係者に限る運動会であれば，雨天等の悪天候の場合には，体育館における競技大会の実施など代替メニューに切り替える措置を容易に行うことが可能であるが，保護者の参加を得るなど，施設内部における調整のみでは容易に対応できない場合については，綿密な代替措置の準備が要請され，また，天候というコントロールできない外部要因に関して，種々の事態を想定した複数の実施計画案の策定といった対応案の準備や，より綿密な安全管理措置が求められる教育活動である。

ながら，それを統合する教育活動である。

(3) 学校行事の研究から

　以上，少年院における運動会の特質についてまとめてみたが，ここで，これらの特質に関連する学校行事の研究を紹介したい。

　その研究では学校行事を対象にして，形態，機能などについての考察がなされており，学校行事の編成と構造を規定している要素（構造化原理）として，活動の「公開性／非公開性」と「競争性／共同性」に焦点が当てられている。この論考によれば，さまざまな学校行事は，これらの要素をどの程度持っているかによって分類することができるとされ，また，公開性や競争性といった要素は，行事の準備，運営様式，教師の指導方法，活動の編成形態などの構造化に影響を及ぼすとしている。

　具体的には，公開の行事では，その準備のために日常の学校時間がしばしば再編されること，行動様式についての指導が詳細になること，生徒の積極的な参加を確保し，もう一方で，帰属意識や達成感を高めるための種々の配慮がなされていることなどが指摘されている。

　少年院の運動会は関係者等の参加を得て実施するものであり，また，個々の少年や所属寮間で競い合う種目を多く含む行事であり，学校行事と同様に，「公開性」及び「競争性」のいずれの要素も有しているので，少年院における運動会や行事全般に関し，上記研究の視点から分析を行い，行事という教育活動を掘り下げてみることも有効であると思われる。

3　教育内容及び方法

　前述のとおり，行事は，複数の指導領域から構成された総合的な教育活動というとらえ方が可能であり，当該教育活動の準備から実施に至る全過程そのものが教育内容であるということができよう。

　また，運動会を含む行事は，少年院における特別活動領域が，「主として集団で行われる他の領域に含まれない領域」と定義されていることからすれば，「集団で行う活動」がその教育方法であるといえる。

　運動会の実施に当たっては，綿密な計画のもと周到な準備を行い，かつ，参加

する個々の少年が前向きに関与し，目的を達成することができるように，各実施段階での職員の適切な働きかけを必要とする「てま」と「ひま」が掛かる教育活動である。

　加えて，運動会を行うことは，その特質においても述べたとおり，全施設的な教育活動であることから，教育部門内部における少年指導面に加えて，行事を運営するという視点から施設全体を組織化することが必要であり，その組織化の在り方が運動会の成否を大きく左右する。このような意味で，少年院における運動会を含む行事という教育活動は，教育課程固有のことだけには収まりきれないという特性を有していると言えよう。

　よって，以下に指導計画，実践例及び実施上の留意点を述べることとするが，行事（運動会）という教育活動の性質上，少年に対する指導に関する事項に加えて，運営に係る事項についても言及することとしたい。

4　指導計画

(1)　実施要領の策定

　少年の指導に当たっては，運動会の「実施要領」といった標準的な手引きを準備することが有効である。これは，運動会において柱となる事項を抽出してまとめたものであり，当該年度の具体的な実施計画を策定する際の基準となり，関与する職員が運動会という行事の概要を容易に想像できる内容のものとして，表3に示したような事項を盛り込むことが望まれる。

　なお，少年院における運動会の実施状況について，年に1回開催している施設がほとんどであること，また，実施していない施設の多くは短期処遇の少年院であることを紹介したが，運動会のように規模の大きな行事は，実施に至る過程にある練習や準備の段階と，運動会本番との両方を体験させることが有意義であることから，必要に応じて，例えば，内容を変えて春季と秋季の2回開催することなど，行事の全体像を視野に入れつつ，年間の行事計画を設計することが必要である。

表3　運動会実施要領の例

指導目標	1　生活指導領域的要素の目標 2　保健・体育領域的要素の目標 3　特別活動領域的要素の目標
概　　要	1　実施時期（原則として◎月第◎日曜日（年間行事予定により決定）） 2　対象少年（全少年（考査，調査，謹慎等単独寮収容中の者の扱い）） 3　実施内容 　①実施競技種目等の方向性，②対抗戦の方式（寮対抗，紅白対抗の別等），③少年実行委員会の活用方法，④マスゲーム，発表種目の処遇，⑤雨天の場合の措置等
指　導　内　容	
項　　目	内容及び方法
事前準備	1　少年実行委員会関係 2　来賓案内関係 3　保護者関係 4　練習計画関係 　①各競技種目，②全体練習（リハーサル） 5　実施要領関係 　①プログラム関係，②必要物品の請求関係，③必要物品の作成関係
当日の活動 役割等	1　役割分担 　①接遇関係，②渉外関係，③進行関係，④保安関係 2　後片づけ
事後指導	1　感想文指導 2　反省会の実施
評　　価	1　職員反省会 2　職員アンケート 3　評　価

　この実施要領については，当該年度の行事に係る評価に基づき必要な修正を加えることにより，その内容の絶えざる改善を図ることを予定し，改善された実施要領を次回の行事の企画・計画に役立てる必要がある。

(2)　**運動会に至るまでの準備の具体例**

　運動会に至るまでの準備について時系列で例示したものが表4である。本表

は，運動会を企画する担当者が準備を進める際の参考にすることができるように，教育部門を中心において，担当者は体育レクリエーションの企画担当職員，副担当者は実際に少年の指導に当たる体育指導職員であるとしてそれぞれの欄に，そして，備考欄には関係課職員の動き等をまとめたものである。

表4　運動会開催までの準備スケジュールの具体例

時　期	担当者の動き	副担当者の動き	備　考
1年前 （運動会実施直後）	○アンケート取りまとめ ○問題点の洗い出し	○アンケート実施	○庶務関係業務（予算，給養，接遇，配車等）の反省事項洗い出し
3月前	○基本方針案策定・提示 ○推進体制・組織の編成 ○運動会実施に係る起案（注1）	○関係資料の収集 ○少年実行委員会開催 ○少年指導開始	○案内状の起案（案内者の確定を含む。）（注2）
1月前	○各種実施計画作成（注2） ○職員用資料配付	○少年実行委員会開催 ○競技種目用具等確認	○案内状の発送 ○必要物品の調達
1週間前	○準備状況の掌握	○少年指導仕上げ	○来賓等出欠状況把握
3日前	○準備状況の最終確認	○会場整備 ○会場設営	○給養関係最終調整
前　日	○会場設営状況確認 ○用具確認 ○放送機材確認	○会場整備 ○会場設営	○接遇物品確認 ○特食確認
当　日	○出寮関係指示 ○運動会進行状況の把握 ○入寮関係指示 ○会場撤収指示	○進行管理 ○実行委員会少年の掌握	○来賓等接遇

（注1）　運動会実施要領については，「表2　運動会実施要領の例」を参照のこと。
（注2）　運動会実施計画等として作成すべき起案文書の具体例については，以下のとおりである。

○ 運動会実施計画（案）
　　□ 動作時限，□ 職員組織図，□ 職員配置計画，□ 会場配置図，
　　□ 開会式要領，□ 閉会式要領，□ 競技要領，□ 昼食（面会）要領，
　　□ 非常時職員配置計画
○ 運動会準備計画（案）
○ 案内状関係
　　□ 関係機関等来賓案内者一覧，□ 関係機関等来賓案内状文案，
　　□ 保護者案内状文案

(3) 具体的な計画の作成

　この実施要領を核として，各種の具体的な計画を策定することとなるが，行事を円滑，かつ，周到に運営するという観点からは，より詳細な計画を作成する必要がある。計画は，各施設の運動会の規模等によって，更に用意すべきものがある場合や，省略できるものもあるので，施設の実情に照らして準備を進めることとなる。ただし，競技や昼食会等の要領については，関係する職員にできるだけ具体的に周知しておくことが，円滑な行事運営のためには欠かせない点であるので，「漏れ」のないように準備を進める必要があると思われる。

5　実践例

(1) 運動会における少年指導の実際

　ア　自主的活動を通しての運動会への少年の活動

　　「行事」の実施に際しては，「特別活動領域」の指導細目である「自主的活動」を活用している施設が多いと思われる。

　　「自主的活動」とは，在院者の基礎的な生活集団において係を組織して行う自治委員会，役割活動等の自主的・実践的な活動及びその他在院者の自主的な計画に基づく諸活動である。

　　少年院処遇規則第35条では「一級の在院者には，レクリエーション及び学習活動について，自治委員会をつくらせることができる」と規定されており，矯正教育の基礎的集団において，民主的，かつ，公式的な組織化を図り，在

院者の自主性をかん養することをねらいとしている。

運動会などの行事の実施に際しても，個別行事に係る実行委員会等の委員会や，基礎的な生活集団である集団寮内における役割活動として，企画（計画），実施及び実施後の各段階において，少年を関与させる仕組みを設定し，各集団寮における活動から全体「行事」へ発展させるものである。

自主的活動を通しての運動会への少年の活動の例は，表5の例が考えられる。

表5 運動会実行委員会（少年）の活動の例

① 各集団寮における運動会実行委員の活動←（各集団寮等から運動会実行委員の選出）
　○ 運動会実行委員会への参加
　○ 各集団寮における運動会テーマ案の選定
　○ 各集団寮と運動会実行委員会間の連絡調整
　○ 寮別体育における競技種目練習計画の策定，管理
　　（上記の活動については，各集団寮の体レク係との協働も考えられる。）
② 運動会当日の各種役割への参加
　○ 実行委員会における少年の役割の例
　　・ 実行委員長（実行委員のリーダー役として，企画段階では競技種目等の内容の検討及び取りまとめを行う。大会当日の開閉会式では少年の代表として，選手宣誓（少年代表の言葉）等を行う。）
　　・ 副委員長（実行委員長を補佐する。）
　　・ 実行委員（運動会の競技において以下の係を担当する。国旗掲揚・降納係，寮歌斉唱指揮係，スタート係，集合係，ゴール係，用具係，放送係，得点係等）

イ 少年指導上におけるその他の留意事項

運動会における諸活動を役割活動と関連づけることに加えて，運動会の準備から実施後段階までの，少年指導上留意すべき観点や事項は，表6のとおりである。

これは，運動会という行事の時間的な流れに沿って，準備段階，運動会実施段階及び運動会終了後の三つに区分けしてまとめることができる。

表6　少年指導上の留意事項

〈運動会実施前〉
□　競技種目への参加意識をかん養する方策
□　集団寮内の雰囲気を盛り上げる方策
□　施設全体の雰囲気を盛り上げる方策
□　各種競技について練習の在り方
□　運動会練習時から不適応反応を示す少年に対する個別指導の在り方
□　運動会当日の係の仕事についての理解を深めさせる方策
□　他の指導領域と関連させた準備の進め方
□　運動会までの体育の授業（実科別，寮別）の活用方策
□　注意を要する少年の事前掌握の在り方
□　怪我等を防止する観点からの安全指導の在り方
〈運動会実施時（一部計画を含む）〉
□　保護者が参加できない少年についての配慮の在り方
□　競技への保護者，招待者，施設職員の参加の在り方
□　運動会への参加態度が不良な少年への対応の在り方
□　職員，少年の大会時における怪我等への対処の在り方
□　参加できない少年（調査・謹慎の執行中等）の取扱い
□　少年，職員の服装の取扱い（統一性，適切な更新の確保等の観点からの検討）
〈運動会実施後〉
□　運動会の準備から大会当日までの少年の活動についての評価の在り方
□　反省会の在り方
□　次回以降の運動会に少年の意見を反映させる方策

(2)　少年院における運動会運営上の留意事項

　少年院において，運動会を含む行事を運営，実施する上で，留意すべき事項について考えてみたい。行事一般に該当する留意事項から，特に運動会について該当する事項部分のみを抽出することは難しいため，ここでは，行事を運営，実施するに際して，特に留意すべき事項として表7のとおり，まとめてみた。これについても，少年指導の場合と同じように，運動会の時系列に沿って，企画立案（計画）段階，実施段階，実施後段階の三つの時期に区分けして整理している。

表7　行事実施上の留意事項

〈行事実施前：企画立案（計画）段階〉
Ⅰ　全体計画立案上の観点
　　○　招待者の枠組み
　　　⇒　過去の実績の確認。施設側が主体的に適正規模を確保する必要あり
　　○　祝辞依頼の取扱い
　　　⇒　外部の者に祝辞を依頼する場合には，その時期（早期），対応職員に留意
Ⅱ　安全・衛生管理上の観点
Ⅲ　保安上の観点
　　○　口頭以外の連絡手段の吟味
　　　⇒　無線の交信可能エリア，非常ベルの位置確認等の確実な実施
Ⅳ　その他
　　○　運動会実施に先立つ地域社会への連絡
　　　⇒　練習から当日までの間における（大音量による）影響等に係る説明，協力依頼
〈行事実施段階〉
Ⅰ　職員配置上の観点
　　○　通常業務処理に関する事項
　　　⇒　職員配置上の問題（外部機関等との対応関係）
　　○　保安配置等職員の交代に関する事項
　　　⇒　固定保安や単独寮の職員等，配置場所を離れることができない職員に配慮し，昼食・休憩の交代等について，綿密な計画の立案，実施
Ⅱ　競技進行上の観点
　1　実施の諸条件に関する事項
　　○　雨天の影響の排除措置
　　　⇒　大会当日の早い時間から排水・砂まき等の会場の整備（安全措置にもつながる）
　　○　天候の急変への対応
　　　⇒　運動会の計画に当たっては，雨天時の場合等の代替措置を同時に計画するが，特に難しい判断を求められる場面が想定される。一つは，運動会の前日が雨天であり，翌日の実施又は中止の判断を要する場合である。特に，昼食を外部業者に発注する場合は，その判断を相当早い時点で行うことが要請される。もう一つは，運動会を予定どおり開催し，その途中で突然天候が崩れ，競技続行・中止を判断する場面である。多少の雨であれば競技を続行する場合もあるし，通り雨であれば競技を中断し体育館等に一時待避する対応もあり得る。しかし，天候を予想することは難しく，雨天時の競技では，転倒などによる負傷

や落雷，大風等に気を遣う必要がある。このような場合は，「最悪の事態」を想定した，判断の果断性が求められる。
   2　音響設備の事前調整
      ⇒　運動会をはじめとした行事においては，司会進行や効果音等を，放送機器を用いて会場全体に適当な音量で行き届くよう設定することが必要である。各種行事において，事前の点検や調整の不十分さに起因した音響設備の不具合が散見されるが，音響以外の他の準備が整っていても行事そのものを台無しにしてしまう。
   3　進行管理に関する事項
      ⇒　運動会に限らず「行事」の進行（時間）管理については，「競技の盛り上がり」や「競技の準備に必要以上に時間を要した」といったことを理由として，当初の計画における終了時間をいたずらに伸延させることは避けるべきである。この時間の遅れが，「行事」に引き続く，例えば，入浴や夕食以降の日課，夕刻交代すべき職員配置等多くの事柄に影響を及ぼすこととなる。間延びしない凝縮された「行事」となるよう，全体の進行管理について，特に留意する必要がある。ある施設に勤務していた時に，上司から「行事は予定時間を延ばすな。予定より，多少早く終わるくらいがよい」という指導を受けたことを記憶しているが，行事を実施する上で時間管理は大切な点である。
Ⅲ　保安上の観点
   ○　出院者，不審者等に対する保安対応
      ⇒　対応者の明確化，運動会会場周辺を含めた機動的な警備配置
   ○　保護者等参観者とのトラブルに対する対応
Ⅳ　接遇上の観点
   ○　招待者の待機場所，昼食場所の検討（対応者を含む）
      ⇒　複数集団を別々に動かすこととなる場合には，動かす責任者を明確にするとともに，本部と各責任者との連絡を綿密に行う必要がある。特に，行事が始まる前の待機場所，昼食場所，昼食後の休憩場所について，会場との位置関係等を念頭に置きながら，適切に設定する必要がある。特に配慮すべきは，各場所への移動のタイミングであり，関係者の事前の打合せと当日の情報伝達が重要
   ○　掲示の重要性
      ⇒　行事においては，保護者，関係機関招待者及び地域住民の「受付」表示や，「トイレ」，「喫煙場所」，「応援席」などの掲示を行うことが多い。これらの掲示を作成する場合には，少年院に初めて来院した人が施設建物の配置について把握していないことを想定し，保護者や来賓の目線で作成することが大切
Ⅴ　安全・衛生管理上の観点
   ○　緊急事故発生時（怪我等を含む）の連絡体制（救急医療を含む）の確保

```
            ○ 保護者，来賓等の服装，履物への配慮
            ○ 保護者等に準備する食事の手配
              ⇒ 保護者と少年を同一場所で昼食させることについての可否の検討
              ⇒ 施設側の調製能力の検討
              ⇒ 昼食を業者発注する場合の衛生面での問題の解消，納入物品の保管場所の検
                 討
              ⇒ 発注個数を特定することの困難性への対処
       Ⅵ  その他
            ○ 保護者が参加しない少年の取扱い
              ⇒ 更生保護女性会等民間協力者との昼食の検討
            ○ 記録の重要性
              ⇒ デジカメやVTRによる記録は，次回以降の企画や行事の関係者の交代時に
                 役立つので，特定の配置職員による，まとまった記録を取ることに努める
       〈行事実施後〉
       Ⅰ  事後指導上の観点
       Ⅱ  評価の観点
            ○ 計画，実施，教育的効果等についての評価
       Ⅲ  次回実施に対する評価結果の反映の観点
       Ⅳ  その他
            ○ 招待者等に対する礼状の呈出
              ⇒ できるだけ，間をおかず発出することが必要
```

(3) 行事における施設の組織化

　運動会は全施設的な教育活動であることから，教育部門内部における少年指導面に加えて，行事を運営するという視点から施設全体を組織化することが必要であり，その組織化の在り方が運動会の成否を大きく左右する。その運営組織は教育部門を超えて，まさに施設全体で対応することとなるが，運動会に限らず，少年院において規模の大きい全施設的な行事を運営する場合の流れを示すと，図1のとおりとなる。

図1　行事運営（組織化）過程

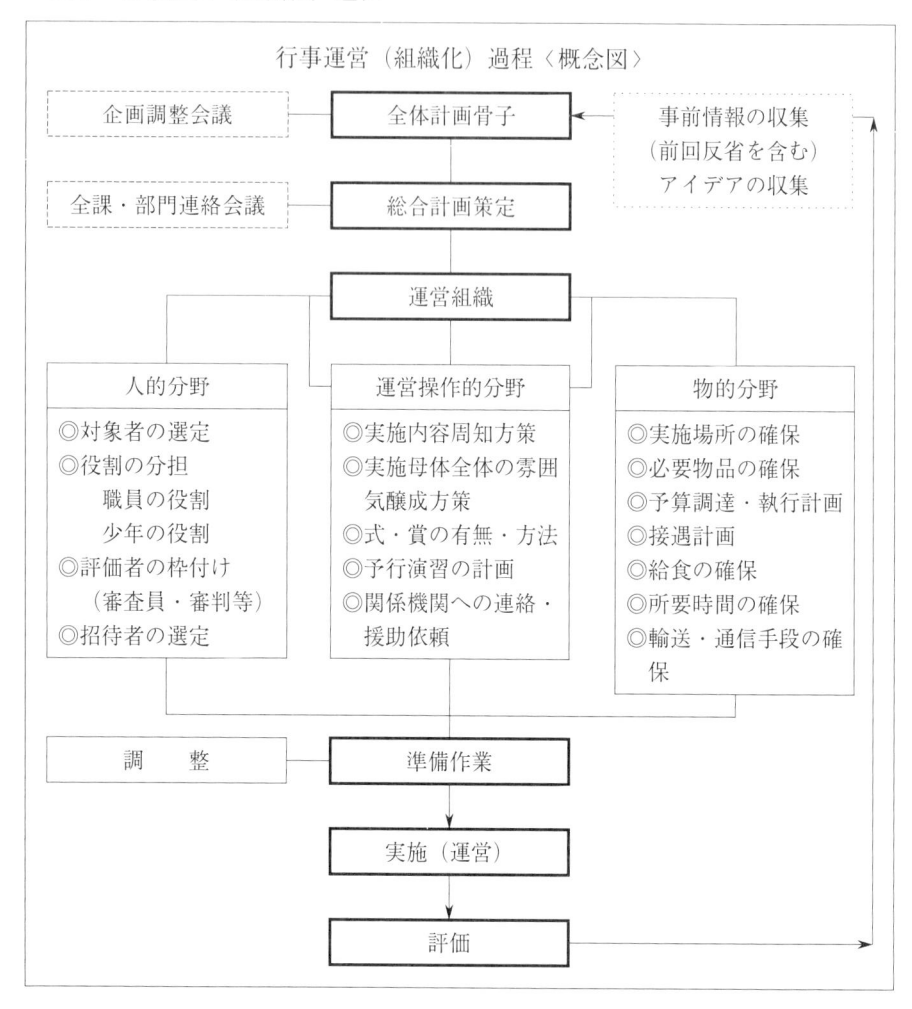

```
行事運営（組織化）過程〈概念図〉

[企画調整会議] ─── [全体計画骨子] ◄─── 事前情報の収集
                                        （前回反省を含む）
                                        アイデアの収集
[全課・部門連絡会議] ─── [総合計画策定]

                    [運営組織]
        ┌──────────────┼──────────────┐
    人的分野          運営操作的分野        物的分野
    ◎対象者の選定    ◎実施内容周知方策    ◎実施場所の確保
    ◎役割の分担      ◎実施母体全体の雰囲   ◎必要物品の確保
      職員の役割       気醸成方策         ◎予算調達・執行計画
      少年の役割      ◎式・賞の有無・方法   ◎接遇計画
    ◎評価者の枠付け   ◎予行演習の計画      ◎給食の確保
     （審査員・審判等） ◎関係機関への連絡・  ◎所要時間の確保
    ◎招待者の選定       援助依頼         ◎輸送・通信手段の確
                                         保

    [調　　整] ─── [準備作業]
                      │
                  [実施（運営）]
                      │
                    [評価]
```

(4) 政策評価の視点

　運動会を含む行事に関し，その在り方等について考える場合には，「企画立案（plan）」→「実施（do）」→「評価（see）」→「企画立案（plan）」という流れで把握することが多い。この捉え方は，国の機関において，平成14年4月

から施行された政策評価制度の考え方に合致する。

　政策評価制度は，政策の不断の見直しや改善につなげることなどを目的とするものであるが，少年院における教育課程の管理に関しても当てはまるものであり，行事の在り方を検討する場合にも有効な考え方である。

　政策評価において特に重要な点は，政策・施策等をマネジメント・サイクルの中に制度化されたシステムとして組み込むことであり，目標に照らして評価の観点をあらかじめ設定し，評価を行った結果を確実に次の計画に反映させ，政策の改善につなげることにある。また，同制度では行政の説明責任の徹底が眼目とされている。少年院においては，これらのポイントを踏まえて，外部に対しても分かりやすく説明することができるようにしておくことも視野に置きつつ，各教育活動の必要性や有効性等について，不断の明確な意味付けと検証を行うことが肝要であると思われる。

6　まとめ

(1)　施設の顔としての行事

　「少年院の運営について（依命通達）」に規定されている「施設の特色化」や，「教育課程通達」に規定されている「処遇課程等ごとの一層の特色化」を進めるためには，各施設の人的及び物的諸条件や地域社会の諸特性等を十分に考慮して教育課程を編成することが必要である。

　特別活動のうち行事に関しては，それぞれの少年院の文化，風土等その施設の特色が反映される教育活動であり，同時に，施設の顔になりうる教育活動であることから，行事をとおして施設の「らしさ」や，伝統を築き上げていくということが大切な視点である。

(2)　行事等の各種教育活動への保護者等の参画

　行事の意義・特質として保護者，地域社会等の参加について言及したが，今後における行事の方向性として，「行事への参加」から「行事の企画・立案への参画」ということが重要である。特に，保護者は矯正教育実施上，少年，教官，教育内容に続く第4の要素であり，保護者参加型教育活動の充実というこ

とから，更に歩を進めて，行事等の企画・立案など教育課程の策定に保護者等の参画を得ていくという視点も必要になってくると思われる。
⑶ 行事の意義の再確認

　教育課程の編成に際しては，行事の持つ少年を育てる力，職員を成長させる力に着目することが肝要であると思われる。特別活動領域，特に行事の大切さは，その行事が大きいものであればあるほど，その全過程を通じて，若手職員の集団指導力向上のための重要な機会となることが多い。また，行事（種目・内容）の精選については，教育効果や地域社会との連携という観点から慎重に検討し，可能な限り大切にすべきものであるとの指摘がなされている。行事の意義を再確認し，教育内容の精選の名目の下に大切なものを見落すことのないように心したい。

⑷ 施設の組織力が問われる行事

　行事，特に運動会の実施は，既述のとおり，その施設の教育部門にとどまらず施設全体の組織力が問われる教育活動である。組織の核はそれぞれの教育活動により異なるものだが，その核を中心に職員の一体感が醸成されねばならない。そして，組織力を維持するためには，組織の目指すべき方向性と，各職員の責任と権限，役割分担が明確に示され，その情報を施設職員が共有化する必要がある。

⑸ ショートカットの戒め

　最近のパーソナルコンピュータにおいては，より簡便な操作性が競われ，自分の目指す作業に容易にたどり着くための「ショートカット」を設定することができるようになっている。これは，煩雑な操作を行うことなく瞬時に目的に到達することができるため便利である。少年院の行事についても，教官が準備を行い少年はその後ろを着いて行く，といったやり方は，少年にとっての「ショートカット」であり，行事の実施に要する時間や労力を縮減することが可能となる。しかし，少年院における行事は，実施に至る一つ一つのプロセス，段取りを少年が着実にこなして行くこと，そのこと自体に教育的な意義があるということができる。まさに，「即効性を求めるファーストな教育方法のみで

は効果を上げ得ない」ということを再確認したい。

(6) おわりに

　本文中の表に掲載した具体例や留意事項は，筆者のこれまでの行事にかかわった経験等から，配慮することが必要と感じた事項を中心として記載したものであり，行事の実施に際して参考にしていただければ幸いである。

参 考 文 献

(1) 小川徇臧『浪速少年院の教養　第1号』浪速少年院　1929
(2) 副島和穂編『多摩少年院五十年史』多摩少年院　1973
(3) 『第35回日本矯正教育学会大会発表論文集』1999
(4) 『第36回日本矯正教育学会大会発表論文集』2000
(5) 矯正協会『矯正実務講座（少年編）』1986
(6) 文部省『中学校学習指導要領』大蔵省印刷局　1998
(7) 平尾靖『非行－補導と矯正教育』有斐閣　1974
(8) 副島和穂『矯正教育概論』有斐閣　1981
(9) 『学校経営評価の実践課題と対応（教職研修増刊号）』教育開発研究所　1996
(10) 山田真紀，藤田英典『学校行事における活動の編成形態』「東京大学大学院教育学研究科紀要　第36巻」1996
(11) 山口満『新版特別活動と人間形成』学文社　2001
(12) 相原次男，新富康央『個性をひらく特別活動』ミネルヴァ書房　2001
(13) 『新学校行事読本（教職研修総合特集）』教育開発研究所　2000
(14) 林和治『少年矯正を巡る課題と展望』「犯罪と非行　第126号」2000

/グループで力をつける

行事におけるプロセス学習
その2　演　劇

松　井　陽　子（矯正研修所大阪支所）
北　村　信　子（青葉女子学園）

1　はじめに

　青葉女子学園では，創立記念日にちなむ学園祭に創作オペレッタを上演しているが，終了後の少年及び職員にはそれぞれに大きな成長が認められる。

　オペレッタ（operetta　伊・英）とは，喜歌劇又は軽喜劇のことで，字義的に言えば「小さなオペラ」のことである。このオペレッタをはじめから創作しようとするのが創作オペレッタである。少年たちは，テーマからイメージを膨らませ，キャスト，合奏，作詞，作曲，脚本，演出，美術，衣装の各役割を担当しながら，全員でこれを創り上げていく。この約1か月半にわたる創作のプロセスの中で認知の変容にもつながるさまざまな気づきがあり，その気づきがまたそれぞれのグループ活動の中で一般化若しくは客観化され，また次の気づきを生み出し，少年たちの思いを表現する創作オペレッタとして完成されていく。その過程は複雑であり，考えと感情が交じり合い，言葉や身体，音楽による表現として整理され，凝集されていくプロセスである。発表の場に向けて全員で協力して良い作品を創り上げ，自分たちの気持ちを伝えたいというという気持ちが大きいほど成功体験による満足感や達成感も大きいものになる。創作オペレッタをともに創り上げている仲間と感動を共有する体験は，岡宏子が言う「芸術的情操の教育－感動する心から表現を生み出し，表現は創造につながるという流れを育てることであり，

また，この一つらなりの心の流れの中で味わわれる，情操という形での世界にかかわるかかわり方を育てることである」と一致するものである。さらに，保護者をはじめとして客席から寄せられる多くの感想や賛辞の言葉は，演じる者と観る者との一体感を生み出し，達成感の醸成に欠かせない要素となる。会場は自己表現による達成感と満足感で一杯の少年と，その思いを共感を持って受け止めてくれる観客とが，その感動を共有する場になる。作家五木寛之は，筆者達が聞いた講演の中で，「演劇はカタルシスである。涙は魂を浄化する。そこに新しいエネルギーが生れる。深い悲しみが生命を高め，人の自然治癒力を高めることにつながる（抄）」と述べていた。

感情を伴う気づきが行動を変容させるのであるならば，観ている者の心の深い部分の感情を揺さぶり，涙を流させるのは，保護者に対する強力な働きかけの場にもなり得ている。少年も観客もともに浄化され，清々しさで満たされる。

この複雑なプロセスを支えているのは，職員集団である。職員もまた少年同様各班に分かれてそれぞれの役割を分担して指導するプロセスの中で，担当する班の成員間の相互作用を促進するファシリテーターとしての役割を果たし，自分自身の集団指導力を向上させている。

また，創作オペレッタは，芸術的情操教育としての演劇を柱としながら，多くの分野と関連している。特に，音楽療法，グループワークとの関連は大きいものがある。本稿ではこれら関連分野も確認しつつ，演劇・音楽という感情を揺さぶる媒体を素材とする創作オペレッタの実践教育を，プロセス学習という視点からまとめたい。

2　目　的

創作オペレッタ制作は，広義には芸術的情操の教育ととらえることができる。では，矯正教育においてこの実践教育が有効である理由は何かということである。昭和62年，青葉女子学園において創作オペレッタの指導が心を育てる総合教育として導入された。その端緒は，当時宮城教育大学助教授（現京都教育大学教授）垣内幸夫の創作オペレッタ制作の講座に音楽担当職員であった筆者北村が研

修に参加したことによる。20年近く経た今日，処遇の個別化の視点が進み，対象少年の非行の背景や特質がより明確に把握されるようになるに伴い，その必要性は一層高くなっているように思われる。

このオペレッタの対象少年は，特修短期処遇，一般短期処遇，長期処遇の女子少年全員である。彼女たちは，非行性も年齢も教育の必要性もそれぞれに異なるが，女子少年という大きな枠組みでとらえれば，自己効力感の乏しさに根ざす不適応感が非行問題行動を引き起こしていると考えられる。粗暴凶悪な非行と総称される恐喝や傷害，強盗事犯の少年が約30パーセントを占めるようにもなった女子少年の非行の背景には，少年の保護者が実父母である者の割合が約30パーセントという数字がある。その裏には約70パーセントの少年の愛情喪失体験があり，また，約50パーセントの少年に見られる被虐体験が自己効力感の希薄さや感情統制の未熟さ，共感性の乏しさなどにつながって，自他への攻撃性を高めているとも考えられる。他者を尊重する態度の育成には自己を肯定的にとらえる力から派生する共感性が育っていなければならない。その共感性を育てるには自己の感情を表現し，それが他者から受け止められるという体験が欠かせないプロセスである。

女子少年の非行とかかわるこれらの特質を考えるとき，創作オペレッタ実践の今日的意義は，人間の成長発達の基礎となる情操，特に自己効力感を獲得させることである。細分化して言えば ①自己表現による気づき（自己の感情の明確化），②感情の浄化，③自己変容を促す気づき，④自己受容と他者からの被受容感の獲得にあると言えるのではないだろうか。

3 教育内容及び方法

当園では，現在，教育課程の生活指導領域の細目に「創作・表現活動」を設け，その具体的内容は，「創作オペレッタ」と「朗読」の二本立てにして取り組んでいる。発表の場は特別活動領域の「行事」であるが，その指導過程（プロセス）が持つ意味合いは，まさに創作・表現による自己理解や自己認知であり，「個別的な問題の改善並びに健全なものの見方，考え方及び行動の仕方の育成を図る」

という生活指導領域の趣旨に合致する。

この「創作オペレッタ」と「朗読」は，ともに個々人の活動と集団の活動の両面を併せ持ち，それらがうまく機能し合って，大きな教育効果を生み出している。特に，創作オペレッタの場合は，単に創作・表現にとどまらず，音楽の視点からは，情操教育・治療的教育に関連し，班活動の視点からは，基本的生活訓練に関連し，体験の視点からは，問題行動指導・基本的生活訓練・保護関係調整指導に関連し，内省の視点からは，問題行動指導・保護関係調整指導に関連する等，その実践の意義が多岐にわたり，互いに影響を及ぼしている。

4 指導計画

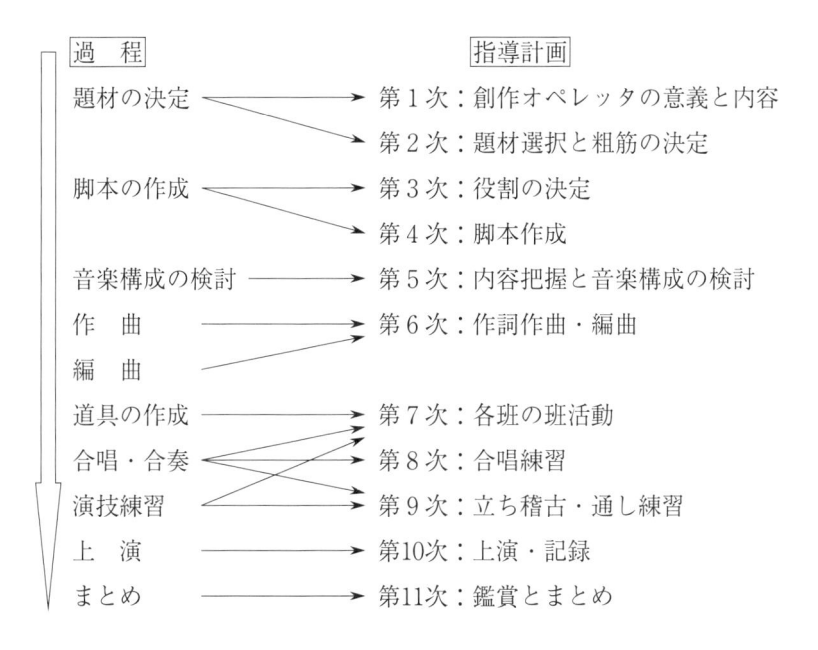

過　程	指導計画
題材の決定	第1次：創作オペレッタの意義と内容
	第2次：題材選択と粗筋の決定
脚本の作成	第3次：役割の決定
	第4次：脚本作成
音楽構成の検討	第5次：内容把握と音楽構成の検討
作　曲	第6次：作詞作曲・編曲
編　曲	
道具の作成	第7次：各班の班活動
合唱・合奏	第8次：合唱練習
演技練習	第9次：立ち稽古・通し練習
上　演	第10次：上演・記録
まとめ	第11次：鑑賞とまとめ

5 創作オペレッタ実践の内容と方法

では，具体的に，創作オペレッタについて，その実践の内容と方法を，製作・指導上のポイント（以下「♪」マークを付する。）に触れながら述べていくこと

とする。
(1) 対象者
在園生全員。一人最低一分野の創作活動に関与する。
♪ 途中で出院する少年であっても，前半の創作活動は可能
♪ 途中から入院した少年は，合唱・合奏班として編入
(2) テーマ設定
指導者が設定する。現実的すぎないもの，音楽を含めてイメージの膨らみやすいもの，少年にとって身近なもの，分かりやすいものであることなどに留意して選択する。また，その時点で収容されている少年たちの資質や特徴などを考えて，問題性に関連づけられるものが作品としてまとまりやすい。
(3) 実践期間と指導形態
約1か月半の予定で実践する。毎年6月上旬の学園祭で上演するために，4月中旬から活動を開始し，脚本作成・作詞・作曲は個別指導，その後，役割ごとに班活動，上演10日前からは全体指導で行う。
(4) 指導内容と方法（1時限＝50分）（資料1：フローチャート　299頁）
ア　第1次：動機づけ（2時限）（資料2：アンケート調査用紙（テーマ「空」の場合）　300頁）
創作オペレッタとは何かを説明し，前回制作作品の上演ビデオを視聴させた後，アンケート調査（以下「アンケート」という。）を実施して，意欲や意識を読みとる。
アンケートの最後に，テーマに沿って自分の非行や問題，未来への展望などを作文に書かせる。
♪ ビデオ視聴時は，部屋の明るさや音量に配慮し，なるべく臨場感あふれる，作品に入り込みやすい環境を設定
♪ アンケートは，選択と自由筆記（単語のみでも可）の2種類とし，難しいというイメージを抱かせないよう留意
イ　第2次：題材選択と粗筋の決定
指導者の作業になる。アンケート結果を集計し，作文の内容を要約し，そ

の結果から共通の問題点をピックアップして粗筋を決定する。その際，どの場面に音楽（歌）を入れるかという音楽構成も決める。
- ♪ アンケートによる意欲の汲み取り
- ♪ 粗筋の基となる作文（複数）の選択後，キャストの性格について3〜5組にグルーピング
- ♪ モチーフになる言葉やイメージの抽出
- ♪ キャスティングと場面ごとの粗筋作成

ウ　第3次：役割決定（1時限）

　粗筋を発表した上で，先に実施したアンケート結果に基づいてキャスト・合奏・作詞・作曲・脚本・演出・美術・衣装の役割（班）を，決定する。本人の希望を優先するが，キャストに関しては作文やアンケートへの記述内容が，題材に採用された少年を指名する。
- ♪ キャスト指名時，他生からの支援が得られるよう配慮し，本人の承諾意思を確認
- ♪ 未知の役割については，指導者のアドバイスがあることを明言し，不安感を除去
- ♪ 役割に不服等問題が生じたら，後で個別に対応するが，あくまで本人の意思を尊重する姿勢で指導

エ　第4次：脚本作成（10時限以上）

　脚本班が場面を手分けして作成する。主に寮内での個別作業になり，進行状況に応じて打ち合わせや修正を行う。
- ♪ 相談すると，かえってまとまらないため，指導者が全体を把握して個別に指導
- ♪ 台詞の言い回し，役柄の性格等の統一

オ　第5次：内容把握と音楽構成の検討（1時限）（資料3：脚　本（テーマ「空」）301頁）

　出来上がった脚本を複写して全員に渡し，読み合わせる。

カ　第6次：作詞・作曲（8時限以上）

作詞は，粗筋や出来上がった脚本を参考に，場面に合ったものを創る。作曲は，その詞を口ずさみ，歌わせたものを指導者が楽譜に書き写す作業で行う。
　　　♪　作詞・作曲とも，既成の楽曲や作品からの転用がないよう指導
　　　♪　楽譜の読み書きができる少年は少ないため，指導者の音楽的素養が必須
キ　第6次：編曲（資料4：楽　譜（テーマ「空」）303頁）
　　指導者が行うが，少年の創った旋律には手を加えず，ハーモニーや伴奏を付けることを目的とする。
　　　♪　全体のモチーフとなる旋律やコード等を意識して編曲
ク　第7次：各班の班活動
　　各役割ごとに分かれて，演技や道具，衣装などの製作をする。
　　　♪　班活動では，自由に意見交換する雰囲気を大切にするが，そこで生じた同意やトラブル等を寮生活へ持ち込まないよう留意
　(ｱ)　キャスト班・演出班（30時限）
　　読み稽古を行いながら，登場人物の性格，心理等を自分なりにつかませ，役作りをする。演出班と共同で，演技や振り付けなどの表現を工夫し，荒立ちを経て立ち稽古へと進む。毎回ミーティングを行い，練習の反省と次回への課題を明らかにさせる。
　　　♪　キャストも重要な演出家（自分で工夫する姿勢）
　　　♪　演出班も重要なキャスト（キャスト不在時は代役）
　(ｲ)　美術班・衣装班（20時間）
　　舞台美術は各自がデザインを出し合ったものを話合って決定し，製作する。衣装はキャストごとに分担を決め，デザインから製作まで行う。
　　　♪　裏方も重要な役割であることの体験
　　　♪　脚本を読んで内容把握した上で，作品に合った道具類の製作
　　　♪　はさみ・針等の器具使用時の安全教育と心情把握
　　　♪　分担作業による責任感とやりがい

(ウ)　合奏班（10時間）

　　美術班・衣装班の活動が終わり次第，そのメンバーが合奏班になる。楽器はミュージックベル・木琴・マリンバ・キーボード等で，主に合唱の伴奏やBGM演奏を担当する。

　　♪　その時々の実態に合わせた楽器編成
　　♪　「その他大勢」という意識の集団になりがちなため，指導者は音楽的素養よりも，集団指導のスキルが必要

ケ　第8次：合唱練習（20時間）

　　班活動に並行して，合唱練習を行う。毎日全員で練習して全曲を覚えることで，活動意欲を喚起し，全員で作り上げているという実感を持たせる意味で，合唱練習は欠かせない。

　　♪　歌うことでの感情の発散効果
　　♪　合唱は，声を重ね，気持ちを重ねる練習

コ　第9次：立ち稽古・通し練習（12時限）

　　キャストは衣装を着けて舞台上で練習し，合唱・合奏班も加わり，照明班も活動を開始する。

　　♪　お互いの目が気になるため，一度，各役割の演技・演奏を披露し，評価し合うのも一策
　　♪　照明班は，美術・衣装班の上級生から選出。照明用の脚本作成ができればなおよい。
　　♪　本番4日前ころまでに，ビデオ撮影をし，演技や演出，合唱班の演奏を客観的に見ることで，仕上げまでの課題を明確化

サ　第10次：上演・記録（1時限）（資料5：創作オペレッタ　304頁）

　　関係機関や地域団体・保護者等を招き，学園祭で上演する。上演時間は40～50分で，上演のもようをVTRに収録する。

　　♪　一生のうち，たった一度の上演である意味を確認
　　♪　適度な緊張感が集中力を生む。
　　♪　突然のアクシデントに対応できる柔軟性と機転

シ 第11次：鑑賞とまとめ（3時限）

録画VTRを鑑賞し，その後，「役割について」と「作品の話の内容について」の2種類の感想文を提出させて，一連の創作活動のまとめとする。

♪ 一観客の目から見る作品の評価
♪ 出来よりも，そこに至る過程の評価
♪ 内省につながる糸口を発見

6 プロセス学習の意義

(1) 事例～創作オペレッタ

ア 導入（動機づけ）

```
全体像の把握
意思表示      ｝意欲喚起→目的意識の統一
制作へのかかわり
```

　どのような課題であっても，指導の基本になるのが動機づけである。特に，長期間にわたり，かつ，集団で行う場合は，目的意識を統一することが指導過程のキーポイントであり，その結果として達成感や充実感を得ることができることをかんがみれば，取り組む課題の内容把握をはじめとし，全員が目指していく姿を明確にすることが必須である。

　創作オペレッタの場合，テーマ以外，何もない状態から制作を開始する。創作オペレッタは，そのもの自身の知名度が低いため，まず，過去に制作した作品のVTRを鑑賞させて興味・関心を抱かせながら，その構成や全体像をイメージさせることから始まる。

　次に，自分に何ができるのか，何をしたいのかを，アンケートに答える形で意思表示させる。これも大切な動機づけである。

　また，毎年設定されるテーマに沿って，自己の非行や置かれている環境，心情や考えを言葉に変換させ，表現させる。これが，当園の創作オペレッタ

独自の，あらすじの土台となる。

　少年個々の内面から表出された言葉や文章から，あらすじが完成し，再び少年たちの手に戻される。それは，今までテーマしか存在しなかったものが，少年たちの気持ちがちりばめられた一つの「形」として出現する最初の瞬間であり，ここで，到達すべき姿がある程度イメージできるため，制作に対する意欲が湧いてくる。

　また，既製品でない「私たち全員の作品」という認識が，「成功させよう」，「よりよい作品に仕上げよう」という自発的で，かつ，統一された目的意識を生み出すこととなる。

イ　展　開
　(ア)　表現による自己理解

創作による自己表現	製作による自己表現	表現による自己表現
自己理解		

　創作オペレッタの制作過程は，大きく「創作」，「製作」，「表現」の3分野に分けられる。

　「創作」分野とは，あらすじに基づいた脚本の作成，脚本に基づいた作詞・作曲，脚本に基づいた舞台美術デザイン・衣装デザインの作成である。

　「製作」分野とは，デザインに基づいた舞台美術・衣装の作成である。

　「表現」分野とは，脚本に基づいた演出・演技・演奏活動と，演出に基づいた照明活動である。

　それぞれの分野において，その活動を行うためには，自己表現を行わなくてはならない。「創作」では，頭の中のイメージや考えを言葉や形に置き換える自己表現，「製作」では，デザインされた形を，どのような方法や手段を使って具現化するかという自己表現，「表現」では，身体・言語・手法を用いた自己表現である。

これらの自己表現を適切に行うためには，自己を理解することが不可欠である。自己の思考・感情・体力・理性・知識・技術等を理解した上で初めて，表現が可能になることから，その場にふさわしい自己表現を行おうとするとき，それに伴って自己理解が進んでいくともいえる。この過程が，少年たちにさまざまな変化をもたらすことになる。

(イ)　協　同

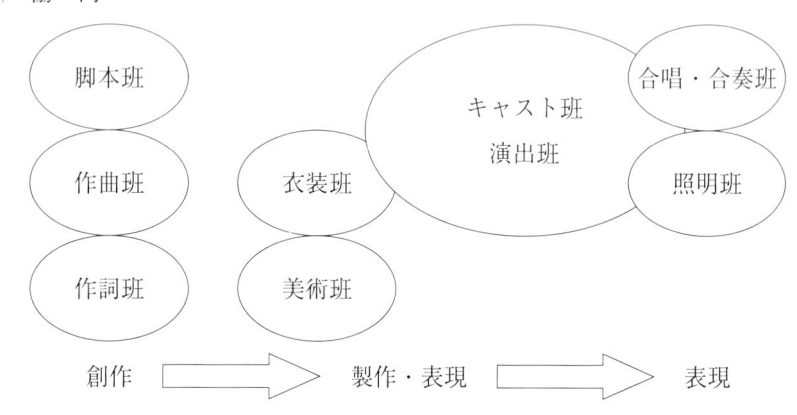

```
  脚本班              合唱・合奏班
              キャスト班
  作曲班    衣装班   演出班      照明班

  作詞班    美術班

  創作 ⟹ 製作・表現 ⟹ 表現
```

　創作オペレッタでは，前述の三分野の活動を各班に分かれて行う，いわば分業制をとっている。一人，最低一つの班に所属し，全員参加で制作に当たる。各自に自分が制作期間中に取り組む役割（班）を選択させるのだが，この「選択」という行為そのものが，これから続いていく能動的で，かつ，責任のある活動の第一歩になる。

　班で行う活動は，個人が持ち寄ったアイデアを，班全体で検討して一つの形に仕上げたり，最初から話し合いによって作り出したり，分担箇所を決めて取り組み，最後に全体でまとめたり，という集団形式で行う。作詞・作曲は個人的作業だが，全体を構成する一部分として適するように配慮して創作することから，意識の上では集団作業である。

　収容されている少年たちが最も苦手とする，協力や協調の必要性を身をもって感じさせ，一人一人の力が集まれば，大きな課題でもこなしていけることを体得させることが目的にもなるため，話し合いを重ねたり，考慮

の時間を設けたり，と丁寧に行い，時間を惜しまないことが重要である。
(ウ) グループの成長

　創作オペレッタの質は，そのときの集団の質によって左右されると言っても過言ではなく，その質は，どんどん変化するものである。

　集団で一つのことに取り組む場合，最も留意したいのは，受け身で終わってしまう少年をつくらないことと，特定の少年のみに活動が偏らないようにすることである。

　前者タイプの少年には，ただその場にいるだけ，という参加の仕方をさせないように，どんな小さなことであっても役割を与え，その成果を体験できる場を設けてやる。

　後者タイプの少年には，個人プレーを控えさせ，グループとして物事を進めていく姿勢を育ててやる。能力のある少年に任せれば，活動はスムーズに進む場合が多いが，それでは，集団活動の意義が損なわれてしまう。

　技量的に見て，できることに限度のある少年もいれば，実力があっても何もやりたくない少年もいる。また，少年間の人間関係で，力を発揮したくてもできない場合もある。このような垣根を取り除き，少年一人一人が必要とされていることを実感できるような空間を作り出すのが職員の役割である。

　創作オペレッタの場合，各班ごとにも，全体にも，リーダーの育成はあえて図らない。そのかわりに，一人一人が対等な立場でかかわっていける人間関係を築くことに焦点を当てる。このようなグループが成熟していくと，自ずと自他を尊重する態度が生まれ，職員の介入がなくとも，自主的に活動できるようになる。また，他の班の成長を見ることで刺激を受け，変容していく班も少なくない。創作オペレッタの目指す集団は，社会生活へつながるものだと言える。

(エ) 自己再構築

　長期間にわたって行われる活動の中で，自己に対するイメージが変容してくる。

創作オペレッタの活動は，白紙の状態から始まるため，最初は，不安と疑問と漠然とした期待を持つ少年がほとんどだが，自分の意見や発想が，少しずつ"形あるもの""目に見えるもの"になって出現することで，不安は自信に，疑問は確信に，漠然とした期待はより高い理想追求へと変わっていく。それは，新たな意欲喚起や視野の拡大を引き起こし，自己を再認識することにつながる。その時点での"自己"は，この活動を始めたときの受動的な"自己"とは違い，とても積極的で肯定的で親和的なプラスイメージの"自己"である。
　「創作」・「製作」・「表現」の活動を通して，集団の中で自己表現をしてきた結果，自分自身を知り，周囲とのかかわり方を学び，状況判断力を身に付け，常に適切な自己表現を心がけることが可能になる。
　このような自己再構築がなされると，その行動様式も変容してくる。
(オ)　発表の場と達成感
　創作オペレッタの活動は，その制作過程（プロセス）の体験に一番の意味があるのだが，作品である以上，集大成としての発表の場が必要である。
　当園では，毎年，創立記念日に当たる6月5日に学園祭を開催し，保護者を初め，関係機関や地域団体を招いて上演する。上演中は，観衆に常に訴えかけ，その訴えが真剣に受け止められていることを体験することができる。終演時には，少年と観衆の心情が一体となり，感動を共有する。この経験は，達成感とともに，適切な自己表現が正当に評価されることを知る契機となる。
ウ　まとめ
　班活動の感想文と話（題材）の内容についての感想文を記入し，創作オペレッタ制作のまとめとする。この感想文記入は，約1か月半にわたる活動の総決算であり，記入することによって，自己の変容の過程を振り返ることができる。そして，現状に立ち返り，自己の今後の指針が明らかになるのである。
(2)　プロセスにみる少年の変化
　ア　行動面

受動から能動へと変化する。

最初は，「課業だから仕方なく」という取組みになりがちな少年も，活動が進むにつれて，目的達成のために積極的になってくる。職員側が想定していた以上の動きをみせることも少なくない。

これは，問題解決能力の向上と自信付与に伴う意欲向上の成果である。寮生活場面，実科場面，役割活動場面等で，これまでと違った，積極的な取組みが現れやすい。

イ　心理面

自己否定から自己肯定と変化する。

諸活動を行うことに伴い，停滞していた内面の動きが活発になり，一つ一つの課題がクリアされていくたびに達成感を味わって「やればできる」という意識を持つようになる。

また，歌や台詞を通して自己の内面を表現することは，素直な感情表現を助け，発表の場を通して「認められる」ことを体験する。

こうして，本来の自分の感情や意識を認識したり，再発見したりすることで，自己イメージが否定から肯定へと変わっていく。

ウ　対人面

孤立から協調へ，不信から信頼へと変化する。

集団活動に苦手意識を持つ少年が多いが，一人ではできないことも，力を合わせればできることを体験し，協力することの意味を知る。そして，信頼関係が基盤になければ協力が困難になること，信頼関係を築くためには，他者とのかかわりが避けられないことを体験し，自己と他者との関係に目が向くようになる。

また，制作の過程で，自分の意見や表現が大切にされることを体験すると，自ずと，相手を大切にする意識が生まれてくる。

エ　内省面

自己の問題点の客観視と反省の深化が進み，問題解決の手がかりを探る契機となる。

創作オペレッタは，少年たちの抱えている問題や悩み，置かれている状況等を記した作文やアンケートから題材を創作するため，自己の非行体験や家族問題等を客観視することが可能になり，役柄への感情移入がその効果を高める。

　また，今まで直接言えなかった思いを，台詞や歌を通じて表出し，表現することによって，自己の問題から背を向けず，積極的にかかわる姿勢が生まれてくる。

(3) 職員のかかわり方と果たす役割

　ここでは，行事としての創作オペレッタ制作に関して，職員がどういうスタンスで取り組んでいくべきかを述べたい。

　ア　企　画

　　「段取り八分」と言われるように，企画の段階で，活動の全体像が分かるように計画しなければならない。そのためには，過去の反省点・問題点を明らかにして，今回目指すものを職員全員が周知しておく必要がある。

　次に，企画項目（例）を挙げる。

① 目　　　的：表現活動のねらいや教育課程上の位置付け
② 日　　　時：年間予定・月間予定との調整
③ 対象少年：行事であるので，全員参加が基本
④ 活動内容：どのような内容をどのような構成で行うのかを明示
⑤ 指導職員：行事であるため，全職員が基本
⑥ 場　　　所：実施会場の設定（屋外の場合は雨天時も考慮）
⑦ 配　　　車：講師や来客の送迎が必要な場合に手配
⑧ 招　待　者：行事の規模に応じて，人数や内訳が変わるが，一般的には関係機関・後援会等協力者・保護者
⑨ 役　　　割：当日まで及び当日の職員の役割
⑩ 当日までの日程：練習や製作の予定作成

　大きな行事の時こそ，職員の機能集団としての強さが問われる。組織力が成功の鍵を握り，その第一歩が企画である。

イ　マネージメント

　　言い換えれば，少年指導である。

　　年齢も生育歴も性格も非行歴もそれぞれ違う個性豊かな少年たちを，小グループから一つの大きなグループに仕上げていくために，職員はマネージャー的存在にならなければいけない。一人一人の様子を観察し，適宜助言指導を与え，体調や心情面に留意し，ベストコンディションを保つよう促すのである。

　　また，担任初め各職員との連携プレイで，創作オペレッタの活動で身に付いたこと，感じたこと等が，日々の生活や内省につながるようにすることが大切である。

ウ　渉　外

　　物品調達や案内状発送等，事務的な業務であるが，制作過程の重要な基盤である。

　　必要な物品や道具類がそろえることが，製作には不可欠である。制作側の要求と購入役の庶務課との連携を取り，スムーズな物品調達ができるよう，気を配らなくてはならない重要なポジションである。

　　また，関係機関や外部協力者，保護者に働きかけ，少年の学習成果発表の場を，是非とも見に来てもらえるように配慮する。特に，保護者については，子どもの晴れ姿を見ることが，心情を大きく動かすことは間違いないし，少年の方も，一番身近な保護者らから自己が正当に評価され，賞賛されることによって，そのきずなが一層強く感じられるようになり，更生への意欲につながることから，その重要性をかんがみながら積極的に働きかけるべきである。

エ　演　出

　　創作オペレッタの作品自体の演出同様，行事全体の演出も大切な役割である。

　　各職員の役割について，そのバランスを考えたり，調整を図ったりしながら，その進ちょく状況を確認，整理していく。

例えば，効率の良い職員配置，ベテラン職員と若手職員の組み合わせ，時間の有効活用等，活動がスムーズに進むよう，全体に目を向けて，適宜手配していくのである。
　　オ　舞台監督
　　　行事全体の総指揮を執る総務は，言い換えれば舞台監督である。企画から上演までのすべてのプロセスを通し，統一された作品（行事）作る見通しを立てて指揮することが，その成功につながる。
　　　テーマ（主目的）を常に念頭に置き，今現在の進行状況が軌道を外れていないかチェックし，少年や職員の現状に合わせて軌道修正し，全体の志気を向上させるよう指示を与えるのが舞台監督であり，強力なリーダーシップが必要とされる役職である。
(4)　個の力とグループの力
　　ア　少年（"孤"から"個"へ）
　　　少年院に入院してくる少年は，孤独である。家庭からも，学校からも，社会からもはみ出し，居場所を失っている。
　　　そのような少年が頼りにしてきたのは，その場限りであっても自分を受け入れてくれる存在，必要とされていると感じられる関係，自分の存在を実感できる空間であり，たとえ，それが社会や規律に反することであっても，その場での自己実現のためには必要，かつ，不可欠なのである。
　　　しかし，入院してから，職員との信頼関係を築いていく過程で，過去の生活や生き方がいかに刹那的で場当たり的であったかを認識することにより，自分の生かし方や人とのかかわり方について真剣に考えるようになる。それらは，職員の指導や助言だけでなく，種々の教育内容を少年自身が体験していくことによって，培われていくのである。
　　　少年たちの"個"は，もろくて危うい。しかし，それは，言い換えれば，繊細で，かつ，大胆とも言える。そのような"個"を集めて，お互いの力を相乗効果によって高めていくことが，グループ指導の基本であり，醍醐味でもある。

一人一人の小さな力が集約されて，大きな力を生み出すことの経験は，社会生活への大きな足がかりになる。
イ　職員（"個"＋"個"＝∞）
　業務上，職員の"個"は，突出しない方が円滑に進むと考えられるが，こと行事に関しては，"個"の特性が必要とされる場合が少なくない。
　創作オペレッタ制作に関して言えば，演出・音楽・美術・衣装・照明等の指導をする上で，やはり適材適所の役割配分がなされていることが，少年の力を引き出す上でも重要である。また，行事としての企画や連絡調整，外部との対応，迅速な事務処理等の能力も，大切な"個"であると言える。
　これらの"個"が，各分野で持ち味を十分発揮し，集合体として取り組んでいけば，全体として効率の良い仕事ができていく。
　職員集団も，少年集団と同様に，互いの"個"を尊重し，承認し，範とすることが，それぞれの職務能力の向上につながり，指導者としての力量を付けていけることから，全体がかかわって創り上げていく行事は，少年の教育にとどまらず，職員の研さんの場にもなり得ると言えよう。

7　まとめ

　企画に始まり，種々の活動を長期間にわたって行う「プロセス学習」は，「行事」という大きな晴れ舞台を迎え，いったん集結する。
　物事は，その結果に目を奪われがちであるが，実はそこに至るまでの過程，つまりプロセスこそが重要で，その間に体験したこと，考えたこと，感じたこと，振り返ったこと等の一つ一つに意味があり，その蓄積が結果に結びついていくのである。そのプロセスが意図的に行われるとき，自ずと成果も上がることを考えると，職員が日々，共通の目的意識をもって少年指導に当たることの有効性を改めて認識する。
　そして，行事の終了がこの学習の終了ではないことも，忘れてはならない。結果は処遇の一断面であり，また，そこから新たな処遇が始まっているのである。このことを念頭に置いて，少年一人一人の最終目的に向かっていく，一つの大き

な流れをとらえて指導することの連続が，我々の日々の業務である。

参 考 文 献

(1) 『講座　家庭と学校3　情操の教育』金子書房
(2) 創作オペレッタ研究会『オペレッタを創ろう』きた出版　1989
(3) 北村信子・大橋佳子・奥谷綾子『青葉女子学園における情操教育～創作オペレッタを通して～』「日本矯正教育学会第39回大会発表論文集」2003

第1節　基本的な指導法による指導

資料1：フローチャート

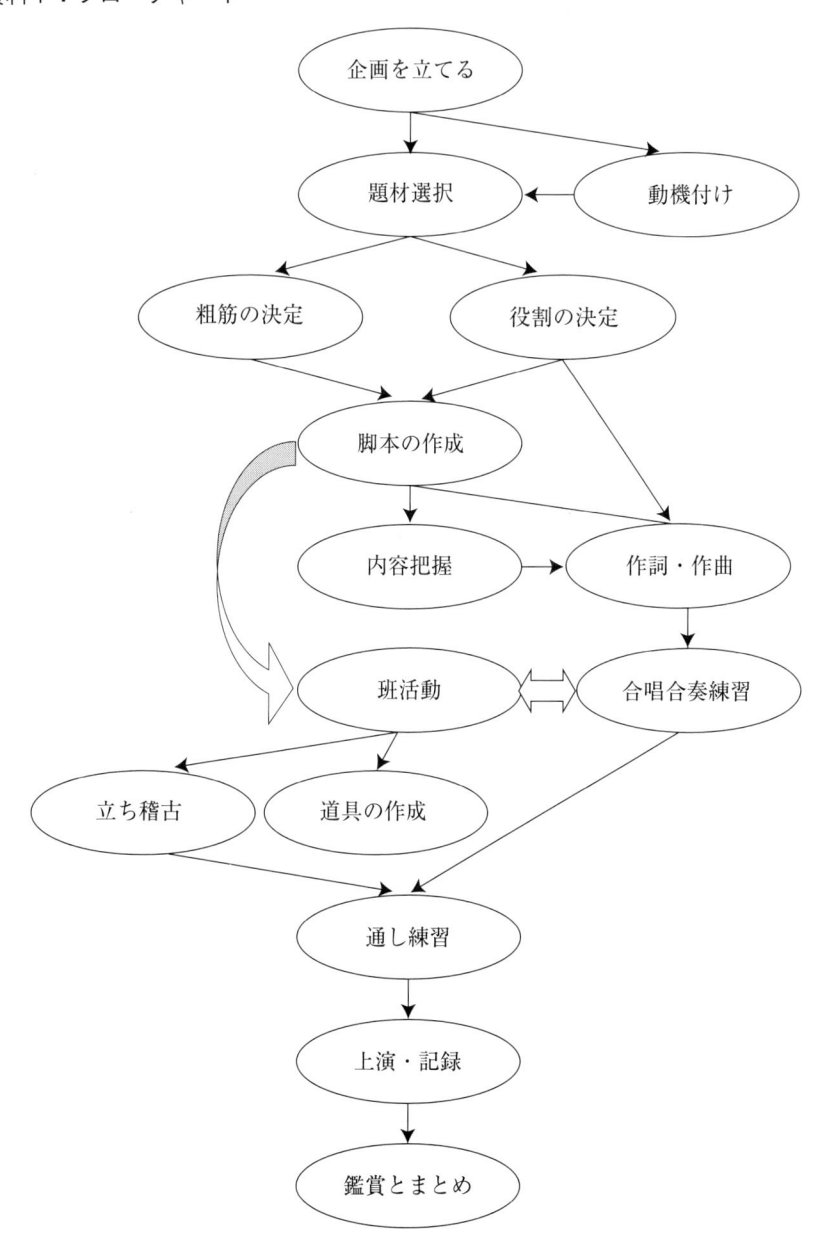

```
         企画を立てる
           ↓      ↘
         題材選択 ← 動機付け
         ↓     ↓
    粗筋の決定  役割の決定
         ↓   ↓     ↓
         脚本の作成
         ↓         ↓
      内容把握 → 作詞・作曲
           ↓         ↓
         班活動 ⇔ 合唱合奏練習
        ↙    ↓           ↓
   立ち稽古  道具の作成     ↓
         ↘    ↓    ↙
           通し練習
             ↓
          上演・記録
             ↓
         鑑賞とまとめ
```
（脚本の作成へ戻る矢印が班活動から伸びる）

資料2：アンケート調査用紙（テーマ「空」の場合）

アンケート

氏名

1　ビデオを観た感想をどうぞ。

2　「創作オペレッタ（空）」のためのあなたの特技を教えてください。

3　「創作オペレッタ（空）」で，あなたがしてみたいことに○をどうぞ。いくつでもいいです。一番したいものには◎をつけてください。
　　ア　キャスト　　　　イ　合奏　　　　ウ　作詞　　　エ　作曲
　　オ　脚本・演出　　　カ　美術　　　　キ　衣装　　　ク　照明
　　ケ　その他（　　　　　　　　　）

4　今まで経験したオペレッタや演劇などがあったら教えてください。

5　ア　あなたの合唱のパートはどこですか。
　　イ　演奏できる楽器を教えてください。

6　次の言葉から連想するものを書いてください。
　　空　…
　　雲　…
　　光　…
　　影　…
　　雨　…
　　夜　…

7　今，あなたは空を見上げています。そこで，以下のことを作文にしてみてください。文にまとまらない人は箇条書きでもいいです。
　　ア　あなたが見ている空は，今，どんな状態（色や様子等）ですか。
　　イ　あなたが空の一部になれるとしたら，何になりますか。そして，それはどんな状態ですか。
　　ウ　空の上からは，下に何が見えますか。
　　エ　あなたが学園に入ることになった原因は何だと思いますか。
　　オ　あなたが行ってみたい空はどんな空ですか。
　　カ　あなたは，これからだれと空を見上げたいですか。

資料3：脚　本（テーマ「空」）

<table>
<tr><td colspan="2" align="center">第　四　場</td><td></td><td></td><td></td></tr>
<tr><td>合　唱</td><td>♪嵐は自由に舞い踊ってる
　気の向くままに
　嵐は楽しそうに舞い踊ってる
　気の向くままに
　激しい嵐は周りを傷つけ
　吹き荒れる</td><td>♪夜の嵐</td><td>・嵐，激しく
　舞い踊る</td><td>薄明</td></tr>
<tr><td>星</td><td>ねえ，嵐さん。あなたはそうやって自由に振る舞っていて，とても楽しそうね</td><td></td><td>・上手奥から
　話しかける</td><td></td></tr>
<tr><td>嵐</td><td>だれだよ</td><td></td><td>・驚いて振り
　向く</td><td></td></tr>
<tr><td>星</td><td>私は小さな星</td><td></td><td>・冷めた感じ
　で</td><td></td></tr>
<tr><td>嵐</td><td>ふーん。星さんはあたしは楽しそうに見えるんだ。でも，あたしはやりたいようにやっているだけだよ。</td><td></td><td>・心配そうに</td><td></td></tr>
<tr><td>星</td><td>嵐さんは，吹き飛ばされる木や鳥たちの気持ちを考えたこと，ある？</td><td></td><td></td><td></td></tr>
<tr><td>嵐</td><td>言われてみれば，考えたこと，ないかも。でも，どうして星さんは，そんなに淋しそうなの？　もしかして，あたしのせい？</td><td></td><td>・少し不安に
　なって</td><td></td></tr>
<tr><td>星</td><td>あなたのせいじゃない。私の問題だから……。私はいつも一人ぼっち……。</td><td></td><td>・強く否定
　し，それか
　ら悲しそう
　に</td><td></td></tr>
<tr><td>星</td><td>♪果てしなく広がる　心の中で
　不安だけが
　一人ぼっちの自分を小さくさせるから
　だけど本当は
　強くまぶしい光でありたいのに
　悲しみが散らばっている</td><td>♪淋しい星</td><td></td><td></td></tr>
<tr><td>嵐</td><td>そんなこと，ないよ。君の周りには，雲や雨，月や太陽，そして，あたしがいつもそばにいるじゃん。</td><td></td><td>・励ますよう
　に</td><td></td></tr>
</table>

星	本当に？	・不安げに	
嵐	うん。	・明るく	
星	素直になって，自分自身を受け入れたい。けど，淋しいとか弱い気持ちを言いたくない。	・悩みながら	
嵐	そうだ。今，思う気持ちを，思いっきり叫んで見ようよ。	・しばらく考えてから思いついて	
星	えっ，でも……。	・ためらって	
嵐	じゃあ，私が先に言うからね。 「フワフワとした雲を，優しく運ぶ風になりた～い」	・遠くに向かって	
星	「大きな空の下で，精一杯光り輝きた～い」	・促されて	
嵐・星	「素直になりた～い」	・声を合わせて	暗転

第1節 基本的な指導法による指導　303

資料4：楽譜（テーマ「空」）

9　淋しい星

資料5　創作オペレッタ

創作オペレッタ『空』
平成16年6月8日

第1場　少女の部屋

おばあちゃんの手紙

『私の孫へ～こんにちは
　私はあなたのお母さんのお母さんです。
　　あなたから見ればおばあちゃんですね。
　この手紙を見つけたあなたは，
　　今どんな子に育っているのでしょう。
　素直な子に育っていることを
　　願っています。
　もし，あなたの心が晴れないときがきたら，
　　この鍵で家の一番北にある扉を
　　　開いてごらんなさい。
　きっと，
　　幸せな気持ちにさせてくれるでしょう。』

♪勇気を出して　不安に負けないで
　　階段を上ろうよ　明日のために
　　　太陽も星も　照らしてくれる

第2場　雲の部屋　　　第3場　雨の部屋
第4場　階段　　　　　第5場　嵐の部屋
第6場　最後の扉

第7場 それぞれの空へ

きれいな空へ
温かい空へ
穏やかな空へ

それぞれの空へ

♪永遠に続く広い空　　いつも空に見守られていて
　空のように広い心で　　見守ってくれている人がいる

♪雨上がりには虹の掛け橋が輝く
　いつまでも青空が続きますように

満足感と感動と
涙と喜びと

第2節 複数の指導法を応用した指導

過去を乗り越える指導プログラム

薬物乱用防止講座

山 口 孝 志
（法務省矯正局少年矯正課）

1 はじめに

　一般社会における薬物乱用は，より一層深刻化しており，政府の薬物乱用対策推進本部は，平成10年5月26日に薬物乱用防止5か年戦略を，さらに，平成15年7月29日に薬物乱用防止新5か年戦略を発表した。近年，中・高校生のファッション感覚による覚せい剤乱用が急増するなど青少年の薬物乱用に対する危機感は強く，この戦略の中でも青少年の薬物乱用傾向の阻止は，大きな柱の一つに挙げられている。

　こうした社会的背景をもとに，矯正施設に対しても，薬物乱用防止教育の充実・強化を求める声は強く，法務省矯正局は，平成16年4月に，薬物事犯受刑者処遇研究会を発足させたが，少年院においても，処遇技法の研究，指導者の育成，効果的な教材の開発等が課題に挙げられている。

　青少年の薬物事犯の増加，収容少年に占める薬物関係者の高い割合，薬物が心身に与える深刻な影響，薬物依存からの離脱の困難さ等により，薬物乱用防止教育の充実は，少年院教育の重大な課題一つであり，ここでは，少年院における薬

物乱用防止教育のうち，中心的な位置を占める薬物乱用防止講座について述べることとするが，薬物乱用防止講座は，少年院で実施されている各種講座の中心的存在といっても過言ではない。

2 薬物非行の動向

(1) 薬物非行の動向

図1は，昭和40年から平成16年までにおける薬物事犯による少年の送致人員の推移と，薬物事犯のうち，毒物及び劇物取締法（以下「毒劇法」という。）違反少年の送致人員の推移を表したものであり，図2は，同時期における覚せい剤取締法違反，大麻取締法違反，麻薬及び向精神薬取締法違反少年の送致人員の推移を表したものである。

世界で広く乱用されている薬物は，圧倒的に麻薬であるが，我が国の場合は，歴史的な経緯等から，覚せい剤乱用が大きな問題となっている。しかし，図1から分かるように，少年の薬物事犯の大半を占めるのは，毒劇法違反である（出典：法務省法務総合研究所編『平成17年版犯罪白書』(2005年))。

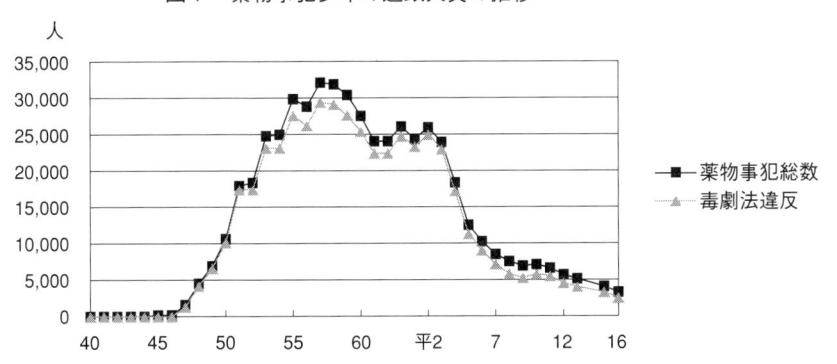

図1 薬物事犯少年の送致人員の推移

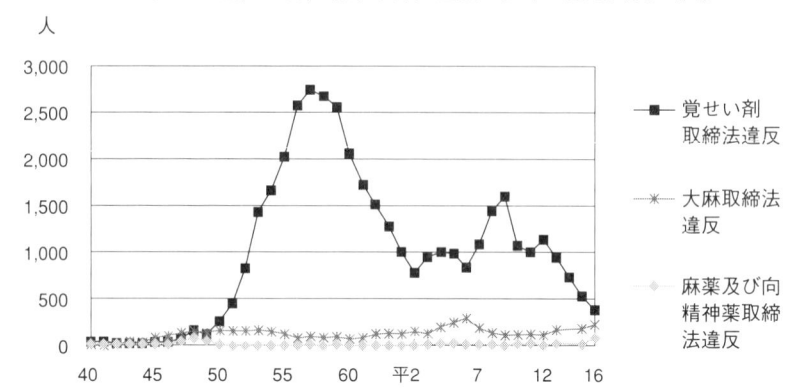

図2　覚せい剤，大麻，麻薬取締法違反の少年の送致人員の推移

ア　有機溶剤

　毒劇法は，シンナー，ボンド，トルエンといった有機溶剤を規制している。有機溶剤は，中枢神経抑制作用を持ち，気化した有機溶剤を吸入すると，酩酊感と意識混濁をもたらし，幻覚を体験したりする。吸入が続くと，無気力で怠惰な，抑制欠如で衝動性が高まるなどの人格・感情障害を来すが，さらには有機溶剤精神病に至ることになる。

　昭和47年に毒劇法が一部改正されて以降，毒劇法違反が急増し，昭和57年には，3万5千人を超える送致人員を出したが，そのうち，少年が約8割を占めていた。しかし，近年の送致人員は，5千人を下回り，そのうち少年の占める割合も6割以下となっており，若者の「シンナー遊び離れ」が言われている。

　しかし，有機溶剤は，14歳から16歳で開始されることが多く，我が国においては覚せい剤の門戸解放薬（「Gateway drug」。ある薬物の乱用を開始することにより，その後，別の薬物の乱用が始まりやすくなる場合をいう。）となっている。

イ　覚せい剤

　覚せい剤は，中枢神経興奮作用や交感神経刺激作用を持ち，精神依存が早期に形成される薬として知られている。精神毒性も強く，幻聴，病的猜疑心，

被害妄想等の病状（覚せい剤精神病）が発生し，急性中毒による死亡例も少なくない。

覚せい剤は，第二次世界大戦以降，三度にわたる乱用・流行期がある。少年の送致人員の推移をみると，図2から分かるように，第二次乱用期のピークであった昭和50年代の後半に，2,800人近くまで上昇したが，その後低下し，第三次乱用期の開始時期とされる平成7年以降再上昇し，平成9年には1,500人を超えるに至った。しかし，近年は減少傾向にあり，平成16年は，400人を下回っている。

しかし，青少年の覚せい剤乱用を巡る問題は，決して小さくはない。第三次乱用期の大きな特徴の一つが「若年化」と言われるように，中・高校生の増加が目立ち，有機溶剤からの移行組だけではなく，最初から覚せい剤を使用するケースも増加している。この背景としては，静脈注射法から加熱吸入法に変わって痛みを感じることがなくなったり，ストリートネームが「エス」，「スピード」と呼ばれ，イメージチェンジが図られたり，ダイエットのための使用等，薬物乱用のファッション化・価値観の変化等が挙げられる。さらに，密売方法も，暴力団に加え外国人による街頭での密売，携帯電話，インターネットによる販売も多くなり，一般市民層がより入手しやすくなったことも挙げられる。

ウ　その他の薬物

大麻，麻薬といった薬物は，数量的に多くはない。ただ，平成16年における大麻取締法違反による検挙人員は2,209人だが，このうち，未成年者及び20歳代の若年層が7割近くを占めており，若者の間に大麻が広く乱用されている傾向にある（出典：警察庁刑事局組織犯罪対策部薬物銃器対策課「平成16年中における薬物・銃器情勢」（平成17年4月））。

また，近年問題となっているのは，MDMA（化学名メチレンジオキシメタンフェタミン。別名エクスタシー）のような錠剤型麻薬の押収量が激増していることである。錠剤型麻薬は，経口使用できるので，安易に乱用する者が多いと推測される。さらに，脱法ドラッグと呼ばれるものが，インターネッ

ト，アダルトショップ等での売上げを伸ばしている。脱法ドラッグは，麻薬と類似した化学物質や植物だが，麻薬及び向精神薬取締法違反の規制対象とならない薬物である。MDMAや脱法ドラッグは，薬物への抵抗感，警戒感が少ないので，若者がファッション感覚で安易に手を出すことを助長する傾向にある。

(2) **少年院収容者における薬物関係者の動向**

図3は，平成元年から16年までの少年院新収容者のうち，覚せい剤取締法違反及び毒劇法違反による者の割合の推移を示したものであり，図4は，同じく新収容者のうち，非行時において覚せい剤を使用していた者及び有機溶剤を使用していた者の割合の推移を示したものである。ちなみに，麻薬，あへん，大麻等の使用者は，1パーセントにも満たない（出典：法務省編『矯正統計年報』）。

覚せい剤取締法違反の者は，4パーセントから10パーセント当たりを推移しているが，これを男女別に見ると，女子においては，覚せい剤取締法違反の者が平成16年において20.5パーセントを占めるなど，高率になっている。

薬物使用者の割合では，有機溶剤使用者の急激な減少が目につく。ただし，女子については，平成16年に何らかの薬物を使用していた者の割合が，40.3パーセント（覚せい剤23.3パーセント，有機溶剤14.0パーセント）を占めている。

図3 新収容者に占める薬物非行の推移

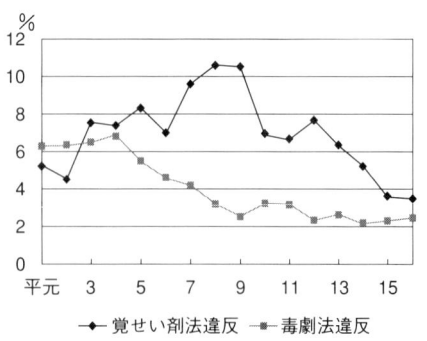

図4 新収容者に占める薬物使用者の推移

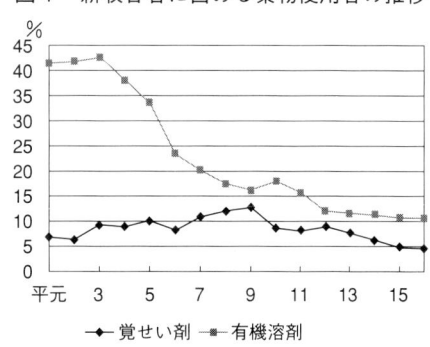

近年，薬物関係者が減少傾向にあるものの，決して少ない割合ではない。特に，女子については，薬物乱用防止が少年院教育の重要な課題の一つであると言える。

薬物関係者には，暴走族や暴力団加入者が少なからず見受けられる。これは，薬物を使用する動機・背景として，好奇心や不良仲間への同調から，反社会的集団に仲間として受け入れられる手段として使用することと無関係ではない。また，少年院収容者の一般的特徴として，「自己統制力や感情統制力に乏しい」，「他人に対する共感性に乏しい」，「苦しみや困難に耐える力が乏しい」といったことが挙げられるが，薬物関係者は，これらのことが特に顕著といえる。

そもそも薬物は，精神的・身体的依存性のため，回復・離脱には困難を伴うが，こうした不良集団への帰属や性格的な特性等も相まって，薬物事犯者の同種事犯の再犯率は，他の犯罪・非行に比べて高率になっている。

3 少年院における薬物乱用防止講座

(1) 少年院における薬物乱用防止教育

少年院における薬物乱用防止に係る教育を大別すると，次の三つに分類される。

ア 薬物乱用の弊害等に関する知識を普及させるために実施する啓発活動
イ 個人の薬物乱用問題に応じた働きかけを行う個別指導
ウ 薬物犯罪・非行を犯した者を対象とし，犯罪・非行に至る原因・問題点に焦点を当てて働きかけを行う講座形式の指導

ウの講座形式の指導については，次項から詳しく述べることとするが，アの啓発活動及びイの個別指導の概要を触れると，次のとおりである。

ア 啓発活動

一般予防の立場から行われる啓発活動であり，講義や視聴覚教材（映画，VTR等）を利用して，主として薬物乱用の実態や薬物乱用が心身に及ぼす影響を指導している。年間を通じて適宜実施されているが，「世界麻薬乱用撲滅デー」や「世界エイズデー」等に合わせて実施されることが多く，その

際に薬物乱用防止ポスターや標語の作成を行う施設もある。
　イ　個別指導
　　薬物使用経験者に対する内観指導，面接指導，作文指導，個別作業療法，個別運動療法等がある。また，薬物乱用は，その薬物の種類等にもよるが，一般的には，精神・身体に大きな影響を与え，薬物依存症をもたらす。急性期の統合失調症に近い精神症状を示すこともあり，こうした場合は，医学的管理と薬物療法が中心となるが，これらの症状が消退し，薬物に対する渇望が減少したころには，内観療法や個別作業療法等の個別指導が効果的である。

(2)　講座形式の指導
　　少年院における講座形式の指導は，問題群別指導と呼ばれており，薬物問題に係る講座は，全国53の少年院（分院を含む。）のうち，48施設で実施している（平成17年4月1日現在。矯正局少年矯正課調査による。）。
　　ここでは，薬物乱用防止講座，あるいは単に講座と呼ぶこととする。

(3)　目　的
　　薬物使用経験者を対象とした講座であるので，単に薬物の害悪や怖さを理解させるといった内容にとどまらず，社会復帰後，薬物を使用しないようにすることが目的である。ただし，出院後の再非行の防止は，少年院における全教育活動を通して成し遂げることができるものであり，薬物乱用防止講座だけで社会復帰後の薬物乱用を防止できるとはいいがたい。そのため，講座の目的としては，薬物を使用しないための具体的方策の獲得といったことが挙げられる。

(4)　対象者
　　対象者は，薬物事犯で収容された者及び薬物使用経験者であるが，具体的な対象者の集団編成は，施設の収容規模，収容分類級，薬物使用経験者数，日課など施設の管理運営上の制約等を考慮して定められることになる。集団編成について，寮や実科の集団と一致している施設もあれば，異なった施設もあるが，施設の中には，薬物依存性の程度に応じて集団を編成したり，再非行者を特別班として別に編成しているところもある。

集団への編入方式を見ると，定時編入方式（定時に編入させ固定したメンバーで指導を行う方式）と随時編入方式（入院や進級等により五月雨に編入させる方式）とがある。指導計画表に沿った指導，閉鎖型集団による自由活発な集団討議等の観点からは，定時編入方式による指導が好ましいと考えられるが，少年院の在院期間，日課編成の事情等から，随時編入方式を採用している施設の方が多いのが実情である。

　対象者数としては，施設の収容規模等により異なるが，10名から20名ぐらいまでが多い。グループワークやロールプレイング等の指導においては，一人一人の発言の機会が多く，受講者が互いに理解し合い，受講者間の相互作用による効果が期待できる規模が望ましいことを考えると，できるだけ小集団であることが好ましい。

(5) 指導実施時期・指導回数

　指導の実施時期としては，中間期教育過程前期・同後期を通して実施している施設が多く，期間と回数は，おおむね2か月ないし3か月の間に週1回ないし2回程度の頻度で実施されている。短期処遇施設では2か月（8回），長期処遇施設では3か月（12回）という運用が多い。

　1回当たりの指導時間は，50分，75分，100分とさまざまだが，対象者の特性，日課編成等により，施設の実情に即して柔軟に定めることが望ましい。

(6) 指導内容

　指導内容としては，大きく分けると，次のものが挙げられる。

　ア　薬害に関する指導（薬害教育）

　　薬物の種類・分類，薬物の心身に与える影響，薬理作用・薬害の正しい知識等を付与し，薬害の恐ろしさを徹底的に指導する。

　イ　薬物依存に関する指導

　　薬物依存症を理解させ，自己の性格特性や態度・行動面の問題点を考えさせる。

　ウ　薬物乱用の影響に関する指導

　　自己の薬物乱用が家族，友人等の身近な人々に与えた影響や，社会におけ

る薬物の蔓延が暴力団の資金源となったり，薬物中毒者による凶悪犯罪につながっていることを理解させる。

　エ　薬物使用の拒絶に関する指導

　　自分が薬物を拒絶できなかった原因や背景について洞察を深め，その具体的な課題や問題を明らかにさせ，自己の課題に向かって突き進む意志の強化を図る。

　オ　薬物防止に係る各種機関に関する指導

　　薬物の場合，自己の拒絶意志だけでは，なかなかやめられない実情にあることから，自分一人で対処するのではなく，ダルク（DARC）（「Drug Addiction Rehabilitation Center」薬物依存者を対象とした民間のリハビリテーション施設），NA（「Narcotics Anonymous」薬物依存者の自助グループ），精神科医療施設，社会復帰施設等，薬物依存からの回復を図るためのさまざまな機関があることを認識させ，その援助を得ることの重要さを理解させる。

(7)　**指導方法**

　実際の指導方法としては，講義，外部講師による講話，視聴覚教材指導，NIE（新聞記事を用いた指導），集団討議，ロールプレイング，グループワーク，スモール・グループ・ミーティング，心理劇，SST，ディベート，アンケート調査，課題作文，モラルジレンマ等が用いられている。

　講義による一方通行的な知識の付与に偏ることを避け，視聴覚教材等を用いた指導をしたり，集団討議，ロールプレイング等受講者間の相互作用を活用したり，ダルク等の関係機関から講師を招へいするなど，さまざまな工夫が凝らされている。

　また，教材についても，市販の視聴覚教材を活用するだけでなく，矯正局や各施設が作成したワークブック等を用いており，少年院の収容者向けに吟味された内容になるよう工夫されている。

(8)　**指導の実際（指導計画表の例）**

　次の表は，ある少年院の指導計画表である。そして実際の指導は，単元ごとに作成されている指導案に沿って展開されることになる。

指導計画表

	単元名	指導内容	指導方法，教材等
1	オリエンテーション	講座内容の概略説明 薬物乱用に対する問題意識の喚起	講義 アンケート調査 課題作文
2	薬物の種類と関係法令	薬物の種類・分類，関係法令，使用・所持・売買に関する具体的罰則	外部講師による講義
3	シンナーの害悪	無動機症候群 有機溶剤精神病	講義 ビデオ教材
4	覚せい剤の害悪	精神依存，耐性，幻覚幻聴 急性中毒，覚せい剤精神病	講義 ビデオ教材
5	薬物乱用が周囲に与えた影響	薬物乱用に伴う家族関係の変化 家族，友人に与えた影響	集団討議，新聞記事，体験者手記 課題作文
6	薬物乱用の社会的問題	暴力団との関係 薬物中毒者の凶悪犯罪	講義，集団討議 ビデオ教材，新聞記事
7	薬物の是非	肯定派と否定派に分けて討議	ディベート
8	断薬の具体的方法Ⅰ	薬物の勧誘場面を具体的に設定	ロールプレイング 課題作文
9	断薬の具体的方法Ⅱ	薬物の勧誘場面を具体的に設定（さまざまな場面を設定）	ロールプレイング 集団討議
10	薬物からの離脱	ダルク・自助グループにおける活動，薬物体験者講話	外部講師による講話
11	薬物治療機関	病院，治療共同体等各種機関の紹介	外部講師による講話，討議
12	まとめ	講座から学んだこと 今後の課題	意見発表 アンケート調査

4　薬物乱用防止講座の課題

　前項において，薬物乱用防止講座の概要を述べたが，ここでは，この講座のより一層の充実のために，各施設で実施されている試みや検討されている事項につ

いて述べることとする。
(1) 他の指導との連携
　薬物乱用防止に係る教育は，何も薬物乱用防止講座だけでない。最初に述べたように，啓発活動や個別指導も積極的に実施されている。そのため，これらの指導と連携を持たせることが大切である。例えば，薬物乱用からの離脱として内観療法を取り入れている施設があるが，この施設では，薬物乱用防止講座の履修後に集中内観を設けている。
　また，自己の薬物使用が周囲の人々に与えた影響では，家族関係や交友関係の講座とも関係があり，薬物の入手・使用契機に関する指導の際は，暴力団離脱指導や性問題講座とのかかわりが大きい。
　さらに，薬物の後遺症に悩む少年に対しては，医療的な措置以外にも，運動療法が大きな役割を持つ。
　少年院では，在院者一人一人について個別的処遇計画を作成し，この計画に基づいて教育が実施されているが，薬物事犯者及び薬物使用経験者については，個人別教育目標に薬物からの離脱に関する目標が設定され，薬物乱用防止に係る教育が，個々の在院者に対し有機的に連携を持って指導されるように配慮されている。この視点を常に重視して，指導に当たることが重要である。
(2) 指導目的の再考
　薬物事犯受刑者処遇研究会における意見を見ると，「『二度と薬物はやらない』と言っている人は，むしろ危険であり，不安を感じている人の方が薬物の危険を自覚している」，「薬物依存は自分の意志だけでは止められないという認識を持つべきであり，出所後に，ダルクやNA等に通うことを指導するべきである」といったものがある。断薬意志の確立は重要なことであるが，薬物からの回復は，決して自分の意志だけでは達成できず，他人の援助や励ましが大切であることを理解させることも大切である。「出院後，薬をやめられるか心配である」といった感想文を読むと，「この少年は，考えが甘い。指導が足らない」といった風潮になりがちだが，むしろ自己の心情を正直に吐露したことを評価し，「自分の意志だけではなかなかやめられないから，ダルクや自助グ

ループへ通ってごらん」と指導し，関係機関を活用するノウハウを指導する等，断薬意志の確立だけでなく，薬物からの離脱に係る具体的な方策を理解させることも大切である。

(3) **薬害教育について**

薬害知識の教育は，矯正施設に限らず，病院，学校等においても積極的に行われている。それは，薬害知識が薬物使用を防止する効果があると推測されている点にある。しかし，ある中学生・高校生に対する調査では，「薬害の知識があっても，やはり使用していた」という回答をした者が半数を超えていたとのことであり，薬害知識が抑止効果を果たしているとは言い難いとの報告があった。

少年院で指導している教官の中にも同様のことを感じる人は多くいると思われる。薬物で再入する少年の割合が高いことが，その裏づけとも言える。ただ，少年たちが，正しい薬害知識を身に付けているかというと疑わしい面がある。言葉としては知っているものの，実感が伴っていないことが多いのではないか。特に，年少少年はその傾向が強く，また，誤った一方的な知識だけを身に付けている者も少なくない。その点では，正しく十分な知識を付与することの意義は大きい。

(4) **集団討議等の活用**

講義による一方通行的な知識の付与に偏ることを避け，集団討議やロールプレイング等を積極的に導入していることは前に述べたが，集団討議の方法も，ダルクのミーティングのように「いいっ放しの聞きっ放し」（自分の言いたいことをだれのためでもなく自分自身のために発言し，他の人が同様に発言するのを批判することなくそのまま聞く）方法を取り入れているところもある。

集団討議等は，薬物乱用者の回復に効果的であるとして，精神科医療施設でも多く取り入れられているが，ただ導入するだけではなく，討議方法の工夫も大切である。

(5) **指導職員の確保**

指導職員の確保に関しては，自庁職員の育成と関係機関等からの援助という

二つの面がある。まず，自庁職員の育成については，医療機関主催の講演会に参加したり，ダルク，NA等での研修を行うなど，薬物治療機関での処遇実践を学ぶ場を積極的に設けることが望ましい。また，研究授業を行い，授業（講座）の運営方法について綿密に検討することにより指導技術の向上を図ることも効果的である。なお，この研究授業は，外部の関係機関を招いての公開研究授業以外に，自庁職員間で行う研究授業も多く導入されている。

関係機関等からの援助については，教育部門の教官が指導するだけでなく，医務課の医師，看護婦等医療有資格者が講座を担当したり，民間協力者の援助を仰いでいる施設も多い。関係機関等の援助については，指導計画全体の中から，どの部分を依頼するか，また，指導担当者による指導との連携をいかに図るかといったことが肝要である。

(6) 教材の充実

市販のテキスト等を使用するだけでなく，各施設が創意工夫を凝らし，ワークブック等独自の教材を作成している。しかし，教材の作成は，「一度作ってしまえば終わり」，というものではなく，絶えず内容を検討し，よりよい教材に更新していく必要がある。実際の指導実践を積み重ねて適宜修正したり，各施設間で教材を交換して指導を試みるなどの工夫が待たれる。また，ダルク，NA，薬物治療機関においても，ベーシックテキストや12ステップ等のさまざまな教材が活用されているが,こうしたものを参考にするのも有効な手段である。

(7) 効果の検証

薬物事犯者の再犯率，再入率は高いと言われるが，再犯，再入は，さまざまな要因が複雑に絡み合っているので，その原因を一概に薬物乱用防止講座の指導効果にだけ求めることは早計である。

講座の効果検証方法としては，受講前と受講後でアンケート調査を行い，意識・態度・行動の変化を見ることが行われている。成人の施設であるある拘置所では，「覚せい剤を使用してMJ式SCT」（通常のSCTテストの設問に「覚せい剤を使用して」という文章を付記したものを利用して文章を完成させるもの）を処遇類型別指導の導入時と受講終了時に記入させ，覚せい剤に対する態

度の変容を測定している。

また，出院後に再入した者について，再入施設に職員を派遣して面接を行い，再犯の原因，前施設の教育上の問題点等を追跡調査している施設があるが，これなどは，当該少年が講座をどのようにとらえていたかを把握することができる試みである。

(8) 薬物治療機関等との連携

薬物乱用防止教育は，ダルク，NA，精神科医療施設，社会復帰施設等，さまざまな機関で実施されている。こうした機関の処遇実践を参考にしたり，講師の派遣を依頼したりすることは，極めて重要なことである。また，繰り返し述べてきたように，出院後にこうした機関を積極的に活用することが，薬物使用防止の有効な手段の一つである。

5 まとめ

薬物乱用防止講座をはじめとする各種講座（問題群別指導）は，30年に及ぶ指導実績があり，さまざまな研究も行われ，効果的な指導の在り方が検討されてきた。どの施設もかなり整備された内容になっているが，指導には王道はなく，絶えずよりよい指導の在り方を追求する姿勢が重要である。

現在の少年院は，一年ごとに，教育課程の編成，実施，評価を行うこととされているが，教育課程全体の見直しを行う中で，薬物乱用防止講座についても，対象者の選定，指導場所，指導内容，方法，使用教材，外部講師の活用等の是非を検討する必要がある。その中で，特に重要なことは，講座の指導計画表の見直しである。追加又は削除すべき単元はないか，指導時間数を増加又は減少すべき単元はないか，単元の配列順序は適切か，全体のバランスはどうか，といった点について検討することが大切である。また，各単元の指導案についても，研究授業の際に指摘された事項を参考にして，適宜手直しをすることが望ましい。

参 考 文 献

⑴　矯正協会『矯正処遇技法ガイドブック　第2分冊　生活指導の技法と実践編』1991
⑵　福井進・小沼杏坪編『薬物依存症ハンドブック』金剛出版　1996
⑶　法務省法務総合研究所『平成7年版犯罪白書　薬物犯罪の現状と対策』1995
⑷　法務省矯正局『薬物問題ハンドブック』1999
⑸　浅野千明『少年院における薬物乱用者に対する処遇』「犯罪と非行　第127号　117－136頁」2001
⑹　福井進『薬物乱用・依存をめぐって－概念・臨床・歴史－』「犯罪と非行　第134号　29－67頁」2002
⑺　和田清編『特別企画＝薬物乱用・依存』「こころの科学　第111号13－85頁」日本評論社　2003

/過去を乗り越える指導プログラム

交通安全指導講座

重 松　　弘

(法務省大臣官房秘書課)

1　はじめに

　平成16年における我が国の交通事故発生件数は95万2,191件，交通事故死傷者数は119万478人と過去最高の水準となっている。取り分け，悪質・危険な運転者が引き起こす事故が跡を絶たず，交通事故被害者遺族を中心にこれら運転者に対する対策が強く求められたことなどから，平成13年12月25日に施行された刑法の一部を改正する法律により危険運転致死傷罪が創設されたことをはじめ，道路交通法における罰則の強化策等の措置が採られたことは御承知のとおりである。また，交通事犯新受刑者の刑期について見ても，道路交通法違反で1年を超える刑期であった者の比率は，平成7年において3.3パーセントであったものが，約10年後の平成16年には15.2パーセントにも増加しており，交通事犯者に対する厳罰化傾向が強くうかがわれる。

　一方，少年院入院者における交通事犯少年の割合も依然として高い水準にあり，平成16年の少年院新収容者5,300人中，非行名が道路交通法違反の者は524人，率にして全体の9.9パーセント，短期処遇のみに限れば15.9パーセントと高い割合を示しており，少年院における交通安全指導はますますその重要性を増しているものと言えよう。

　戦後の少年院の歩みを振り返っても，我が国の高度経済成長に伴い交通事故発

生件数や同死傷者数が急増する昭和40年半ばから，幾つかの少年院においては，この頃急増したいわゆる車非行に着目し，これら少年に対するさまざまな模索的教育実践が重ねられてきた。そして，昭和52年には，いわゆる少年院運営改善施策の一環として，主たる非行が道路交通法違反，業務上過失致死傷の少年を対象とし短期集中的に生活指導や交通安全教育等を実施する交通短期処遇の課程が設置されるに至る。この課程は，平成3年のいわゆる短期処遇の改編により発展的に解消され，特修短期処遇として衣替えするが，交通安全指導は，現在も，多くの少年院の教育課程に盛り込まれ，実施されている。

2 指導の目的

もとより，非行を犯した少年を収容して矯正教育を行う少年院における交通安全指導は，学校教育における生徒等を交通事故の被害に遭わせないための交通安全教育や自動車教習所等における自動車運転の際の心構え，交通法規，基本的運転技術等を習得させるための指導と一線を画することはいうまでもない。すなわち，少年院における交通安全指導は交通非行等を契機とし，保護処分として少年院に送致された対象少年の特性や問題性等を十分に把握した上で，さまざまな教育内容・方法等を効果的に展開することで，少年の円滑な改善更生と社会復帰を図り，もって再び交通非行を引き起こさせない，再び少年を加害者とさせないこと等をその目的とするものといえよう。

ところで，交通非行に関連の深い「車」と若者との心理的関係について，森武夫は，「車は，・・・機械の力を借りて自己がなしとげたかのような錯覚をもたらし，特殊な刺激が運転者を原始的・退行的にしやすく，通常車人格と呼ばれる特殊な心理状態を作りやすい。退行的にならないまでも，若者らは車について，恋人・分身・友人などの擬人イメージ，心の支え・生活の一部・生きがい・なぐさみ・命・人生のような生きがいイメージ，男らしい・力強い・大人の感じなどの自我拡大イメージ，遊び・スリル・スポーツなどの快楽イメージなどさまざまなイメージを持っており，青年期特有の甘さ・不安定さ・享楽性・冒険心・無責任さ・未熟さなどがそのまま運転に反映しやすい」（安香　宏・麦島文夫編『犯

罪心理学』 319頁 有斐閣 1975)」と述べている。

このように，車は，少年たちを特殊な心理状態に置き，かつ，その内面を表出させる機能を有するものと思われるが，取り分け，多くが社会不適応に陥っている非行少年の場合には，それがより増幅した形で現れるものと考えられる。したがって，少年院在院者に対する交通安全指導に当たっては，交通法規，運転の心構え等を付与するにとどまらず，交通非行という少年の行動に投影された彼らの内面における問題性等にアプローチしていくことが重要となる。

3　交通安全指導の実際

次に，少年院における交通安全指導の実際について，概観してみたい。

(1) 教育課程上の位置付け

多くの少年院において，交通安全指導は対象少年が行った交通非行という問題行動に着目する観点から，教育課程上，生活指導領域の細目における「非行にかかわる意識，態度及び行動面に対する指導」，すなわち「問題行動指導」として整理され，計画・実施されている。ただし，本指導の計画・実施に当たっては，他の指導領域や生活指導領域中の他の細目に位置付けられた指導内容等と有機的な連携を保つことが重要であることはいうまでもない。

(2) 指導の形態等

指導の形態は，主として在院少年のうち道路交通法違反，業務上過失致死傷，危険運転致死傷等の交通非行を主たる非行名とする者等を一定数グルーピングし，一定の期間連続して講座形式をもって実施している例が多い。実施時期は大半が中間期教育過程であり，「非行別グループ指導」，「問題行動別指導」，「問題群別指導」などと呼称されているものの一環として行われている。

対象者の選定基準を見ると，例えば，「無免許運転，共同危険行為，危険運転致死傷，業務上過失致死傷等の交通非行があった者，及び，その他の理由により・・・編入する必要のある者」，「中間期教育過程在籍者のうち次に該当する者　①道路交通法違反等，本件非行が交通非行に関係する者。②交通安全教育の必要性があると認められる者」，「個別的処遇計画で・・・指定された者」

などとなっている。

なお，主たる非行名がこれら交通非行である対象少年が比較的少なく，グルーピングするには至らない少年院では，個別担任教官等が入院から出院まで一貫した個別指導を行っている例も見られる。後述する実践事例等の紹介では，上記のように講座形式で行われているもののみならず，後者の取組みについても触れることとしたい。

(3) **教育内容・教育方法**

各少年院の指導計画等において取り上げられている教育内容とそれに対応する主な教育方法を概観すると，おおむね，次の六つの内容に集約された。

ア　第一は，最近における交通事故等の動向や交通事故の悲惨さ等を理解させるとともに，被害者保護のための行政施策など現代社会における交通問題について広く理解させる指導であり，教育方法の例としては，視聴覚教材や報道資料等を活用した講義や集団討議，関係図書等を活用した読書指導等が用いられている。

イ　第二に，罰則の強化，危険運転致死傷罪の新設等このところ頻繁に改正が行われている道路交通法を始めとする関係法規や基本的運転技術・技能についての正しい知識や考え方等を定着させるための指導であり，教育方法の例としては，報道関係資料・視聴覚教材を活用した講義，集団討議，実際の運転場面を想定したロールプレイング等が用いられている。

ウ　第三に，自らが引き起こした交通非行等を具体的に見詰めさせるとともに，その問題性や対象者自身の性格特性等についても認識を深めさせる指導であり，教育方法の例としては，対象少年を小集団に分け，その相互作用を活用して行うグループワーク，実際の事故場面等を想定したロールプレイング，運転適性検査を実際に行い，その結果を基にした面接指導，集団討議，作文指導等が用いられている。

エ　第四に，犯罪被害者等の立場や心情等を理解させるとともに，加害者としての自らの考え方や今後の行動について考えさせる指導であり，教育方法の例としては，少年と被害者や被害者遺族等を想定したロールレタリング，集

団討議，犯罪被害に関する課題図書を使った読書指導，作文指導等が用いられている。また，直接犯罪被害にかかわった外部講師による講話を実施しているケースも見られた。
オ　第五に，交通非行の温床ともなった交友問題や暴走族についての理解・離脱に関する指導であるが，その具体的教育内容・方法については，それぞれ当該内容を盛り込んだ他の部分に詳述されている。
カ　第六に，以上の内容を踏まえて，出院後の望ましい交通社会へのかかわり方等について考えさせる，いわばまとめとしての指導であり，教育方法の例としては，集団討議，作文指導，個別面接，出院後の具体的生活における危機場面等を想定したSST等が用いられている。

(4)　指導計画等作成上の留意点等

　現在の法務省式運転態度検査が開発される過程において，一般少年と非行少年（少年鑑別所収容少年）の運転態度にどのような差異があるかについて調査・検討がなされ，「・・非行少年は，一般の少年に比べて運転を気分発散や自己顕示の手段とする傾向が強いことに加え，自分は運転がうまいと思っているため，スピードを出したり，危険なハンドル操作をしがちであるし，無免許であっても他人に迷惑をかける暴走行為であっても，気分発散や自己顕示欲求が満たされるならばそれが優先してしまいやすい。これは，非行少年が社会生活の中で不適応状態にあり，これをふっしょくしようとする中でバイクや車の運転にひかれ，運転を自信のよりどころとする者が多いことを考えると理解できる。・・・」との言及がなされている。この分析は，我々が指導に当たる上で，示唆に富むものであると思われる。仮に，対象少年にとって交通非行にまで至るほどの運転行為が彼らの社会不適応状態をふっしょくするための手段であるとするならば，その手段に関する一般的な知識や技能を付与するだけでは十分でないことは明らかであり，対象少年が有する個別のニーズにいかに対処していけるのかが重要なポイントとなる。

　したがって，指導計画等の計画・実施に際しては，各種資料や面接の結果等を基に，少年個々の特性や教育上の必要性等を十分に把握し，対象者に共通し

て必要な指導内容のみならず，個々の少年固有に必要な指導内容を整理することが肝要であると思われる。さらには，実施結果を的確に評価し，必要のある少年に対しては更に個別的な指導を行う，又は当該評価結果を個別担任等に確実に伝達して，関係職員が情報を共有化していくことが重要である。

これらを踏まえれば，今後，交通安全指導を実施していく上で特に重点をおくべき指導内容は，おおむね上記(3)のウ，エ及びカ等対象少年の内面に強く働きかける教育内容や方法であり，これらを更に充実・発展させていくことが望まれる。そうすることで，同ア及びイ等交通問題等に関する基本的な知識・技能の習得を中心とした指導内容がより効果を発揮するものと思われる。

4　実践例の概要

以下，少年院における交通安全指導の実践について，次の二つのケースを紹介することとしたい。

最初の例は，長期処遇を実施する少年院において講座形式で実施されているものであり，次の例は講座形式ではないが，個別担任教官による一貫した個別指導を実施しているものである。

なお，両例ともに，施設における実際の指導計画等に，筆者が必要に応じ多少のアレンジを加えたものであることをお断りしておく。

(1)　講座形式をとる実践例

最初は，長期処遇を実施するある少年院のものである。このケースでは，本稿の主題である「交通」に加え，「薬物」，「暴力」，「財産犯」及び「交友」の５類型について，講座形式の「非行別グループ指導」が実施されている。同グループ指導は，「被害者の視点を取り入れた教育」をその中心内容として各類型の指導計画等が編成されているところに特色がある。以下，編入の方式等他の類型を含めた運用の方法についても実施要領を含めて指導計画等を紹介したい。

ア　指導の目的

共通の非行を有する少年をグループ別に編成し，講義，討議その他の指導方法により，非行に対する反省を促すとともに，被害者の視点から自己の非

行を見詰めさせて謝罪の気持ちを培い，自ら生じさせた損害の回復に誠実に取り組む態度を養う。
イ　対象者
　　中間期教育過程に在籍する少年
ウ　実施時間等
　　1単元の実施時間は75分とし，週間標準日課表に定める時間帯に実施する。
エ　グループの種類及び編入基準
　①　A班（交通）
　　　無免許運転，共同危険行為，危険運転致死傷，業務上過失致死傷等の交通非行があった者，及び，その他の理由により同班に編入する必要のある者
　②　B班（薬物）（以下略）
オ　指導期間等
　　指導計画は13単元（おおむね3か月）を1クールとする。
カ　編入手続き等
　A　個別担任教官は個別的処遇計画を作成するに当たり，編入させるべき班を受講の必要性の高い順に2班選定する。ただし，標準教育期間より長期の教育予定期間を設定する少年については，受講の必要性の高い順に3班選定できる。
　B　個別担任教官は選定した班について生活指導主任と協議した上で，編入させるべき班を個別的処遇計画に記載し，決裁を受ける。
　C　生活指導主任は，1クール開始ごとに対象少年の班別名簿を作成し，職員及び少年に周知徹底させる。
　D　中間期教育過程在籍中に第1順位の班については必ず全単元履修できるよう配意するものとし，具体的な編入方法は次による。
　　○　中間期教育過程前期編入時が，1クール開始時に当たる場合は，第1順位の班に編入させる。
　　○　中間期教育過程前期編入時が，1クールの途中に当たる場合は，第2順位の班に編入させる。

○ 新たな１クール開始時に，第１順位の班に在籍していた少年は第２順位の班に，第２順位の班に在籍していた少年は第１順位の班に編入する。
（以下略）
キ 指導結果の記録及び通知
(ｱ) 指導終了後速やかに，「非行別グループ指導実施記録簿」に記録し，決裁を受けるものとする。
(ｲ) 指導の結果，所属する少年について個別担任のより綿密な指導を要すると認められるときは，その旨を速やかに，かつ，確実に引き継がなければならない。
ク 指導計画
別表のとおり

(2) 継続的な個別指導による実践例

次は，特殊教育課程を実施する少年院において，在院少年の特性等にかんがみ，一貫した個別指導を継続しているものである。

このケースでは，個別指導により重きをおく指導方法において必然的に生じるデメリット，すなわち，担任教官間の経験，力量等の違いがあること，指導目的・手段等の妥当性や指導効果の評価が難しいこと，指導内容・方法の拡充又は共有化に限界があること等の諸問題に対応するため，近年，医療・看護の分野において広く運用されているクリティカル（クリニカル）・パス（以下「パス」という。）の方法論を応用した取組みを行っている。パスは患者の疾病等の状態を類型化し，各類型別の標準的な治療・看護計画をマトリクス化したものであるとされるが，これを少年院処遇に応用することにより，対象少年の非行態様等を類型化し，それに対応した各類型別の標準的な指導計画を整備し，指導を行おうとするものである。このような非行態様類型は，窃盗群，粗暴群，性非行群，放火群，生命群，道交法群，家族問題群及び再入群の８類型に特定され，それぞれにパスが設定されている。

当然のことながら，パスは，非行類型に着目した個別指導を入院から出院にわたって段階的・計画的に実施するためのものであるから，以下に述べるよう

に，各段階における目標等の設定や教育内容の配列等は，個別的処遇計画におけるそれと類似した構造を有している。

各パスには，個別的処遇計画表と同様，新入時教育過程，中間期教育過程（前期），同（後期）及び出院準備教育過程の各過程に，達成すべき目的（以下「アウトカム」という。）が設定されている。さらに，各教育過程は，それぞれ新入時教育過程は二つに，中間期教育過程（前期），中間期教育過程（後期）及び出院準備教育過程期は三つに細分され，その細分ごとにアウトカムに応じた下位目標（以下「アウトプット」という。）及びその下位目標を達成するための手段ないし教育方法（以下「インプット」という。）が一覧表となって整理されている。インプットは，「個別面接」，「課題作文」，「ロールレタリング」，「課題図書」，「新聞記事等のペーパー教材」，「ネットワークPCを介したマルチメディア教材」，「その他の活動」及び「個別担任からの課題」の8領域に分けられている。これを対象少年の個別担任教官が管理しつつ，徹底した個別指導が進められる。

以下，道路交通法違反や暴走族関連非行を犯した者を主たる対象者とした「道交法群」のパスについて紹介するが，紙数の都合もあり，アウトカム及びアウトプットは中間期教育過程分に絞り，また，インプットは三つに細分されている同教育過程における第2期分のものを例として触れることとしたい。

ア　中間期教育過程（前期）

(ア)　アウトカム

　　交通非行を厳しく見詰めさせ，自己の問題性について考えさせ，その改善を図るとともに，交通法規を遵守することの大切さを理解させる。

(イ)　アウトプット

　　第1期：交通非行に至った問題性に目を向け，その改善意欲を喚起させる。

　　第2期：自己の交通非行の重大性について理解し，内省を深めさせる（対応するインプットについては後述）。

　　第3期：無免許運転の問題性，交通事故の悲惨な状況及び交通事故に伴う責任について理解させる。

イ　中間期教育過程（後期）
　(ｱ)　アウトカム
　　　交通非行の被害者と加害者の立場を理解させることで，自らの交通非行を後悔し，謝罪（悔悟）の気持ちを持たせる。
　(ｲ)　アウトプット
　　　第1期：交通事故の被害者の立場について理解させる。
　　　第2期：交通事故の加害者の立場について理解させる。
　　　第3期：交通非行を後悔する。
ウ　インプットの例（中間期教育過程（前期）第2期分）
　(ｱ)　個別面接
　　○　責任とは何かについて考えさせる。
　　○　道路交通法等関係法規の意義・目的等を理解させる。
　　○　交通事故に伴う民事・刑事・行政上の責任について理解させる。
　(ｲ)　課題作文
　　○　交通関係法規や運転免許がどうして必要なのか。
　　○　運転に伴う責任，交通非行を犯したことに伴う責任とは何か。
　(ｳ)　ロールレタリング
　　○　交通法規を守ろうと思っている自分と交通法規を破っている過去の自分
　(ｴ)　課題図書（読書指導）
　　○　「隼までとどけ七通の手紙（片山徒有著　河出書房新社　1999年）」を読んで
　(ｵ)　ペーパー教材
　　○　道路交通法等における罪名と処分等をまとめた資料を活用
　(ｶ)　ネットワークPCを介したマルチメディア教材
　　○　VTR「事故・・問われる責任と補償（学習研究社製作　1993年）」を視聴した後，上記課題作文を読み直し，感想を述べさせる。

5　おわりに

　少年院における交通安全指導に関するタイプの異なるアプローチによる実践例を二つ紹介してきた。冒頭において述べたように，悪質な交通事犯が増加し，それを許さない断固とした社会の姿勢が明確に示されつつある現在，政府全体としての少年非行対策を担う専門機関としての少年院における交通安全指導は，更なる充実を図ることで，その動きに貢献することが期待されている。

　指導に当たる我々は，少年の内面を深く洞察し，単なる知識等の付与にとどまらない効果的な教育内容・方法を辛抱強く展開したい。また，そのような指導事例を数多く蓄積して，共有したい。そして，彼らが復帰する現代の交通社会へ向かって，次のような気づきのできる少年たちを育てていきたいものである。

　「・・交通，・・交わって通る，それは一人だけで行う行動ではありません。二人以上いないと交わることは成り立ちません。自分のことしか考えず，相手と交わって通ったらぶつかってしまいます，交通事故を起こす結果になります。事故を起こさないためには，相手に先に譲ったり，通過するタイミングを考えて行動しなくてはなりません。交通は個人の世界なのではなく，相手がいて成り立つお互いを尊重し合う大人の社会なのです・・・」（ある少年院の講座で使用している教材における少年の「ことば」から）。

参　考　文　献

(1)　安香　宏・麦島文夫編『犯罪心理学』有斐閣　1975
(2)　椎名文彦『戦後・昭和期　交通安全教育小史』新生出版　2004
(3)　法務省大臣官房司法法制部『矯正統計年報Ⅱ　平成16年』2005
(4)　法務省法務総合研究所『犯罪白書（平成17年版）』2005
(5)　内閣府『交通安全白書（平成17年版）』2005
(6)　法務省矯正局編『矯正教育用語ハンドブック』2000
(7)　福田圭一ほか『非行類型に対応した個別指導マトリクス（クリティカル・パス）の作成について』「矯正教育研究　第49巻　36頁」2004

別表　指導計画

単元	主題	指導のねらい・指導内容等
1	人と車	車両の長所や短所，及び車両交通により受ける恩恵と弊害について考えさせ，それらは車両を運転する人間によるところが大きいことを理解させる。
2	交通に関する法律と交通安全	交通社会は，物理的に強者である車両の通行が，法の規制により秩序立てられていることを伝え，交通法規を遵守する必要性を理解させる。
3	車両運転者の責任	運転者には，必要な運転免許の取得や，実際の車両を運転するために必要な保険等の制度等，課される責任があることを理解させる。
4	交通事故と被害者(1)	交通事故，特に人身事故事例を基に，交通事故の一連の流れを伝え，事故発生とともに生じる被害者の苦痛と加害者の責任を理解させる。
5	交通事故と被害者(2)	前単元と同様の事故事例から，加害者，被害者双方の気持ちを読みとり，加害者は被害者に対して責任があることを理解させる。
6	交通事故にまつわる損害賠償	実際の交通事故による損害賠償の金額等について伝えるとともに，金銭では賄えない被害者の気持ちについて考えさせる。
7	交通事故被害者の叫び(1)	交通事故被害者や遺族の手記等から，交通事故被害者の置かれた状況や被害者の耐え難い心身の苦痛や悲しみを理解させる。
8	交通事故被害者の叫び(2)	交通事故被害者又はそれに関わった外部講師等による講話に直接触れることにより，前単元のねらい等を更に深化させる。
9	加害者の謝罪	4～7時限の内容を振り返らせ，加害者の責任を再認識させるとともに，さまざまなケースにおける具体的な謝罪の方法や在り方について考えさせる。
10	暴走行為と被害者(1)	暴走行為が行われる理由及び暴走族はなぜ発生するのか考えさせ，その具体的な被害の形を検証させる。
11	暴走行為と被害者(2)	暴走族は許されない存在であることを伝え，社会の暴走族に対する目を理解させ，その構成員にならない決意を固めさせる。
12	交通安全への決意	交通社会に生きる社会人として，出院後，何に留意すべきか，いかなる行動をとるべきかを考えさせる。
13	交通社会の一員として	これまでの自分と車両交通との関わりを振り返らせ，今後，交通社会の一員としてあるべき姿を考えさせる。

過去を乗り越える指導プログラム

暴走族離脱講座

齋 藤　　峰
(内閣府政策統括官（共生社会政策担当）付
調査官（青少年育成担当）

1　はじめに

　本稿では，まず暴走族の現状や少年非行としての暴走族問題のとらえ方について，犯罪白書や各種調査等を確認し，関連する非行理論等も参考にしながら，暴走族離脱講座を，主として，暴走行為に関するリスクの認識を高める働きかけとしてみる視点から，少年院における実践例を紹介しつつ，暴走族離脱講座の意義を確認していきたい。

2　非行少年問題の中の暴走族

(1)　暴走族の現状

　「暴走族」は，1974年（昭和49年）ころから深刻な社会問題となり構成員数は1982年に42,510人，グループ数は1981年に770を数えた。1978年には道路交通法に共同危険行為の禁止が新設され，1981年には共同危険行為に係る違反点数の引き上げなど，警察による総合的な暴走族対策が数次にわたり講じられてきた。なお，2003年末時点で構成員数は21,184人，グループ数は1,264となっている。2003年に警察庁によって行われた，都道府県警察が集団暴走に参加したことを確認している者2,471人に対する「暴走族に対する意識調査（第3回）」（第1回1975年，第2回1998年）によれば，①依然として出身中学を基盤とし

てグループが構成され，集団暴走時に金属バット等を携帯する等悪質・凶悪な実態があること，②第2回調査以上に暴力団との関係が強まっていること，が指摘されている。また，グループ数が増加していることから以前に比較して小集団化しているが，対立抗争やグループ内リンチによる傷害事件や原動機付き自転車の3人乗りに因縁をつけての強盗致死事件等，凶悪・重大な事件も発生していることなどが，最近における暴走族の特徴であるといえるであろう。

(2) 少年院入院少年と暴走族

　少年院新収容者の不良集団関係別構成比に関する統計では，昭和62年までは不良集団に関係のある者は半数程度であったが，平成4年からは6割前後で推移し，そのうち，暴走族及び地域不良集団の比率は上昇傾向にあり，平成14年の新収容者では，不良集団に関係のある者は58.7パーセントで，その内訳は暴走族（26.6パーセント）が最も多く，次いで地域不良集団（25.5パーセント）となっている（法務総合研究所『平成15年版　犯罪白書』235頁）。少年院で矯正教育を受ける少年の6割が地域を中心として構成される不良集団に関係しているのであり，少年院の法務教官の実感としても，交友関係の問題，他者からの被影響性が高い傾向，中学時代からの学力低下や不適応，ドロップアウトといった筋道を経て，不良交友を開始し，暴走族へと至る非行化の経路が見て取れる少年が多数を占めるように感じられている。

(3) 暴走族，暴走族問題への社会的なまなざしの変化

　暴走族，暴走族問題は，現在では非行問題に関する言説の中心となることは少なくなったように思う。しかしながら，暴走族に関連した非行がなくなったわけではなく，平成13年4月，警察庁では「暴走族への加入防止等施策検討懇談会」を設置し，「暴走族への加入防止，離脱促進対策の強化に向けての提言」がまとめられ，平成16年11月1日施行の道路交通法の改正（平成16年法律弟90号）において，暴走行為により，迷惑を被ったり，危険にあった者がいない場合であっても，交通の危険を感じさせたり，他人に迷惑を及ぼすこととなる場合には罰則が適用されることとなるなどの対策が実施されている。このような状況にあって，暴走族は少年非行の深刻な問題として受け取られているだろうか。

暴走族問題の社会における受け止め方の変化については,「少年犯罪を「関係性の病理」とみなした旧時代から,それを「内面性の病理」とみなす新時代へ。このように,近年の少年犯罪は,社会的な一般性を有する集合レベルの問題に起因したものとしてではなく,個別的で特殊な個人レベルの「心の問題」に起因したものとして理解される傾向を強めている」(土井隆義『〈非行少年〉の消滅―個性神話と少年犯罪―』信山社305～306頁　2003)とされていることが同様にあてはまるように思われる。非行グループが成立しにくい状況が生じたのは1990年代辺りであるといわれているが,暴走族に関しても同様であり,最近ではリーダーによる統制が弱いため,かつてのように大集団で組織的な統制の取れた非行を行うことはなくなってきたこととの関連も指摘できるであろう。これは,非行グループを通じた逸脱行動の学習とその実施を通じて徐々に非行性が深化し,非行キャリアを成立させていくといった見方が適合しにくい非行少年が多く見られるようになったともいわれている(前掲書　37～38頁)。

　しかしながら,依然として,暴走族の少年たちの多くが中学時代の学校教育からのドロップアウト,怠学,教師への反抗,家庭からの離脱,親との葛藤,非行仲間への参加などのいわば旧世代の非行キャリア形成型の非行少年に共通する要素を抱えていることを,法務教官は知っている。処遇の実感としても,彼らの問題性には人間関係における病理が影響していると思われるし,実際,彼らに対する矯正教育において,他者との関係をどのように自律的に築いていけるようになるかは相変わらず極めて重要な教育課題なのである。

3　非行理論と暴走族対策

(1)　少年非行としての暴走族

　　かつて,佐藤郁哉は,進学競争や競争社会からドロップアウトした者たちが,成績上位者や社会的エリートに対し,劣等感や敗北感,自己実現を阻まれている欲求不満と焦燥を補償するものが車であり,同じ境遇にあるものとの連帯性を求めるものが暴走族であるという説明(コンプレクス起源説)に対し,暴走族の少年は,青年期特有の問題を解決する他の手段をあまり豊富には持ってい

ないこと，第二には彼らにとって暴走族活動につきもののリスクが他のタイプの青年たちに比べてそれほど致命的ではないからであるとする見方を示し（魅力－リスク説），非行理論的にみた場合，前者はストレインモデルに，後者はコントロールモデルに該当し，ストレインモデルでは，非行少年が最終的には落ち着いて遵法的な生活を送る大人になっていくことをうまく説明できないと指摘した（佐藤郁哉『ヤンキー・暴走族・社会人　逸脱的ライフスタイルの自然史』新曜社 7－9 頁　1985）。ストレインモデルは，「ひとが逸脱行動に走るのは，何らかの不満（フラストレーション），緊張（ストレイン），葛藤（コンフリクト）などを解決しようとする努力が，たまたま他の人びとの期待に背反した結果であると見る考え方で，ロバート・K・マートンのアノミー論が典型例（大村英昭他『逸脱の社会学』新曜社 1 頁　1979）であり，コントロールモデルは，「ひとは何らかの逸脱可能性（ポテンシャル）を本来的にもっている，したがって，もしこれを規制するコントロール・システムが機能障害を起こすと，通常潜在しているこのポテンシャルが発現して何らかの逸脱行動にはしると見る考え方」（前掲書 1 頁　1979）であるとされている。

　これを佐藤の枠組みに照らせば，①暴走族の少年に青年期特有の問題を解決する別の手段を学習させること，②暴走活動に伴うリスクの大きさを理解させるか，あるいは，現実的にそのリスクを大きくする方策，が重要となってくる。

(2)　暴走族少年の特性と指導上の焦点

　第 2 回「暴走族への加入防止等施策検討懇談会」における齊藤俊郎（当時千葉少年鑑別所首席専門官）の説明によれば，非行問題としての暴走族の現在の特徴として，①社会での葛藤や権威への反抗とは言いにくく遊び感覚，社会は自分の遊び場の一つであるといった感覚であること，②自分の劣等感や仲間への同調を求めて力を誇示しようとする傾向があること，③集団非行に共通するが，皆がやったので自分もやった，と自分の責任に関する自覚がないこと，④以前は 18 歳になった時点で引退し直接的に暴走にかかわらないような仕組みがあったが，いったん脱退しても関係を持ち続ける者も多いこと，⑤リーダーが存在しないため行動がエスカレートし粗暴化している傾向が強いこと，が指摘

されている。さらに，子どもが暴走族に加入していても，ある年齢になったら自然にやめるだろうとか，大人になるために一時的に行う「やんちゃ」程度にとらえることの危険性が指摘され，現在の非行は成長のためのステップになっているとは言い難く，いつまでも好き勝手でいたいという精神的未熟さが顕著で，規範意識を身に付けさせることの重要性を指摘している（第2回懇談会議事要旨）。

(3) 矯正教育と暴走族

　暴走族への加入防止，離脱促進の対策に関して，地域社会が，家庭，学校，職域等と連携して取り組んでいる現代の相談活動の在り方は，おおむね，彼らが暴走族に参加しなくても青年期の諸問題を解決する場・機会や人間関係を得るために有効な活動であるといえるし（例えば，吉川水貴『本気で君を信じたい　暴走族とおやじクラブ』廣済堂出版　2004），警察による暴走族に対する取締りの強化や道路交通法の改正等による罰則の強化は，暴走族少年の外側から，暴走行為のリスクを大きくすることを目的とした対策であるともいえる。一方，暴走行為に伴うリスクを内面的に大きくすること，つまり，暴走行為に伴うリスクを少年自らが正しく認識できるようにしていくことについては，少年院において暴走族少年にとっての個人別教育目標として設定されるであろうし，ここで取り上げる問題行動指導を中心としつつも，それ以外のすべての矯正教育と有機的に関連させていく中で，個々の少年の問題性に応じた個別的処遇計画の実施を通じてその達成が目指されているのである。

　であるから，まず少年院における矯正教育としては，規範意識を培い，また，暴走行為が与える社会的危険性に気づかせ，さらには暴走行為が多くの被害者を生む行為であり，また，いつ何時具体的に深刻な被害者を生んでしまうかもしれない行為であることを認識させることが基本となるであろう。これは被害者の視点から他者との関係，社会の存在，社会の規範の存在に順次気づかせていくことを意味するが，その上で，少年院の他の矯正教育に種々盛り込まれている活動を経験することで自分の葛藤を解決する別の方法を身に付けさせることにつながり，これらが総合的に機能して，更生のために暴走族との関係，交

友関係を見直すことを狙っているのであるといえよう。

4　暴走族離脱講座の実際

(1)　暴走族離脱講座の教育課程における位置

　暴走族からの離脱指導については，少年院の教育課程では，生活指導領域に区分されて，非行にかかわる意識，態度及び行動面の問題に対する指導である「問題行動指導」の一環として行われている。

　ここで注意しておきたいことは，暴走族離脱講座が，例えば，暴走族に加入することの危険性を指摘することや技術的な暴走族離脱に関する情報提供にとどまったり，暴走族離脱の意思を形式的に確認したり，交通関係法令や交通安全に関する知識を付与したりすることが含まれるものの，それでもって少年の持つ問題性に直接に有効であると考えているということではないことである。つまり，「暴走族の少年が施設に収容される原因が，共同危険行為や無免許運転といった交通法規からの逸脱行為として顕現するものではあるが，これらの対象者に対して，暴走族だからということだけでは，処遇指針や指導の内容・方法は生まれてこない。（中略）そこで，交通問題の指導に当たっても，その本質に切り込むためにも，少年たちが生きて直面している生活そのものの建て直しをめざした，「生き方」や「価値志向」についての働きかけを伴った指導が中核に据えられなければならないということが結論づけられる」（矯正協会編『矯正処遇技法ハンドブック　第2分冊　生活指導の技法と実践論』181～182頁　1990）ということである。

　繰り返せば，矯正教育においては，非行の発現の仕方として暴走族が選択された背景と少年の資質や問題性とを常に関連づけながら，交通法規，社会における暴走行為の評価等，短期的には，暴走行為を相対化して見つめられることに資する題材を選び，さらに，その他の教育活動での成長に関する情報も参考にして，講座における少年の変化の状況を全体の生活の状況の中で位置付けていくという発想が基本となっているといえるであろう。

(2)　暴走族離脱指導の複雑性

暴走族離脱に関する指導事項としては，①非行の形式において，非行集団である暴走族グループに加入する形で現れていることに関する問題（他の非行でなく暴走行為であることの理由や意味），②非行集団に所属することに関する問題，③交通ルールという規範にかかわる意識の問題などがあるが，これらの各問題点は，それぞれ関連したものでもある。

　このため，暴走族離脱指導を交友問題において取り上げるか，交通安全教育に関する課題の一つとして取り上げるかは，それぞれの少年院が矯正教育の対象とする少年の資質や問題性の在り様と，長期処遇の少年院であるか短期処遇の少年院であるか，また，収容少年の資質や犯罪傾向がどのようなものであるか等を検討し，また，施設が現実の矯正教育に利用できる指導時間数等の諸条件も考慮した上で，最適な方法が選択されていると考えられる。

　次に，上記(1)及び(2)で示したことを念頭におきながら，以下，暴走族離脱講座の具体的な在り様に目を向けてみたい。

(3) **暴走族離脱講座の標準的内容等**

　「問題行動指導」にどのような教育内容を準備するかは，長期処遇，短期処遇の別，あるいは設置されている処遇課程等に応じて，それぞれの少年院ごとに異なるが，指導の目的，指導計画の構成，指導内容・方法等について，順次確認しながら，暴走族離脱指導の標準的な姿を確認しておきたい。

　ア　暴走族離脱講座の構成

　　暴走族離脱講座の構成には，①交友問題を中心とした講座において，その一部を反社会集団に関する単元として取り上げているもの，②交通問題を中心とした講座において，その一部を車非行に関する単元として取り上げているもの，③交通問題の講座をいくつかに区分し，その一つを暴走族を中心として扱う講座として専門に扱う方式としているもの，に大きく区分することができる。

　イ　指導の対象者の選定

　　矯正教育全体と問題行動指導との関係から，対象者選定に当たっては，①道路交通法違反等，本件非行が交通非行に関係する者，及び②交通安全教

育の必要性があると認められる者の双方を講座の対象とする場合が多く見られる。
ウ　指導の目的
　少年院で実際に行われている講座において掲げられている目標を例示すると、①無免許運転、共同危険行為に代表される交通規則の違反が社会に及ぼす影響を理解させる、②暴走族の危険性、反社会性について理解させる、③暴走族を離脱する決意を固めさせる、④車社会の一員としての自覚や責任感を高め、人命を尊重し、社会に容認される運転態度をとる姿勢を固める、といったものが共通したものといえる。
エ　指導計画の編成例
　(ア)　交通問題に関する問題行動指導に組み込まれた講座（指導計画・単元）の例
　　交通問題全般を取り上げた問題行動指導に関しては、本書においても別に検討が行われているため、ここでは、暴走族及び暴走族離脱指導にかかわる事項を中心に説明することとするが、交通問題講座において取り上げられる場合としては、一つの単元として「共同危険行為」に関する内容を設けている例や、「無免許運転と暴走行為」、「運転者の心得」といった単元を設け、暴走行為の危険性、違法性について指導することとしている例などがある。
　(イ)　交友問題に関する問題行動指導に組み込まれた講座（指導計画・単元）の例
　　交友問題において暴走族離脱に関する単元を設定している場合、暴走族に加入することが暴力団と関係を持ってしまうきっかけとなることが多いことから、暴走族に関する単元に引き続いて、暴力団に関する単元を設定する場合があること、不良交友から発生する非行としてひったくりや集団での暴行事件等を取り上げ最近の街頭犯罪の増加（和田正信『交通事件の街頭犯罪化傾向』「罪と罰」第40巻3号（通巻159号）21頁　2003）といった観点からも対応できるような単元構成がとられている場合もあること、

暴走族でなくとも不良交友集団からの離脱の意思を固めるための単元が設けられていることなどの工夫がなされていることが多い。
(ウ) 暴走族関連の問題のみを対象とした講座（単元・指導計画）の構成
　短期処遇（一般短期）の中間期教育過程における講座の一例では次のとおり指導計画が設けられている。
① 単元1　暴走族加入の経緯
　　単元目標：暴走族に加入した経緯について，客観的に振り返らせるとともに，当時の不安定な生活状況についての認識を深める。
② 単元2　暴走行為の問題性
　　単元目標：暴走行為がどの程度問題があるのか自覚を促し，問題意識を深める。
③ 単元3　暴走族の魅力
　　単元目標：暴走族のどのような側面に魅力を感じていたのか振り返らせ，健全なものの考え方ができるようになる。
④ 単元4　暴走族と暴力団
　　単元目標：暴走族と暴力団との関係について理解を深める。
⑤ 単元5　追悼集会
　　単元目標：暴走族の行う追悼集会の問題性を認識させる。
⑥ 単元6　暴走族の人間関係
　　単元目標：暴走族の人間関係について問題性を認識させる。
⑦ 単元7　交通事故被害弁償
　　単元目標：交通事故の重大性を認識させる。
⑧ 単元8　暴走族をやめない人たち
　　単元目標：暴走族をやめられない人物にどのような問題があるのか考えさせる。
⑨ 単元9　暴走族を離脱するには
　　単元目標：暴走族を離脱するに当たってどのような決意が必要か考え

⑩　単元10　今後バイクや車とどうかかわっていくのか
　　単元目標：出院後に自分がバイクや車とどうかかわっていくのか考えさせる。
⑪　単元11　今後の決意
　　単元目標：暴走族の離脱についての決意を表し，危険性や問題性を理解させる。

(4) 指導の実際例とその意義

　次に，暴走族離脱講座の全体について，いくつかの指導例を掲げ，その意義を確認していくこととしたい。

　ア　導入段階の単元における自己評価

　　どのような教育実践においても，導入段階で学習者がどのような認識にあるか，どの程度のレディネスを持っているかを診断的に評価することは極めて重要である。ここでは，暴走族離脱講座の導入段階における工夫であり，また，講義形式でなく，討議形式を活用した例を挙げてみたい。

　(ｱ) 指導案の概要

　　　ある少年院の暴走族離脱に特定した講座（全11単元）の第2単元「暴走行為の問題性」（70分）では，目標を「暴走行為がどの程度問題があるのか自覚を促し，問題意識を高める」とし，手順(1)として，暴走行為がどの程度いけないことであるかについて，対象少年に10段階評価を行わせている。段階は，段階1が「まったくいけないとは思わない」，段階10が「この世でもっともいけないことである」ことを提示し，その間隔については少年各自に自分なりの考えで評価させるというものである。

　　　その後の指導の手順は，手順(2)が「自分の考えた評価について，なぜそう思うのか理由を記述させる」，手順(3)が「評価ごとに席を並べ替える」，手順(4)が「評価の低い者から順に評価した理由について発表させる」，手順(5)が「他者の意見に対する意見や感想があれば自由に発言させる」となっている。指導上の留意点には，「自分なりの理由を明確にさせる」，

「自分と他者の意見の違いを明確にさせる」、「気づいたことは自発的にメモを取らせる」ことが指導案に示されている。

最後に、まとめの段階では、まず、「討議を経て先に行った評価に変化があったかどうか確認する」、再度「10段階評価をさせ、その理由をノートにまとめる」となっている。

(イ) 実践、意義

少年院では、教官の指導能力の向上と指導計画、指導案、教材等の検証、充実、さらには教育課程の充実を目的として、毎年計画的に研究授業が実施されている。研究授業は検察官、家庭裁判所の裁判官、家庭裁判所調査官、保護観察官、保護司、他の少年院の法務教官、少年鑑別所の心理技官や法務教官を招き、公開研究授業として行われることもある。本件単元に係る研究授業が2002年に実施されており、その結果も参考にしながら本単元の意義について考察してみたい。

この授業は、一般短期処遇対象の中間期教育過程の少年12名が参加して行われている。少年院から、①討議形式の授業方式は、出院時の少年のアンケート結果において「討議の中で考えながら理解できることが多かった」という回答が多かったことを考慮して講義形式から討議形式へ授業方法を修正したものであること、②討議形式の授業で積極的に意見が出る下地として、ホームルームや他の授業での話し合いの機会が毎日あること、自分の意見を相手に伝えることの重要性について継続的な指導をしていること、が説明されている。

授業の記録からは、本講座の対象には既に暴走族を離脱した少年も含まれることが示されており、個々の少年の主観的な暴走族への関与の度合いもそれぞれであろうと推察される。また、少年院に入院してから経過した期間や処遇段階も異なることを考慮すれば、講座全体の導入時点において、異なる認識の少年同士が、それぞれ自分の主観による評価を理由とともに示しながら討議することは、これから展開される講座に対する主体的な取組姿勢を醸成し、比較的自らに取り入れやすい他少年の考え方を参考

にできるという点で，導入段階の指導としては工夫が利いている。
イ　展開段階におけるロールプレイング

　暴走族の少年は被害を合理化したり，被害者がないことを主張する場合が多い。暴走族離脱講座において，暴行行為の危険性をテーマとする単元では，暴走行為，共同危険行為が，人の死に至る重大な結果を招く可能性の高いものであること，さらに，その結果には到底自らでは償いきれない責任が伴うことをリアルに認識させることが極めて重要である。ここでは，前者に関しては，ロールプレイングを用いた方法の有効性について主としてヒューマン・エラーの科学から得られる知見からも有効であることを，後者については，ウにおいて関連する試みを紹介する。

(ｱ)　指導案の概要

　単元（70分授業）の主題は「交通事故や交通犯罪被害者の現状を理解させ，交通犯罪や交通事故の影響の大きさを認識させる」と設定され，導入部分では単元の目的（主題）の説明を行い，展開部分を45分，まとめが10分で役割演技の内容に関する教官のコメント及び学習の総括として設定されている。展開部分の45分において，①被害者の手記や取材記録を教材として提示し，交通事故や交通犯罪の被害者が立たされている現状と心的外傷後ストレス障害等の主な後遺症について説明した後，被害者死亡の交通事故を想定し，加害者，被害者遺族それぞれのロールプレイングを行う，という構成となっている。

(ｲ)　実践と意義

　この単元においてロールプレイングが用いられていることは，ロールプレイングによって経験したことのない相手の立場を経験することで，被害者の立場に立って感じ，考えられることができるようになることが意図されている。少年は，無免許であったこと，暴走行為あるいは暴走行為をきっかけとした集団暴行等によって被害者を死に至らしめたことなどを，被害者（役）を目の前にして思い知らされることになる。そのとき，暴走行為の危険性は，感情の変化とともに再確認されることになるであろう。

このことが重要な役割を果たすと考えられる。医療事故，交通事故等に関するヒューマン・エラーの科学（心理学）では「過去の災害の原因や状況，対処方法等を知的情報として，その要素のみを伝えるのではなく，物語のような形で情報を与えれば，イメージの鮮明性が増加し，将来の危険な状況において，リスクを回避する判断を行いやすくなると考えられる。そのときに，映像などを交え視覚的に訴えかければ，イメージの鮮明性は更に上昇すると考えられる。また，感情的な反応を伴なった不快な出来事として記憶させるために，もしも，自分の職場で事故が発生すると，自分自身や家族の現在がどのように変化するかなど，できるだけ具体的に自分の現在の生活状況に密着させて，あたかも自分の経験であるかのように想像させることが良い方法であろう」（岡本浩一・今野裕之編「リスクマネジメントの心理学」新曜社　266頁　2003）と指摘されている。

　非行少年が考える暴走行為，危険行為に関する物理的リスク判断や社会的リスク判断は，いずれにおいても，一般人が考えるよりも驚くほど低い。交通法規の知識，規範に従う態度・認識などとともに，自分の行為に関するリスク判断ができるようになることは，暴走族離脱講座の枠組みだけではなく，他の生活態度にもインパクトが期待できる実践であるといえるであろう。

ウ　暴走族や不良交友からの離脱に関する展開例

　暴走族離脱講座のまとめの段階においては，いくつかの少年院において暴走族離脱の意志を固めさせるという目標をもった単元が配されている。

　交通安全教育に重点を置いた観点からは，自らが車社会の良識ある一員となる意志を固めさせるアプローチ，不良問題に重点を置いた観点からは不良交友・不良集団からの離脱の意志を固めさせるというアプローチとなるであろう。実際に，少年院における指導計画ではいずれの観点からも検討されている。

　不良交友からの離脱の観点から指導している少年院の例では，第７単元（全体は，毎時75分の８単元で構成されている。）において，指導のテーマ

を「不良交友からの離脱の必要性を認識させ，その具体策を検討させる」とし，不良交友を続けた場合の今後の自分の人生についてストーリーを考えさせ，発表させるという内容が設けられている。

(ア) 指導の概要

　まず，導入の段階では，出院者で再非行に至った者のほとんどが少年院入院前の不良交友が再燃して失敗に至ったものであることについて，保護観察の成績や関係機関からの再非行を把握できる資料を事前に準備・検討し，関係断絶が立ち直りに不可欠であることを理解させることに重点が置かれている。

　展開の段階においては，「不良仲間との関係を続けた場合の，今後の自分の人生についてストーリーを考えさせ，文章にまとめさせる」ことを指導上の留意点として，現実に起こり得る内容を記載するように指導し，その後，順次，発表を行うこととなる。発表を聞くときには，ストーリーの危機場面において，どのような対処又は行動をとれば良かったかについて，各自意見をノートにまとめ，それをもとに討議を行うこととされている。

　まとめの段階では，「将来どのような交友関係を築いていくのか，また，更生するために予想される危機場面を慎重に乗り切って対処していくことの大切さをしっかりと理解させる」ことが指導上の留意点として挙げられている。

　少年院での指導では，具体的であることが極めて重要な要素である。いかに暴走族や不良交友から断絶できると考えているか，この授業での意見発表からは，少年の認識の深まりの程度が如実に示されるであろう。そして指導案では，新たな不良仲間の出現という問題場面を想定し，これにかかる考えを深めさせ，「結局は自分の価値観がいかにあるかこそが問題である」ことを理解させようとしている。

5　暴走族離脱講座の今後の展開～総合的な暴走族対策の一環として

暴走族離脱指導を充実させていくことに関し，検討を要する重要な事項として，次のことが考えられる。

(1)　保護者に対する働きかけ

　　暴走族に所属している非行少年の保護者の意識にも働きかけることは重要である。特に，少年の行為が一時的な逸脱であり，加齢とともに暴走族から離脱するだろうという楽観は，一昔前の暴走族では期待できたかもしれないが，これに根拠はない。結局は，家庭において可能な努力とされる，①自分の子どもに関心を持つこと，②セルフコントロールできる子どもに育てることを考えることを，保護者が粘り強く続けていく以外にはないのである（内山喜久雄等編『暴走族』同朋舎　241頁　1989）。

(2)　交通安全教育から交通教育へ

　　「交通とは何か，交通のネットワークはどのように形成されているか，都市計画と道路計画，大量交通と個別交通，公共交通と私的交通，（中略）交通というものの本質を考えさせ，車や道路空間の利用・使用の原理・原則をきっちりと教育」する交通教育の重要性が指摘されている（前掲書246頁）。少年院においても，暴走族の少年以外の少年も車社会の一員として社会に復帰する。交通安全講座や暴走族離脱講座の少年に対してだけではなく，すべての少年に対する必要最低限度の交通教育の内容を検討し，幅広く実施していくことの重要性を指摘しておきたい。

(3)　地域や社会との連携

　　暴走族が多く，その対策に関しても先進的な広島県では，「暴走族相談員」が設けられ，暴走族を離脱させた後，自然学習，母の手料理，文化体験などに関する既存のさまざまな組織の協力を得て，人間性を豊かにするための活動に参入させ，また，企業体験，雇用促進，定時制高校への受入れの働きかけ等，地域や民間団体が連携・協力する体制作りが大きな役割を果たしている。青少年対策要綱における関係機関の連携に係る提言や市民がそれぞれ共通して抱え

る問題に対する自助組織による支援・協力の枠組みの成長等に照らしたとき，少年院における暴走族離脱講座も，保護調整の業務との関連性を強め，その中で，出院後における余暇活動やその活動に少年を受け入れてくれる支援・協力組織との連携を具体的に模索することが，少年の不良集団からの離脱に極めて有効な手段となるのではないだろうか。

6 おわりに

現代の暴走族の少年が社会に対する反逆や葛藤から暴走行為を行っていると考えるとした場合でも，法務教官がその仕事の中でなし得ることは，彼らの社会の見方や社会との距離を検証し，歪みを正していくことであるし，また，佐藤郁哉が指摘したように，彼らには噴出する若者のエネルギーをぶつける対象が暴走を除けば他に少ないのであれば，それが持てるように機会を設け，また，同時に暴走に伴うリスクの認識が低いのであれば，それに対する認識を高めていくことが有効であろう。

ここに紹介した少年院における暴走族離脱指導の一端は，彼らの暴走行為に関するリスクの認知レベルを何らかの形で高めていこうとするアプローチであるといえるであろう。

他方，少年院では，暴走族少年が親和性を持つと指摘される集団でのスポーツ競技（サッカー，野球等）やコーラス，詩の朗読，読書，職業技術の習得など，まさに多種多様な自分の再発見につながる機会を設けている。少年院は，矯正教育の全体を通じて，彼らの社会の見方を揺さぶり，リスクに気づくように促し，さらには暴走以外のものに注意を向け，力を発揮することができるように準備しているのであると言えば言いすぎであろうか。

参 考 文 献

(1) 吉川水貴『本気で信じたい　暴走族とおやじクラブ』廣済堂出版　2004
(2) 土井隆義『〈非行少年〉の消滅—個性神話と少年犯罪』信山社　2003

/過去を乗り越える指導プログラム

家族生活適応講座

大河内　徹

(帯広少年院)

1　はじめに

　本稿では，グループ指導の方式による少年の家庭を取り巻く問題の解決に向けた内容を矯正教育での実践を踏まえて提示する。

　心のよりどころとしての家庭，経済的支えとしての家庭が存在することは，少年が立ち直るための極めて重要な要素である。ひとたび少年院に入院した少年の多くは，親に対する愛着を語り，親に対する謝罪の気持ちを表明する。少年院送致となり，自分を保護してくれていた家族と切り離された環境に置かれて初めて，親の有難さに気づいたかのようにみえる。通信や面会を通じて家族の交流が再開されて，相互理解が進められていくこととなるが，家族のきずなのかけがえのなさをより深く理解させて，家庭に再適応するための具体的な取組みを学習させることが，本プログラムの目的である。

2　矯正教育における問題群別指導「家庭」の指導例

　家庭の問題の取り上げ方については，①家族の意義を学び，家族とのきずなの深め方を学ぶためのグルーピングと，②家庭内暴力など家庭内の具体的問題の解決をターゲットとしたグルーピングとがある。前者については，人間教育的な内容と考えられるので，全少年を履修対象とすることができるが，後者は，問題性

除去をねらいとした特定の少年を対象としたものとすることが適当と考える。
　以下に前者についての指導案の例を挙げ，概要を説明する。

	単　元	項　目
Ⅰ	家族とは何か	① オリエンテーション　② 家族とは何か
Ⅱ	親子関係	① 成長過程に沿った親子関係　② 子どもの役割・親の役割
Ⅲ	家族のきずな	① 家族が必要とするもの　② 家族のきずな
Ⅳ	両親を知る	① 両親の歩んで来た道　② 親の立場と気持ち
Ⅴ	家族と自分	① 家族に対する態度と影響　② 注意する気持ち，注意される気持ち
Ⅵ	家庭の問題点	① わが家の問題点と対処法
Ⅶ	自分が作る家庭	① 親からの自立　② どのように生きたいか
Ⅷ	家族の一員として	① 家庭における自分の立場と役割　② 家族関係コースで学んだこと

　　　　紫明女子学院「家族関係コース指導計画（時間数22時間（11回））」より

　「Ⅰ家族とは何か」での導入に続き，「Ⅱ親子関係」で人の成長過程と親とのかかわりを説明し，幼児から発育を記録したVTRを視聴させた後，今までに親からしてもらったこと，してあげたことを取り上げ，発表させ，併せて親の役割，子の役割を話し合わせる。「Ⅲ家族のきずな」では，家族のきずなを体験することが，私たちの人生にとって必要不可欠であり，家庭がそれを提供する場であることをVTR視聴によって理解させる。VTR教材の中には，聴覚障害の母親とのコミュニケーションに努力する小学生のドキュメンタリーなど，家族がきずなを深めようと奮闘する姿を取り上げた内容を用いる。「Ⅳ両親を知る」では，両親を一人の人間として客観的に見詰めさせ，これまでの生き方や今の気持ちについて考えさせることをねらいとして，両親の人生の歩みをたどらせる。少年の命名のエピソードを尋ね，少年に対する親の思いを発表させる。「Ⅴ家族と自分」で

は，これまでの家族に対する態度や自分の非行が家族に与えた影響について考えさせる。これまで家族に注意されたときの気持ちと行動をまとめさせる。「Ⅵ家庭の問題点」では，家庭内の問題点を整理させ，その対処法を考えさせる。家族が自分の望むように変わってくれないときはどうするのかを話し合う。「Ⅶ自分が作る家庭」では，家族の必要性を考えさせた上で，自立について経済的自立と精神的自立とに分けて考えさせる。「Ⅷ家族の一員として」では，自分にとっての家族の意味を考えさせ，これからどのような役割を果たし，かかわっていったらよいか，自分の残された問題は何かを考えさせて最後のまとめとするものである。

全体を通じて，家庭に対する愛着を強めさせようとする構成となっている。少年によっては，自分を養育してくれた，親代わりの人との関係に置き換えて考えさせるように指導しているが，基本的には家庭に深刻な問題が認められない少年を対象に考えられた内容となっている。

3 家庭を取り扱うプログラムの構成及び実施上の留意点

(1) 画一的な結論に導かない

家族問題をグループで行う取組みに関しては，「健全なモデルを提示するだけでは，指導効果が期待できない」との指摘がある。問題を解決していく家族のドキュメンタリーを視聴させると，自分の家族の現状に対する失望感を表明したりその日の日記に記したりする少年がいる。また，他の少年が講座の中で家族に関して自己開示することをうらやましく思う，あるいは，自分がそこまで気持ちを整理できないでいることから，悲しく苦痛な時間でしかないと感想を述べる少年もいる。少年院に送致される少年の保護環境は，実父母率が一般家庭よりも低いことをはじめとして，家庭内のさまざまな問題や葛藤を抱えている状況にある。また，保護環境面が良好で比較的問題なく家庭に帰住することができる少年の場合と，条件が整わず保護者の元に帰住できない少年の場合とでは，同じ指導を行っていては都合が悪いことは明らかである。そのため，グループを用いる指導においては，少年の置かれた状況が複雑多様であること

を考慮して，画一的な結論に持ち込むことを避けなくてはならない。
(2) 少年によって重点は異なる

次いで，少年の家庭の問題状況の違いに応じて学習の目標が異なり，学習の重点が異なることを認識しておく必要がある。このことは，まず，家族の再統合が可能なケースと不可能なケースとに大別される。前者については，その家族の恩恵の上にあぐらをかきながら，犯罪・非行を行ったタイプに対応するものとして，①家族にしてもらったことを思い出して，感謝と謝罪の念を深め，自己改善に向けて努力する決意を固める。あるいは，家庭からの疎外感，孤立感から不良集団に準拠したり，売春などの逸脱行動に至ったりするタイプに対応するものとして，②家族とのねじれた人間関係を整理し，感情の交流を改善し，家族の一員として復帰する。このいずれかの取り組みをさせることとなる。後者については，家族の死亡，収監，重篤な疾病，修復し得ない対立，家族間の重大犯罪，重い虐待など家族の統合を回復することが困難な状況のもとでは，③家族の困難な問題を客観視し，自己のかかわり方を探り，自立を含む現実的な解決を見いだしていく。このような方向での取組みをさせなくてはならない場合があると思われる。これらに対応したグルーピングの細分が可能であれば理想的であるが，実際には，個別指導により，取組みの方向づけを行うことが現実的であろう。

(3) 少年が取り組める内容を扱う

家族のきずなの妨げとなる問題については，経済的困難や児童虐待，逆に，少年が起こす家庭内暴力，金銭持ち出し，家庭のルールの無視など，少年の家庭での勢力関係が優位にあることによって起きる問題，義父，義母との不和などの，連れ子のある再婚により成立した家族に関する問題，自分以外の家族間の不和，家族の疾病や酒，ギャンブルなどへの依存など区々にわたる。それらには，本人の行動変容によって改善できる問題もあれば，基本的に本人には解決できない問題も含まれる。本人が家庭での対人関係を改善し，併せて非行から立ち直ることが極めて重要な家族の課題である一方で，家族に関するその他の問題の解決は，本人の一義的な役目ではない。

(4) 家族のきずなは，努力して作り上げるものであることを認識させる

　以上を踏まえて，本講座では，少年に家庭と家族の意義をよく理解させ，家庭により良くかかわっていくための自覚を深めさせ，対人関係上のスキルの獲得を促進する内容とする。最終的には，家族は，生物学的基礎に立つものであるが，義理の人間関係を含もうとも，家族の成員がお互いに理解しあい，助け合う努力によって，「真の」家族になること，自立の方向に力点を置いた人生選択を行わざるを得ない場合でも，家族とのなんらかのつながりを維持していく努力を続けることを学ばせていきたい。その意味では，この講座では，職員や他の少年によって常にエンパワメントされながら，家族の価値を見いだす努力を行うことが肝要である。

4　講座の構成内容（基礎部分）

　本稿で提示する講座は，全員を履修対象とするプログラム＝基礎部分の構成に，家庭内暴力などの個々の問題を解決するプログラムを加えた構成となっている。基礎となるプログラム部分については，内観と同様に，現に生かされている自分を育ててくれた存在に対する感謝や畏敬の念を育むような視点から，人（自己）の成長を理解させる内容とするものである。それによって，家族に関する不遇感を超越した思索が可能となるからである。問題性除去（問題の解決）のプログラムについては，当該の問題の解決をSSTなどの集団的方法で図っていく際，SSTの参加少年は問題を抱える少年を手助けする立場で参加することとなるが，家庭内暴力の非を内省作文などで取り組むよりも，周囲からの励ましを受けられ，かつ，自分のかつての在り様を客観的に観察する機会を得ることができる点で，より優れた方法と考えられることから，家族生活適応講座の中で時間を割いて，集団で取り組むテーマとしたものである。

　そこでまず，基礎部分として，①家庭の社会文化的，生物的役割の学習，②自分の家庭の理解の方法，及び③家族の中での対人態度や対人関係の改善の三点についての指導の在り方を検討する。

(1) 家族の社会文化的，生物的役割の学習

　自分が育てられた家庭というものを，乳幼児期からの発達期ごとにその役割を見ていくことによって，自分の成長のために家族や地域社会からしてもらったことを思い出させ，人が成長していく上での家庭やそれを取り巻く地域社会の重要性を認識させる。

　高等学校指導要領においては「家族」に関して，「人の一生を生涯発達の視点でとらえ，家族や家庭生活の在り方，乳幼児と高齢者の生活と福祉について理解させ，男女が相互に協力して，家族の一員としての役割を果たし家庭を築くことの重要性について認識させる」と説明している。家庭は，生涯にわたって人の在り方に強い影響を与えるものであり，今後の生き方を考える上での学ぶべき内容であるが，ここでは，内観などと共通する「育ててもらったことの振り返り」を容易にしていくことをねらいとしており，本講座の導入部分として取り上げている。この授業を受ける少年によっては，「家族」という言葉自体がアレルギーとなり，「家族」の指導日がいやでたまらないという例があった。「家族」を考えていく上で，型にはまった家庭の在るべき姿を性急なやり方で結論づけ，押し付けることはないことをよく説明しておくことが，講座の導入時に留意すべき事項である。

　人間の成長に関して，発達段階という考え方があり，胎児期，新生児期，乳幼児期，幼児期，児童期，思春期，青年期という区分が一般的によく用いられることを説明する。特に，言葉の成長，身辺の自立，社会性及び認識能力を育む乳幼児期における家庭の役割を説明する。保育の場面を中心とするVTR教材を視聴し，意見交換を行わせる。時間の配分上，少年がエピソードを思い出せるような，乳幼児期以降を素材にしたVTR教材が適当である。さらに，児童期，思春期，青年期については，その社会的発達や道徳性の発達が見られることを取り扱い，現在の家庭での自分の在り方に触れさせる。

　発達に関する一般的説明の後には，ハンディのある家族を持つ家庭などの子育ての苦労を扱ったVTR教材を視聴させて，人を育てる家庭の機能の大切さについて，シェアリングを行わせる。

(2) 自分の家庭の理解

　自分の名前の命名について、ほとんど関心がないなど、自分に関するユニークな情報について探求する気持ちが欠落しているということは、自分を養育してくれた者に対する特別な思いを育てる上で行うべき作業が多く残されていることを示している。

ア　両親が歩んできた道（家族の由来）

　いわばルーツを求める作業である。父と母が出会い、愛し合い、現在に至るまでの足跡をたどらせる作業である。親は、最初から自分の父であり母であったわけではなく、それぞれに一人の人間としての人生の歩みがあり、自分と同様の悩みを持ち、成長を遂げた一人の人間であったことを認識させる。この作業を通じて、親の心情をより具体的に理解させ、親との新たな出会いの契機とさせる。

　両親に関することを知らない少年に対しては、面会や通信を通じて、親が若かったときのことを尋ねるようアドバイスするが、生育に関することについては、当時は不本意な出産であった場合など、必ずしも祝福されない状況もあるので、まとめた内容については、グループで発表するなどの場面では注意深く取り扱うという配慮が必要となる。さらに、再婚などによって親が別の配偶者を得た場合についても、それをまとめさせておく。両親の歩みには、きれいごとではない内容を含んでいるとしても、事実として認識させることがこの単元でのねらいである。少年によっては、苦しい作業であり、この間、家庭の在るべき姿に関する言説は取り上げないように注意する。

イ　自分史

　自分の出生時のエピソード、成長する中での家族の会話やかかわりの変化をまとめさせる。自分史については、作文指導として実施している場合もあり、ここでは、家族との交流に関する記憶に限定してまとめさせる。先行して内観を実施している場合は、その記録を用いることができよう。

ウ　まとめを促進するための教材

　VTR教材や副読本については、記憶の整理や、家族の足跡や意味づけの

整理に有効である。自己の生活環境として家庭は，異質なものとの照らし合わせをしないと，空気のような当たり前の存在であり，取り立てて記述すべき内容が思い浮かばない少年がいる。そのような場合に，他人の家庭に関するドキュメンタリーなどは，自分の家庭の個性や特徴を認識するきっかけを付与してくれる。

(3) 家族の中での対人態度や対人関係の改善
　ア　家庭の問題点
　　　自分のことを含め，何が自分の家庭の問題点であるかを挙げさせ，自由討議を行わせる。公にしたくないこと及び本件非行の具体的説明を行う必要がある内容については，それらを発表しないことを約束事としておくことが忘れられてはならない。ここでは，本人の非行を問題として挙げるほか，やや身勝手な，親に対する批判も発表する場合もあるが，特に制限を加えないこととする。
　　　家族の問題をテーマにした事例を用いての集団討議を行う。
　イ　自分が与えた問題
　　　自分が家族に与えた問題に絞って発表させて，問題が及ぼす影響について，ほかの少年の意見を聞かせる。続けて，問題克服の方法を集団討議で扱う。
　ウ　家族の気持ちを理解する
　　　親との確執がある少年から，素材を提出させて，ロールプレイングの場面として取り扱う。個別指導その他の指導の中で少年が記述している内容を指導職員が切り取って適宜に脚色して，当該指導時に取り上げることを事前に伝える方法でもよい。
　エ　家族に気持ちを伝える
　　　特に，女子非行の場合，家族との心の交流が図れないことが，家庭に定着できない大きな要因となっている。したがって，本人の立ち直りについて，家族との相互理解が果たす役割は大きく，少年としては，家族に上手に気持ちを伝える技能を向上させることが大切である。男子少年は，他者に対する

侵害行為を中心とする事件を非行内容とする者が多く，欲求充足に対する自制ができないことを問題とされることが多いが，家庭からの疎外感やコミュニケーションの問題が外在化しにくいという点にも着目する必要がある。男は泣き言をいうべきではないというジェンダーバイアスが要因になって，家族に本音を伝えて受容され，家庭でのやすらぎを得るという大切な恩恵に預かり損なっている。実父母がそろっている割合において，男子少年は常に女子少年を上回っているにもかかわらず予後が不安定である場合が多いが，これは，男子少年が暴力的な形で家族のきずなを損なったまま，修復を行っていないからとも考えられる。したがって，暴力を用いないで気持ちを伝えることと，気持ちを伝える努力を続けることの二つが，家庭での家族関係の改善の出発点である。

さて，コミュニケーションの改善を図る実践として真にシンプルで有用なものに対人関係療法がある。水島弘子は，まず，「だれが（自分にとっての）重要な他者」であるかをはっきりさせておくことを強調した上で，対人関係改善の方法を解いているが，その中でコミュニケーションの改善について，「①できるだけ「言葉」で伝える。②間接的な言葉は誤解のもと。③勝手に納得しない。④相手は分かっているはずだと思い込まない。⑤難しいときは手紙で伝える」の五つのポイントが重要であるとしている（水島広子「自分でできる対人関係療法」　創元社　2004）。

SSTなどのリハーサル訓練において，家庭を題材として実施する際に，参加少年には，対人関係の改善に資するこのような知見を積極的に教え，取り入れさせて練習を行わせることがより望ましい。

オ　家庭のルールを守る

わが子に守ってもらいたい家庭のルール（家族の一員として守ってもらいたいこと）には，登校（通学），門限，金銭管理，（家庭で）暴力を振るわないこと，交友関係，携帯電話の使用に関することに加え，犯罪・非行でありながら暗数となりやすい，無免許運転，毒劇物・薬物の使用，売春が挙げられる。仮退院後の保護観察期間中における遵守事項の具体化として，当面は

携帯電話を持たないようにするなどの決め事については，親子の了解事項として，できる限り在院中に明確にしておくことが有効である。これらは，面会・通信の指導場面を通じて，個別に取り決めることが適当である。その際，親の希望と少年の希望をそれぞれリストにして提出してもらい，面会の場ですり合わせるといったやり方が必要である。

　しかし，それらのルールの価値を受け入れているかどうかが肝心なところであり，実は遵守の意識が低く，出院後に約束をほごにしてしまったら意味がない。そこで，ルールの重要性を十分に理解しておく方法として，出院後の家庭のルールに関して，モラルジレンマの事例として集団討議で取り扱うことが考えられる。

　モラルジレンマ授業では，討議の結論は正解がない，オープンエンドという構造を持っているゆえに，参加者は，対立する二つの命題について十分に考える機会となり，門限と友情のどちらを選ぶかといったテーマにしても，門限を設定している意味や心配する親の心情を理解する契機となることから，家庭のルールと思われるものを講座の中でモラルジレンマ教材として扱うことによって，より内発的なルール遵守意識の醸成が期待される。

5　講座の構成内容（家庭の個別的な問題）

(1)　ステップファミリーの問題

　義理の父や義理の母との人間関係を含む家庭の場合，家族のお互いがわだかまりを持つ場合もあり，このような少年は，その展開が受身で始まることから，自分が疎外されるような心情に追い込まれやすい。また，少年院としても，内縁関係にある者を家族としてとらえるか否かの判断が難しい場合もあって，親が離婚している場合の保護関係調整については，ややもすると本人の自立の方向に力点が置かれる傾向があった。しかしながら，新しい家族になろうとする者が，今後とも家庭の中で責任を果たすことを表明したときには，少年に対しても，前向きな人間関係を作り上げるための助言・指導が必要である。

　女子の少年院では，保護者が実父母である割合は，40パーセントから20パー

セントを割り込む状況がある。また，実父か実母かどちらか一方が保護者の場合には，内縁関係にあるパートナーがいる場合も多いが，少年は，その家庭の中での自分の居場所が見いだせずに不安定になっている。矯正教育の中でも義理の家族の件は個人のデリケートな部分として，作文指導などの個別指導で扱っており，そのこともあって，自分だけで不遇感を抱え続けていることも多かったろうと思われる。

近年，共通の悩みを持つ人々が自助グループを立ち上げて，支え合っていく心強い活動が各方面で見られるようになったが，再婚により成立した家族についても，ステップファミリー（(Step-Family)＝継父，継母を表す接頭辞であるStep－をFamilyと結びつけた造語）の会の活動がまずアメリカで始まり，日本においてもその活動がマスコミや学会（日本家族社会学会）でも認知されるようになってきている。再婚して成立した新しい家庭のメンバーがお互いの理解をもとに良い関係を築くノウハウなどについての自助的な活動を進めている。ステップファミリーというネーミングをもって，共通の悩みを解決していこうとする活動の方向が示唆に富むものである。少年院の中にあっても，義理の人間関係を含む家庭の事例を用いて集団討議を行い，あるいは，ステップファミリーの課題に関するワークブックを行うなどの取り組みが有効と思われる。

ところで，ステップファミリーにまつわる，次のようなMyth（神話）が存在するという。子どもと継母，継父の間の愛情はすぐに生まれる（作り話1）。親の離婚や再婚を経験した子どもの傷は永遠に癒されない（作り話2）。継母は意地悪である（作り話3）。ステップファミリーとしての生活にはすぐに順応できる（作り話4）。実の母親（又は父親）が身を引いた方が，子どもは離婚や再婚に順応しやすい（作り話5）。死別後にできたステップファミリーのほうが簡単である（作り話6）。ずっと一緒に生活しないステップファミリーのほうが簡単である（作り話7）。家族には1種類しかない（作り話8）（SAJ（＝Stepfamily Association Japan）ホームページから引用）。

これらの逆説の含意は，新しい家庭において家族がきずなを作り得ないと考

えるのは間違いではあるものの，やすやすとできることではなく，相当期間の忍耐が当事者には必要であるということ，また，親子の関係は，子が自立することとなったらそのまま縁遠くなるのではなく，いろいろな形での交流が続くというのが真実であり，少年にとって，自立の努力と家族のきずなを保つ努力とは，併せて行っていかなくてはならないということであろう。義理の父や母との関係に悩む少年にとっても，今後の気長な付き合いを，余り構えずに継続していくのだとする方が，自立＝断絶なのか，完璧な家族として受容しなければならないのかといった二者択一を迫られているととらえるよりも心理的負担が小さい。また，当該団体の提供する情報や知見に触れやすいよう配意することにより，「自分だけで悩んでいる」状況から脱することができ，関係改善の意欲につながるはずである。

(2) 被虐待経験の克服

　非行行動には，高率の割合で被虐待経験が先行しているという調査結果が公表されており，家族の再統合を図ることができる場合とできない場合では，保護関係調整指導の方向も大きく異なる。被虐待経験を有する少年については，家族とのかかわりを振り返る際に，その体験を想起するとともにフラッシュバックが生じる危険性もあるだけでなく，虐待が，正当なしつけであったという自罰的な受取り方を刷り込まれていることが多く，将来に向けての家族との良好な関係を築く上での自己の対応を誤るおそれがある。したがって，被虐待経験が資料上明らかな少年については，本講座に編入する前に，虐待をした者との関係について整理する必要がある。被虐待の経験を有する少年は，自己イメージが極めて悪いと指摘されており，CAP（Child Assault Prevention）のプログラムを導入するなどして，自己に向けられたあらゆる暴力を否定することを学ぶ必要がある。

　CAPは，1978年，児童に対する性暴力事件を契機としてアメリカのオハイオ州で始められたプログラムであり，すぐれて実践的であり，かつ，理念的な内容となっている。子どもに対して，安心して，自信をもって，自由に生きる権利を持っていることを分かりやすく伝え，自分を大切にする気持ち（＝人権

意識）を持ち，自分に対する脅威に対しては，「NO（いやという），GO（その場を離れる），TELL（人に話し，分かってもらう）」の対処ができるように，ロールプレイングを交えたワークショップ方式で自分を守る方法を学ばせるものである。わが国には，森田ゆりが紹介し，2004年現在では90万人に近い子どもがこのプログラムを受けており，大人ワークショップを受講した数は85万人，CAP のサークルは全国で140グループに達しているとのことである。CAP は，高校生までのプログラムが開発され，さらに，児童福祉施設の児童を対象にした CAP も，運用を開始している。

　被虐待経験を有する者が後年犯罪非行にかかわったり，自らが虐待者となったりする可能性は，被虐待体験を整理しなかった場合には，2，3割にのぼると言われている。CAP は，被害予防的なプログラムである点で，被虐待経験を有する少年にとって有益であるだけでなく，暴力を排除した自己主張や自己実現を将来に向かって成し遂げる人を育てる点で，また，自尊感情が高められることによって，集団討議などにおいての自己開示の勇気と意欲を持つことができることから，矯正教育開始の早期に対象を選ばずに受けさせることが検討されてよい。

　少年院の中で CAP の会員である外部講師からその理念を教示していただく機会があり，家族からのさまざま虐待を受けてきた女子少年の感想を以下に紹介する。

　「講話の時間，身体にビリビリ電気走っていた。講師の先生の言っていた言葉，何回も頭の中でリピートされていた。いやならいやときちんという。自分の感情を表に出す。人に相談する。自分を大切に思う。だれかに縛られることなく自分に生きる。それは決して悪い事なんかじゃなくて一人一人が持っている権利なんだって。なんとなくそんなこと分かっているし当たり前だけど，私はそういうことができなかった。ずっとそういう感情を出すこととか悪いことのように怒られてきた。だからその言葉が新鮮で。何て言えばよいか分からないけど，泣くのをがまんしてがまんして寮に戻ってきて号泣した」。

　職員に励まされながら家族との適切な関係について日ごろから考え続けてい

たこの少年に，講師のお話し（CAPの理念）との出会いがあり，彼女は，自立の道を選ぶことになった。

(3) 家庭内暴力の克服

　少年が家庭での暴力の主体である場合には，少年自身が家庭不適応の原因を作り上げている上に，結局，外でも暴力を用いるなどして遵法的な行動選択をとることができず，再犯，再非行に至るリスクが高いと考えられる。内弁慶的な家庭内暴力の場合であっても，暴力に直面する家族は疲弊し，監護意欲も能力も著しく低下するので，本人が比較的軽微な法律違反を行ったものであっても，再収容に至るおそれがある。いずれにせよ，家族に対する暴力は，家庭生活に再適応する上での重大な支障である。

　家庭内暴力では，家族への攻撃が針小棒大ともいうべき，軽微な理由づけによっても開始されることがあるが，グループにおける指導では，第1段階は，家庭内暴力の中で交わされた具体的な会話の中身や行った暴力など，少年が想起，記録しておいた内容を，まず，ロールプレイングで取り上げる。極めてさいなことをきっかけとして暴力の行使が引き出されていたことに気づくことができる。その際，親が買いにいかされ，差し出したカップラーメンの銘柄が自分の要求していたものと異なったなどの家庭内暴力のきっかけとなった実際例など，振り返ってみると，これを皆の前で集団によって取り上げられるのは恥ずかしいと感じる少年の場合には，テーマを出した者が判明しないようにランダムに取り上げるなどの配慮が必要である。

　ロールプレイやサイコドラマによって，被害を受けている者の心情が理解できるであろうし，極めてささいな理由のもとに親を傷つけていたことなどを後悔し，反省の機会になる。「それならば自分は変わらなきゃ」という自己改善の動機づけに結びつけることが指導のポイントである。

　第2段階では，怒りや粗暴な行動を自分の支配下，管理下におくことができるようにするための行動変容のトレーニングを行う。家庭内暴力については，怒りのコントロール（Anger Control Training）等の行動変容技法によって改善を図ることが有効であり，DV問題の回復プログラムが大変参考になる。

なお，自己の行動変容に関しては，人は暴力なしに生きていかなければならない，すなわち暴力を使わないコミュニケーションが絶対的要請であることを認識させるために，DV加害者の自助グループの活動記録のVTR視聴など用い，自己改善への動機づけを図ることが本講座の範囲であり，回復プログラム自体は，相当期間を要するので，個別的方法及び別のグルーピングにより実施する必要があると思われる。

6　講座の実施時期

　本講座は，家族に対する否定感情が強いままでは受講意欲が高まりにくいので，家族に対するある程度の客観視ができるようになり，家族に対する否定感情が変わらずとも，自分の側の非に気づくことができるようになるのを区切りとして，受講対象とすることが望ましい。また，「両親の歩んできた道」の単元については，親のことを，「結婚，出産，そして離婚，結婚，出産の繰り返しだ」とこの作業への強い嫌悪感を表すことがあり，それが予想されるときは，実施時期にかかわらず，当該単元の履修を免除する判断をした方がよい。

7　自立について

　以上，述べてきたように，家庭に困難な問題があり，解決が難しい場合については，個別的処遇計画の作成の段階から自立を考えさせることもあるが，更生保護施設などの親元以外へ帰住となり，なおかつ将来にわたっての家庭との交流の見通しがまったく立たない場合を除いては，家族とのきずなを維持する努力に目を向けさせる必要がある。

　また，出院後，保護者の監護のもとに生活を送る場合には，年齢相応の精神的，経済的，社会的自立の計画を立てさせることが重要である。相当の経費を家に入れることや，その他の貢献をすることについても，具体的な検討課題として与える。給料の使い方について，発表させ合い，他の少年からの意見をもらうようなやり取りが可能である。

8 指導上の留意点と他の指導領域との関係，関連づけ

(1) 教材選定に当たっての留意点

家族が支え合って困難を乗り越える内容のドキュメンタリーやドラマについては，ハッピーエンドの構成になっているものである場合，少年によっては，反発心を強める場合がある。これは，家族に大きな問題を抱える少年の場合には，それらは自分の体験と重ねて視聴することができないからであり，問題解決の場面にリアリティーのないドラマなどについても用い方に慎重でなくてはならない。

また，人の成長過程での必須要素を教示するときに使用する教材では，親の愛情などが受けられなかったケースなどを取り上げる際には，「うつ病の母親による養育のケース」などのデリケートな内容は注意して選択する必要がある。何かが欠落した養育環境で人（又は霊長類）が成育した場合の問題点を取り上げることにより，変え難い過去に絶望する人もいるということを銘記すべきである。

(2) 他の指導方法との関連づけ

家庭から自分が得てきたものを振り返る方法としては，内観が傑出している。内観については，一見家族への否定感情が強いと思われるような少年についても，「してもらったこと」を想起することを容易にする（治療）構造を持っている。本講座の受講に先立って自分にとっての家族，家庭の存在を肯定的にとらえる構えを形作っておくことは好ましい。

9 おわりに

本講座については，過去を乗り越える指導としての内容に限定したが，矯正教育の実践の中では，人は無力で生まれ，全面的に他者に頼って育てられたという人類共通の出発点を認めつつ，自分の作る家庭については，白紙のキャンバスに夢を描いていけるのだという希望を持つことまでを一連の流れとして取り扱いたいと考えている。特に，家族の状況の厳しい少年に対して，その困難な課題に取

り組むための元気と勇気を与えていきたい。

参 考 文 献

⑴　石井光『一週間で自己変革「内観法」の驚異』講談社　1999
⑵　水島広子『自分でできる対人関係療法』創元社　2004
⑶　広瀬孝子『打ち，子連れ再婚の家族や念』さぱりメント文庫　2003
⑷　CAPセンター・JAPAN編『CAPへの招待』開放出版社　2004
⑸　ダニエル・J・ソンキン　マイケル・ダーフィー著　中野留美子訳『脱暴力のプログラム』青木書店　2003
⑹　法務省矯正局編『家族のきずなを考える』大蔵省印刷局　1999
⑺　法務省矯正局編『自分を生かすワークブック』1998

/過去を乗り越える指導プログラム

交友関係改善講座

長 島 寿 勝
(関東医療少年院)

「悪い友達の誘いを断ることができなくて・・・」
　少年院に入院した少年や保護者からよく聞くこの言葉，あながち，ただの言い訳だとも言い切れない。成人の事件に比べて少年の犯罪では共犯事件の割合が極めて高いという一点をとっても，少年院に入院する前の彼らの行動に，友達・仲間との関係が極めて重要な意味を持っていたこと，また，少年院を出院した後の生活にも大きく影響するであろうことは想像に難くない。
　少年院における交友関係に関する指導は，交友問題をテーマとした問題群別指導などの体系的な指導から個別面接・作文指導，さらには平素の少年間における対人関係に対する機会的な指導に至るまで，重点的，かつ，日常的に実施されていると言ってよい。

1　人間の成長発達と交友関係

　一般に，乳幼児期の人間関係は，母子関係を基軸とする「保護」の枠組みの中で育まれる。したがって，時に厳しい叱責や激しい兄弟げんかがあったとしてもしばらくすれば何事もなかったような笑顔に戻れるものである。彼らの人間関係は，保育所・幼稚園，さらには小学校への就学に伴い，急速に拡大させられる。同年齢の友達と全身で遊ぶ楽しい経験を積む一方で，ちょっとした対立が関係修復を不可能にする経験，場合によって異年齢の上級生から一方的に傷つけられる

経験も積む。すなわち，「他人」としての友達とは何かを学ぶのである。彼らの交友関係は，小学校高学年から中学進学，青年期に至って更に拡大する。友達の居住地，友達との遊び場所も広域となる上，パソコンを利用したネットワークを駆使するに至って親の目は行き届かず，心理的離乳の進むこの時期に「お母さん，今日ね・・・」などという「報告」ももはや稀有なものとなって，友達からの承認・不承認は，親のそれより重視される。

　さて，これら交友関係におけるキーワードは，他者への信頼と個としての他者の尊重であろう。乳幼児期における当初の人間関係は，極めて自己中心的であって「自分を守ってくれるはず」という他者への当為の信頼に基づいている。先に述べた家族以外の集団に投げ込まれることによって初めて「分かってくれない」他人の存在を知るのだが，「個」としての他人を理解するまでには相応の時間が必要である。時に欲求を抑え，時に人付き合いのスキルを模索し，「分かってくれる」，「やはり分かってくれない」という信頼と孤独の経験を繰り返しながら，「自分と相手とは意見が違うが相手にも相手なりの背景がある。自分のことも理解してほしいが相手のことも理解しよう」といった「個」としての他人を認めるようになるのである。これは，実はアイデンティティの確立の過程でもある。自らの確固としたアイデンティティがあってこそ，他者の存在をも認められるようになるのである。

2　少年院在院生における友達観の特徴

　少年院在院生だからといって，その友達観に特異なものがあるわけではない。また，暴力団所属の少年から引きこもりのあった少年までを「非行少年」とひとくくりにして属性を求めようとすれば指導上問題すら生じる。少年個々の問題性はあくまで少年自身から学ぶべきものであるが，ここでは，主にいわゆる不良集団に所属する少年であって，非行の原因がこれら交友関係と密接にかかわっている事例を念頭に，経験上感じていることをまとめてみようと思う。

(1)　交友範囲が極めて狭く，その中で万能感を享受しようとする

　いわゆる不良集団に所属する少年たちには，「(自分は) 地元では顔が知られ

ている」などということがある。昨今のこれら集団は地域的な広がりを見せており、実際のところ、少年院処遇の中でも、知己関係者の処遇に悩むことがある。しかしながら、あくまで暴走族、チーム、あるいはギャングといった集団の中でのことであって、交友範囲はそれ以上に進展しない。しかし、一般にこれらの排他的集団は一定のテリトリーを有し、また、背景に「けつもち」と呼ばれる暴力団が介在することも多く、所属員にまるでそのテリトリーを支配しているかの万能感を享受させている。

(2) 服装や髪型といった外見が契機となりやすく、関係形成は機会的、かつ、必然的である

そもそも青年期における交友関係の成立は、服装や髪型、平素の行動傾向などから、趣味・趣向、あるいは何らかの人格的な近かさを相互に感じることが契機となる場合が少なくない。不良集団に所属する少年たちの加入の契機は、この外面的な側面が強く重視される点で極めて特徴的である。

いじめられ体験やあこがれなど契機はさまざまとして、男女を問わず、児童期から「強くなりたかった」、「目立ちたかった」という気持ちを抱いていた少年は多い。いわば弱小感の裏返しとも言える感情を持つこれらの少年たちは、自ら際立った服装をし、髪型を変えるなどして集団加入の意思表示を行い、時に自らも恐喝や暴行にあう対価を払いながら集団を形成し、強者に取り入りつつ集団の中で一定の地位を形成していく。

また、これら少年たちは、たまたま街で声を掛けられた先輩から誘われたなどと関係形成が機会的なものであると認識しているが、先述の過程に照らせばむしろ必然的なものと言い得るのである。

(3) 集団構成維持のための強い規範が存在する

諸相を有する集団の中で、特にクリークと呼ばれるタイプの集団は、そもそも没個性的で、規範をその内部に持っている。このタイプの集団は、個人が選択する価値を提供し、彼がそれを選択すれば、同一化のしるしと象徴を身に付けるよう要求し、あるいはその規範に従うよう圧力をかけ、彼らはそれを受け入れることによってはじめて所属の維持が可能となる。彼らが所属するいわゆ

る不良集団もこのタイプの集団に属するのであって，そこにおける同一化の象徴は，スカーフ，ヘルメットといった服装であったり，バイク，車といったツールであったりする。一方，勧誘されながら加入を拒否した者，あるいは離脱しようとした者には，「けじめ」などと称される一定の物理的制裁も前提となる。強い規範の媒介は，これら集団が人間的なつながりに基づいていないことの裏返しでもあろう。

(4) 価値観を軌道修正する方途がなく，漂流・暴走する傾向が強い

　一般の青少年についても，友人からの承認・不承認を，大人からのそれより重視する傾向は，いわゆるギャング・エイジ（gang-age）のころから認められる。心理的離乳の段階で受ける親の辛言は，抑圧とさえ感じるものである。しかしながら，保護的枠組みの蓄積がある限り，彼らは反抗しながらも親や教師といった大人が注入しようとする価値観をどこかに取り入れ，時に浮遊することがあっても保護の係累に沿って自ら軌道修正することを期待できるものである。しかし，残念ながら，少年院に入院する少年たちの多くについて，家庭や学校に帰属感がないことが多い。彼らは愛情や所属の要求を仲間に求め，自らの欲求や善悪の判断を捻じ曲げてでもその作用を受け入れ，どこまでも漂流・暴走する危険性を秘めている。いわゆる不良集団のほか，覚せい剤の薬禍に震えながら不良成人に「優しさ」を求める少女などまさにその象徴である。

　一方，「体を張って（非行行動を）止めようとしてくれたいい友達もいた」という少年も少なくない。その思いやりに感謝しつつも，不良集団への所属を継続するために「いい友達」の存在は無視される。結局，「普通の友達は去っていってしまった」ということになる。

(5) 友情と仲間意識の間に区別がない

　人間関係のきずなは，経験を共有することによって強化される。その経験が，特異，かつ，強烈なものであればなおさらである。不良集団に所属する少年たちについて言えば，共に夜を徹して暴走した，命がけで乱闘に加わったといった経験を繰り返すことによってその関係は強固なものとなり，集団内を支配する価値観は，相互に強化される。この異常な経験の日常的な共有が仲間意識を

人格的つながりと錯覚させ,「根性がある」,「強い」といった評価は人格的評価とされて尊敬に転じさせ,例えば,警察につかまりそうになったとき体を張って逃がしてくれたなどといったことが友情を分かち合った美談と錯覚させるのである。無論,家族に話せない悩みを打ち明けることもある。しかし,友達について語らせるとき,「いい友達もいたけど,悪い友達も多かった」などという少年は多く,友達なのか仲間なのか,友情なのか単なる仲間意識なのか彼らの中ではっきりしないことは多い。「集団になると悪いことをするけど,根は皆いいヤツ」という言葉は象徴的である。

しかし,逆に「警察に売られた(取調べに応じた)」などということで簡単に壊れてしまうもろさを持った関係でもある。

3　交友関係指導の留意点

前述の特徴を踏まえて,交友関係に関する指導を行う上で特に大切と考える事項を以下にまとめる。

(1)　交友関係の実態をよく把握する

　教育は,対象となる者の実態把握なしにしては成り立たない。特に非行少年たちの交友には,地域でたむろするような従来型の関係がある一方,携帯電話やパソコンといったツールを駆使した関係があるなど極めて多様化する傾向にある。また,友情をこの上ない大義名分とする少年がいる一方で,「友達は利用するもの」と言い切る少年もいるなど,少年たちの人間関係に対する考え方自体も多様である。矯正教育においては,少年簿,少年調査記録といった関係機関作成の資料から情報を得ることはもちろん,面接,作文,アンケートといった方法によって少年本人や保護者から情報収集することが可能である。

(2)　少年たちの交友関係を不良交友関係と決めつけない

　「友達は裏切れない」という少年は多い。伝統的な価値が薄れゆく現代にあって,「友情」は最後に残された価値と言ってもいいと感じるくらいである。実際のところ,彼らはそれなりに人生のある時期を分かち合ってきたのだから,そのこと自体は認めることが必要であり,頭から不良交友と決めつけては

拒否感を募らせるばかりだ。まずは，少年たちの話にじっくり耳を傾け，一石を投じて考えさせ，また，その結果に耳を傾け，次の課題を提示することが大切である。非行行動を共にした仲間との関係を断ち切らせたいとの考えが働くことは当然であるし，事実そうすべき場合が多いが，彼らの交友関係が「不良」なものであったかどうかは彼ら自身が認識すべきものであって，高い位置から評価したのでは効果がない。例えば，まとめて渡した作文テーマの中に最初から「不良交友を断絶するためには」などとあるようでは，指導効果は望めない。

(3) これまでの交友関係について具体的に考えさせる

指導の各段階において，面接や課題作文指導のテーマとして過去の交友関係を具体的，かつ，詳細に振り返らせることは極めて重要である。そのためには，単に「友達とは」といった抽象的なテーマを与えるのではなく，例えば，

- 幼いころ（更に小学校，中学校等）は，誰々とどのような付き合い方をしていたのか。
- どのような楽しいこと（悲しいこと）があったか。
- 友達のために何をしたか，あるいは，してもらったか。
- 非行が始まったころの付き合い方はどのようなものであったか。
- それらの仲間と付き合うきっかけはなんだったか。
- それらの仲間とどのような行動をし，どの行動がどのような結果を招いたか。
- 周囲の友人との関係はどう変化したか。
- 親からはどのような指導を受け，また，親はどのように感じていたと思うか。

といった事項を選択的，かつ，系統的に与え，具体的に振り返らせることが望ましい。

(4) 院内生活を実践の場と位置付ける

施設によって多少の格差はあるが，一般に，少年院ではグループワークなどの指導場面以外においては，少年間で過去の非行や交友関係について私的に語り合うことを禁止している。特にお互いの住所・電話番号等を伝え合って出院

後の再会を約束すれば，場合によって規律違反行為として懲戒処分の対象ともなる。これらは，いずれも少年院内での悪風感染を防止するためにとられている措置である。規律維持を前提としつつも，保護の枠組みの中にあって整然と維持される院内生活は，社会生活のシュミレーションと言い難い側面もある。しかしながら，それでも出院時に「院内生活でもっとも難しかったことは人間関係です」と答え，「院内生活でもっとも勉強になったことは人間関係です」と答える少年が多いことも事実である。そもそも円滑な対人関係を築きにくい者同士が狭い空間で生活する中で，少年たちは各種行事や役割活動を通じて話し合いによる問題解決や意思統一の大切さを学びながら協働・協調の喜びを体感し，時に軋轢に悩みながら相互に成長していくのである。どうしても対人関係がうまくいかない，あるいは規律違反があったといったときこそ，平素の面接やグループワークで話し合ったことを振り返らせ，問題解決のスキルを学ばせるチャンスでもある。

(5) 出院後の交友関係について共感的に理解し，具体的に考えさせる

　出院時期に至っては，「絶対大丈夫です」，「不良仲間とは縁を断ち切って，相手がしつこい場合は，保護司さんや警察の力を借ります」，「いい友達とは今後とも付き合っていきます」，「不安です」，「相手の考えが変わっていなかったら説得してやめさせます」などの反応が予想される。いずれの反応にせよ，具体的な友達・仲間を想起させ，どのように関係を維持あるいは断絶するのか，その際どのような事態が予測されるか，それに対する対応はどのようにしたらよいかを現実的に考えさせることが重要である。

　特に，不良集団との離脱を図ろうとする場合は，慎重な対応が必要となる。苛烈な制裁を予測して対応しなければならない場合もあることは少年自身が心得ていることであり，事実，不幸な事故が生じることもあると聞く。加えて，彼らにとって唯一と認識する心理的帰属集団を失う不安は極めて強いものがある。「先生は，簡単に抜けろというがそんなものじゃない」という言葉はこの両面を持っている。事実，再非行した少年には，孤独に耐えられず，自らかつての仲間のもとへ向かった少年が少なくないのである。

一般に，出院後の生活を真剣に考える少年であればあるほど，不安は強くなるものである。その不安に対して，共感し，共に悩み，必要な解決策を模索していくことこそ重要である。

(6) 関係機関や保護者と連携する

　少年院からの帰住を予定する地域の環境の変化は，主に保護観察所が作成する環境調整報告書から情報を得ることとなる。また，保護者との面会の中で，「かつての仲間からしょっちゅう電話がかかってくる」といった情報を少年自身が得ることもある。情報が不足しているとすれば，むしろ積極的に保護観察所や保護者から情報収集することを心掛けるべきである。また，事件を担当した家庭裁判所調査官からも有効な地域情報を得ることが可能である。

　こうした情報をもとに，更に具体的な指導を進め，面会の際に保護者の協力を求め，また，少年自身にも保護者に必要な相談をさせることが必要である。例えば，通勤・通学の際にはどういう交通手段をとるか，休日はどのように過ごすか，不良仲間から電話がかかったり，往訪されたりした際にはどのように対応するか，場合によっては帰住地の変更が必要なのか，こうしたことを一つ一つ考えさせることは，少年たち自身の気持ちを具体化させるとともに，保護者の教育力を回復させ，少年の更生に向けたネットワークの重要な役割に位置付けさせる効果を持つのである。

　さらに，これらの処遇状況については，保護観察所に適宜連絡して対応を協議することが重要である。

(7) 新しい人間関係の構築に向けた指導を行う

　交友関係の指導は，単に過去の交友関係を振り返り，その当否を考え，必要に応じて清算させるというだけでは終わらない。少年たちが，出院後，明るく前向きな生活を維持するためには，新たな人間関係の構築が不可欠である。実際のところ，少年院の中で行われる平素の指導，すなわち，少年間のあいさつといった日常の生活指導からいわゆる対人関係訓練，さらには集団で実施する行事や役割活動などすべての教育活動は，幅広く豊かな人間関係の中で円滑な社会生活を送ることを目的としているのであって，その一部を構成する交友関

係に関する指導とは，相手を個として尊重し自らのアイデンティティを確立させるための指導であり，このアイデンティティを確立させる指導こそがまさに「過去を乗り越えさせる指導」と言えるのである。

4 交友関係改善プログラムの実践事例

(1) 個別的処遇計画に盛り込みたい指導例

個別的処遇計画は，少年個々人の問題性や資質に応じて作成されるものであるが，以下は，いわゆる不良集団に属し，そのことが本件非行の要因となっているタイプの少年を想定した。

	教育目標	教育内容（着眼点）
新入時教育過程	○集団生活への心構えを作らせる。	・オリエンテーション，個別面接（集団生活への不安を解消し，心情の安定を図る。） ・作文，アンケート（これまでの生活を振り返り，問題解決への動機づけを図る。）
中間期教育過程（前期）	○入院前の交友関係を振り返らせる。	・問題群別指導（交友関係に対する体系的な指導） ・読書指導（人間関係に対するさまざまな考え方を知らせる。） ・個別面接，作文指導（過去の交友関係を具体的に振り返らせる。）
	○周囲の人と協調して生活させる。	・集会指導（集団生活の在り方を考えさせる。） ・日記指導（日々の生活を確認させる。） ・役割活動，クラブ活動，レク指導，行事指導（協働・協調の意義の体験させる。） ・機会的な生活指導（問題が生じた際の解決方法を学ばせる。）
中間期教育過程（後期）	○望ましい交友関係について考えさせる。	・問題群別指導（交友関係に対する体系的な指導） ・読書指導（友達はなぜ必要かを考えさせる。） ・SST（対人関係のスキルを学ばせる。） ・個別面接，作文指導（出院後に生じるであろう問題を考えさせる。）

	○円滑で思いやりのある対人関係を作らせる。	・集会指導（相手の気持ちを知り，自分の考えを的確に表現させる。） ・日記指導（毎日の生活上の問題を確認させる。） ・役割活動，クラブ活動，レク指導，行事指導（進んで協力する姿勢を身に付けさせる。）
出院準備教育過程	○出院後の交友関係の在り方について具体的に考えさせる。	・問題群別指導（交友関係に対する体系的な指導） ・個別面接，作文，日記指導，内省指導（出院後の交友関係の在り方を具体的に考えさせる。） ・保護関係調整指導，面会通信指導（出院後に予想される問題への対応策を考えさせる。） ・意見発表会，討議（自らの意見を発表し，相互に確認させる。） ・BBSとの交流会，職業体験（幅広い人間関係の在り方について考えさせる。）
	○他の範として責任ある行動を心掛けさせる。	・集会指導（集団全体にとって必要なことを考えさせる。） ・日記指導（毎日の生活上の問題を確認させる。） ・役割活動，クラブ活動，レク指導，行事指導（リーダーシップをとる経験を積ませる。） ・意見発表会（自らの意見を表現させる。）

(2) 交友関係改善講座の指導事例

　少年院では，昭和52年ころから，非行行動そのもの，又は，それと密接にかかわり，更生の妨げとなる態度又は行動面の問題を類型化し，その特性に対応した指導を実施している。対象の少年を問題別集団編成して指導する形態を一般に問題群別指導と呼称し，また，基本的に全少年を対象として指導内容について特性別に系統化して行う形態を問題性別指導あるいは問題別指導と呼称するなど，名称自体は各施設によって違いもあるが，ここでは交友関係に問題がある少年集団を指導の対象とする問題群別指導を念頭に交友関係改善講座の指導事例を挙げることとする。

指導目標
1　社会における人間関係の意義について考えさせる。
2　交友関係が自分や相手にどのような影響をもたらすのかについて考えさせる。
3　よりよい対人関係を維持するために必要な態度・行動について考えさせる。

過程	時間	単元／指導目標	指導内容・方法	
導　入	1回 2時間	オリエンテーション ・一連の指導に対する動機づけを図り、今後の指導を方向づける。	講義 アンケート又は作文 作文発表	・幼いころまでさかのぼって、交友関係を具体的に振り返らせる。特に非行行動が始まったころについては詳しく振り返らせる。 ・差し障りのないテーマで簡単な作文を作成させ、発表させる。
展　開	2回 4時間	視点の獲得と定着 ・これまでの交友関係にある問題点をみつめさせる。 ・他の人の考えを学ばせる。 ・家族など本人を取り巻くさまざまな人の視点に気づかせる。	講義 集団討議 事例研究 ロールレタリング	・アンケート結果について概略を伝達し、問題があるとすればどこにあるか考えさせる。 ・あらかじめ本人の了解を得た上で、アンケートや作文に書かれた事例を抽象化して提示し、問題解決の方法を探る。 ・親や非行に反対した友達の気持ちを考えさせる。
深　化	4回 8時間	出院後の生活に向けた具体的な方策の検討 ・困難場面を克服するための心構えやスキルを習得させる。 ・友情、本来の友人とはどのようなものであるか考えさせる。	集団討議 事例研究 （インシデント・プロセス）又はロールプレイング 読書指導又はビデオフォーラム	・問題解決を必要とする事例を系統的に提示し、望ましい解決策を検討させる。検討した解決策を動作化させる。 ・非行を直接扱わないテーマの図書又はビデオを教

まとめ	1回 2時間	決意の強化と定着 ・人間関係の大切さについて考えさせ,社会生活に向けた決意を固めさせる。	作文（決意文作成）意見発表 意見交換	・これまでの指導をもとに,今後の院内生活や出院後の社会生活に向けた決意を発表させる。 ・主張に対する修正の意見は最小限に留め,むしろ評価すべき点を相互に意見交換させる。

※前段の続き：材として意見交換させる。

5　交友関係に対する特別な指導（共犯関係にある少年に対する指導）

　少年院の処遇において共犯関係にある少年（以下「共犯少年」という。）については，収容する施設を分離することを原則として対応している。また，仮に共犯少年が同一施設に入院した場合は，日常的に生活する寮舎や職業補導種目を分けて対応することが一般的である。しかしながら，女子施設や矯正管区管内に施設数が少ない地域では共犯少年を分離して収容することが困難であり，さらに，小規模施設では寮舎や職業補導種目を分離することもできない場合もあり，この場合は，せめて居室を離すなどの対応をとった上，不用意な接触をしないようあらかじめ注意・指導する。これらは，共犯少年相互の接触が，少なからず矯正教育の効果を低減させる経験に基づいた対応である。

　いずれ同一地域に帰住する共犯少年なのだから，より積極的な指導をすべきであるという理屈は理解できる。しかしながら，この指導を指導者の自己満足に終わらせないためには，よほど慎重な事前準備と指導後の観察を行う必要があることを銘記すべきである。共犯少年間には，指導者が把握しきれない約束や取引が隠されていることがあるからだ。

　具体的には，共犯少年同士を対面させて話し合わせることになるグループワークに参加させるなどのことが考えられる。そのためには，例えば，

・共犯者間の力関係がどのようなものであったか
・各人の更生意欲はどの程度であるか

・本人たちが真に対面を希望しているか
・どのタイミングで実施するか
・どのような内容のセッションを行うか
・仮に失敗したとして十分な手当てを行う期間が残されているか

といった事項を十分に検討することが必要である。また，指導後も少年間の関係について必要な観察を加え，継続の必要性の有無を検討することが重要である。

6　まとめ

　改めて述べるまでもなく，人は社会的動物である。この言葉は，単に社会を形成する存在というのみならず，人が人との関係の中でこそ，喜び，怒り，悲しみ，楽しみ，そして成長していくことを示している。特に青年期においては，友達や仲間との関係において多くのことを学び合い，人格を形成し合い，これを繰り返すことによって，社会を形成すべき大人となるのである。この相互作用的な人格形成が十分行われないとしたら，やがては社会全体が「人間社会」としてのアイデンティティを失い，自己中心的で，思いやりのないものとなってしまうだろう。少年院に在院する少年たちの中に，自己表現が稚拙で，かつ，人に共感できる余裕がなく，円滑な人間関係を維持できない少年，いわば，自己中心的な意識のままにまるで幼児期の人間関係から脱しきれていないような少年が増えてきたと感じているのは筆者だけではないと思う。

　なお，本稿においては取り上げなかったが，いわゆるインターネットや携帯電話といったツールを用い，仮想現実のような中で結ばれる人間関係やいわゆる「引きこもり」といった問題について，今後の矯正教育の中で，より検討を深めるべきであろう。

参 考 文 献

(1)　J・コールマン＋Lヘンドリー著　白井利明他訳「青年期の本質」ミネルヴァ書房

過去を乗り越える指導プログラム

暴力団離脱講座

田 上　　俊
(青森少年院)

1　はじめに

　暴力団員による不当な行為等に関する法律（平成3年法律第77号。以下「暴対法」という。）が制定されたのは，平成3年である。その後の暴力団構成員等の総数は，若干減少傾向にあると言われる。ただ，構成員と準構成員との比較で見ると，準構成員が平成14年末においては約7,000人増加している。このような現象の原因を特定することは困難と考えられる。暴力団構成員に占める少年の割合は正確には把握できないが，平成13年の少年院仮退院者のうち，暴力団関係者は4.5パーセントである（「平成14年版　犯罪白書」）。これは，入院時の経歴によるものであろうと推測される。いずれにせよ，4.5パーセントの少年が暴力団とかかわりを持っていたことには間違いのない事実である。さらに，暴力団と暴走族との関係が問題となっている。その背景には，暴力団構成員の高齢化の進展，暴対法の影響により加入強要が困難となっていることから，組織の人的供給源として暴走族を利用する等の動きが指摘される。

　今日の犯罪や非行において，暴力団の関与は巧妙になってきており，心身が未熟な少年にあってはその網にかかってしまう危険性は非常に高いと考えられる。ひとたび，暴力団と関係してしまうと，その後，暴力団から離脱することは容易ではないと推測される。しかし，いくつかの困難を乗り越え，問題を克服し，安

定した社会生活を送っている元暴力団関係者が皆無ではない。

　矯正教育において，暴力団離脱指導もまた，少年の健全育成と更生という視点から検討するに重要な課題であると思われる。この意味で，暴力団からの離脱指導は犯罪や非行の抑止としての予防効果と少年個々の生涯にわたる社会参加を左右するものとしてとらえられ，問題克服のためのプログラムを準備しておく意義は大きいと思われる。

2　暴力団離脱講座の今日的意義

　暴力団の組織的特性，その行動原理，犯罪傾向や犯罪への関与度及び暴力団からの離脱に伴う障害要因等に目をやると，暴力団から離脱するということがいかに容易なことではでないかが推測される。それだけに，この暴力団離脱講座を他の講座との関連を持たせつつ，複数の指導方法を応用したプログラムで指導を展開することの意味には大きいものがある。

　それは，暴力団からの離脱という現実的な問題を克服するということ自体もあるが，このこととともに少年たちが抱えているさまざまな成長発達上の問題や困難性を克服することによって，結果的に離脱ないしは関与しないという現実的な問題を克服する可能性を包含しているからでもある。

3　講座の設定

(1)　目　標

　　教育や指導には教育理念に基づく目標が存在していることが必要であり，目標の具体化が教育活動の指針となり得る。

　　暴力団離脱指導は，もとより非行からの立直りを意図しているものである。つまり，この指導は，改善更生，健全育成に直結する教育活動である。したがって，その指導理念には，「非行を根底から否定する考えを確立させる」，「障害や誘惑に負けず，正しい行動や判断ができる力を身に付けさせる」，「非行をせず，正しい行動・態度を取り続けようとする健全なプラス志向の構えを持たせる」といったことがある。これらを踏まえて，本講座の目標が次のように具体

化される。
　① 出院までに，暴力団及び不良集団関係者との関係を断ち切る決意を固めさせる。
　② 反社会的な暴力団等への親和感情を否定できる考え方，価値観及び生活態度や行動を確立させる。
　③ 安定した社会生活を確立するためのスキルや生活設計の基盤を確立させる。
(2) 基本的方針
　本講座を指導するに当たっての基本的な方針は，次のとおりとする。
　① 講座方式として集団を対象に指導することを原則とする。
　② 対象者は，暴力団関係者を中心とするが，その他関連する講座の対象者も本人の希望及び教育上の必要があれば対象とする。
　③ 関係機関及び離脱支援者等の協力を積極的に得るものとする。
　④ 保護者の協力を得ることも欠かせない。指導内容によっては保護者にも本講座への参加を求めることができるものとする。
(3) 指導のポイント
　暴力団離脱指導を実施する上でのポイントについてふれておきたい。
　ポイントとしては，次の点が考えられる。
　① 暴力団とはいかなる組織であり集団であるかを理解させる。
　　「暴力団に関係している」又は「親和感情を抱いている」少年の暴力団についての認識程度は，その表面的な部分にしか目がいっておらず，したがって，ことに成功するために非合法的な手段を選択し，暴力的な手段によって利益を獲得する集団としての社会的害悪性に対して許容的であることから，本当の悪辣さを自覚できないままでいる場合が多い。このため，そうしたことを正しく認識できる力を持たせることが必要となる。
　② 自己の非行や事件との関係について確実に振り返らせる。
　　本件非行や過去の非行事実は，暴力団との直接的な，あるいは間接的なかかわりの結果がもたらしたものであり，それが自分にいかに不利益をも

たらしているかを明確に理解させることが重要である。
③　家族や親族に与える影響について考えさせる。

　暴力団とかかわったばかりに，何の関係もない家族や親族に対しても精神的な恐怖や多額の損害賠償等を背負わせてしまうことも起こり得る。そのことはひとえに自己中心的な考え方がもたらしたものであり，そのことに対しての自己責任について真しに考えさせなければ，本当の離脱には結びつかない。

④　将来の生活設計をより具体的に考えさせる。

　暴力団から離脱して再犯をしない生活を確立するためには，将来の生活設計をより具体的に考えさせることが重要である。それには，3年後，5年後といった短期的な設計から10年後，20年後を見据えた生活設計を具体化させ，それを実現させるための取組みについてイメージさせ，家族との協力体制を確立させるものであることが求められる。

⑤　問題解決能力（強い意志に基づくスキル）を保持させる。

　少年がそもそも暴力団等組織関係者と接触をもった要因には，解決すべき問題場面に置かれたときに適切に対応する力が備わっていなかった結果である。その能力（ソーシャルスキル）の不足を補い，それを実行に移すための強い意志を形成させることが不可欠である。

以上，主として考えられることとしてポイントになるものを列挙したが，これらのポイントは，本講座の指導場面のみでその成果を期待するものではなく，矯正教育のすべての指導場面に共通する事項として認識されているものである。

(4)　**指導内容**

ア　指導内容

　離脱意志を固めさせ，具体的な離脱の手続きを開始し，在院中に終結させることが離脱指導の目標とするところである。指導内容もそれに結びつくものでなければならない。考えられる内容を挙げてみる。

①　離脱意欲の喚起及び醸成に関する内容

② 暴力団の犯罪性・反社会性を理解する内容
③ 被害者に関する内容
④ 暴力団が自分に与えた悪影響に関する内容
⑤ 暴力団が家族に与える悪影響に関する内容
⑥ 職業や就労に関する内容
⑦ 暴力団が不良集団に与える悪影響に関する内容
⑧ 暴対法の理解及び離脱の手続等に関する内容
⑨ 問題解決能力に関する内容
⑩ その他離脱支援の社会資源に関する内容

イ 標準的指導単元

前記の指導内容を前提にした標準的な単元を例示する。実務的には，対象者それぞれの実情等を考慮して編成する必要がある。

① 暴力団の実情と社会的影響
② 加入の動機及び経過
③ 離脱意志の確立
④ 暴力団とのかかわり度
⑤ 暴力団と暴走族とのかかわり度
⑥ 暴力団と薬物（覚せい剤）との関連性
⑦ 生活設計と就労
⑧ 家族関係の修復
⑨ 被害者への謝罪等
⑩ 問題性の改善・スキル習得

ウ 指導方法

(ア) 集団指導

ここでいう集団指導とは，一斉指導によることを想定しているものである。どのような対象者をもって構成するかは施設の実情によって異なる。

一般的には，予防や啓発を意図とする場合は寮集団や教育過程別集団の形態と，個々の問題性を克服するために対象者を限定した問題群別集団の

形態がある。当然ながら，指導する人数も異なることになる。

　本講座を効果的に実施するには，暴力団に関係した者のみを集団として編成し，指導することが望ましい。しかし，実際の状況を考慮すると，暴力団と関係する暴走族離脱講座等とリンクさせた指導も考えられる。その具体的な指導方法としては，講義方式，ビデオ教材視聴，討議方式，課題指導，SST指導，グループワーク（ロールプレイング）及びモラルジレンマ授業等がある。

(イ)　個別指導

　個別指導には，個別担任による個別的な指導と，集団指導における個別指導がある。暴力団からの離脱を可能にするためには，個別的な指導によることが効果的である場合が多い。したがって，本講座における個別指導は，講座方式による集団指導の事前指導と事後指導を補完する役割を持つものとも位置付けられるものであり，そのためには指導者相互間における十分な情報交換と連携の確保が前提条件となる。方法としての個別指導は，より効果的，具体的な離脱支援に，不可欠なものである。

　なお，個別指導の具体的な方法として，個別面接，内観指導，視聴覚教材指導，課題図書，内省指導，役割交換書簡法及びファミリーカウンセリング等がある。

4　講座の具体的展開

(1)　指導単元の設定

　指導単元の編成は，対象者の条件によって異なる。本講座が中間期教育過程での問題群別指導の中で取り扱われており，その多くは10単元で構成した指導計画となっている。次表は，その例である。

暴力団離脱講座指導計画

指導目標	1　暴力団の反社会性を理解させ，犯罪や非行に結びつきやすい問題性について深く考えさせる。 2　暴力団からの離脱について意志を固めさせ，具体的方策と将来の生活設計を確立させる。 3　自分の行為により，被害者・その遺族及び家族等に与えた影響について考えさせ，謝罪や慰謝の気持ちを固めさせる。

単元	指導項目	内容及び指導上の留意点
1	暴力団とのかかわり	○　暴力団と関係を持つに至った動機・経緯について明らかにさせる。 ○　自己の問題性について考えさせる。
2	暴力団の反社会性	○　暴力団の反社会性について認識させる。
3	暴力団の犯罪	○　暴力団の犯罪について考えさせ，他に与える悪影響について理解させる。
4	暴力団と自己変容	○　暴力団が自己，家族及び社会に与える影響について考えさせる。
5	犯罪と被害者	○　暴力団に関連する犯罪と被害者について考えを深めさせ，慰謝等の気持ちを固めさせる。
6	暴力団からの離脱Ⅰ	○　自己の考え，態度行動面において暴力団に対する親和性を克服する。
7	暴力団からの離脱Ⅱ	○　暴力団からの離脱について意志を固めさせ，具体的な手続きを行わせる。
8	生活設計と職業	○　将来の生活設計を考えさせ，社会的に自立するための職業を決定する。
9	健全な社会生活	○　社会復帰後の健全な生活について考えさせ，ライフプランを具体化させる。
10	自己との戦い	○　離脱に伴うさまざまな障害や困難に打ち克つ構えを確立させる。

(2) 指導の展開
　ア　指導の対象者
　　(ア)　暴力団に現に所属している者
　　(イ)　暴力団関係者との交際がある者
　　(ウ)　所属する暴走族が暴力団と関係している者
　　(エ)　暴力団等に親和的な感情や価値を抱いている者
　　　実際の指導において集団を編成する場合は，特に対立する関係者が同時期の講座に編入することになれば問題が発生するリスクが高くなるおそれがあることから，暴力団の力関係に注意を要する。
　イ　指導教材
　　　離脱指導における教材はどのように確保するか，教育としての効果を上げるためには指導単元の内容に応じた教材を活用することが望ましい。視聴覚教材は有効な手段となり得る。例えば，兵庫県には暴力団追放兵庫県民センターがあるが，ここには「暴追ビデオ」が準備されて無償貸出しが行われている。内容も多岐にわたり，視聴時間も15分から45分のものであり，講座の単元時間内で活用できる。自治体のこうしたものを利用することも得策である。その他としては，新聞記事，図書，内観テープ等が有効であろう。
　ウ　指導時間
　　　講座形式で実施することを考えると，週に1回，60分から90分の設定が妥当である。ロールプレイングやSSTによる指導を実施する場合は少なくとも90分は確保することが望まれる。
　　　なお，指導が継続的に実施できるか否かによって，少年に与える影響の度合いは異なる。このことについての教育課程の管理に配慮する必要がある。
　エ　指導人員
　　　指導対象人員は指導者の配置数との関係もあるが，指導者が一人であれば20人前後が適正である。講座の単元内容により臨機に編成することも可能であるが，施設の実情を踏まえて適切な人員に努めることが望ましい。

オ 指導者及び方法

　指導者については複数の担当者を決めておく方がよい。複数の職員で指導する場合には担当者間の連携・引継ぎが重要である。

　なお，指導者が複数で当たる場合は，担当者のすべてが，必要なロールプレイングやワークショップ等の指導方法に精通しているとは限らないが，経験と専門性が求められるものであるので，年間の指導計画を立案する段階で，指導担当者の配置等を明確にしておくことが重要である。

カ 個別的な方法による離脱指導

　本講座は個別的な方法による離脱指導と相まって促進される必要がある。対象の少年自身が暴力団からの離脱意志を固めて，暴力団離脱誓約書や，離脱援助願い書を作成するといった具体的な離脱行動に結びつくことが肝要である。でなければ講座の意義が希薄なものとなる。

　個別的な方法による離脱指導としては，次のことが考えられる。

① 離脱に関するアンケート調査
② 課題作文（本件非行や暴力団の分析等）
③ 「自己分析」作文の作成
④ 家族への離脱決意表明
⑤ 「暴力団離脱誓約書」作成と提出
⑥ 「暴力団離脱援助願」作成と提出
⑦ 「出院後の生活設計」作成
⑧ 「被害者への謝罪」の手紙作成

　これらについての指導の時期は，当該少年の心理的変化，院生活への取り組み状況に応じてタイムリーに実施することが肝要である。そのためには，本講座の参加意欲や態度の状況も併せて考慮しておくことが必要である。

(3) **指導上の留意点**

　本指導の困難性は，第一には暴力団離脱を必要とする少年自身に離脱する意志があるかどうか，第二には興味本位を助長するような雰囲気になりはしないかという点が挙げられる。こうした懸念を打開するための実施上の留意点につ

いて触れたい。
ア　対象少年について事前の調査がしっかり行われているか。
　　特に集団指導を行う場合，受講少年のメンバー構成等について十分に把握しておく必要がある。メンバー次第によっては講座の機会を情報交換の格好の場とするおそれがある。
イ　離脱意志のレベルについて個別指導で確認されているか。
　　離脱意志のない者は受講意欲が極めて低く，他の参加者の受講意欲を阻害することも考慮しておかなければならない。離脱意志は必ずしも確立されていることを要しないが，少なくとも離脱について前向きに考える姿勢つくることについての事前指導が必要である。
ウ　離脱意志を示したときの支援体制が整っているか。
　　離脱意志を表明したとき，具体的な指導プログラム（支援プログラム）が確立されていなければ離脱意志をそぐことになり，せっかくのチャンスを逸する。指導も教育もタイムリーであることは原則である。その意味で，組織的な支援体制がシステム化されていることが重要である。また，少年が離脱意志を表明したとき，新たな不安が想起することも考慮しておく必要がある。心身が未熟である少年の場合はそうした不安がもたらす精神的動揺は予測がつかないことがある。こうした場合を予測して専門家等との連携が重要である。
エ　個人情報の保護が遵守されているか。
　　離脱意志を確認し，具体的な手続きと支援を実施していく過程で，個人情報については，離脱意志もはじめ，慎重に対応する必要がある。個人情報が関係者以外にもたらされるということになれば，当然，指導者との間の信頼関係は崩壊し，指導や支援は成立しない。例えば，暴力団が関係する未解決の事件を抱えている少年の場合は，本人の意思を無視して集団指導の場面では取り扱うべきではなく，個別指導で行うべきである。

(4) 具体的指導プログラム
　ア　具体的指導方法のモデル
　　(ア)　問題解決能力を付けさせる指導方法
　　　　非行少年はさまざまな局面にぶつかって解決を迫られるが、ほとんどの場合、それをうまく解決できないでいる。そのために意欲を無くし、解決すること自体を放棄してしまう傾向が認められる。したがって、状況に応じた問題解決能力を付けさせることが求められる。
　　　　ここでは、問題解決の手順（ステップ）について概略を紹介する。
　　　① 問題が発生する （例えば、「仕事先の店長から、自分が以前元関係していた組に出向いて用を足してきてくれと頼まれた」と想定する。）
　　　② 問題だと気づく
　　　③ 問題を解決したいと思う
　　　④ 解決目標を設定する
　　　⑤ 解決方法の資源を探す
　　　⑥ 解決方法案をいくつか考え、成功の見込みを検討する
　　　⑦ 現実に着手する解決方法を選ぶ
　　　⑧ 実行する （想定演習を行う。）
　　　⑨ 効果や成果を検証する （効果が上がらなければ①から⑧までもどり見直し修正する。）
　　　⑩ 問題が解決する （問題解決の見通しが持てる。）
　　　以上の解決手続きは、さまざまな局面（問題発生）を考える上で有効と思われる。日常起こり得る事例（テーマ）をいくつか挙げさせて実施することで、一人一人の解決思考がスキルとして定着できる。方法としては、具体的場面を取り上げ、①から⑩までの各ステップの内容をノートに記載させ、発表させるという方法である。このトレーニングを中核にしてロールプレイやSSTに応用し指導を広げていくことも可能である。暴力団からの離脱意志がなかなか固まらない場合、あるいは誤った解決方法に固守

する場合の指導の手がかりになると考えられる。なお，この方法は面接指導でも応用が可能である。
(イ)　自己の中におきる葛藤の問題を克服させる指導方法（モラルジレンマ授業モデル）

この授業モデルは，本書別項でも取り上げられているが，一般的には道徳授業の中で行われているものである。

指導方法としては，ディベート式ワークショップに近いものとなる。この授業モデルの特徴は，ジレンマ（葛藤）資料を活用して，受講少年一人一人の判断力を高めるとともに，他者の視点や考え方に共感し，共感性のスキルを高めるところにある。暴力団からの離脱は，当該少年にとっては，かなりのジレンマに陥るもので，一時的にはストレスを生じる場合がある。それを指導場面で克服させていく手段として効果が期待できる。

イ　具体的指導を展開する上での留意点

暴力団から離脱するには，現実的にはさまざまな事情や問題があって，離脱に困難を伴うケースは多い。例えば，家族や親族が暴力団関係者である場合，雇用主が実は暴力団関係者である場合，帰住先に暴力団関係者が居住している場合，暴力団に多額の借金がある場合等である。

さらに，暴走族等の不良集団との関係も離脱を困難にしている要因となっている。暴力団との関係が再燃したきっかけは，その多くが暴走族との関係復活にある。最近の暴力団と暴走族との関係を見るまでもなく，暴走族が暴力団の人的供給源になっている。その意味で，暴力団からの離脱指導を行う上での留意点は暴走族等の不良集団との関係断絶が主眼となるべきであろう。

環境調整及び仮退院の手続きを進める上で，暴力団からの離脱が単に条件を整えるための形式的な手段となってはならない。

5　関係機関との連携

関係機関との連携は，離脱手続きを推し進める上での警察官署，また，環境調

整や仮退院審査等の手続きにおいて保護観察所等との間で行われていて，実務上，有効なものとなっている。しかしながら，最近の暴力団の質的変化や動向を見ると，関係機関との連携は，新しい視点からの模索が必要であると感じている。法的な制約はあるが，地域社会における有効な社会資源，例えば，健全育成協議会，民生委員，福祉カウンセラー，弁護士，医師，職業訓練施設等との連携を検討する時期にきているのではないかと思われる。できれば，暴力団に関係した少年が少年院で矯正教育を受けている間に，こうした公的関係機関，民間団体，専門家等との連携を促進し，そのことによって教育活動への関与も可能とし，かつ，離脱指導のみならず矯正教育そのものの質的向上を図ることができる。

6　まとめ

　暴力団等の不良集団からの離脱は，可塑性のある少年にとっては将来の社会生活を左右する重要な課題である。

　本講座が複数の指導法を応用したプログラムの一つであることを見ても明らかなように，矯正教育の総合的な働きかけの真価が問われているといっても過言ではない。

　今後の課題としては，本講座で学習したものをいかに社会生活で活かして現実的な問題をどのように乗り越えていくかということにある。このためには，少年たちの立ち直ろうという意志を出院後も維持させることができる生活環境の整備が急務である。生活手段である雇用の確保，家族とのきずなの回復，地域社会での相談助言のケア等，少年院の努力のみではクリヤーできない条件は多い。このような課題に対して，関係者が共通の認識に立って少年を支援していく体制作りの必要性が一段と高まっていると言える。現実に，こうした働きは行われつつある。

　もちろん，矯正施設にあっては，実効性のある処遇プログラムを構築し，それを実践することが，少年のみならず関係機関を含め社会からの要請であることを真しに受け止めることが大事である。それに応えていくためには，日ごろの教官と少年の人間的な信頼関係を基盤とした生活指導を確立し，合わせて各種の教

育・指導の体系化と一層の研さんに努める必要があろう。

参 考 文 献

⑴　伊藤隆行『人的要素から見た暴力団の現状と対策』「犯罪と非行　第136号　5－27頁」2003
⑵　滝本幸一『矯正施設における暴力団関係者処遇に関する今日的課題』「犯罪と非行　第136号　28－56頁」2003
⑶　加藤久雄『ボーダーレス時代の刑事政策』有斐閣　1997
⑷　矯正協会『矯正処遇技法ガイドブック　第2分冊　生活指導の技法と実践編』1991
⑸　法務省矯正局教育課編『事例研究第24集』2002
⑹　荒木紀幸編『資料を生かしたジレンマ授業の方法』明治図書　2002
⑺　安西祐一郎『問題解決の心理学』中公新書　1995
⑻　東小園誠『行刑施設における暴力団離脱指導』「矯正研修所研究科第27回研究論文」1995
⑼　竹内亮一『暴力団離脱指導について』「第35回矯正教育学会大会論文集　49－51頁」1999
⑽　大分少年院『問題性別指導（暴力）指導案』2003
⑾　榛名女子学園『問題性別指導案』2000

被害者の視点を取り入れた教育

被害者の視点を取り入れた教育

村 尾 博 司
(小田原少年院)

1 はじめに

　被害者等の受けた傷は絶対に元に戻らない。被害者支援都民センター事務局長の大久保恵美子は，生命犯に係る被害者及び遺族（以下「被害者等」という。）が受けた心の傷について，以下のような趣旨のことを述べている。「加害者には時効はあるが，遺族には時効はない。遺族は永久に心の傷を抱えながら必死で生きている『永久被害者』である」と。この言葉は，矯正教育に携わる者にとってみれば，加害少年に被害者等に負わせた「取返しのつかない傷」の深さを見つめさせ，当事者としてきちんと向き合わせることの大切さを認識させてくれるものである。また，多様，かつ，複雑な被害者等の心情を少年たちに伝え，教える貴重なものであると考える。
　本論に入る前に，いくつか整理しておくべき問題について言及したい。

2 定義を巡る問題

　平成9年9月9日付け矯正局教育課長通知「生活訓練課程の細分に新たに設けられた対象者の処遇方針，処遇内容等について」（以下「教育課長通知」という。）において，被害者等への罪障感を育むための生活指導として，初めて「しょく罪指導」という用語が用いられた。その後，「しょく罪」，「罪障感」という言葉に

ついては，種々論議がなされて，最近では，「刑政誌」はじめ各種の研究発表や論文で「被害者の視点を取り入れた教育」という用語が多く見られてきている。[1]

ついては，本稿においては，現在積極的に多様な取り組みがなされているこの教育を「被害者の視点を取り入れた教育」として，報告するものとしたい。その理由は，あくまでその目的が加害少年の内発的な謝罪等の気持ちを湧かせることにあるとしても，それは，生活指導を基盤にしたさまざまな場面を通じての働きかけであって，たとえ臨時的なものであっても「教育」と言える以上，「指導」という用語では収まりきれないと考えるからである。

3　厳罰化思想と被害者感情

(1)　従来の矯正教育のスタンス

次に，刑事司法制下，犯罪被害者の保護・権利が加害者のそれに比べ，等閑視されてきた問題を整理する。

現行法制下においては，被害者の加害者に対する個人的復讐を国家にゆだねたことから，個別被害者の利益は，国家の侵害された法益でもあるとみなされ，司法によって刑罰が下されていた。しかし，当然のことながらその侵害は被害者個人そのものとは同質ではなかった。少年法においても，国親思想に基づき，健全育成を理念とした保護処分が行われてきたが，非行事実に対する責任よりも未成年者であるがゆえに要保護性に基づく矯正教育が行われてきた。

矯正職員は，当初，今日の被害者等の訴えを前にして当惑した感情があった。大山みち子が述べるところを要約すれば，加害者に接する仕事に従事する者にとって，被害者の心理を知ることによる抵抗ともいえる戸惑いと加害少年に対する肩入れの心情を指摘している。例えば，「被害者の苦しみに感情移入すると，収容者をひとりの人間として尊重するのが難しい」とか，「だれも味方してくれる人がいない非行少年が，自分には心を開いてくれている。だから味方になってやりたい。その人への非難は聞きたくない」といった気持ちであり，それが仕事への公平さを欠いたり，情報の欠落につながることを指摘している。それゆえ，職員が少年たちの内面へ熱心に働きかけてきた一方，社会復帰

後の被害者等との和解については,「あとは本人と保護の問題」として,きちんと思いを馳せてこなかったことも事実であった。

(2) 少年法改正を巡る課題

神戸児童殺傷事件を発端として社会を震撼させた少年事件が続いたことに対する社会不安が増す中,被害者等の具体的救済が確立していないとする声がマスコミ等で取り上げられるようになってきた。このこととリンクする形で,生命犯を中心とした少年事件においても社会的責任が問われる形で厳罰化の思想が台頭し,少年法改正を突き動かすこととなった。これは,刑事政策担当者側にすれば,厳罰という考えを全面に押し出すことで,犯罪の抑止に効果的であるのではないかとする期待感と,被害者等の感情を少しでも取り入れることができるのではないかという思潮が高まった結果であると考える。

16歳未満の少年受刑者を少年院に収容することになったことや,法務省で現在検討中の14歳未満の少年を少年院で処遇することについての問題など,いずれにしろ,被害者等の抱える悩みや苦しみを少しでも軽くすることができるのは,加害である少年本人が心から反省し,立ち直ることが一つの要素であると考えられる。そのためには,非行に至った本人の問題性や家庭を含めた社会環境の在り方について,きちんと振り返った上での対策が講じられなければ,非行少年に対する出口の見えない結果責任論に終始することになろう。

(3) 被害者等の感情をどう受け止めるべきか。

平成12年3月,法務総合研究所による「犯罪被害の実態に関する調査」報告では,被害者等が受けた深刻な被害の実態が示され,罪種によって被害者等に及ぼす影響の大きさや被害感情の融和の程度に差異があることが示されている。また,被害者等の精神的,経済的,社会的傷等を回復させるプロセスにも,多様,かつ,段階的であることが示されている。一方,犯罪被害者実態調査会の「犯罪被害者実態調査報告書」[3]では,被害直後の被害者遺族の精神状態に深刻なものがあり,残された者としての強い自責の念で苦しんでいる様子をうかがい知ることができる。

被害者等の加害者に対する願いの根底には,憎しみを抱き続けることが本意

ではなく，被害以前の状態に「回復したい」という共通の願いがある。被害者等の手記などからもうかがわれるが，現実的には，この「回復したい」状態とは，事件等の記憶やつらい感情は残っていても，支障なく日常生活を送ることができ，人生に喜びや希望を持っていくことができることである。それと表裏一体をなしている加害少年の謝罪や償いという行為は，「和解」というような言葉で軽々しく片付くものではなく，一生涯かけて自分の行為に対して責任を果たしていくことにある。

4　被害者の視点を取り入れた教育の実際

(1)　プログラムの基本構造

ア　基盤としての生活指導

　平成16年6月に法務省で実施された第1回「被害者の視点を取り入れた教育」研究会の席上，当時の喜連川少年院首席専門官であった木村敦が発表した指導実践報告は，現在，各少年院で行われている教育の基本的枠組みが明確に示されているので，ここに引用させていただく。

　図1に示されているように，少年院の矯正教育を構造的に見ると，その基盤は生活指導であり，これを基にして全員対象課題，さらに，個別課題が積

図1

個別課題
役割書簡　課題作文　個人教誨
月命日内省　絵画　課題図書　副読本ほか

全員対象課題
非行別グループ指導　出院準備講座
課題作文　「私のしたこと」「謝罪の手紙」

各種生活指導
集団による規則正しい寮生活　行動訓練　生活マナー
集団討議　役割活動　個別面接　課題作文　読書指導　視聴覚教材

み上がっていると言える。いわゆる非行に特化した個別的指導は，対人関係調整能力を養っていく集団生活を抜きには考えがたい。つまり，人との関係があってはじめて，個人としての成長があり得るのであり，その体験を通して自他の気持ちに気づくことができるのである。そうした集団の相互作用を通して，自己の行為を客観視でき，やがて他者である被害者等の心の痛みにも気づくことができるのである。

イ　知的理解から感情的理解へ

　被害者等の心情を理解する上では，知的理解よりも感情的理解が重要であり，謝罪の念を深めるということは望ましい方向に行動化できることにある。感情的理解について，津富宏の表現を借りるならば，「他者全般に対する共感性の弱さこそが・・・犯罪をおかす原因であり」，「被害者に対する共感性」は，「感覚における他者との同調訓練」，つまり「他者が自分と同じ身体・感覚を持った人間であることの理解」のために「身体を媒介とする共感性訓練が徹底して行わなければならない」とする。具体的には，少年院における行動訓練や掃除や配食といった日常動作の習得や職業補導やスポーツ活動などの社会的局面を経験させ，他者の意図や感情を推測する訓練の意義を指摘している（「被害者の視点を取り入れた教育」研究会第4回　2004.9）。

ウ　非行に焦点を当てた指導

　しかし，感情的理解を意図した訓練が，即被害者等の心情を理解することになるといった単純な図式とはならない。いわゆる被害者のように感じる加害者としての自己意識は，次に述べる少年の感情や身体感覚に訴える形による個別具体的な指導が重要である。つまり，図2に示すように，加害者としての自分と被害者の双方の視点から，それぞれ客観的に自己の行為を振り返らせるものがあり，両方の視点が重なり合う領域においては，より深く掘り下げた個別及び集団による教育方法が考えられる。

図2

非行に焦点を当てた指導

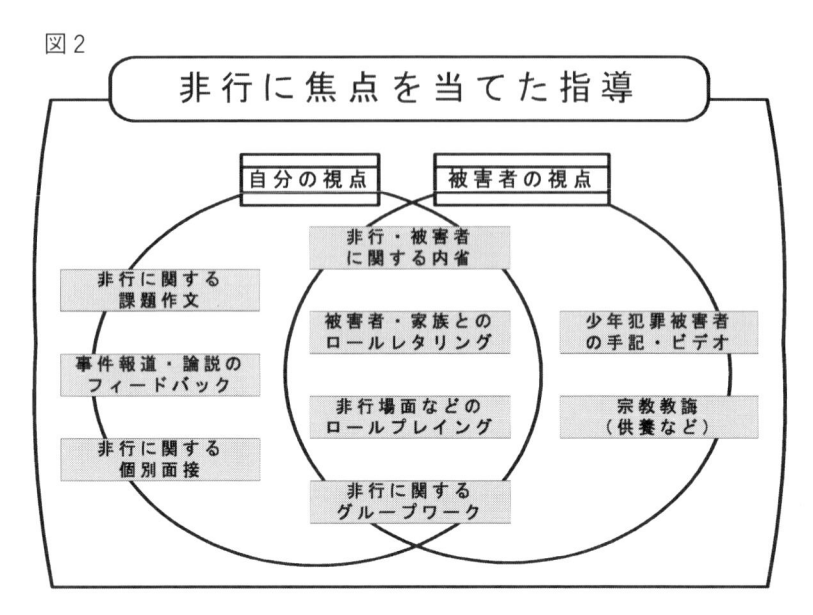

```
        自分の視点        被害者の視点

                非行・被害者
                に関する内省
  非行に関する
  課題作文        被害者・家族との   少年犯罪被害者
                ロールレタリング    の手記・ビデオ
  事件報道・論説の
  フィードバック   非行場面などの    宗教教誨
                ロールプレイング   （供養など）
  非行に関する
  個別面接        非行に関する
                グループワーク
```

(2) 指導方法

ア 個別的指導

　健全育成を目指した矯正教育の目的の一つに，共感性や自尊感情の育成がある。非行少年は，「どうせ自分は・・」といった卑屈な意識で自己を肯定できず，自分自身の気持ちを大切にできない者が多い。それゆえに，他者の感情に配慮したり，適切に接することが苦手である。大川ら(5)によると，自尊感情維持のためのタイプが４つあるという。

セルフ・ハンディキャップ	あらかじめハンディキャップがあることを明らかにしておき，失敗により自尊感情が傷つくことを避けようとする行動
自意識の低減	飲酒や遊興等にふけることで，自己を直視する事を避けようとする行動
威嚇的自己提示	自信のないことを隠すために虚勢を張る行動
哀願的自己提示	自分が弱く無力な存在であることを周囲に示すことで自分の能力が試される場から逃れ，自尊心が傷つくことを避けようとする行動

特に,「セルフ・ハンディキャップ」,「哀願的自己提示」のタイプは自尊感情が低く,社会的スキルも低い結果,不適応を起こしたときの感情統制がうまくいかず,結果として他者を傷つけてしまう行動に走りやすいとされている。こうした自尊感情のタイプを見極め,それをどう高めるかといった手立てが,被害者の視点を取り入れた教育にとって必要条件となる。具体的には,自分以外とのかかわりを意識させる生活指導以外に,内観法,役割交換書簡法,内省などが有用である。

イ　集団的指導

指導の形態としては,集会指導,非行グループごとの問題群別指導,全体講話などが挙げられる。ただし,集会や全体講話といった指導形態では,その理解は一般的なものにとどまらざるを得ないと思われる。

それに比べ,非行に特化した問題群別指導は,似かよった加害行為によって同様の被害者等を生んでいる事実から出発するため,共通の土俵で議論しやすい。従来,プライバシー保護の観点から,個人の非行については意図的に他者に知らせてはいけないとする方針で指導してきた。一方,問題群別指導ではお互いの共通した非行の内容にある程度立ち入った指導を加えており,指導場所以外の生活に持ち込まないことをルールとしている。最近の実践においては,グループワークを導入し,非行の告白から始まり,非行に至った動機,非行で直接得た感情及びその後の後悔の気持ちなど,個人の心の奥底に沈めていた吐露しにくい「恥」の感情を言語化させ,それを共有しながら他者の意見を取り入れ,複眼的な見方ができるような踏み込んだ内容となっている。また,ロールプレイを導入して非行場面を再現し,被害者等の心の痛みを深く感じさせる試みも出始めている。

また,犯罪被害者等の関係者を招いてのゲストスピーカーによる講話は,生の声を直接聞く貴重な機会であり,対象者に与えるインパクトも大きい。ただし,講演者が自らの悲しみや怒りの感情を直さいにぶつけることにも意味があるが,ある程度困難を乗り越えられた方の方が少年に与える感銘は大きいとの指摘もある。今後,講演の方法及び事後の指導など,実施例を参考

に研究を重ねていく必要がある。
ウ　生命尊重教育

　　先の教育課長通知においては，罪障感の育成と並んで生命尊重教育がうたわれた。生命を「尊重」＝「大切にする」という概念には，生きるという明るい側面に着目し，温かい共感性を引き出そうとするねらいがあった。しかし，それだけで十分であるとは言い難い。むしろ，少年たちの体験の基礎部分に「死」や「生」を肌身に感じ取れるような体験が必要である。小動物の飼育において，病気やストレスがもとで死んでしまうことがあったり，花き栽培において水やりを怠たり花を枯らしまうこともあろう。中絶した胎児を医療廃棄物として捨てる感覚と同様，再生が不可能だとして命を軽視する意識は問題である。命あるものはやがて死んでいくという事実から命を育てることへの責任感と死に対する畏敬の念を謙虚に学ばせたい。そういった意味からも，小動物の飼育や花き栽培は，手間隙がかかることであり，与えっぱなしで指導者が面倒がってはいけない。いとおしむ気持ちで育てさせると同時に，そのプロセスで生じる排泄物の処理，病気になった際の手当ての仕方，死を迎えたときの葬り方などについても，意識的な指導に心がけてこそ，自然と生命の尊厳について気づかせていくことができる。

　　以上のように生命尊重教育を多角的に，かつ，丁寧に実施することで，被害者等の心情に思いをはせるような共感性や想像力を育む波及効果が期待できよう。

エ　その他必要に応じた指導

　　各施設の実践例では，月命日内省・命日法要などの個人教誨，被害者の供養を目的とした仏像制作，命と心の相談員との面接など，民間協力者と提携した指導がある。被害者等の了解を得た上で在院中に墓参りや直接お線香を上げに外出させた事例もある。被害者等が事件の悲しみをフラッシュバックのように想起させるのは，命日以上に被害者の誕生日であるとの証言もある。個別指導の参考にしたい。

(3) 指導者の役割
　ア　内面的成長を促すファシリテータ
　　矯正職員は，加害者と被害者のどちらの立場にも片寄ることのない中立的援助者だろうか。実際は，相矛盾した次のような立場に立たされている。
　　一方で，職員は，社会的非難等によって押しつぶされるそうになっている少年を支える精神的サポーターである。他方で，自己の行為と正面から向き合わせ，償いの在り方について内省し続けることを要求する被害者等の代弁者でもある。
　　理想的指導者とは，今までの内省指導のような少年たちが到達すべき，また守るべき外側の基準を示してそれを教え込むといった教授者ではなく，次に説明するファシリテータとしての役割が期待されている。
　　ファシリテータとは，津村俊充によると、学習者自身が気づき，能動的に自己の問題解決能力を「促進させる」役割をいう。彼は，学びについて「他者から教えられたことは，学習者自身が発見した学びとは異なり，学びの所有者感覚をもてずに，逆に，そのことに気づくことができなかったという屈辱感を学習者に与えるという懸念」を指摘している。つまり，職員の役割は，少年が何を感じ，何を考えているのかといった少年の内面に焦点を当てながら，院生活におけるさまざまな経験を通して少年との心的対話を粘り強く続け，謝罪や償いを目に見える形で表現させ，他者に適切に伝えていける能力を育てることである。換言すれば，少年の内面的成長を促す支援者である。
　イ　共感的理解を持った外から内への橋渡し
　　自分の醜い部分と向き合うことは，苦しいことであり，絶えず目をそむけ，逃げ出したくなるものである。少年が，その苦しみに踏み止まり克服していくためには，指導者の少年及び被害者等に対する共感的理解が要求される。具体的には次のとおりである。
　　第一は，少年の発する小さなサインを「救いのメッセージ」として受け止め読み取っていく姿勢である。つまり，少年の苦しみが何であり，その苦しみを生んでいる原因はどこにあるのか，また，その苦しみの場に踏み止まり，

自分自身を成長させるきっかけには何が必要なのか，処遇が暗礁に乗り上げる度に，内なるラベリングを貼るのではなく，少年の心の声に粘り強く耳を傾けていく。

第二に，被害者等の癒えることのない苦しみについて，きちんと耳を傾ける謙虚な姿勢である。被害者等の苦しみを矯正教育の手段として観念レベルだけで理解してはならない。ある日突然事件に遭遇し，未来という時間的つながりを失い，大切な人との関係を失い，自分の力で決定して行うといった自律的存在をも失うことになる。こうした希望と現実が切り裂かれる被害者等の苦しみを，我が身に引きつけて想像し，共感していく感性を磨いていかなければならない。

家庭裁判所調査官の中園武彦(7)によると，被害者調査の経験から『少年にとって被害者の声が「外からの声」ではなく，「内からの声」になるとき，少年の自己知覚やしょく罪意識の醸成に役立つ』と述べている。法務教官は，こうした外から内への橋渡しをできる立場にあり，少年自身の振り返りを通して被害者感情について気づかせるきっかけに立ち会うことになる。

(4) 指導のステップ

指導のステップは，おおむね次のような少年の心理的態様を進んでいく。対象少年の性格傾向，理解力の程度，事件当時の対応の仕方，周りとの人間関係性などによって進度に個人差はあるが，各時期ごとの指導上の留意事項を次に述べる。

ア　不安絶望期

入院間もないころは，少年たちが抱いている加害者意識はさまざまである。すでに罪障感がある程度深まっている少年は，事件直後から被害者等との接触を通して被害者等をイメージとして理解していることが多い。審判までに，どれくらい正確な被害者情報を知らされているのか，また，保護者が被害者等に対してどれくらい誠実に対応しているかが，加害少年の認識に強く影響を与える。これに比べ，事件直後から被害者情報にほとんど触れることがなく，保護者も謝罪に消極的であったり，賠償だけを済まして事足れり

といった態度であれば，被害者の苦しみを直視したくないとする解離状況も無意識に形成される。また，共犯者が複数にわたる場合，加害少年は「なんで自分ばかり責められなければならないのか」という他罰的考えに傾く傾向が強い。

　この時期は，少年院生活に前向きに取り組ませることを最優先し，内面に踏み込む指導については自制した方がよい。また，自分自身が加害者として被害者等を含め社会から非難を浴びているため，否定的なラベリングを取り入れて自尊感情が更に低くなり，「自分なんか価値のない不必要な存在なんだ」という自己否定に陥りがちである。そこで，少年を支えてくれる家族や寮生活を通して周りの身近な人間関係の大切さに気づかせ，「こんな自分でも生きていて良い」と思えるような存在価値を認めてあげる配慮が必要である。

イ　形式的受容期

　この時期は，周りの大人の言葉を受け売りで使い，表面的理解を述べることが多い。しかし，そうしたポーズを承知の上で本人の言葉を受け止め，繰り返し投げ返しながら被害者等の苦しみの状況，謝罪，そして，賠償の重要性についての一般的な理解をきちんと教え込む段階である。中には，自分の事件には被害者等がいないとか，接触できないことを理由に，被害者等の気持ちは理解しにくいと述べる者が少なくない。そういった者には，自らの観念に一般的な被害者像を育てるような，つまり，被害者等のことを考えられる環境を提供することが重要である。少年の多くは，自分の内面が傷つくことには敏感であるが，被害者等の他者に対しては鈍感な傾向がある。価値あるものを理由もなく傷つけられたり，奪われることの非道さについて自分の想像力を巡らせるような問題提示も重要である。

ウ　混乱探索期

　この時期は，事件と向き合おうとすればするほど，苦しさが募り，未来に対しても悲観的な状況しか待っていないなど，絶望感にとらわれがちとなる。また，どこかに救いやゆるしを得ようと自己を正当化する気持ちも働い

て安定しない時期でもある。しかし，この時期をたどらなければ，真の罪障感は生まれてこない。また，少年が葛藤の中で救いの手を待ち望んでいる時でもあり，少年との信頼関係を確かなものにする絶好の機会でもある。指導者がこの揺れ動く心情を身近な存在として受け止め，かつ，支えていく態度が，少年の不安感を軽減させ，指導者を良き理解者としてみなし，心を寄せてくることになる。要は，相手を理解させようと性急な結論めいた指導に陥らず，同じ課題等を繰り返し投げ返しながら本人の心情に添うことで気づきを促したい。

エ　共感性創造期と全面受容期

この両時期を明確に区分することはむずかしいが，社会復帰を視野に入れた未来志向的考えを形成する時期である。被害者等の情報を極力収集しながらそれを具体的に提示して，自分のこれからの生活の過ごし方と絡めながら被害者等の慰謝について深めさせる必要がある。在院中に被害者等から直接，間接に謝罪の要請があれば，きちんとした個別指導を組み，稚拙でも真情のこもった謝罪文の作成をさせたい。その際，どうすれば許してくれるのかといった自分に都合のよい気持ちが働く場合にはそれをきちんといさめるとともに，受け取ってくれる，読んでくれるといったことが謝罪の第一歩であることを繰り返し指導しながら自覚させたい。

5　被害者感情の理解を促進させる効果的方法

(1)　被害者等のニーズの的確な把握

被害者等の加害者に対する共通のニーズは，次の三点にあるのではないかと考えられる。第一は，事件の真実を詳しく知りたい。第二は，心からの謝罪や慰謝の気持ちがあるかどうか。第三は，再犯しない決意は確かなものか。また，これらは，被害者等によっては，直接求めてくる場合と，心情的には求めたい気持ちもある一方で加害者等からの接触を拒否している場合もあるのではないかと考えられる。さらに，被害者等の感情は，時間的経過とともに揺れ動くことが多いこともあると思われる。

入院前に家庭裁判所から送付されてくる社会調査記録に目を通して被害者感情や少年の保護者の態度をとらえておくことが必要である。

　入院後，保護者会なり初回面会で保護者から得ることができる情報も貴重である。保護者は，事件以後，社会の非難を浴びたり，民事訴訟が提起されるなどによって，被害者意識の方を強めており，権威や権力に対する警戒感・不信感をあらわに示す者もいる。指導者としては，保護者にとって大事なお子さんの身柄を預かっているという丁重な姿勢で臨み，保護者の非協力的態度を改めていきたい。そうすることで，正確な被害者情報を得ることができる。保護者に対する面談記録票を作成し，寮担当者へ引き継ぐ施設もある。

　また，保護司との連携も重要である。担当保護司が，少年の受入れ状況について保護者から聞き取り調査をし，環境調整報告書にまとめ，少年院に情報提供してくれている。特に，被害者等の調査項目は，謝罪や賠償などの進ちょく状況や被害者感情の状態を把握するのに参考になる。現在，法務省では，保護司法を改正し，保護司が，重大事件の被害者等を対象に生活や悩みの相談相手となることや専門機関の精神的支援が必要な場合はその橋渡しの役割を担うことを予定している。これが実現することで，保護司を通じて被害者等にかかわる正確な情報をリアルタイムに得ることができることは確かである。

　その他に，被害者等との示談等の必要性から付添人である弁護士が来院し，被害者等の情報を提供してくれる場合もある。ただし，職務面会の場合には，無立会となるため，面会前後に情報を入手するしかない。これも民事訴訟等の利害が絡んでくる場合には，被害者等の状況がどれだけ客観的な情報であるか，見極めるのはむずかしいところもある。

(2) 保護者に対する働きかけの在り方

　少年院送致直後の保護者の心理状態については，前述したとおりである。わが子が収容され，一定の距離を持つことで，保護者も自身の在り方を見直す絶好の機会となる。少年の立ち直りには，保護者の協力なくしてあり得ないことを，面会や保護者との交流行事等を通じて働きかけたい。保護者の言動を通して，少年自身が「かけがえのない存在であること」を実感として感じることが

でき，被害者等の回復を願って更生していくためには「ともに苦しみながら歩んでいこう」とする励ましを受けることが，何より少年の罪障感を深めさせ，慰謝の姿勢を強めることになることを，多くの個別事例が示している。

6 まとめにかえて

　交通事故で息子さんを亡くされた片山徒有さんは，被害者等に共通する思いとして，「実刑なりで矯正施設に収容されて謝罪が終わったのではない」，「施設を出てからの加害者の生き方こそが気になる」と述べている。また，被害者等の中には，「加害者の更生に協力しようと思わない。あらたな被害者をつくるな。無害な人間になってくれと願っている」と語り，苦しんでいる方もおられる。謝罪とは，反省し続ける姿勢と，同じ非行を繰り返さないことを心から決意することを意味する。繰り返しとなるが，この被害者心情を理解させる上で，指導者自身がその心情を一生懸命汲み取る姿勢が最も重要となる。自分の罪と向き合おうとしない少年がいれば，タイミングを見計らって毅然とその態度を許容せず，自分の心の痛みと同時に被害者等を含めた他人の痛みを感じ取れること，そして，それをきちんと相手に伝えるスキルを身に付けさせることが矯正教育に求められている。このことに対して指導者が少年自身に加害者としての責任を果たし続けていけるよう，どれだけより添いながら援助できるか。ケースを積み重ねながら，社会復帰する少年の軌跡を視野にいれて，より充実した指導を目指したい。

参　考　文　献

(1)　藤岡淳子『矯正教育に「被害者の視点」を入れる―試行事例と今後の展望―』「刑政　第110巻　第4号　40-51頁」1999
(2)　大山みち子『犯罪被害者の心理の学習と実務へのヒント』「研修666　15-26頁」
(3)　(参考)　内閣府　平成15年度交通事故被害者支援事業報告書
(4)　津富宏「被害者の視点を取り入れた教育」研究会第4回　2004．9
　　http//www8.cao.go.jp/koutu/sien/index.html

(5) 大川　力『非行少年の自己意識に関する研究　その２』「中央研究所紀要　第９号　67頁」1999
(6) 津村俊充『人間的成長にかかる教育ファシリテータとなるための一考察』「刑政　第115巻　第３号　26－40頁」2004
(7) 中園武彦『家庭裁判所における被害者調査の実情』「犯罪被害者に関わる諸問題講演録」矯正協会　2004

参考文献リスト
1　指導用図書
　(1)　総　論
　　　諸澤　英道　新版被害者学入門　成文堂　1998.7
　　　諸澤　英道　被害者支援を創る　岩波ブックレット1999.9
　　　講座被害者支援　犯罪被害者対策の現状　東京法令出版　2003.3
　　　犯罪被害者に関わる諸問題　講演録　（財）矯正協会2004.6
　(2)　被害者に対する具体的理解
　　　小西　聖子　犯罪被害者の心の傷　白泉社　1996
　　　小西　聖子　犯罪被害者遺族　東京書籍
　　　大久保恵美子　犯罪被害者支援の軌跡　少年写真新聞社　2001.8
　　　山上皓・穴田富美子　犯罪被害者の心理と援助　東京法令出版　2001.11
　　　河原　理子　犯罪被害者　平凡社新書　1999.11
　　　ジュディス・L・ハーマン著，中井久夫訳「心的外傷と回復〈増補版〉」1997,
　(3)　加害者に対する対応
　　　藤岡　淳子ほか　少年非行　星和書店　2004.2
　　　藤岡　淳子　非行少年の加害と被害　誠信書房　2001.9
　　　二木　雄策　交通死　岩波新書　1997.8
　(4)　修復的司法
　　　ハワード・ゼア　修復的司法とは何か　新泉社　2003.6
　　　坂上　香　癒しと和解への旅　岩波書店　1999

(5) 生命尊重教育
　　熊田　　亘　高校生と学ぶ死　清水書院　1997.10
　　種村エイ子　死を学ぶ子どもたち　教育史出版会　　1998.12
　　金森　俊朗　いのちと教科書　角川書店　2003.10
　　小澤　竹俊　苦しみの中でも幸せは見つかる　扶桑社2004.2

2　指導用参考論文等
　　大久保恵美子　犯罪被害者遺族　更生と保護　2004.5
　　真田　安浩　少年院は被害者に応えられるか　刑政　2001.6
　　津村　俊充　人間的成長にかかる教育ファシリテータとなるための一考察　刑政　2004.3
　　太田　達也　修復的矯正の実現にむけて　刑政　2004.2
　　緑川　　徹　修復的司法と矯正教育における被害者の視点　刑政　2004.6
　　八田　次郎　「しょく罪指導の経緯，現状及び課題」
　　　　　　　　非行少年の教育と処遇－法務教官の実践　青藍　2005.3
　　岸井　篤史　『帯広少年院におけるしょく罪指導について』「矯正教育研究第49巻」(2004)

3　少年用図書等
(1) 被害者等の手記
　　土師　　守　淳　新潮社
　　山下　京子　彩花へ「生きる力」をありがとう　河出文庫
　　山下　京子　彩花へ，ふたたび　あなたがいてくれるから　河出文庫
　　山下　京子　彩花がおしえてくれた幸福　ポプラ社
　　片山　徒有　隼までとどけ七通の手紙　河出書房新社
　　河野　義行　妻よ！　わが愛と希望と闘いの日々　潮出版社
　　毎日新聞社社会部　隼君は八歳だった　毎日新聞社
　　佐藤　光房　遺された親たち（1～6）　あすなろ社

遺族の手記　もう一度会いたい（第１集から第３集）㈳被害者支援都民センター自助グループ
少年犯罪被害当事者の会　話を聞いてください　サンマーク出版
本村　　洋　天国からのラブレター　新潮社
中村聖志・唯子　聞け，てくのはのる，よ　新潮社
本郷由美子　虹とひまわりの娘　講談社，法務省矯正局録音教材
中嶋一成・宮城由江　心への侵入　本の時遊社
緑河　実沙　心を殺された私　レイプトラウマを克服して　河出書房新社
(2)　被害者理解ルポルタージュ・小説等
清水　　晃　犯罪被害者の人権を考える　西日本新聞社
板谷　利加子　御直披　角川文庫
黒沼　克史　少年にわが子を殺された親たち　草思社
須藤　光男　わが子，和正よ　栃木リンチ殺人事件被害者の手記　草思社
藤井　誠二　少年に奪われた人生　朝日新聞
佐瀬　　稔　うちの子がなぜ　草思社
乃南　アサ　風紋　双葉社
原田　正治　弟を殺した彼と，僕　ポプラ社
(3)　償いの在り方
佐藤　道夫　贖罪「検事調書の余白」から　朝日新聞　1993.11
菊地　　寛　恩讐の彼方に　旺文社
さだまさし　償い　サンマーク出版
少年Ａの父母　「少年Ａ」この子を生んで　文芸春秋
東野　圭吾　手紙　毎日新聞社，法務省矯正局録音教材
大平　光代　だからあなたも生き抜いて　講談社

/ 新しい生き方を探る指導プログラム

進路指導講座

西 村 重 則
(和泉学園)

1 はじめに

　少年院の在院少年にとって「進路」とは，非行に陥った過去の反省，自己の問題性に対する改善，帰住先の保護環境の調整等を必要不可欠な前提としつつ，一般の青少年と同様，可塑性に富み，発達途上にある存在として，自分の興味，関心，適性等を考え，社会の一員として自己実現を図るための将来への具体的展望を示すものである必要がある。そうであって見れば，少年院における「進路指導」は，人格の完成を目指すものとして，究極的には学校教育等，他の一般教育における進路指導と共通の意義を持つものである。そして，これを基盤としつつ，その一方では，非行という反社会的な行動や性格の改善，社会不適応状態の是正等を必要とする対象者に対する矯正教育として，その内容，方法において独自性，特殊性を有するものと言える。

　そこで本稿においては，まずは上記の観点から，少年院における進路指導について，他の教育と一般性・共通性をもった進路指導の目的を概観するとともに，独自性・特殊性を持った教育内容・方法，特に多くの少年院で課業として意図的・計画的に実施されている「進路指導講座」やその他さまざまな進路指導の教育内容，方法の実践状況を確認し，その上でこれらを踏まえ，今後の少年院における進路指導の在り方を考察することとしたい。

なお，本稿の標題は「進路指導講座」であるが，少年院における進路指導全般についての理解を深めるため，同講座について述べるだけでなく，その背景にある少年院における進路指導の目的，進路指導に関連したその他の課業や保護環境の調整にも言及する。

2　少年院における進路指導の目的

　学校教育における進路指導は，「生徒の個人資料，進路情報，啓発的経験及び相談を通して，生徒みずから，将来の進路の選択・計画をし，就職又は進学をして，更にその後の生活によりよく適応し，進歩する能力を伸長するように，教師が組織的・継続的に指導・援助する過程である」（昭和36年文部省「進路指導の手引－中学校学級担任編」と定義されており，今日，この定義は「『更にその後の生活によりよく適応し，進歩する能力を伸長する』という意味を，『将来の生活における職業的自己実現に必要な能力や態度を育成する』という広い理念を意味するものと解釈する」（昭和58年文部省「進路指導の手引－中学校学級担任編」）という前提の下で，現在でもなお進路指導実践の基盤となっている。

　また，日本進路指導学会は昭和62年に「進路指導は，個人が，生涯にわたる職業生活の各段階・各場面において，自己と職業の世界への知見を広め，進路に関する発達課題を主体的に達成する能力，態度を養い，それによって，個人・社会の双方にとって最も望ましいキャリアの形成と職業的自己実現を図ることができるよう，教育的・社会的機関並びに産業における専門的立場の援助者が，体系的，継続的に指導援助する過程である」と進路指導を総合的に定義した。

　これらの定義からも明らかなように，進路指導は単なる職業指導（vocational guidance）や上級学校への進学指導，就職あっ旋指導（placement service）ではなく，対象者が将来，進むべき人生の方向を設計し，その実現を援助する指導（career guidance）としてとらえられている。また，進路指導の概念の歴史的変遷においても，進路指導に対する社会的要請の変化や基礎理論の発展によって進路指導自体の活動領域が大きく広がってきたことなどから，「職業指導から進路指導へ」，「vocational guidance から career guidance へ」の変化が見られるとこ

ろである。

　一方，少年院においては，平成9年に発出された矯正局長通達「少年院における教育課程の編成，実施及び評価の基準について」（以下「教育課程通達」という。）では，教育課程を構成する生活指導領域の細目の一つとして進路指導が取り上げられており，そこにおいては「進路選択，生活設計及び社会復帰への心構えに関する指導」が進路指導の内容と規定されている。しかし，この場合の進路指導とは，矯正教育における教育課程の構成を分かりやすくするため，生活指導をある一定の指導領域の範囲のものとみなし，その領域内の細目間の整合性を保つために進路指導の一側面のみを取り上げた，いわば教育課程通達上の用語であり，これをもって少年院における進路指導は指導領域を構成する細目の一つに矮小化されていると考えるべきではない。なぜなら，後述するように，現実には，課業として行われる進路指導講座を中心に，職業補導や教科教育，各種の生活指導，保護環境の調整等を通して，実質的な内容の進路指導が行われているところであり，また，進路指導に関連した少年院関係法令等には「在院者を社会生活に適応させる（少年院法第4条）」，「心身ともに健全な少年を育成する（少年院処遇規則第1条）」，「職業の補導については，まず，勤労を重んずる態度を培うとともに，個性に応じて職業を選択する能力を助成するよう努めなければならない（同規則第16条）」，「職業についての基礎的な知識と技能を与え，それを応用する能力を養う（同規則第17条）」，「独立自活に必要な程度の知識と技能及びこれを応用する能力を授ける（同規則第18条）」などと規定されており，「社会適応」，「人間形成」，「望ましい勤労観の育成」などを目指すこれらの規定は，先の学校教育等における進路指導の定義内容と理念的側面において異なるものではないと考えられるからである。

3　少年院における進路指導の内容・方法

　少年院の矯正教育の内容として進路指導が明確に意識され，重視されたのは，昭和36年以降の少年院特殊化構想による職業訓練重点施設の整備に伴って，職業訓練課程と職業指導課程とが指定されたことによることが大きいとされている。

多摩少年院では，職業訓練課程対象者以外の少年を対象として職業指導課程に編入し，「自己理解」，「職業情報」及び「職業相談」を特設職業指導の時間で，また，「啓発的経験」を巡回実習（ジェネラル・ショップ）で行うことを内容として整備を進め，「出院後，正しい進路の選択ができ，職業生活によりよく適応，発展しうる能力を伸長させるために，①職業人としての基礎的教養，②職業生活に必要な基礎的技術，③個性にふさわしい進路の選択，④選択した進路への適応訓練等に関する「指導援助」を重視した例が見られている。その後，進路指導に係る指導実践の蓄積，処遇課程の改編，教育課程の整備に伴う進路指導の枠組みの検討等を経て，現在の状況に至っているところである。

今日の少年院における進路指導は，教育課程においては生活指導領域の細目の一つとして位置付けられる進路指導講座を中心とし，その他，実質的な進路指導の内容に関連するものとして，勤労意欲の喚起，職業選択能力の伸長等を目指す職業補導，復学・進学のための教科教育，ハローワーク等公共機関や工場等への社会見学などの進路選択や自己実現を援助するための指導をはじめ，非行の要因となっている種々の問題の改善を図る「問題群別指導」等々が挙げられる。さらに，これらの課業のほかに，在院少年の出院後の帰住環境や本人の進路選択に関する情報の交換，家族関係をはじめとする保護環境上の問題に対する少年への指導，保護者に対する相談助言等の働きかけ等を行う保護環境の調整についても，少年院における実質的な進路指導の内容の重要な一つといえる。

以下，これらの進路指導の内容・方法について概観したい。

(1) 課業として行う進路指導

　ア　進路指導講座

　　進路指導講座は，中間期教育過程を中心に設定されることが多く，週1回程度の課業として各単元ごとに作成された指導案に基づいて主に集団の講座形式で実施される。学校教育においては，このような特に設けられた講座，授業の形態の進路指導は一般的には行われておらず，特別活動の学級指導（ホームルーム）を中心として同指導が展開されている。その意味では，進路指導講座は，少年院における進路指導の特徴の一つであるといえる。

一般的に進路指導は，その内容，機能の面から大別すると，「個人理解に関する活動」，「進路情報に関する活動」，「啓発的経験に関する活動」，「進路相談に関する活動」，「就職・進学などへの指導・援助に関する活動」及び「追指導に関する活動」の６つに分けることができるとされているが，進路指導講座の指導計画は，少年院のみでは実施困難な「追指導に関する活動」以外の諸活動を本講座内で指導することを念頭に置いて体系的に構成されていることが多い。もとより，究極的には「生き方の指導」，「自己実現を図るための指導」である進路指導は，本講座のみでその目的を達成することは不可能であり，進路指導講座以外の実質的な進路指導の内容を持つ教育内容・方法と関連づけながら総合的に実施される必要があるが，本講座はそれらの教育内容を補足・深化・統合する機能を持つものとして位置付けられている。

イ　職業補導

　少年院における職業補導は，自己実現，人間形成を目指す進路指導の観点からも極めて重要なものと認識されており，職業能力開発課程の処遇課程を持つ少年院のみならず，生活訓練課程，教科教育課程，特殊教育課程，あるいは短期処遇少年院など，すべての少年院において活発に実施されているところである。

　先に見たように，少年院において進路指導が明確に意識され，重視されたのは，職業補導を嚆矢としている。少年院の職業補導においては，「生産実習，技能実習等を通じて行う職業意識，知識，技能等に関する職業指導」，「職業能力開発促進法等関係法令に基づいて行う職業に必要な知識及び技能並びに技術を習得させる職業訓練」及び「院外の事業所や学識経験者に委嘱して行う院外委嘱職業補導」が実施されており，その種目は，溶接，木工，土木建築，農園芸，電気工事，自動車整備，事務ワープロ，介護サービス，窯業等の多岐にわたっている。これらの指導，種目は，勤労を重んじる態度を培い，勤労の習慣を身に付けさせるとともに，個性に応じて職業を選択する能力を伸長し，職業生活に必要な知識・技能を養成することをねらいとして行われており，在院少年にとっては，実習作業を通じて自己の能力，適性，

興味，性格，価値観等を確認する体験学習であると同時に，前述した進路指導講座における自己理解や進路情報の提供等に具体性や現実性を与える啓発的経験の活動としても把握しなければならない。

また，職業補導においては，その一環として，溶接，危険物，電気工事，パソコン，建設機械，簿記，介護等に係る職業資格取得が行われているが，在院少年の出院後の具体的な進路選択や生活設計の確立を念頭に置いた指導に一層心がけることが肝要である。

ウ　その他の課業

上記の進路指導講座，職業補導以外の進路指導に関連する課業として，①薬物乱用防止講座，交通安全教育などの非行行動の直接的な防止，あるいは家族関係・交友関係改善講座などにおいて非行の要因となっている問題の改善を図るため，共通の問題を持つ在院少年による集団を編成して指導を行う「問題群別指導」，②自分自身の考え方や態度，行動の変容を促すため，個室において一定期間，具体的なテーマを与えて自分の内面を振り返らせる「内省指導」，あるいは③義務教育，高等学校教育，社会生活に必要な基礎学力及び進学・復学のための学力養成を行う補習教育，さらに，④ハローワーク等公共機関や工場等への社会見学等があげられる。これらは少年院の教育課程においては一般的には進路指導としては実施されていないが，職業補導と同様，進路指導の観点からその機能を把握することが重要であり，また，進路指導自体もこれらの指導と関連づけて実施される必要がある。

(2) **保護環境の調整**

少年院在院少年が円滑な社会復帰を果たし，健全な社会人として生活していくためには，出院後の家庭，学校，職場のほか，交友関係，少年及び家族に対する地域住民の感情等，少年を取り巻く人的・物的な環境が大きな影響を及ぼすことは多言を要しない。そのため，保護観察所では，少年院在院少年の円滑な社会復帰を目指し，入院直後から継続的に家族その他の引受人との調整を行い，本人の社会復帰のため最も適した環境を準備する「環境調整」を実施して

おり，少年院においても保護観察所，保護司等の保護関係機関との連携の下，保護環境や本人の進路選択に関する情報の交換，家族関係をはじめとする保護環境上の問題に対する少年への指導，保護者に対する相談助言等の働きかけ等を行っている。少年院における進路指導は，その対象者が非行少年であって，進路指導の期間そのものが「収容期間中」であることにより，さまざまな制約が生じるが，このような保護環境の調整の成果を十分に踏まえることによって，個々の少年の状況に応じたより現実的・具体的な指導が可能となる。

4　進路指導講座の具体例

以下，少年院における進路指導の中心と位置付けられる「進路指導講座」の具体例を紹介したい。

(1)　進路指導講座の指導計画表

「進路指導講座」の具体的な指導内容は各少年院によって異なるが，ここでは，その代表例として「少年院研究指定施設制度に基づく第1回指定施設研究報告集―進路指導―」（平成9年法務省矯正局教育課）から，瀬戸少年院作成に係る指導計画を取り上げることとしたい。

「進路指導講座指導計画表」（抜粋）

① 自己理解に関する活動

（目標）・過去の職業における興味，関心，適応状況を点検し，職業に関する自己理解を深めさせる。
　　　　・職業適性検査及び自己診断により自分の適性を理解させる。
　　　　・自分の希望する職業についての考えをまとめ，実現の可能性について検討させる。

単元	小単元	方法	指導内容
1　導入指導	オリエンテーション	講　義	少年院における進路指導の意義，目的，方法及び取り組み方等について指導する。

2 職業意識	私の職業	意識調査	過去の転退職の状況を振り返ってみさせる。
	過去の職業と自分	課題作文	過去の転退職の経緯などを振り返り，職場への適応，不適応について分析させる。
3 職業と適性	私の自己診断	課題作文	他人と自分との性格の違いを考える。先生，家族，友人の評価によって自分の特徴を考える。
	私の職業適性	適性検査	自分の職業の適性や準備状況を知り，その後の進路の資料とする。
4 希望職業	私の希望職業	調査	自分の就きたい職業についてまとめさせる。
	私の希望と現実	課題作文	自分に適した仕事や職場について現時点での希望と，その実現の可能性について現実と対比させる。
5 資格取得	資格取得等の検討	面接	職業適性検査のデータや希望職種をもとに，院内で取得する資格や通信教育等の受講科目について検討させる。

② 進路情報に関する活動

（目標）・職業の種類と資格について理解させる。

・就職情報を伝えるとともに，情報収集の方法について理解させる。

単元	小単元	方法	指導内容
6 職業の種類と資格	職業の種類	VTR 講義	各種の職業紹介のVTRを視聴させ，さまざまな職業があることを学ばせる。
	資格・免許	VTR 講義 討議	職業と資格，希望する職種と資格等について学習させ，少年院における資格取得の内容についても検討させる。
7 労働状況	就職情報収集	講義 討議	情報収集の方法と情報の価値を吟味する視点を学ばせる。

| | 就職状況 | 講　義
討　議 | ハローワークの活用方法及び現在の社会の就職状況について学ばせる。 |

③　啓発的経験に関する活動

（目標）・職業観，職場の対人関係の在り方等を学ばせる。

・経済観念，生活設計等について考えさせる。

・企業見学等を行い，職業意識の具体化を図らせる。

単元	小単元	方法	指導内容
8 職業と生活①	働く意義人生と職業	講　義 討　議	職業の目的や意味，自己実現のための職業の在り方等について学ばせる。
	自立ということ	講　義 討　議	自立の意味や少年院での実習の意義について学ばせる。
9 職業と生活②	職場の常識	講　義 討　議	職場でのエチケット，注意や指導を受けた時の対応の仕方を学ばせる。
	職場の対人関係	講　義 討　議	職場での対人関係の重要性を理解させ，対人関係の在り方，持ち方を学ばせる。
10 職業と生活③	経済観念	講　義 討　議	社会生活上の収入と支出のバランス，貯蓄等の経済観念を身に付けさせる。
	余暇と仕事	講　義 討　議	余暇の善用を図ることが就労の継続に結びつくことを理解させ，余暇の活用の方法を考えさせる。
11 職業と生活④	職場への定着	課題作文	自分の転職の可能性やその原因について作文を書かせ，転職に対する問題意識を深める。
	労働法規 保険制度 労災補償	課題作文	労働関係法規の意義等について説明し，失業保険，労働災害補償について学ばせる。
12 就職準備	求職の方法 情報収集 就職手続	演　習 討　議	ハローワークの求人票の見方，活用の方法，志望会社の情報収集の方法，就職手続等を学ばせる。

		履歴書の作成，面接の受け方	演習討議	履歴書の書き方，採用面接の受け方等を学ばせる。
13 生活設計		出院後の生活設計	演習討議	出院後における生活費の使用計画，余暇・休日等の過ごし方，数年後の自分等について，具体的な生活設計を立案させる。
		ライフプラン	演習討議	5年後，10年後のライフプランを作成させ，将来の生活の目標を考えさせる。
14 社会見学		企業見学	見学討議	地域企業の見学を通し，職業人としての在り方についての考え方を深めさせる。
15 社会奉仕		奉仕活動	実習討議	奉仕活動を通じて，職業人としての在り方について考えを深める。

④ 進路相談，就職等の援助に関する活動

（目標）・進路選択を具体化させる。

・生活設計を具体化させる。

単元	小単元	方法	指導内容
16 職業意識	「職業意識」についての意識調査及び課題作文に対する面接	面接	過去の就労体験から，転退職に至った当時の状況，自分の気持ち，問題点等を分析させ，職場適応について考えさせる。
17 職業適性	職業適性検査と「私の自己診断」の課題作文に対する面接	面接	課題作文と職業適性検査の結果をもとに，自分の性格や適性を考えさせる。
18 希望職業	「希望職業」の課題作文に対する面接	面接	何になりたいかの希望を持たせた上で，実現の可能性について話し合い，現実と対比させ検討させる。
19 生活設計	生活設計の具体化及び検討	面接	立案した生活設計について，余暇の使い方，出院後の目標等について検討させる。

20 三者面談	新入期面談中間期面談出院準備期面談	面 接懇 談	新入時，中間期，出院準備期それぞれにおいて，保護者を含めた三者面談を行い，進路，就労，生活設計について話し合う。
21 求職面接	ハローワークの面接	面　接	就職未決定者についてハローワークに求人票を提出させ，先方職員の面接を受ける機会を設ける。
22 職場定着	就職予定先に対する満足度の調査	調　査面　接	就職予定先の仕事の内容，適性，賃金等の情報を得て，定着する上での問題点について考えさせる。
23 毎月面接	進路選択の確認と目標達成意欲の喚起	面　接	帰住先及び進路選択を確認し，進路上の目標達成に向けて意欲を喚起させる。

　以上のような指導計画に基づき，各単元ごとの指導案が作成され，各単元，原則50分で進路指導講座が実施されている。

　少年院在院少年の特性を考えると，進路指導においては，入院前の職場などでの失敗体験を徹底的に分析させ，転職したときの仕方や状況を冷静に検討を加えさせる等について個別に指導し，自分自身に答えを出させるよう配慮するとともに，社会の変化や価値観の変動が著しい現代社会の中で，少年自身が将来の職業や生活を，自ら取り組む課題として受け止められるよう指導する必要がある。その意味において，本計画表では，例えば，単元8～11「職業と生活（1～4）」に見られるように，少年院在院少年の職業観の貧困さや偏り等を考慮して，職業的自己実現のために必要な健全な職業観の育成に関する指導が特に強調されている。

　また，少年院においては，各少年の適性，性格，職業観等の個別的事情，出院後の保護環境等の諸条件が異なっていること，対象少年の進路が多様であることなどから，その必要性に応じた適時適切な指導であることが要請されるため，集団で行う講義形式のみでは十分とは言い難い。この点から，本指導計画においても，事後の個別面接と連動した課題作文等，個別で行う指導体制が盛

り込まれているところである。

(2) 進路指導講座実施上の留意事項

これまで述べてきたように，少年院における進路指導としては，課業として行われる上記の進路指導講座のほか，職業補導，その他の課業があり，また，保護環境の調整等とも密接に関連している。その範囲，内容，方法は多岐にわたっており，実効ある進路指導を実施するためには，少年院の教育活動全体を通じて，入院から出院までの間，系統的に行われる必要がある。進路指導講座は，そのような進路指導の中核となるものであるが，同講座の実施に際しても，この点を等閑視してはならない。

また，少年院においては，個々の在院少年ごとに，その特性，教育必要性等に基づき，在院期間における教育内容・方法等を盛り込んだ個別的処遇計画を作成することとしているが，進路指導講座をはじめとする各種指導を効果的に展開するためには，同計画を処遇現場において管理する個別担任と少年との一貫した指導形態が特に重要となる。そのため個別担任は，担当する少年の能力，適性，興味・関心，出院後の進路，保護関係等を十分に把握することをはじめ，少年院の教育活動全体を通じて行われる進路指導に関連した指導の履修状況を管理し，これをもとに適宜，個別具体的な指導や調整を行うことが肝要である。

5　今後の進路指導の在り方

少年院の在院少年は，施設内において社会復帰のための種々の矯正教育を受け，併せて出院後の保護環境の調整が行われて，社会に巣立っていく。しかし，家庭，学校，地域社会等における親子関係，交友関係，社会感情，あるいは経済面，資質面，学歴等に係る社会復帰上の種々の負因や問題のすべてが解決されるわけではなく，また，新たな問題が出院後に発生することも十分に予想される。彼らが帰っていく社会，環境は決して生やさしいものではなく，そのような意味においても，少年院の進路指導は，何よりも彼らが出て行く厳しい社会で健全な生活を切り拓いていくことが可能となるような，より現実的・具体的な支援・援助でなければならない。このような観点から，以下，少年院における進路指導の

今後の在り方について考察したい。

　まず第一は，保護者との連携を一層強化した進路指導の推進である。

　保護者の意向や方針は，在院少年の進路選択，出院後の生活設計の確立に大きな影響を与えることは論を待たず，具体的な進学・就職情報の収集や就労先の確保等においても保護者の主体的な尽力，情報提供，少年院に対する協力等が不可欠である。このような意味において，今後更に保護者との連携を密にし，例えば，交友関係の整理，進学・就職に当たって配慮すべき事項などについて，少年院側から保護者に対して問題提起することや，少年の出院後の進路に悩む保護者の相談にのり，必要に応じて助言することが少年院の進路指導にとって極めて重要な取組みとなるものと考える。保護者への働きかけは平成12年の少年法改正に併せて，少年院処遇規則に「矯正教育に関する保護者の理解を深めるとともに，その実施に対する保護者の協力を得るよう努めなければならない」旨の規定が新たに盛り込まれたこともあり，近年各少年院において充実強化が図られている。進路指導に関連しても，在院少年の指導に当たって保護者への積極的協力，関与を求めること，さらには進路指導の一環として保護者自身に直接働きかけて改善・調整を図ること等が期待される。

　第二は，実践的知識，技能の習得を目指した進路指導の充実である。

　少年院においては，進路指導や職業補導などを通じ，在院少年の社会復帰後の生活に有用な知識や技能の付与に努めているところである。しかし，変動の激しい現代社会においては，経済情勢や雇用環境，若年者の意識構造等をはじめとする社会環境を適時に把握し，これに基づき進路指導における進路情報の提供内容，職業補導種目の在り方等，各種指導の内容・方法を見直してより実践的な知識，技能の習得を図ることを怠ってはならないことはいうまでもない。この意味において，今後も予算・設備面，教育内容・方法面等の継続的な整備・充実が望まれる。

　また，言うまでもなく，個々の在院少年によって有用な実践的知識，技能は異なる。少年院においては，少年自身が自己の能力や適性，性格，職業観，興味・関心等を理解できるよう，職業適性検査，学力テスト，面接・作文指導等を実施

しているところであるが，個別担任を核とする指導組織においても，少年の能力・適性などに関する資料，進路発達の程度に関する資料，保護環境に関する資料等の個人資料を適切に収集・管理し，これらを踏まえて実践的知識，技能の習得に関する指導を更に充実させることが肝要であろう。

第三は，具体的な就労支援体制の整備である。

出院後の就労先は，在院少年の社会復帰，将来の自立等にとって非常に重要な役割を果たすものであるが，先に述べたように能力面，資質面，社会感情等における種々の負因もあり，一般の青少年以上に就労先を決定することは困難な状況にある。そして，このことが彼らの再非行の危険性を増大させていることも否定できないと考える。現在，在院少年の出院後の就労は，保護者，保護司等からの紹介が中心であるが，出院の時点で就労先が未決定の少年も少なくない。職業安定所による就職あっ旋も可能であるが，その数は限られている。今後，職業安定所や保護関係機関等との連携を更に深め，専門機関による具体的な就職あっ旋や就職相談の活発化，協力雇用主の拡充等に努める必要がある。これらによって，少年院における進路指導はより現実的・具体的で実効あるものとして機能するものと考える。

参 考 文 献

(1) 矯正協会『矯正処遇技法ガイドブック　第2分冊　生活指導の技法と実践編』1991
(2) 小竹正美ほか著『進路指導の理論と実践』日本文化科学社　1988
(3) 柳井修著『キャリア発達論』ナカニシヤ出版　2001
(4) 吉田辰雄ほか著『21世紀の進路指導事典』ブレーン出版　2001

新しい生き方を探る指導プログラム
社会生活適応講座

森　伸　子
(東京矯正管区)

1　はじめに

　平成5年の少年院長期処遇改善施策においては，円滑な社会復帰を図るための処遇を強化することが課題の一つとされ，少年が出院後の生活において直面する問題解決場面や危機対処場面を想定し，その対応の仕方を学ばせるための「社会適応訓練」や，生活設計の具体化，反社会的集団からの離脱等を図るための「進路指導」，家族関係・交友関係の調整を図るための「保護関係調整指導」等が充実すべき処遇内容として示された。これを受けて，各少年院においてはさまざまな実践が積み上げられてきており，その実践状況については，本書においても，SSTや，進路指導講座などの項目で解説されている。

　本稿では，「社会生活適応講座」として，よりよい社会適応，円滑な社会復帰を目指すための知識，態度の獲得を目指すことを目的とし，特に出院準備教育過程を中心に実施される，社会人・職業人としての基礎知識，マナーなどを身に付けさせる講座及び各種指導により身に付けたものの実践を目的とした各種教育活動を取り上げている。これらは，社会生活を円満に営む上で必要とされる知識やマナーを身に付けさせることで，社会適応性を向上させることをねらいとした教育活動であり，主として問題場面対応を内容とした前述の各項目とは，相互に密接に関連し，補完的な関係にあるものといえる。

2 目 的

　少年院の収容少年は，家庭環境に恵まれず，学校教育からも早期に離脱してしまった者が多いことから，本来であれば家庭でしつけられ，学校教育の場で系統的に学ぶことで身に付けることが期待される，社会人・職業人としての常識やマナーを，身に付ける機会に乏しかった者が少なくない。また，逸脱した生活の中で身に付いた対人関係の持ち方や規範意識，金銭感覚等にも歪みがあることが多く，ごく普通の生活をすることに対して自信を持てないでいる者も少なくない。そのため，これらの問題を解決することが，安定した社会生活を営み，再非行を抑止する上での課題となる。

　この講座では，地域社会や職場，学校，家庭等への適応力を，基本的な知識の習得と実践的体験を通して向上させ，少年たちにそれぞれの場面において「やっていける自信」をつけさせることを目的としている。

3 教育内容

(1) 社会生活適応講座

　社会生活上必要とされる常識やマナーを，一連の授業により身に付けさせる，講座形式の授業であり，社会生活適応プログラムの基本編ということができる。

　主な社会的場面として，①地域社会，②職場，③学校及び④家庭を取り上げて，各少年院の実践例を参考にし，自主性・主体性を伸張させる方法による指導計画案を提示する。

(2) 各種実践活動

　中間期教育過程，あるいは出院準備教育過程前半までの間の学習全般や上述の社会生活適応講座を基盤として，集団や個人を対象として実施される施設内外での各種教育活動であり，社会生活適応プログラムの応用編として位置付けることができる。実際の社会的場面で実践し，応用力をつけることをねらいとした体験学習であり，豊かな啓発的経験を積ませることで，出院後の社会生活

への自信と意欲を高めさせ，社会人としての意識を高めさせることを目的としている。

少年院におけるさまざまな取り組みを参考に，指導のねらい，内容及び留意事項を簡潔にまとめ例示する。

4　教育方法

社会生活適応講座は，主として出院準備教育過程において実施することを想定している。そのため，教育方法の選択に当たっては，自主性・主体性を伸張させることができる方法となるよう工夫することが必要であり，次の点に留意して授業の進め方や指導方法を組み立てたい。

① 少年が主体的・自発的に結論を導き出せるように配意する。
② 集団の相互作用を活用する。
③ 中間期教育過程までの期間において，種々の課業や集団生活を通して学んだ知識，態度等を応用して考えさせる。
④ 体験学習や実践学習を重視する。

以上の留意点を踏まえた指導方法の型を以下に例示する。

(1) いわゆる「調べ学習」を主体とした方法

「調べ学習」は，与えられたテーマに関連させて課題を設定して，「調べ，まとめ，伝える」学習形態であり，進んで課題を見つけ，情報を収集し，考え，判断し，表現し，解決することにより，主体的にものごとに取り組み考える態度を育てることをねらいとするものである。

調べ学習を主体とした授業の基本的な方法は，次のとおりである。

ア　事前課題

与えられたテーマに関して，課題を設定し，さまざまな媒体（新聞，雑誌，書籍，インターネット等）を活用して調べ，考え，まとめさせ，発表用に整理させる。個人又は小グループを単位とする。

なお，職員は，少年による発表の不足を補うために，当該テーマにおいて少年に身に付けさせたい項目を整理し，必要な教材，資料を整えておく。

イ 授業展開
① 事前課題の結果を発表させる。
② 質疑応答，職員の補足説明で理解を深める。
③ 発表内容を元に討議や講義，関連視聴覚教材の視聴，SST等を組合せて授業を展開し，理解を深めさせる。

(2) 参加型学習（ワークショップ型授業）
　ワークショップとは，「参加者が学習の進行に積極的にかかわる学習の形式で，教授型の授業とは異なり，自主的な取組みから，他人の意見を聞き，動いたり，話し合ったり，あるいは発表を交えながら多角的に学習する方法」（山本義博他『「聴く，話すスキル」を伸ばすワークショップ指導について』「矯正教育研究　第47巻　33－40頁」2002）である。主体的な活動を他者とのかかわりを深めながら進めていくことで，対人関係スキル等の向上をも図るものであり，全国の少年院でさまざまな実践が重ねられている。
　一連の学習は，事前学習（個人），小グループによる討議，全体討議，事後の個人課題という流れをとっており，この「個人⇒集団⇒個人」というサイクルで多様な活動を行うことで，問題解決にはさまざまなアプローチやステップがあること，また，他者への配慮や協調によって多様な視点が得られることなどに気づかせていくことができるとされている。
　参加型授業の基本的な方法は，次のとおりである。

ア　事前課題
　社会生活上解決が必要となるような問題を設定し，ワークシートを用いて，問題解決のための方策（①問題点の整理，②解決すべき課題の抽出，③解決方法の検討，④そのための準備作業（少年院生活での課題））を考えさせておく。
　ワークシートは，表形式にして項目立てし，シートに書き込む内容を他と比較しやすい形式とすると少年にとっても分かりやすく，授業展開上も扱いやすいものになる。

イ　授業展開
　(ｱ)　導入
　　　ウオーミングアップ，グループ編成（３人から５人程度）
　(ｲ)　展開（グループワーク）
　　①　グループごとに，各自が作成したワークシートをもとに問題解決のための方策を話し合う。
　　②　グループ討議の結果をもとに全体発表用の掲示物を作成する（例：大型メモシート等にグループでまとめた意見を記入し，ワークシートを拡大したシートに貼りつけて作成する。）。
　　③　グループごとに発表する。
　　④　全体で意見交換し，討議を行う。
ウ　事後課題
　　個人用のワークシートに再度取り組ませ，授業で考えたことを踏まえながら，各自のおかれた状況に応じた問題解決の方法を具体化させる。

5　社会生活適応講座指導計画例

(1)　教育目標
　　社会人，職業人としての基礎知識，マナーなどを身に付けさせ，円滑な社会復帰に向けての心構えを固めさせる。

(2)　内　容
　　主な社会的場面として，①地域社会，②職場，③学校及び④家庭を取り上げ，それぞれ２単元ずつ（ただし，②及び③は対象者により，そのいずれかを実施）設定し，初回及び最終回を合せて合計８単元の講座とする。
　　なお，各単元の指導方法は，前述した教育方法の二つの型を基本としており，例示した指導内容・方法欄には，選択した型とテーマ設定，ワークシートの課題例を記載している。講義形式の授業であっても，同一のテーマで，視聴覚教材や各種資料等を活用して指導することが可能であると思われる。

(3) 指導案例

単元	指導目標	指導内容・方法
1 社会の一員として（オリエンテーション）	人には，社会生活のさまざまな場面で求められる役割があり，それぞれに必要な知識やマナーがあることを理解させる。	〔グループワーク〕 「身近な社会人の日常生活での役割について考える（少年院の先生，篤志面接委員，保護者など）。」 〔講義〕 職場で，家庭で，地域社会で，人々がどのような役割を果たしているか，具体的に考えさせる。
2 市民生活者としての責任（地域社会①）	地域社会のルール，社会人としてのマナーについて学ばせる。	＊調べ学習型 〔事前学習テーマ〕 ①ごみの出し方，②携帯電話のマナー，③優先座席 〔テーマの展開〕 ①地域社会において気持ちよく生活するためのルール，②社会人としてのマナー，③社会的弱者への配慮 〔SST課題例〕 ＊電車内で座席を譲る。
3 自立のために必要なこと（地域社会②）	自立して生活するために必要な手続き等を学び，心構えを固めさせる。	＊調べ学習型 〔事前学習テーマ〕 想定「アパートに引越して一人暮らしを始める」①アパート契約に必要な諸手続き，②区役所等への転入手続（納税，年金も含む），③1か月の必要経費 〔テーマの展開〕 ①契約と責任，②公的機関と各種届け出，③収入に応じた生活設計の大切さ 〔SST課題例〕 ＊近所の人への引越あいさつ

4 仕事を得る。(職場①)	求職活動の方法や手続について学ばせる。	＊調べ学習型 〔事前学習テーマ〕 　①求職の方法，②履歴書の書き方，③就職面接の受け方 〔テーマの展開〕 　①求職活動の方法と心構え，②社会的に認められる資格，技術の大切さ，③会社が自分に求めるもの 〔SST課題例〕 ＊就職面接，自己紹介
5 仕事を続ける。(職場②)	就労生活を維持するため必要な心構え等を考えさせる。	＊ワークショップ型 〔ワークシート課題〕 　①職場での私の心配ごと（対人関係など），②よい仕事をするために 〔グループワーク〕 　①困る場面，理由，解決するための方策について，②職場での心構えや周囲の人との関係について 〔SST課題〕 ＊職場で分からないことを教えてもらう。
6 学校へ通う。(学校①)	学校生活の在り方や学校生活のルールを考えさせ，復学の心構えを固めさせる。	＊ワークショップ型 〔ワークシート課題〕 　①復学にあたっての心配，②学校生活のルール，③学生らしい生活 〔グループワーク〕 　①・②これまでの集団生活で学んだことを踏まえ，学校生活の在り方について具体的に考えさせる。③服装，持ち物，態度，金銭感覚など具体的に考える。 〔SST課題例〕 ＊復学してクラスであいさつする。

7　進学する。 （学校②）	「学ぶこと」の意味を考えさせ，進学の目的を明確にさせる。	＊ワークショップ型 〔ワークシート課題〕 　①高校で学びたいこと，②やる気を維持する秘けつ 〔グループワーク〕 　①5年・10年後の生活目標を踏まえ，進学の意味を考える。②仲間の存在や学校生活と学校以外の生活との関連について考える。
8　家族の一員として（家庭①）	家族の成員それぞれが担っている役割を考える。	＊ワークショップ型 〔ワークシート課題〕 　次の機能を維持するための家族それぞれの役割について考える。①家計の維持，②子育て，③心の拠り所 〔グループワーク〕 　家族が円満に暮らしていくために必要なことは何か，それぞれの役割にどのようなものがあるか，自分自身は何を心がけるかを考える。
9　家族と暮す。 （家庭②）	家族の中における自己の役割を理解し，家庭生活のルールとマナーを考えさせる。	＊ワークショップ型 〔ワークシート課題〕 　出院後，家族との関係で気をつけることを考える。①出院直後，②1年後，③5年後 〔グループワーク〕 　家族が自分に対してどのような気持ちでいるか想像し，家族間においても，思いやりや配慮が必要なことに気づく。
10　社会人としての自立を目指して（まとめ）	自立した社会人となるために，様々な場面で役割と責任を果たしていく決意を固めさせる。	＊ワークショップ型 〔ワークシート課題〕 　どのような社会人でありたいかを考える。①地域社会，②職場，③学校，④家庭 〔グループワーク〕 　社会は人々が互いに自己の役割を果たし，お互いに補い合って成り立っているものであることを理解する。

6 社会人としての意識を高めさせる実践的教育活動

　ここでは，社会人・職業人としての意識を高めさせるため，施設において実施されている各種教育活動を取り上げ，指導のねらい，内容，実施上の留意点等について解説する。

　取り上げた例の多くは，集団あるいは個人を対象として，出院準備教育過程を中心に，特別活動領域の「行事」として実施されているものであるが，これらは，少年の社会適応性を向上させたり，少年院の生活を通して身に付けてきた対人場面や問題解決場面に対応する力を実社会で試したりする絶好の機会となるものであり，その視点からこの項で取り上げたものである。

(1) 外部講師による職業講話（職業別進路講座，進路指導講話等）
　ア　ねらい
　　社会には多様な職業があることを学ばせ，職業選択の幅を広げさせるとともに，職業人としての心構えや在り方について考えさせる。
　イ　内　容
　　さまざまな職業に就いて第一線で活躍している方々を講師とし，それぞれの仕事の内容や，楽しさ・苦労などの体験談，仕事に対する思い，当該職種や職場で求められている人材などに関する講話を実施する。
　ウ　留意事項
　　① 職種の選定については，少年が関心を持つ職種に目配りしつつ，地道で，目立たなくとも社会への貢献度の高い職種など，幅広く選定したい。
　　② 講師については，地元の経営者団体や商工会などの協力を得たり，篤志面接委員，教誨師等外部協力者の紹介を得たりするなどして，幅広い職種の協力者を確保することが望ましい。
　　③ 先方の了解を得て職場風景等を事前に撮影し，講話時に上映するなど，少年が仕事内容を具体的に理解できるようにすると効果的である。
　　④ 事前指導として，それぞれの職業について，仕事の内容や楽しさ，苦労等を考えさせ，質問事項をまとめたレポートを作成し，受講の動機づけを

図っておく。なお，質問事項はあらかじめ講師に伝えておくことが望ましい。

(2) 公共職業安定所（ハローワーク）見学

　ア　ねらい

　　公共職業安定所担当職員の講話により，求職・求人の状況や就職活動の留意事項を学ぶとともに，求職活動を模擬体験させることで，一般社会の現状を理解させ，職業人としての意識を向上させる。

　イ　内　容

　　公共職業安定所を訪問し，担当職員による職業紹介業務や求人状況等に関する講話を実施するとともに，窓口における求職手続等を模擬体験する。

　ウ　留意事項

　　① 事前指導として，あらかじめ，公共職業安定所の機能や役割を学習し，求職手続体験のため，希望する職種や地域，条件等を考えさせておく。

　　② 見学に際しては，厳しい雇用状況下で求職活動をしている一般利用者に不快な思いをさせたり，迷惑をかけることのないよう，服装，態度，言葉遣いなどに注意したい。

　　③ 公共職業安定所の他，ジョブカフェ等多様化している若年者向けの就職相談窓口についても可能であれば活用したい。

(3) 職業体験実習

　ア　ねらい

　　一般社会の職場で実際に働く体験をさせることにより，責任をもって仕事をやり遂げることの大切さや，上司や同僚と協力し合うことの大切さを理解させ，職業意識を向上させる。

　イ　内　容

　　一般社会の職場の協力を得て，働く体験や職場見学を行う。

　　院外委嘱教育とは異なり，職員が同行し共に実習する形をとる。このため，同行職員が共に働きながら少年の実習状況を見ることができ，密度の濃い事後指導につなげることができる。

ウ　留意事項
　①　実習先は，可能であれば，院内で取得した資格を活用できる職種や，本人の希望職種になるべく近い職場を選定することで，興味・関心を高めさせたい。
　②　職種によっては，周辺作業が実習の中心となる可能性があるものの，作業体験だけではなく「職場」の雰囲気を体験させる意味は大きいことから，幅広い協力先を開拓したい。相互に協力して一つの仕事が成し遂げられること，仕事そのものの楽しさ，サービス関係であれば利用者の接し方や相手に喜んでもらえることの充実感などを体験できるなど，相応の効果が期待できる。

(4)　外来者，見学者との交流学習
　ア　ねらい
　　一般社会の人々との交流を通して，人との接し方，意見交換の方法，協力して物事に取り組むことなどを体験的に理解させ，社会人としての適切な振る舞いの在り方や，円滑に人とかかわり，相手を尊重しながら自己表現することなどを学ばせる。
　イ　内　容
　　①　各種行事やグループワーク等の教育活動に，外部協力者や関係機関の方に参加してもらい，少年と交流する場面を設け，それまでに少年が身に付けてきた他者との接し方等の対人関係の技術を実践的に試してみる機会とする。
　　②　これまでの学習成果を実践させることや社会一般の人々との交流を通して，社会人としての自信をつけさせる。
　ウ　留意事項
　　設定する場面としては，行事における共同作業や昼食会，茶話会などのほか，家庭裁判所調査官，司法修習生等の施設見学や社会修習の際に，グループワーク等の参加型授業を実施し，その授業にメンバーとして加わってもらうことなどが挙げられる。

(5) 社会奉仕活動
　ア　ねらい
　　　対価を求めずに人のために行動することの尊さや，社会的弱者へのいたわりの気持ち，支えあい，助け合って生活していくことの大切さ等を学ばせ，社会の一員としての責任感を醸成する。
　イ　内　容
　　　老人ホーム，福祉施設，幼稚園等での各種奉仕活動を行う。
　　　作業内容としては，除草，除雪，清掃等の環境美化活動，車椅子整備，洗濯物整理など，先方施設の必要とする作業で，少年の実施可能な作業について実習するが，可能な限り，利用者や施設職員との交流の機会を設け，体験の幅を広げることが望ましい。
　ウ　留意事項
　　①　事前指導として，奉仕活動先の状況について学び，活動の意義を理解させること，活動先の利用対象者及び介助等に当たる職員の役割を理解させること，活動の目標を立てさせることなどを行う。
　　　　その際，例えば，盲学校であれば視覚に障害のある人の不自由さ，老人ホームであれば加齢が心身に及ぼす影響等を，疑似体験実習により理解させるなど，体験的に理解させておくことが望ましい。
　　②　事後指導としては，終了後の座談会，感想文，アンケート作成，礼状作成等を実施し，当初の目的の達成度のほか，実習で学んだこと，気づいたことなどを整理させる。
　　③　活動内容については，本来であれば，奉仕活動は，「無名性」のものであり，また，相手の負担にならないことが原則であるが，対象少年の特質上，可能な限り利用者とかかわる場面のある作業内容としたり，交流の機会を設けたりすることができるよう，協力先機関と調整したい。
(6) 学校訪問（復学調整）
　ア　ねらい
　　　復学予定の学校を訪問し，復学後の学校生活や学習の進め方，進路などを

調整し，復学の心構えを固めさせる。
　イ　内　容
　　　復学予定の学校へ少年を引率し，保護者や学校関係者と面談を行い，復学後の生活について具体化させる。
　ウ　留意事項
　　①　事前指導として，復学に当たっての決意や学校生活の目標など，自分の考えを適切に伝えられるよう準備させておくほか，中学生としてふさわしい服装，態度，言葉遣いなどを考えさせ，実際に練習させておく。
　　②　学校との事前調整として，少年のプライバシー保護に留意し，訪問時刻，面談場所，先方職員等の調整を綿密に行う。
　　③　学校生活のルールについて確認させたり，生活上の約束事なども話し合ったりする必要があることから，保護者の同行が望ましい。また，場合によっては，保護関係機関の参加を依頼し，地域の情報を踏まえた上で具体的な調整の機会となるよう留意する。

(7)　宿泊面会（特別面会，一時帰省など）
　ア　ねらい
　　　家族との交流を深め，関係の強化を図る。
　イ　内　容
　　　家庭寮等において，ある程度まとまった時間を家族とともに過ごし，家庭生活に近い状態で生活する機会を設ける。宿泊面会の場合は通常１泊２日の日程であるが，昼食をはさんだ１日程度の日程で実施する長時間の面会であっても，宿泊面会に近い効果は期待できる。
　　　家族と過ごす中で，家族との接し方やかかわり方など，これまで考えてきたことを実践させたり，十分な話合いの時間を持たせたりすることで，相互の関係を深めさせる。
　ウ　留意事項
　　①　対象者の選定，ねらいを明確にするとともに，実施時期を綿密に検討・調整し，さらに，少年・保護者に対する事前指導，事後指導を十分に行う。

②　少年に対する事前指導については，家族とのかかわり方について考え，整理してきたことを試す機会として，例えば，今までかけてきた迷惑について心を込めて謝罪する，出院後の生活について自己の考えを適切に説明する，家族に対する希望を相手に受け止めてもらえるように伝えるなど，具体的な行動目標を立てて臨ませることが肝要である。

③　保護者に対する事前指導については，面会の目的やねらいを明確にし，保護者自身にも目標をもって面会に臨んでもらい，保護者としての責任感を強化するよう働きかけたい。

④　ケースによっては職員の介入，関与が必要なことがあるため，家族関係の実情に応じて，場面設定のバリエーションを増やしたり，関与する職員，時間等を調整したりするなどきめ細かく対応する。

7　まとめ

　社会生活に必要なマナーや常識，周りに受け止めてもらえる行動や態度等を学ばせるという視点から，社会生活適応プログラムに必要と思われる指導内容等について述べてきたが，近時は，少年院に送致される少年たちだけではなく，同年代の少年全体に関して基本的なしつけが十分になされていない傾向が顕著なようである。教えられてこなかったことや，身に付けてこなかったことに止まらず，そのような状態が一般的な中で育ってきた少年たちに対しては，まさに手取り足取りの指導が必要となると考えられる。ここで取り上げた指導は，その前提として，寮生活等を通して身に付けた基本的な生活態度，生活習慣が土台となることはいうまでもない。

　また，学んだ知識が「身に付いた」状態に至るまでには，さまざまな場面で実際にやってみることが必要であり，連続性のある指導を行う意味でも，学んだことを実際に試してみる場面，体験してみる場面を，施設内外において可能な限り多く設けたいものである。具体的には，社会資源の活用，地域社会との連携が重要なポイントになると思われ，施設のおかれた状況を踏まえてさまざまに工夫していきたいものである。

参 考 文 献

(1) 関口哲他『進路指導体制の充実について』「矯正教育研究　第47巻　27－32頁」2002
(2) 市川真由美『地域社会の援助・協力を受けた矯正教育の実践』「罪と罰　第40巻4号　22－28頁」2003
(3) 川端正典他『社会適応訓練講座におけるワークショッププログラムの導入』「矯正教育研究　第45巻　61－68頁」2000
(4) 東別府修二『少年院におけるワークショップ指導マニュアルの作成について』「矯正研修所紀要　第15号　68－74頁」2000
(5) 山本善博他『「聴く，話すスキル」を伸ばすワークショップ指導について』「矯正教育研究　第47巻　33－40頁」2002

新しい生き方を探る指導プログラム

育児教育(父親・母親教育)講座

池 田 一
(広島矯正管区)

1 はじめに

　少年院における家庭に関する指導や，性に関する指導は，面接指導，作文指導，内観，問題群別指導等の方法によって，少年自身に自己の生い立ちを振り返らせること，こじれた家族関係の調整を図る糸口を考えさせること，自他を敬愛する意識・態度の大切さを認識させること等を指導の目標として展開している。そうした指導の切り口は，自己に対する「振り返り」であったり，自分を取り巻く周囲（家族等）の支えの「気づき」に重点をおくものである。

　幼少期からの何らかの家族関係の「ボタンの掛け違え」が非行に影響していると考えられる少年にとって，自分，自分の家族，自己の非行にきちんと向き合い，それを考えることは，「なぜ，自分が少年院に来ることになったのか」，「自分の問題点はどこにあり，少年院でどう改善していくのか」ということを認識させることにもつながり，自発的に自己改善に取り組ませるべき矯正教育の第一歩として不可欠なことである。

　ところで，ここ数年，こうした「過去」を見詰めることから始めるプログラムに加え，「育児教育」等の名称で，自己の将来像を想定し，自らを父親・母親としての立場においた教育内容や方法の導入が各少年院で見られるようになってきた。これは，「振り返り」そして「気づき」という指導スタンスに「ビジョン」

の概念を採り入れたものであるということもできる。このことは，自らの過去を直視させ，非行を引き起こした自分を見詰め直させるインパクトのある指導の充実を図る一方で，社会復帰後の健全な生活設計（この場合，人生設計と言ったほうが適切かもしれない。）を視野に入れた指導の展開が求められる少年院にあって，その教育内容や方法の充実に向けての方策の当然の帰着かもしれない。

本稿では，育児教育等に関する講座の意義・目的についての仮説を立てた上で，各少年院での取組みを整理するとともに，「ビジョン」という観点から指導の着地点の在り方について考察を加え，現在の講座の更なるバージョンアップの方策についても検討を試みたい。

2　講座の意義・目的

育児教育（父親・母親教育）の講座の意義・目的には，①生命尊重，②共感性・感受性及び③ビジョンの設定という三つのキーワードに整理できると思われる。

(1)　生命尊重

生命の誕生から子育てに至る過程を学習することにより，新しい生命の誕生の神秘や奇跡，子どもの誕生に際しての親としての思いを理解し，自他のかけがえのない生命というものを強烈に認識させることができる。

また，高齢者をはじめとする介護を要する方に関する指導を通して，人間の命の尊厳というものに触れ，人間の生命の慈しみについて考えさせることができる。

(2)　共感性・感受性

自分と違う立場や存在について体験を交えて学ぶことにより，他者への理解，共感の気持ちを植えつけることができる。また，自分以外の人の生涯にも思いをいたすことのできる感受性が身に付き，その結果，子どもや配偶者に対する父親（母親）・夫（妻）としての望ましい態度を考えさせることができたり，高齢の方や，障害のある方に対するケアについての学習を通じて，社会や家庭内で自己の果たすべき役割を認識させることができる。

(3)　ビジョンの設定

教育内容の着地点が，これまでに経験してきたことへの振り返りだけでなく，これから経験するであろう「将来」にあることから，出院後の生活設計，人生の見通しというものを考えさせるには有効な方法の一つであると言える。

また，育児体験実習において，将来母親になるために必要な考え方や態度について学ばせると同時に，母親としての社会性について考えさせることを指導目標においた構成が見られること，ジェンダーに関する指導において，少年たちに，異性との協和関係をいかに築き男女同権意識を高めていくか，さらには自身が男性（女性）存在としてどうあるべきか，といったことについて考える単元が用意されていることは，これからの自己の生涯の在り方，見通しといったものを，より具体性と深みを伴った形で考えさせることができる。

3　講座の実際

生命の誕生，男女や家族の在り方についての指導内容は，一般的に家族関係や性非行に関する問題群別講座において取り扱われてきた。

それは，男子少年院の場合であれば，指導の目標を，異性に対する態度や認識の改善，過去の非行に対する罪障感の覚せい，異性との交際の在り方（性に関するモラル）の確立においた異性関係指導であったり，女子少年院の場合であれば，非行という不適応行動の原因に，女性として自分を大切にするという基本的な姿勢が確立できていなかったこと，家庭に安定できない環境要因があり，その影響を受けて自律性や社会性の発達が不十分であることなどを踏まえて，生きていることの素晴らしさと自分を大切にすることの重要性を実感させること等をポイントにした性講座のカリキュラム編成により展開されてきた。

ところで，近年では，いくつかの少年院において，育児教育や父親・母親教育の名称の講座が開設されたり，また，そうした名称を使わないまでも，家庭や性にかかわる講座の指導計画に出産，育児等に関する指導内容が盛り込まれるようになってきている。本稿では，男子少年院における育児・性教育，女子少年院における母性教育・性教育などを複合的に取り上げて検討する視点から，いくつかの少年院での取り組みを紹介することとする。併せて，介護に関する講座につい

ても，育児等の講座のねらいとリンクすることが考えられるので取り上げることとする。

(1) **男子施設における指導**

　ア　育児福祉実践教室

　　福岡少年院では，平成9年度に中間期教育過程の少年を対象に「介護サービス科」を男子少年院としては初めて開設した。その後，育児教育用の教材や設備と既存の介護サービス科の設備を生かして，平成11年4月から生命尊重教育の一環として出院準備教育過程の少年を対象とした「育児福祉実践教室」に発展させた。

　　「育児福祉実践教室」は，「介護教室」(5単元)，及び「育児教室」(5単元)(計10単元)から構成され，生活指導領域の情操教育として位置付けられている。

　(ア)　介護教室

　　　　単元1　介護体験実習①（車いすでの介護）
　　　　単元2　介護体験実習②（高齢者の介護）
　　　　単元3　介護体験実習③（視覚障害者の介護）
　　　　単元4　介護体験実習④（肢体不自由者の介護）
　　　　単元5　介護体験実習⑤（応急措置・救急法）

　(イ)　育児教室

　　　　単元1　育児体験実習（妊婦模擬体験）
　　　　単元2　ビデオ視聴
　　　　単元3　育児体験実習（沐浴模擬体験）
　　　　単元4　育児体験実習（おむつ交換，着替え，授乳模擬体験）
　　　　単元5　ディベート演習

　　指導の柱としては，「命の大切さ」，「他者への思いやり」，「弱者へのいたわり」を深く考えさせるような内容となるよう配慮されており，介護指導に当たっては，身体的・社会的弱者といわれる高齢者や障害者に対しての思いやりの気持ちを持って接すること，介護技術や接し方の要点を知ることによ

り，困っている人に対して，手助けをするために積極的に行動する態度を養うことに留意している。また，育児指導に当たっては，人生の中で最も弱い時期にある乳幼児や新たな命を宿した女性に接する際の思いやりの気持ち，わが子を守り育む父親としての心構えはいかにあるべきかなど，「生命」を大切に育むには，いかに多くの労力や配慮，気遣いが必要であるかを考えさせるように留意している。

イ　父親教育（父親プログラム）

多摩少年院では，年長少年を収容していることから，既に結婚して子どもを持つ少年や，結婚までは至っていないものの，婚約者等のパートナーがいる少年への指導内容として，平成13年1月から，出院準備教育の一環として，育児や父親としての意識・態度のかん養が必要と認められる出院準備教育過程の少年を対象に，「父親教育」を開始した。

その後，平成14年9月からは，出院準備教育過程にある全少年に対象を拡げ，進路指導（出院準備講座）12単元のうち，7単元を「父親プログラム」として単元化した。

　　　単元1　父親プログラム①－1（出産・育児）
　　　単元2　父親プログラム①－2（避妊・排卵日と受精）
　　　単元3　父親プログラム①－3（妊婦体験・育児教育のまとめ）
　　　単元4　父親プログラム②－1（虐待）
　　　単元5　父親プログラム②－2（ドメスティック・バイオレンス）
　　　単元6　父親プログラム③－1（高齢者介護）
　　　単元7　父親プログラム③－2（命の尊厳）

指導目的は，少年に夫・父親としての責任感や態度を自覚させるとともに，自分の父母との関係等，家族の在り方等についての考えを深めさせることをねらいとしている。

ウ　ジェンダー意識覚せいに関する指導

浪速少年院においては，中間期教育寮在籍少年を対象とした生命尊重教育の一分野としてジェンダー意識覚せいに関するテーマを取り上げ，他者（女

性）に対する共感性を養い，社会的な男女同権意識を喚起させる実践を行っている。

集会活動の日課を活用して行われる本指導の骨子は，以下のとおりとなっている。
① ジェンダー意識調査
② 「ドメスティック・バイオレンスについて考える」
③ 「性犯罪を考える」
④ 「自立」について見つめ直す

本指導では，男性である自分が，いかに女性と望ましい相互関係を築いていき，尊重し合い，自身の自立に至るにはどうしたらよいかという面を探ることに重点をおき，「少年・子ども」から「男性」へと成長していく過程において，少年たちに，異性との協和関係をいかに築き男女同権意識を高めていくか，さらには自身が男性存在としてどうあるべきか，といった根本的な問題について考えるための手段として有効に作用している。

エ 介護サービス科

北海少年院では，平成14年４月から「介護サービス科」を開設した。

いわゆる社会的弱者や障害者の福祉，保護などの充実が社会的テーマとなる昨今，矯正教育を担う少年院においても社会の要請や期待に応えられるような資格取得の体制づくりやそれを担える成熟した「人づくり」が求められていることを背景にしたものである。

介護サービス科において取得させるホームヘルパー２級の資格は，被介護者の羞恥心もあって同性介護の流れにあること等から，今後は男子少年院においても将来性のある有用な資格であることに加え，確実な介護技術・スキルを身に付けるためには，お年寄りや障害者の方との触れ合いの中で，相手への気遣いや思いやりを持たなければならないので，生命尊重教育や被害者の視点を取り入れた教育の充実の面でも大きな効果が得られるものである。

(2) 女子施設における指導

ア 問題群別指導等

愛光女子学園では,「非行問題講座(家庭)」の中で,母親としての構えや育児等に関する指導を行っている。

①それぞれの家族に固有・共通の悩みや問題があることを理解させ,自分の家族の問題点と家族に対する感情を整理させる,②乳幼児の心身の発達の仕方について学び,子どもの人権や人格を尊重させる気持ちを養わせる,③子育てにおける親の悩みや葛藤を自分のこととしてとらえ,自分が親になることや,家庭を持つことへの自覚を高めさせる,ことに指導の目標を置いている。

単元1 非行問題講座(家族)を始めるに当たって
単元2 家族と法律
単元3 少子化と現代の子育て
単元4 子どもの発達
単元5 子どもの人権と子育ての悩み
単元6 これからの家族
単元7 これからの私

その他の例としては,問題性別指導「異性関係コース」の単元の中において,「異性関係の変化と問題点」,「結婚と幸せな家庭生活」,「女性としての自己の確立」を取り扱っている少年院,「性教育」の中で,「妊娠と出産」,「実技(妊婦体験・沐浴実技)」を取り扱っている少年院もある。

イ 育児教育(育児講座)

貴船原少女苑では,「命と心の講座」生命尊重教育(凶悪・粗暴な少年非行を背景に,命の大切さを理解させ,人に対する思いやりの気持ちや優しさを育むための教育)の一講座として「育児講座」を平成12年6月から実施している。

子どもと母親のかかわりの大切さを学ばせることを通して生命誕生の感動や喜びを味わわせ,自分を含めて生まれてきたすべての者の生命が尊く,かけがえのないものであると感じるきっかけを与えることをねらいとしている。

単元1　望まれる妊娠をするために
単元2　母親になるまでに
単元3　育児の基本
単元4　子どもと母親のかかわり
単元5　母親として
単元6　子どもの命

　他に「育児教育」として，実践している例としては，①妊娠，②妊娠から出産まで，③保育の3単元を全院生を対象に行っている少年院，また，出院準備教育過程生を対象に①新しい命，②妊婦体験，③育児体験の3単元を実施している少年院などがある。

ウ　保健衛生指導

　交野女子学院では「保健衛生指導」として，性や育児等に関する指導実践がある。

　身体の仕組みについての理解を深め，自分を守るための方法を知り，更にさまざまな選択肢の中から自分が真に望む生き方を自らの意思と責任で選択していく力を養うことを指導目標として，全16単元からのカリキュラムは「Ⅰ　知識編　自分たちのからだを知ろう」，「Ⅱ　関係編　自分たちの関係をみつめよう」，及び「Ⅲ　生き方編　自分たちの社会に目を向けよう」で編成されている。

　中でも，「Ⅲ　生き方編」の14単元（「イヤなことはイヤと言おう」）は，性暴力の背景には，性的欲求不満ではなく，社会的欲求不満が隠されていることを理解させ，対等な男女関係について考えさせ，レイプやドメスティック・バイオレンス，セクハラ等の性暴力の背景や問題点について学ぶ内容に，また，15単元（「育児」は「育自」）は，パートナーと一緒に楽しみながら子育てに取り組み，子育てを自分が一人の人間として成長していく機会であることを理解させる内容となっている。

エ　介護サービス科

　女子の少年院での介護サービス科の例として，平成5年4月に交野女子学

院で「介護サービス科」が開設された。
　指導の目的を「介護業務に関する技能や知識を習得させ，学習を通して他者への共感性や思いやり，人権や生命を尊重する態度を養い，最終的にホームヘルパー2級の資格取得を目指す」ことにおく一方，共感的態度の醸成を目的とする意味で，「サービス提供の基本視点」や「共感的理解と基本的態度の形成」などの授業内容を掘り下げて考えさせるなど，形式的な資格付与に終わらせず，他者を尊重する心を育てる機会としての意義を含んだ実践を行っている。

(3)　まとめ

　ところで，このように概観した各少年院における育児や介護に関する講座の指導の方法は，大括りではあるが，次のように特色づけられると思われる。

　ア　他者の立場での学習

　　まず，教育内容の題材が「自分」ではなく，「他者」にあることが挙げられる。

　　「自分を見つめ直す」ことを基点とする少年院の教育活動の多くが，まずは「自分」を中心に置いて，自分の過去，非行，改善すべき問題点，生活設計等を考えさせていく内容となっていることに対して，育児あるいは介護に関する講座においては，乳幼児や高齢者，障害のある方といった，「自分」ではなく「他者」の立場から「自分」を見詰める構成となっている。

　イ　実技，模擬体験

　　次に，教育方法にいわゆる「実技」をふんだんに取り入れていることが挙げられる。

　　各少年院の講座の内容を概観すると，講義形式だけでなく，介護に関する実習の他，育児教育であれば，妊婦模擬体験，おむつ交換，授乳模擬体験等の実技を多く取り入れていることが注目される。自分の手，肌での体感学習に大きなウエイトをおいている。

　ウ　将来の自分を見据えた指導の着地点

　　さらに，これまでの自分を見詰め直すことに加え，「これから」の将来の

自分を想定しながら学習を進める講座内容になっていることが挙げられる。
　また，指導内容の中には，「「自立」について見詰める」，「これからの私」，「母親として」等，具体的な育児や介護の技術的な指導にとどまらず，少年たちの「生き方」に関わる内容が盛り込まれている。父親母親としての視点，配偶者（パートナー）としての視点を通して，自分の将来像について考えさせることのできるプログラムが用意されている。

4　成果に表れるもの

　こうした講座の成果について，受講後の少年の反応も含めて考察すると，「生命尊重」，「他者理解（思いやり）」及び「自己の責任や役割の認識」の観点からまとめることができる。
　なお，受講した少年の受け止め方は，冒頭における講座の意義・目的で触れたものとほぼ同様のものとなっている。

(1)　生命尊重
　　まずは，育児や介護に関する講座が「生命尊重」を指導目標の中軸に置いていることからも，少年たちの反応にも「生命」についての反応が強く見られる。
　　例えば，出産場面のVTRや妊婦体験を通じて，「どんなに小さくても，どんな理由があろうと，一つの命として，命の重さが伝わってきた，体を通じて分かりました」という感想に象徴される。

(2)　他者理解（思いやり）
　　次に，男性（女性），介護を要する方等，「自分」とは違う立場の学習から，他者に対する共感的理解や，他者理解を通しての自己洞察についての反応がある。
　　例えば，介護の講座を受講した少年からは，「人と人との愛みたいな，思いやりの心を学びました。自分よりも弱い立場の人にどう接するのか考えさせられました」，「教科書に載っていない『やさしさ』を半年の間に身に付けられたと思います」といった，介護サービス科を人間としての生き方を学び，精神的な成長を促す場であったととらえている反応が見られる。

また，育児教育（妊婦体験）を受講した少年からは，「とても重くて，僕だったらとても生きていけないだろうなあと思いました。僕は５分くらいで耐え切れず駄目だったのですが，妊婦さんは何か月もそういう体で生活するなんて，とてもすごいことだと思いました」，「くつひもを結ぼうとしてもおなかを圧迫するような感じで苦しくなってなかなか結べなかった」，「自分の母親も，自分を育てるために苦労したんだな」，と感じるとともに，「僕のためにと思い，育ててくれた母さんに，言い表わしようのない感謝の気持ちがあふれ，悲しく，自分がしてきた行為が憎くて，ただ，ごめんなさいという気持ちが渦巻きました。母さんはすべてに疲れ果てていたのに，僕はそんな母さんを攻め立ててばかりでした」と，母親の立場を理解することによって，深い反省の気持ちを表出する例も見られる。

　さらに，児童虐待に関する授業後には，「何不自由なく育ててもらった自分は幸せなことだと思うし，親にも感謝しなくてはいけないと思います。「普通」に育てられることが，決して当たり前のことではない，ということが分かりました」という自己の生育を冷静に洞察できた機会にもなった反応も見られる。

(3)　**自己の責任や役割の認識**

　また，父親であるとか，母親といった，自分がこれまでに担ったことのない立場や，そうした立場におかれた（おかれている）ことはあっても，その立場に真剣に向き合ってこなかった（向き合わない）少年に，その立場について考えさせることによって，自己の責任や役割を認識させることができている。

　例えば，「かわいい！　だけでは本当の父親としての育児はできない。育児の知識や技術を身に付けておくことも父親の責任ではないか」，「子どもが子どもを育てるということは避けるべき。何の知識も覚悟もないのに子どもを産むのは無責任」という責任感を痛感する反応や，「沐浴は手の小さい母親が行うより，大きな父の手で行ったほうが良いと思いました。自分が経験してみて分かったことばかりでした」といった父親としての役割認識を伴う反応が見られる。加えて，「虐待とはどんなものなのか，子どもにとって親とはどんな存在なのか考えさせられた」，「親のためにも，ちょっとでも介護の技術や知識を身

に付けたい」,「僕たちもいつか介護される時がくる」といった,自分の将来の姿を重ねる反応も見られる。

5　今後への指標

以上のように,介護に関する指導のエリアも盛り込んで,育児教育(父親・母親)講座の現状についてまとめてきたが,講座の更なる充実のための指標として,いくつかの方策について提案してみる。

(1)　家庭生活上の役割に応じたプログラムの整理と体系化

「育児教育」は,生命尊重はもちろんのこと,自らの誕生の回想を重ね合わせることにより自らの生命の支えを認識させることもできる。また,自らが親となった場合の対処方法,心構え等を学ぶこともできる。しかし,こうした父親あるいは母親としての立場からの指導アプローチに終わらず,ジェンダーに関する講座や介護に関する講座と育児教育とを並列・整理・統合することにより,人間としての一連のライフサイクルを見据えた有効なプログラムの構築が可能となるのではかなろうかと考える。

つまり,家庭における生活上の役割,例えば,父親又は母親という立場の前段階としての男性と女性,パートナー若しくは夫あるいは妻,という立場の時期,育児にかかわる親としての立場の時期,そして自分の親の介護をする立場になるまでの講座の体系化を図ることにより,少年たちに生涯を通じての,短期的見通し,中期的見通し,長期的見通しを見定めさせることができ,計画的で方向性のある生活設計の樹立にもつながっていくものと思われる。

(2)　指導方法上の工夫

現在実践されている育児教育(父親・母親教育)に関する講座の多くは,ある程度の受講人員を確保して展開されているものであるが,処遇の個別化を標榜する矯正教育の本旨を追求する過程において,少年一人一人のこれまでの家庭事情や現在(出院後)の環境あるいは境遇,人生の価値観の相違を詰めれば,全体指導とともに個別指導の必要性を感じる。ついては,例えば,講座を一般教育と集中教育とで構成し,全体指導としての一般教育と,個別の必要性が認

められる少年については，数日間の個室を利用しての集中教育のプログラムを準備する方策が考えられる。

また，既にいくつかの施設でも実践されていることではあるが，単元の内容によっては，少年院の職員のみでなく，ノウハウに厚みのある医療・福祉関係に従事する外部の専門家を指導者として招へいしたり，介護の実習で盛り込まれているような，少年院以外の外部の機関での専門的な実地指導の導入等，内容・方法の有効性を高めることも検討すべきであると思われる。

(3) 自立自活プログラムとしての方向性

少年院に送致される少年たちも，その多くが保護者の下への帰住という形で，社会復帰の足掛かりをつかみ少年院を出院していく。しかし，自分が育児や介護に携わるであろう，もう少し先の見通しに目を転じてみたり，あるいは同世代の若者が就労生活における単身生活や住み込み生活，学業生活における下宿生活という形で，ある程度自立自活的な生活を送っているという現実に目を向ければ，少年院在院少年に自立自活を照準とした具体的なスキルを学習させておくことも，大人としての生活設計を確立していく上で意義のあるものであると思われる。

そこで，例えば，育児教育（父親・母親教育）の中に，男子少年であれば，家庭内での役割という観点からのみでなく，単身生活の増加といった社会情勢をも踏まえた自活方策（例えば，調理，裁縫）等，自立した男性としての準備のための単元を，女子少年であれば，女性の社会進出や就労に関する知識や心構え等に関する単元を盛り込んでプログラム化するなどの方策が考えられる。

6 おわりに

本稿では，「振り返り」，「気づき」から「ビジョン」へ展開する育児教育（父親・母親教育）についての少年院における現在の実践状況をまとめてきた。

育児教育（父親・母親教育）は，生命を慈しむ気持ちや共感性・感受性のかん養，ライフビジョンの設定に有益な教育内容・方法であると言える。

現在は，出院準備教育過程にある少年や，ある程度教育期間の経過した少年に

行われている場合が多いが，今後は，例えば，生命尊重プログラムや自立自活（生活構想）プログラムとして，全教育過程を貫くプログラムの形となって整備充実化を図っていくことも考えられる。

また，こうした講座の中で取扱う単元によっては，被虐待経験を有する少年等，家庭内に個別の深刻な背景を有する少年に対しては，受講に際しての事前及び事後の反応を確実に把握して，場合によっては，集団での指導の適否等を吟味するなど，個別のケアを施すことに留意する必要があると思われる。

参 考 文 献

(1) 梅本俶子『性問題指導　(1)少年院における性教育』「矯正処遇技法ガイドブック　第2分冊　生活指導の技法と実践編」矯正協会　1991
(2) 交野女子学院『少年院における保健衛生指導（主に性教育を中心として）』「第3回少年院研究指定施設における研究」（平成10・11年度）
(3) 福岡少年院『介護・育児指導を取り入れた生命尊重教育』「第4回少年院研究指定施設における研究」（平成12・13年度）
(4) 武冨秀仁『育児福祉実践教室の現状と課題』「日本矯正教育学会第38回大会発表論文集」2002
(5) 財満晶子『命と心の講座』「刑政　第113巻第8号　72頁」2002
(6) 中西誠『ジェンダー意識覚せいを基盤とした人権教育実践』「矯正教育研究第47巻」日本矯正教育学会　2002
(7) 阿部武郎『介護サービス科の運営について』「刑政　第114巻第7号　7頁」2003
(8) 椿百合子『介護サービス科の効果的実施』「刑政　第114巻7号　84頁」2003

第3節　環境の教育力を活用した指導

学寮の教育力を活かした指導

齋　藤　裕　司
(愛光女子学園)

1　集団の教育力を活かした指導の導入

　少年院の矯正教育が目指すところは，少年一人一人の立直り，更生である。少年が自分の行った非行の問題性に気づいて深く反省するとともに，非行に至った自分の考え方・行動の仕方に潜む問題点の改善に取り組み，それを克服して健全な社会人となるように援助することが少年院の使命である。このことが効果的に行われるためには，個への直接的な働きかけのみならず，集団を通した，あるいは集団の力を活用した働きかけが不可欠である。このことに少年院が最初に着目したのは，昭和30年代後半である。来栖宗孝は，「昭和35～36年ごろから現場施設の職員が自主的に研究学習を重ね，いわば下からの創意工夫によって，広義の生活指導部門において集団指導が熱心に進められていった。すなわち，教育的更生的施設の雰囲気の醸成，集団造りを目指して，係・役割活動，討議・自己批判，相互批判集会，保護者会組織などが，多摩，神奈川少年院その他で推進され，・・・ていった」(1)と，草創的熱意あふれるこの時代の職員集団の雰囲気を刑政誌において伝えている。当時の研究発表を見ると，例えば，「多摩少年院にお

ける集団教育の現状と課題」において，土持三郎は，この研究の性格を「少年院の在院者に対し，その非行的な態度，行動を変革させるための集団的な方法つまり集団生活の場面において，成員の一人一人を集団の目標に向かって積極的に参加させ，集団の質を高めさせる過程において，態度，行動を変革させる集団教育の立場での実践的な研究である(2)」と述べている。この研究が開始された昭和39年当時の多摩少年院の学寮集団は，反社会的なインフォーマル関係に支配されており，とても合目的的に組織された集団とは言えないものであった。新入生には娯楽をさせないなどといった新旧の序列による差別の横行や暴力，いやがらせ，喫煙などの規律違反行為が頻発し，これら学寮生活上の問題が日中の課業である学習や実習にも悪影響を与えていた。このような集団に対して，「従来の教育学に学んだところの教師対生徒の関係における個別的働きかけ，つまり人間対人間のふれあいで感化・教育するという観点よりは，集団を通して，集団の組織・機能を用いて個人の態度や行動を変革していくという側面に注目せざるを得ない。集団がもっているところの集団的な力が個人の態度・行動の変化に強く作用するという考えに立ち，集団的な方法を用い，個人を意図的に教育していくべきであると考える(3)」との教育的な対応を図る意図が見られる。このような観点から，教育的環境として優れた学寮集団を形成することがまず目指されたのである。当時，マカレンコ（Makarenko, A. S.）の「教育詩」その他の著作が職員間で熱心に読まれて，集団主義教育から指導技術的に何か応用することができるものはないかなどについての検討が進められていたことも「集団作り」の理論的背景の一つにあったものと思われる。

　ここで，多摩少年院における集団作りがどのように行われたかについて，先述の研究(2)によって簡単に見ておきたい。

　集団作りは，大きく三つの段階に分かれる。第一段階においては，学寮集団の実態を把握するため，従来から行ってきた行動観察に加えて，いわゆる「生活調査」（ソシオメトリック・テスト，ゲス・フー・テスト及び個別面接からなるもので，全院，全寮で毎月１回定期的に実施する調査と面接）を導入し，その分析結果から，集団への悪影響の大きい反社会的な態度，行動が顕著であることなど

が分かった中核的な者等を転寮（他の集団寮に移す再分類）又は隔離（個室寮で生活をさせる単独処遇）するとともに，学寮集団の下位単位である居室集団を情緒的なつながりの強いものに再編成することを繰り返して，インフォーマルな関係の解体に努めた。第二段階以下の段階においても同様であるが，いわゆるボス少年を中心とした反社会的な秩序の集団を解体し，望ましい集団を新たに組織化するためには，職員集団側の強力，かつ，直接的な指導が操作的，継続的に行われる必要があった。第二段階は，学寮内で古参の者だけではなく全員が参加できるレクリエーション大会や学寮の問題を公式に討議する１級生集会（処遇の最高段階にある者を成員として行う集会），意見発表会等の活動を休日日課の内容として，これを公式的に編成した。こうしたことにより，集団成員間に多くあった非公式な規律は徐々に見られなくなるとともに，その一方で，学寮内には各種の活動を通して良質な核となる少年が生まれてきた。第三段階では，学寮生活で生じる仕事を学寮生全員が公平に分担する仕組みを作ることにより学寮内に民主的な秩序が生まれるとの考えから，第二段階で育ってきたリーダーやレクリエーション係といった役割を公式化し，役割作りに力を入れた。

　この多摩少年院の試みは，「いわば集団教育の初期の段階にあり，集団が建設的に自らの力で活動を始めるには，なお多くの課題をかかえている[4]」ことから，その後の継続的な努力により，同期生集会（学寮内で入院した月を同じくする者の集会）や，室集会，室長集会等が整備され[5]，このような教育的な活動や研究が順次他の施設においてもなされるようになり，その成果として評価されるものが生まれてきた。現在においても役割活動と集会活動は，少年院の基本的な教育活動の一つとして，その輝きを失っていない。この二つの活動は，集団作りの一環として相互に密接にかかわり合いながら少年院教育の中に取り込まれ，種々の発展を遂げて現在に至っている。特に，集会活動については，１級生集会や週番集会が象徴するように，当初は健全な集団作りの方に主眼が置かれていたが，徐々に集団の教育力が向上するにしたがって，個人の問題点を改善するための視点が中心になってきていることは注目に値する。

　本論考においては，まず定着した役割活動に言及し，続いて変遷を重ねてきた

集会について論じるが，それらに先立ち，少年院処遇の生命線であるとも言える学寮生活について述べておきたい。

2 学寮生活

新たに少年院に入院した者は，一定の考査期間を経て，いわゆる集団寮に編入される。この集団寮は，第一学寮，第二学寮・・・とナンバーで呼んだり，さくら寮，わかば寮といった施設独自の名称を付けて呼んだりしている。ここでは，これら集団寮を「学寮」と総称することとしたい。

なお，少年院には，集団寮のほかに単独寮があり，この単独寮は考査や内省，謹慎の執行など，集団から切り離して処遇する必要がある者を収容する寮である。

(1) 生活の本拠としての学寮

少年たちにとっては，基本的にこの学寮が生活の本拠である。学寮間は，渡り廊下や階段で連結されてはいるが相互に独立した居住空間であり，それぞれの学寮には，居室としての集団室又は個室のほか，少年院の規模及び学寮の建物構造によって異なるが，ホール（食堂兼学習室），洗面所，浴室などが備えられ，20人から40人程度の少年たちが起居を共にしている。昼間の課業時に学寮外に出るほかは，夜間休日のほとんどの時間は所属する学寮で過ごしている。食事，就寝はもとより，洗濯等の役割活動，読書やレクリエーション等の余暇活動，集会等の夜間や休日の日課は，すべて学寮を単位として実施される。

(2) 少年と寮担任及び個別担任との関係

さらに，学寮には教官室がある。学寮の指導は，6人程度の職員がチームを組んで当たる。この職員を寮担任という。寮担任は，学寮内にある教官室をベースに活動する。寮担任間の連絡調整，相談・会議，必要な事務処理等が教官室において行われる。寮担任は，個別担任の役割も担う。例えば，職員6人少年30人の学寮であれば，一人の職員が平均して5人の少年を個別担任として受け持つことになる。また，寮担任の中から，寮主任と寮副主任を指名することが通常である。寮の運営は，施設の全体方針の下，寮主任と寮副主任を中心

にして進められ，その時々の指導方針，具体的指導内容等が決定される。したがって，少年たちは，個別担任の指導を受けつつも寮担任全員の統一的な指導の下にあるということになる。寮担任の方から見ると，寮担任は，個別担任として受け持ちの少年に対して第一次的な指導者であるとともに，学寮という集団全体の指導者でなければならない。個別指導と集団指導の関係は，集団指導の延長線上に個別指導があるのであって，個別指導の集積が集団指導なのではない。いずれにしても，寮担任と学寮の少年との関係は密接であり，家庭における父と子の関係になぞらえて，寮担任を「寮父」と呼ぶ施設もある。この言葉から，これまで味わえなかった家庭の味，深いきずな，育て直しといった意味合いを感じ取ることができる。

(3) 少年間の関係

学寮において，少年は寮担任との密接な関係におかれるが，同時に，少年同士の関係も密度の濃いものである。

毎日24時間，休日も関係なく，ほとんど同じ空間で生活することにより，成員同士の関係が深まることは自然の成り行きである。場合によっては，少年と職員との関係より，少年間の関係の方がより親密になることがある。いわゆるインフォーマルグループの形成されることなどがその典型であり，それまでには至らないものの，不正連絡などの規律違反行為をじゃっきする少年間の馴れ合い的な関係はどの施設においてもときに見られることである。

前述したように，昭和40年ごろまでは，集団内には新旧の序列による差別の横行や暴力，いやがらせ，喫煙などの規律違反行為が頻発していた。いわゆるボスが学寮生活の主導権を握り，反社会的な非行文化をはびこらせていたのである。その後，このようなインフォーマルグループは解体され，集団は成員のフォーマルな関係によって再構成されるようになったが，しかし，集団は生き物であり，五月雨入院の少年院にあっては，成員が絶えず入れ替わっている現実に配意するのみならず，新入の少年に非行文化を持ち込ませないように注意を払わなければならない。また，同じ居室，同じ係などのフォーマルな関係の中にあっても，インフォーマルな関係が芽を出すことはよくある。いったん非

行文化や不良価値観が集団内に取り込まれると，かつてそれに馴染んだ者にとってはその再生産は容易であり，瞬く間に伝播するなどして集団を大いに動揺させることになる。寮担任は，崩れた集団を建て直すことがいかにエネルギーを要するかを経験から痛いほど知っているので，健全な集団を維持するために，わずかな兆候も見逃さず，常に先手先手の対応を取ることを心掛けている。

集団が健全な状態にあるとき，すなわち，職員と少年とが信頼関係で強く結びつき，単に規律秩序が形の上だけで維持されているといった程度の安定状態にとどまらず，何か問題が生じても集団自身の力によって解決が導かれ，また，そういう事があるごとに集団に力がついてきて，道徳性も士気もより高い水準に向かって生き物のごとく動いている状態が実現されたとき，指導者は達成感を味わうのみならず，同じ目標に向かって力を合わせる職員と少年及び少年同士の連帯感に感動するのである。

(4) 集団の組織化

集団の組織化を目的とするに当たっては，まず集団の構造を分析しなければならない。そのための方法として，ソシオメトリック・テストやゲス・フー・テストを実施することについては，先に述べたところである。集団の組織化，再編成のための具体的方策は，これらのテストのほか，日常的に行われている行動観察や個別面接の結果等も総合的に勘案して立てられる。

また，組織化には幾つかの原理・原則がある。まず，各学寮は，「寮舎編成基準」により，収容すべき少年が分類指定される。編成基準としては，職業補導種目別，級別（処遇段階）別，教育過程別があり，また，それらの組合せ等がある。新入生は，原則としてこの基準に基づき各学寮に編入されるが，同時に，共犯関係や知己関係などの個別の事情，学寮の受入適正人員や級別人員構成等学寮の事情，更には，当該少年の特性と学寮集団の安定度や成熟度，そして，職員集団の指導力との関係等々がし細に検討されて編入させる学寮が決定する。極めて慎重な手続きを経るのである。これは，言うまでもなく，集団を健全に維持することが成員の成長にとって必要不可欠であるという考えに基づ

くものである。

　学寮内には，少年の居室として，集団室又は個室がある。編入寮の決定と同様，寮担任は，居室指定にも細心の注意を払っている。その理由は，集団室は，情緒的な結びつきのある家庭的なまとまりを理想とするものであるが，同室者は最も身近な存在であることから，馴れ合い関係が生じ，不正連絡等の規律違反が発生しやすく，場合によっては，軽い調子の話から逃走謀議にまで発展することもあるからである。また，情緒的な結びつきによる安定感を重視するあまり，不活発な集団に陥ることもあるので，正しい行動変容に向けて互いが刺激し合う関係になる成員構成にすることも考慮する必要がある。指定に当たっては，日ごろの対人関係等の行動観察に加え，ソシオメトリック・テストの結果を利用することもよく行われる。また，少なくとも1か月に1回は居室の指定を変更する。

　級別によって編成していない学寮にあっては，ほぼ入院した順に2級下生，2級上生，1級下生，1級上生，それぞれの在級少年が混在することになる。そして，おおむね2級生と1級生とを境として，学寮内では下級生と上級生とに分けて呼称される。集団を組織化するに当たっては，この級別関係も活用される。すなわち，上級生には，居室であれば室長の役割を，また，係活動であれば責任者を充てる。また，寮のリーダーである週番も上級生から優先的に指名する。

　さらに，少年たちには寮担任，個別担任，そして，職業補導や教科教育の担当者等の職員との関係がある。彼らは，一般的にはこれら職員との関係を良好に保とうと努力する一方，例えば，女子少年院にしばしば見られることであるが，同じ個別担任の少年同士がライバル関係になるようなこともある。したがって，個別担任の指定においても，職員と少年の相性も含めて慎重に検討され，機械的に行われることはない。

　以上見てきたように，集団の組織化は，学寮別，居室別，級別，係別，個別担任別等，多重的，複合的に行われ，少年の側からすると「複雑な従属の連鎖」[6]の中に置かれていることになる。

もとより，学寮集団は操作的に作られたものであるだけに，集団及び個人の状況の点検及び必要な修理が求められるのは当然であり，そのため，少年院の職員には，高度の情報収集能力あるいは状況感知能力が特に求められる。なお，先にも述べたとおり，集団は生き物であるから怪我もするし，病気になることもある。問題が生じるのは当たり前で，問題が生じないように最善を尽くすことと同じくらいに，生じた問題への迅速的確な対処が重要であることは言うまでもない。問題が生じない集団は，問題が潜行している可能性があることも肝に銘じておきたい。

　最後に，集団の組織化に当たって忘れてならないこととして，目的意識の共有を挙げたい。システムをいくら精緻に作ろうとも，それを動かす心が吹き込まれなくては意味がない。システムの動力が目的意識であり，それが広く深く共有されればされるほどシステムは有効に機能する。

　学寮は，自己改善へ向けた合目的的な教育機能体でなければならないのである。

(5) **課題と展望**

　先に，学寮生活は少年院処遇の生命線であるとも言えると述べたが，近年，その学寮生活に馴染めない少年の増加傾向がうかがえる。これらの少年にどう対処するかが今後の大きな課題である。

　一般の少年院においては，学寮生活に馴染めないからといって入院から出院までずっと単独寮において生活させることは，想定外である。本人の問題性の改善は，集団成員の相互作用のうちで最も効果的に行われるものであり，また，学寮は一つの擬似社会であることから，出院後の社会生活のための訓練の場でもあるからである。

　愛光女子学園における出院時アンケートの平成17年1月から7月までの出院者分をまとめてみたところ，「学園生活で自分にとってためになったこと」は，1位が「学寮の対人関係」，2位が「係活動」である。また，「学園生活で一番つらかったこと」は，1位が「学寮の対人関係」，2位が「集団生活」と「規則や日課に従うこと」であった。少年院生活のうち，いかに学寮生活の占

めるウェイトが大きいかが分かる。

　学寮生活に馴染めない少年の増加傾向は，おそらく，学校教育の現場が抱える不登校や学級崩壊などの問題とも共通する背景を持つものではないかと思われる。少年が学寮生活に馴染めない背景には，学校から早期に離脱しているためそもそも集団生活の経験が乏しいこと，ストレスに耐える力が育っていないこと，ADHDなどの発達障害があることなどを挙げることができる。

　このような背景を持つ少年を少年院の処遇に乗せることは容易ではないが，通常の場合，個別処遇から徐々に集団処遇に移行する方法をとる。すなわち，昼夜間単独処遇から夜間単独処遇を経て集団処遇に移行する。集団処遇に移行してからも内省指導等の単独処遇を適宜織り交ぜながら，本人に学寮で生活する自信を確実なものにさせていく。本人に対するこのような段階的な指導とともに，学寮集団側に対する指導も不可欠である。学寮には，当人を温かく迎え入れる受容的な雰囲気がなければならないし，また，共に自己改善に取り組む更生的風土が醸成されていなければならない。さらに，現在は，DSM―Ⅳ等の精神医学の新たな分類を踏まえ，例えば，軽度の発達障害等に対処する処遇方法を構築していかなければならない時期でもある。

　集団に馴染めない少年の増加傾向に加えて，集団成員の集団への帰属意識の希薄化が最近の傾向として認められる。何でも外から与えられるため自ら努力して獲得する必要のない生活が現代を特徴づける青少年の生活様式であろうが，そこには，皆が知恵を出し合い，協力して困難を乗り越える過程がないため，集団の凝集力は弱いものとならざるを得ない。このような家庭生活や社会生活を送ってきた少年たちに対して，集団への帰属意識をいかに高めるかがもう一つの大きな課題である。少年院には，情緒的結びつきの強い居室集団から公式に組織化された学寮集団，さらには少年院全体の集団がある。この三層の集団の中で，学寮集団が少年たちにとって最も活発な活動場所である。この学寮集団を活性化させ，凝集力を強めるために，少年院においてはしばしば学寮対抗のスポーツや文化の行事を企画する。行事の企画及び運営の一部は，少年の役割活動とすることが多い。集団の成熟度によっては，施設の管理運営にか

かわらない限りかなりの部分まで役割活動の範囲とすることも可能である。寮担任は，例えば，寮対抗の行事であれば，対抗意識を一つのばねとしつつ，学寮集団をリードしていく。職員はリードしつつ，少年と行動や意識を共有することが重要である。共有することにより，少年と職員の信頼関係が形成される。行事を通して凝集力を高めていった学寮は，行事後の達成感によって更に進歩していく。

学寮集団の成長は，最終的には少年院全体の集団の成長につながらなければならない。このことについては，「5　少年院おける基礎的生活集団の将来」において触れる。

いずれにしても，個人の力には限界があるが，集団の力には際限がない。それだけに集団をコントロールすることは難しいが，一人一人の改善更生という明確な目的意識の下，少年院独自のシステムである学寮の教育力を高める努力が常に求められている。

3　役割活動

(1)　導入の経緯及び理念

多摩少年院において，役割活動がどのような経緯で導入されたかについては，「集団の教育力を生かした指導の導入」のところで簡単に説明した。すなわち，役割活動は，教育的環境としてすぐれた学寮集団を作るための指導の第三段階として，集団を公式に組織化するために導入されたものであった。導入以前の公式の役割としては，週番及び掃除の居室別分担のみが行われていた。しかも，週番は，非公式集団からの圧力が強いためその権威が全くなかった。集団組織化のこの試みにおいては，まず，1級生に対する役割指定を行い，引き続いて，1級生集会を始めた。その後，役割指定を徐々に1級生以外にも拡大していき，最終的には，学寮生全員が何がしかの役割に就くようにした。係としては，週番，室長，食事係，図書係，レクリエーション係，整美係，被服係等を定めるとともに，院内機関誌においてそれら役割活動を特集したり，初めて開いた意見発表会のテーマを「役割体験についての私の主張」としたりす

るなどして，少年たちの意識の啓もうに努めた。また，1級生集会や係集会，週番集会といった集会活動も積極的に行われるようになっていった。役割活動をねらいどおりに機能させるためには，少年たちにやるべき活動内容をきちんと行わせるのみならず，活動の目的を理解させ，それに照らし合わせて自らの活動を常に振り返らせることが重要だからである。

　森田祥一は，「私たちは，集団組織化の過程で，・・・ある少年が今日食事係責任者として機能を立派に果たしていても，明日にはその少年を責任者の役割からはずし，他の責任者に従って仕事に従事させることのできる集団の雰囲気を作りだそうと考えた。この基礎には，寮集団の中に民主的な秩序を築き，寮生活で生じる仕事を少数の少年たちに集中させずに，仕事を寮全体の少年たちに平等に分担させるべきだと考え，どの少年も何かのことで責任を負い，たとえそれがどんなに小さな仕事でも，集団の必要と要求に結びついた何かのことを遂行し，何かのことで集団構成員としての自覚を持たし得るような理想像を描いていた」と述べている。役割活動を通して，成員は，協力する姿勢や責任感を身に付けるようになり，集団は，差別のない公平な民主的組織となることが目指されたのである。

　ところで，役割活動は，言うまでもなく，究極的には教育的環境としてすぐれた学寮集団を作ることを目的としており，単に与えられた業務を確実に遂行させることにより個々人の責任感や協調性の伸張を援助するにとどまるものではない。役割活動の遂行を通して，学寮生自らが学寮に生じている問題を発見し，それを解決することを繰り返すことによって，学寮集団の質を向上させ，集団の質が向上すれば学寮生に対してより高い教育力を発揮することになるというこの良き循環こそが，役割活動の理想的な姿なのである。

　なお，森田祥一は，役割活動という教育法は，「集団主義教育の諸理論から多くのものを学び，モレノ（Moreno, J.L.）らが開発した集団技術を活用しているが，集団の自治化を目指すものではない点で，集団主義教育とは一線を画す」ものだとしている。

(2) 種類及び内容

　役割活動は，この理念を継承しつつ，現在もすべての少年院でそれぞれの実情に合わせて実施されている。少年院の現行教育課程上，役割活動は，特別活動の指導領域に属し，その細目としては，自主性の伸張を目指す自主的活動として位置付けられている。学校教育においても同様の活動は行われているが，24時間の生活全体を組織化する点において少年院の役割活動の持つ意味は大きい。

　役割活動は，当番活動と係活動に分けることができる。順転で行うものを当番活動といい，学寮内各所の掃除や食事の配膳については当番制を敷いているところが多い。係活動は，適任者を指名して一定期間継続して行わせるもので，当番活動に比べ，業務の重要度，困難性が高い。すなわち，当番活動が第一次的に業務の確実な遂行が求められるのに対し，係活動は，業務の遂行を通して学寮の問題点を発見し，よりよい集団にするための対策を考え，全体の同意を得て実行することが期待されている。

　ちなみに，現行の係活動を典型的に描くと，次のとおりである。指名される係としては，原則1週間を担当期間とする週番と1か月を担当期間とする室長，文化係，体育レクリエーション係，整備係，衛生係がある。文化係以下の各係は，責任者，副責任者及び係員から構成されている。週番は学寮全体のリーダーであり，室長は居室単位の行動のリーダーである。文化係は，学寮内における文化活動の計画実施等を，体育レクリエーション係は，学寮生活における体育場面，レクリエーション場面でのリーダー的役割を，整備係は，学寮内外における美化活動全般のリーダー的役割を，衛生係は，学寮内における衛生を保持するための計画立案及び実施をそれぞれ担当する。

　なお，施設によっては，飼育係を設けたり，整美係，洗濯係，学習係といった名称を使ったり，係活動の種類，内容，名称は施設の特色を反映するものとなっている。

　各係の選任は職員が行うが，その際，日ごろの行動観察や面接から得た情報に基づき，係員間の人間関係等に十分配慮する。ソシオメトリック・テスト等

の結果による集団分析を参考にすることもある。また，「(成員の係経験の一般的経過として) 最も直接的, 具体的に生活と密着している整備係, 衛生係を先に, そして内容が高度の指導力, 積極性, 企画性を持つレク係, 文化係を経験させることが望ましい」(9)といった選任の順序も頭に入れておくことも大切である。

　当然のことながら，各活動は，職員の適切な指導の下に行わせる必要がある。いくら少年の自主性を尊重するものであるとは言っても，活動の目的や範囲に関する少年の理解が不十分であるならば，現実に生じるさまざまな問題を解決することができないからである。もとより，職員の態度としては，一方的に指示するのではなく，係員を考えさせる方向に導き，意欲を引き出すことが重要である。そのためにも，次に述べる係集会が組織されている。

(3) **役割活動と集会**

　週番集会など役割活動に係る集会は，集会の一種であるから，次の「4　集会指導」においてまとめて説明することも可能であるが，役割活動を推進するための一部として重要なものであるので，ここで簡単に触れておきたい。

　週番は，役割活動の公的組織化以前においては，各学寮において任意に任命され，朝・昼礼時の人員報告，諸連絡事項の伝達のため，必要に迫られて設けられていたものであるが，公的組織化の過程において，学寮生のリーダーとしての役目を新たに週番の任務として明確化し，室長の中からこれを任命することとされた。集団を組織化するには，まずもって集団の核となるべきリーダーを養成し，権威ある存在にまで高めることが必要であったのである。そのために，係集会の一つである週番集会が他の係集会に先駆けて，毎週土曜日，各学寮の代表2名（正週番及び副週番）が出席して行われた。その場においては，職員の統一的かつ強力な指導の下，週番としての質の向上，リーダーシップの向上が図られたのである。

　週番は，組織上室長の頂点に位置しているので，週番集会の議論の母体は，各寮単位で行う室長集会にあった。室長集会は，週番が司会者となって寮の問題について討議するものであり，週番がすぐれたリーダーシップを発揮すれ

ば，他の室長，さらには室員に好影響を与えることになり，いわば縦の系列が組織化されることになる。

また，各係の集会も各学寮から代表2名を出して，月1回行っていた。この係集会の母体は，各寮の各係単位で行われる係の話合いにあり，これらを通して，横の系列も組織化されたのである。

現在は，このような学寮をまたぐ形式の集会は行われていない。係集会が学寮単位で行われているのみである。毎日夜間就寝前10分程度，係ごとに分かれて，その係の責任者が司会者となり，一日の活動を点検するとともに，必要な事項を学寮生に伝達する。また，毎週土曜日に，一週間の係活動の取組みに対する反省及び次の一週間の目標等について話し合う。役割活動が定着し，学寮集団も一定水準以上の質を維持している場合には，活動内容を統一するための学寮間の調整や目的意識を高め活動意欲を引き出すための相互交流の場としての横断的な集会の必要性は少ない。

いずれにしても，集会は，日常的に行われている係活動を点検し，方向づけを行うものであるから，職員において学寮間の調整のための情報交換を行いつつ，学寮単位で行われる話合いをいかに建設的な方向に導くかということが何より重要となる。

(4) 課題と展望

役割活動がその目的とするところを効果的に達成するためには，どのような係や当番を設けるか，それらを担当する者をどのように指名するか，各人についてどのような順番で経験させるか，従事期間をどのくらいにするかといったPlan（計画）の問題，どのように実施するか，記録や引継ぎ，報告はどのような方式で行うか，職員はどのように指導するかといったDo（実施）の問題，及び実施状況をどのようにチェックするか，チェックした結果をどう評価するかといったSee（評価）の問題のそれぞれをきちんと整理するとともに，評価をいかに計画及び実施にフィードバックするか，すなわち，PDSのサイクルを円滑に廻すことが重要である。目的に照らして結果を正しく評価し，それを計画，実施に活かしていくことに注意が払われなければならない。

しかしながら，特に，短期処遇の場合や過剰収容の状況下にあっては，所与の役割業務をこなさせることだけに汲々とする状況に陥ることがある。あるいは，日常の役割業務が特に問題なく遂行されているとその結果に満足して終わってしまうことも往々にしてある。役割活動は，集団生活において必然的に生まれる集団内の業務を成員が公平に分担して行うことにより生活を快適かつ効率的にすることにその本来の目的があるのではなく，その活動を通して，社会復帰という共通の目的に向かって互いに切磋琢磨する凝集力ある質の高い集団を作ることにあるのである。そして，それは，集団の問題点を発見し，それを改善していくことを通して実現できるものである。例えば，文化係の活動において，図書の貸借がうまくいっていないとか，本や掲示物に落書きがあるとか，あるいは，寮内新聞の記事内容がマンネリ化しているといったことに気づき，そのことが問題であるとの認識を持ち，解決策を係員自らが主体的に模索することが重要なのであって，文化係として与えられた業務をチェックリストでチェックするように遂行することに重点が置かれ過ぎてはいけないのである。マニュアルどおりに動くだけではなく，問題を問題として見ることができる高い意識を育てることが指導のポイントであることを忘れてはならない。

　公的に組織化された役割活動がなければ，学寮集団は自然発生的なボス的社会に逆戻りすることは明らかである。役割活動は，民主的な集団の成立・維持に寄与するが，同時に，その活動において，成員一人一人は，家庭や社会における役割遂行の先行的体験をしている。我々は，先人が確立した役割活動におけるこれらの意義を再確認し，指導案の整備・充実を図ることはもちろんのこと，実施内容，方法，手続等を不断に見直し，より一層実効性のあるものとしていかなければならない。

4　集会指導

　集会については，先に役割活動に係るものとして，週番集会，室長集会，係集会等について触れたが，ここでは，個人の問題性の改善を直接の目的として行われる集会について述べることとしたい。このように書くと，一口に集会と言って

もいろいろな種類があり，いったい集会とは何なのか疑問に思う向きもあるかもしれない。実際のところ，歴史的に見ても，現在の実施状況を見ても，集会は多様な展開を見せており，まず，集会について交通整理をしておく必要があると思われる。

(1) 集会の種類

ここでは，説明の便宜上，集会の種類を，①集団の維持向上を直接の目的とするものと，②個人の問題性の改善を直接の目的とするものの二つに大きく分けることとする。もとより，①については，集団に対する個人のかかわり方も問題とされるので，究極的には個人の問題性の改善に結びつき，その意味では②と目的を同じくすることになり，他方，②についても，個人の問題についての集団討議を通して，建設的な援助集団の形成が目指されるので，①と目的を共有することになる。したがって，ここでの分類はあくまでも便宜上であって，集団の問題をメイン・テーマとする①の集会と，個人の問題をメイン・テーマとする②の集会の二つに分けて説明することとする。

さらに，①の集会は，既に触れた役割活動に係る集会と，現在ではホームルームあるいは寮集会とも呼ばれる寮生全員参加の集会に分けることができる。集会が導入された当初行われた自治的集会もこの①の集会の後者に属する。②の集会は，歴史的にはGGI（Guided Group Interaction，「指導による集団相互作用」），PPC（Positive Peer Culture「建設的仲間文化法」）などと呼ばれた経緯を経てきたが，現在ではその指導技術の一部が援用されている集会として問題確認集会や，点検集会が行われている。

なお，近年，アルコールや薬物の依存を断絶するためにグループワークやワークショップなどを活用した自助グループが活発に活動するようになっているが，それらは，適切な指導者の下，同じ悩みを持つ仲間同士が話し合い，激励し合うというものであり，仲間の影響力を活用して個人の行動の変容を図るという意味で②の集会と通底するものと言える。

また，集会は，集団討議の技法を用いるが，この技法を用いるものとして近年はビデオ等を使ったフォーラムを取り入れている施設が多い。これも集会に

含めることは可能であるが，ここでは触れないこととする。ちなみに，集団討議は，集会のみならず問題群別指導等においても中心的な技法の一つとして行われており，ほとんどすべての少年院において積極的に取り入れられている（平成16年度においては，51庁で実施している。）。

(2) 個人の問題性の改善を目指す集会指導

①の集会のうち，役割活動に係る集会を除いた集会については後で触れることにして，まず，②の集会について，歴史的な経緯を踏まえて述べてみたい。

ア　歴史的経緯

まず，GGIについてであるが，これは，元来，第二次世界大戦中，米軍兵士の極限状況下における逸脱行動（逃亡，上官への反抗等）に対する治療法の一つとして開発された技法と言われている。それが少年矯正施設に導入されたのは，1950年，マッコークル（McCorkle, L. W.）らによってハイフィールズ・センターにおいてである。[10] 日本の少年院への導入は，昭和42年，新設の喜連川少年院における例がその最初である。

導入の当初の集団技法としてGGIを用いた集会は，批判集会という名で総称され，その実際的な内容としては自治集会，生活綴方集会，反省集会，進級集会，復寮集会等として，曜日ごとに，あるいは随時に行われていた。批判集会の導入理由について，菊池正彦らは，「我が国及び世界各国の矯正活動の成功，失敗を通じて，強力且持続的な効果のあることを確認されているのは，批判集会等集団の相互作用を活用しているものであるとの結論を得たことによる」と述べている。[11] また，「夜間時の空白状態が反社会的風土の醸成に決定的役割を果たしていることが経験上分かっていること」[12] から，この集会は夜間や土曜・日曜の日課に取り入れられた。

なお，GGIの技法は，ヴォーラス（Vorrath, H. H.）によって，問題の特定に有効である問題解決リスト等を含むPPCの技法に継承され，日本においては，昭和52年に新潟少年学院に導入され，幾つかの少年院において実施されるようになった。

その後，GGIの技法を用いた集会は，指導技術によるのではなく集会その

ものに内在する問題として，言語化能力の有無など対象者の問題の多岐性や，共通する問題がない場合に集会としての相互作用がなされないこと，形式主義への傾きがあるのではないかということなどから，現在では，個人に焦点を当てることを明確にする問題確認集会にその連続性が認められる。また，こうした経緯から，集会という名称を使わずに，生活点検ホームルームと呼んでいるところもある。

　集会は，施設によって，その名称や具体的内容に相違があるので，その典型を例示することは困難であるが，骨格となる部分は共通しているので，次にその部分を中心にして集会の内容・方法等についての概要を描くこととする。

イ　集会の実際

　集会は，通常，平日の夜間6時ごろから1時間ないし1時間30分程度行われている。場所は，各学寮のホールである。学寮生全員が参加する。適正人員は15名程度と言われるが，収容状況によっては30人を超えて実施せざるを得ない状況もしばしば起こる。対象者は1～2名，通常，週番と副週番が司会と書記の役割を担う。集団メンバーは，対象者を囲むように全員が円座になって椅子に腰掛け，司会と書記を除いて机は使用しない。座り方としては，円座より対面度の強い円弧型を用いることもある。指導者は，当日の当直教官であり，参観者はできる限りいないようにすることが討議の集中力を高める。集会対象者の指定は，月初めに計画的に行い，できるだけ個別担任が学寮の当直をする日に当たるよう配慮する。少年の生活の細部まで熟知しているのは個別担任だからである。事前・事後指導も基本的には個別担任が行うが，集団に対してその指導をする必要がある場合は，寮担任が協議して行う。

　集会は，次のように進められる。まず，対象者が，自分の段階別到達目標に照らして，あるいは生活全般を振り返って，その取組み方などについて点検した結果を発表する。続いて，対象者の取組み方などについて，集団のメンバーの方から，本人が努力・達成したところ，まだ努力・達成の不十分なところなどについて自由に意見を発表する。発表内容は，具体的行動に即し

たものでなければならない。ここまでの討議において，問題行動に表れた本人の問題点が徐々に明らかとなる。続いて，その問題点をより明確にするための討議が行われる。この問題点の絞り込みは，討議の流れを決める最大のポイントであるので，指導教官がイニシアチブを取って行うことに留意しなければならない。問題点が特定され，参加メンバーに共通認識ができたところで，問題点の改善策について話し合われる。最後に，指導教官が総括して終わる。総括においては，集会は集会で完結するのではなく，集会で討議した問題点の改善策に少年院生活全体を通して真剣に取り組むことが非行克服につながることを確認させる必要がある。なお，対象者が複数いる場合は，適宜の休憩をはさんで同じことが繰り返される。

ウ　指導上の留意事項

集会指導も他の指導同様常に新たな挑戦であり，マンネリ化した指導では効果がない。指導者には，習熟，熟練，絶えざる向上心が求められる。集会は生き物であるから流れに任せるといった場当たり的な考えでは効果的な指導はできない。事前に，できる限りの情報を集め，指導者としてそれまで培ってきた知識・技能を総動員して，個々人の発言を含め集会の展開を予測し，対応案を幾種類も練っておくといった事前の準備を怠ってはならない。指導の形骸化は，少年任せにすることから始まるとも言える。以下，指導上特に留意すべき点を幾つか挙げることとする。

第一に，「集団の相互作用は野放しでは反社会的なものに陥る危険性がある」ということである。これには集団の相互作用を方向付け得る指導力が重要である。指導者の一言によって膠着した議論が救われた経験はだれにでもあると思われるが，指導者は，介入方法等技法上の習熟と経験の積み重ねによって常に全体をリードできなければならない。言うまでもなく，集会といい，集団討議といい，その基本は，話す力，聴く力にあり，自分の気持ちや考えをきちんと相手に分かるように伝えることができなければならないし，相手の言わんとするところをきちんと受け止めることができなければ，上質の集会あるいは集団討議とは言えない。指導者は，稚拙な表現に対して

は言わんとするところを汲み取り、あからさまにはそれと分からないようなヒントを与えたりすることにより、その場での発見・気づきを促し、表現力・理解力を常に磨かせることに留意しなければならない。

　第二に、「討議の精神を浸透させることが重要である」ということである。問題はあって当たり前、問題があることは成長へのチャンスでもあることを理解させ、対象者には問題を隠さず正直に話すようにさせ、他のメンバーには、仲間として対象者を助ける責任があることを自覚させ、率直に意見を述べることがその人のことを思いやった見せかけではない心からの援助であることを共通認識とさせなければならない。

　第三に、「討議の主体が集団自身であることを常に意識させなければならない」ということである。そもそも個人の問題は個人で解決するものという立場に立つ限りこの種集会は無意味である。我々は学寮集団の教育力を非常に大きいものととらえているので、個人の問題も学寮集団の中でこそよりよく解決されると考える。これは単に効率の問題ではなく、人間関係の本質の問題である。対象者の問題を自分の問題あるいは集団の問題としてとらえ、主体的・能動的に集会に参加する姿勢が重要である。

　第四に、「集会の成否は、集団の質によるところが大きいので、集会の指導に当たっては集団の質的レベルを把握することに常に留意すべきである」ということである。このことは、また同時に、集会を通して集団の質の向上を図ることに意を注ぐ必要があるということに通じるものである。

エ　学寮生活と集会

　以上、集会指導において特に留意すべき点について簡単に述べたが、言うまでもなく、最後に、集会は少年院の処遇において独立した活動ではなく、処遇の全体と深くかかわっているものであることを確認しておきたい。対象者について集会で取り上げられる問題は、少年院生活の随所に現れるものである。例えば、「悪い誘いに乗りやすい」という問題を抱える少年は、日常の生活において、規律違反行為はもとよりふざけや面白半分の行為にすぐ乗るだろうし、他者の行動を見て悪いことをしていると思っても注意すること

ができないといった行動を取るであろう。この問題行動を集団の他のメンバーが日ごろは見逃しておきながら、集会時に限って指摘するということはあり得ない。日常生活において絶えず、それらの行動が問題視されていなければならない。集会は、その意味で日常生活の総括であり、延長なのである。したがって、集会を機能させるためには、日常生活が集会と共通の理念の下で組織され、秩序立てられていなければならない。このことは集会に限らない。他の種々の教育活動にしても、すべて生活全体の一部であることが少年院処遇の特色であることを忘れてはならない。

(3) 集団の維持向上を目指す集会指導

かつては自治的集会、現在はホームルームあるいは寮集会と呼ばれる集会について、最後に簡単に触れておきたい。

ア　自治的集会

まず、自治的集会であるが、その始りは、昭和39年12月からの神奈川少年院の実践である。[13] 集団主義教育と共通する理念の下、集団の教育力に着目し、民主的な集団づくりを目指す一環として試みられたものである。集団作りの最初の課題は、職員の意図をよく理解し集団をリードできる核となる少年を育成することであり、そのために室長、週番といった役割を指定し、室長集会や役割活動の指導、当人に対する個別指導等を通して核づくりに努めた。室長集会等の集会については、役割活動に係る集会活動のところで説明したので省略する。さらに、室長集会等に加えて、週番が毎日各室の生活態度を評価し、その結果を学寮全員の前で発表すること、また逆に、週番の少年に対してその任務の遂行振りを学寮生全員が評価するといった試みもなされた。これら一連の集会活動を総称して自治的集会と呼ばれたのである。もとより、「自治」とは言え、施設の管理運営にまでかかわるようなことのない限定的な意味の「自治」であり、ねらいとするところは、自分たちの問題は自分たちで発見し、自分たちで解決するという自主自律の精神にあふれた集団を組織化することにあった。この自治的集会が、徐々に整理洗練され、現在のホームルームや寮集会につながっていくのである。

イ　ホームルーム等

　では，現在各施設において行われているこの種集会は，どのようなものであろうか。これは，毎日行われるものと，月初めなどの特定の日に行われるものとの二種に大きく分けられる。両者とも，施設ごとにいろいろな方法で実施されているが，学寮単位で当該寮生全員が参加して行われる点は同じである。前者の毎日行われる集会については，「一日の反省」として毎日夜間就寝前に，あるいは「ミーティング」として毎日夕食後に，「目標」に照らして各人の反省や係活動の反省を述べ，それに対して職員がコメントをするという方式で，夜間の課業として一定の時間を設けて実施している施設が多い。「目標」は，寮の目標や係ごとの目標であることもあり，個人の目標であることもある。また，月間の目標であることもあり，週間の目標であることもある。寮の目標は月間目標であることが多く，その設定は，通常，月初めの進級式後に，前月の目標の反省を踏まえて設定される。これが特定の日に行われる後者の集会の典型的なものであり，「寮集会」と呼ばれることが多い。「寮集会」は，このように目標について話し合う定期的なもののほか，集団的規律違反の発生その他により学寮集団の更生的風土の再構築が必要であると認められるときに適宜行うものとがある。これは「特別集会」と呼ばれることもある。なお，「寮集会」に先立って，1級生なら1級生だけの，2級生なら2級生だけのいわゆる「級別集会」を実施している施設も多い。これにより寮集会の議論が深まることが多いからである。

　一日の反省にしても目標の設定にしても，あるいはまた，学寮の再建にしても，職員がこれを指導することは重要である。職員には，ただ漫然と繰り返し実施することによるマンネリ化・形骸化を防ぐとともに，積極的に少年の発言内容から学寮集団のその時々の状態をよく把握して寮全体の問題に注目することが求められている。この種集会には定型化された指導内容及び方法がある訳ではないので，施設の置かれた状況に応じ，学寮集団の育成という観点から創意工夫を続けることが肝要である。

(4) 課題と展望

　集会指導は，導入以来40年近くを経過し，その間幾多の変遷を経ながら，現在においても少年院処遇の中核的指導の一つとして在り続けている。近年，問題群別指導等において少年院においても盛んにワークショップ方式の集団討議が導入され相応の効果を上げているところであるが，ワークショップが，切り取られた時間・空間内のものであるのに対して，少年院における集会は，集団生活の連続性の内部にあり，生活から切り離すことができないものである。24時間体制の少年院生活のすべての場面において自己の問題の改善に取り組むことの一部に集会があるのであり，したがって，集会は，収容という少年院の特色を最も活かした教育活動の一つであるとも言える。生活から切り離せないものという意味では面接指導等個別指導も同じところに位置しているが，集会が集団の教育力を活用するところに個別指導との違いがある。良く育てられた集団の個人に対する影響力は計り知れないものがある。五月雨入院等で集団構成が常に流動的である少年院においては，集団の教育力をいかに高めるか，そして，それをいかに維持するかが，常に新たな課題である。また，少年院処遇の基本は処遇の個別化にあり，方法的にはそれが個別指導であっても集団指導であっても，ねらいは個人の問題に焦点がきっちりと合っていなければならない。集会においても，少年の発言が，周囲に安易に同調したり一般論であったりすることなく，個人を個人として理解し尊重したものとなるよう指導しなければならない。

　ところで，最近の少年や職員は，個人主義的傾向が強く，集団行動を苦手とするものが多いと言われている。その意味では，集団指導はより困難になっているとも言えるが，収容という少年院の特色を最大限に活用することが少年院に対して求められていることに変わるところはなく，今後も，少年の生活全般を規定する学寮集団の育成に力を入れていかなければならないことは明らかである。

　職員は，生活と学習の基盤としての集団の意義及び集団を通して個人を教育するという視点の重要性を再認識しつつ，個別指導に偏しないよう集団指導力

の向上に一層努めていかなければならない。

5 少年院における基礎的生活集団の将来

　少年院の集団寮の居室構成には，①すべてが単独室（個室）で構成されている寮，②単独室と集団室が併置されている寮（例えば，単独室4室＋4人用集団室4室，計20人収容），そして，③すべてが集団室で構成されている寮の三種類がある。近年の建築は，②の構成が多いと思われる。これは，何らかの理由で単独の空間を確保する必要のある少年に対して集団生活を維持しつつ処遇できる点で優れている。また，集団生活に馴染みにくい少年の増加傾向に対応できるのみならず，子ども部屋を有する世代の少年たちすべてに対して個別の空間を確保することができるという点でも意味がある。このような居室構成の利点を活かしつつ，全体として凝集力のある学寮として運営していくためには，役割指定などとも連動させながら，居室指定や居室替えを適時適切に行うことが重要である。また，居室集団は，集団の最小単位であり，それだけに最も対人密度の濃い生活集団であることなど，その持つ意味の重要性を再認識し，快適な居室生活を保障する仕組みを整えることにも配意する必要がある。

　学寮集団を活性化し，凝集力を高めるために行事が効果的であることは先に述べた。しかしながら，それは行事にだけとは限らない。共同作業や共通の体験すべてにその効果がある。例えば，全員での除草や大掃除，ビデオを見た後の自由討議，老人ホーム慰問，種々の奉仕活動など，どれも，本来の目的達成に加えて，集団の一体感を高めるものである。

　居室集団や学寮集団の成長は，最終的には少年院全体の集団の成長につながらなければならない。例えば，運動会のような全体行事を行う場合，それに関する役割活動は学寮単位で行われるが，職員の指導を通して学寮間の意思統一が図られ，少年院全体が一体となって行事を運営することになる。その過程で，より高いレベルでの協力や協調の精神が養われるとともに，終了時にはやり遂げた喜びを少年院全体で共有することになる。保木正和は，役割活動の成果を上げるための指導上の留意点の一つとして，「寮集団の活動を少年院全体の活動へと連動さ

せ，発展させること」を挙げている。(14)学寮集団が学寮集団で終わってはならない。かつて指摘されたように，一つの少年院の中に幾つもの少年院がある事態は，その少年院全体の発展にとって決して好ましいものではない。学寮は全体としての少年院のレベルアップに貢献できる存在でなければならない。居室集団，学寮集団，少年院全体集団のそれぞれが縦系列においても横系列においても双方向に影響し合うダイナミズムを常に意識する必要がある。

　また，少年院の集団は，メンバーの入れ替わりが激しいため，絶えず変動していることを忘れてはならない。その意味で，メンバーの入れ替わりの影響を最小限に抑える安定した基盤作りが求められる。また，メンバーの入れ替わりによる影響は集団が小さいほど大きいので，集団の適正規模にも配慮しなければならない。

　少年院における基礎的生活集団は，先達の努力によって他に類を見ないほど組織化され，教育力を持つものとなった。我々は，集団の教育力を更に高めるために，この伝統を継承しつつ，時代の要請や変化に対応するとともに，個人の尊重を始めとする人権保障，民主的運営，自主性の伸張等をより良く実現できる集団作りを一層進展させていかなければならない。

引用文献・参考文献

(1)　来栖宗孝『少年法・少年院法施行40年と少年矯正の課題』「刑政　第100巻第4号　15頁」1989
(2)　土持三郎ほか『多摩少年院における集団教育の現状と課題』「矯正教育研究　第1巻　10頁」1965
(3)　土持三郎ほか『係活動による寮集団教育』「矯正教育研究　第2巻　16頁」1966
(4)　前掲書(2)　11頁
(5)　保木正和『少年矯正施設における生活指導　リーダーづくりの実験的研究』「特殊教育学研究　第6巻1号」1968
(6)　マカレンコ全集（第1巻　176頁）明治図書　1964
(7)　前掲書(2)　17頁

⑻　森田祥一『役割活動』「矯正処遇技法ガイドブック　第2分冊　生活指導の技法と実践編」矯正協会　1991
⑼　保木正和『少年矯正施設における生活指導』「矯正教育の展開」未知谷　2002
⑽　菊池正彦『集会活動　その基礎知識と応用論』「矯正のための処遇技法大阪矯正管区　344－345頁」1980
⑾　菊池正彦ほか『喜連川少年院の批判集会指導』「矯正教育研究　第5巻　48頁」1969
⑿　菊池正彦ほか『喜連川少年院の批判集会』「矯正教育研究　第4巻　44頁」1968
⒀　嶋谷宗泰ほか『集団主義的集団づくりについて『「矯正教育研究　第1巻　32頁」1965
⒁　前掲書⑼　178頁
⒂　「マカレンコ全集」全8巻　明治図書　1964～1965
⒃　ハリー・H・ヴォーラス，ラリー・K・ブレントロ著　菊池正彦訳「若者が若者を変える」東京創元社　1988
⒄　『矯正処遇技法ガイドブック　第2分冊　生活指導の技法と実践編』矯正協会　1991

家族の教育力を活かした指導

椿　百合子
（法務省矯正局総務課）

1　家族の教育力を活かした指導の意義

(1)　非行と保護環境の問題

　少年院送致は，少年の要保護性を判断して決定される。要保護性として，少年院送致相当の非行性と保護欠如性が検討され，国家的保護の下で，少年の非行性を除去するための教育が行われるわけであるが，同時に，保護欠如性に対する考察や欠如を補うための働きかけの要請も内在している。いくつかの非行理論や非行臨床の実務家の共通認識としても，不適切な保護の状態は非行発生の重要な要因の一つであり，逆に，適切な保護があれば非行防止の可能性が高まると考えられている。(1)少年院送致という保護処分は，不適切な保護の状態から一時的に避難させて少年の健全育成を図るだけでなく，積極的な保護環境の調整により，所期の目的を達成できると考えられる。

　不適切な保護の状態には，例えば，家庭内不和，家族の問題行動歴，少年の問題行動に対する親の許容度が著しく高い，あるいは低いといった態様がある。少年院在院者の中には，家族からの虐待被害も少なからず見られるなど，家族と少年の間に根深い葛藤が存在している事例も多く，個々のケースに応じた慎重な家族関係の調整を必要としている。

　なお，保護状況が不適切とまで言えないが，少年の資質上の問題や過度の思

い込みから，歪んだ家族像を抱えているケースもある。このような場合でも，少年の側から見た現実として家族との葛藤があれば，非行発生のリスク要因としての家族関係の問題が存在していると考えられる。また，入院前調査では表面化していなかった葛藤が，在院中に判明する例もしばしば見受けられるのであり，入院後のあらゆる機会を通じて，家族と少年の間に横たわる問題を見極め，家族関係調整の適切な方向づけに役立てたい。

(2) 矯正教育への家族参加の必要性

少年院送致となった少年の保護者の地位は，次の三つの側面から考察される。[2]

第一に，自らの少年に対する保護の権利又は利益を奪われる被害者としての地位。第二に，保護の義務を尽くさず，少年に要保護性を生ぜしめた責任者としての地位。第三に，国家的な保護の手続き及び保護の処分もまた少年の保護育成という点で保護者の保護と基本的に同質のものであり，保護者は，保護義務者として，少年のよりよき保護のために，国家的保護に協力しなければならない。

また，平成12年の少年法改正では，家庭裁判所は，保護者に対し，少年の監護に関する責任を自覚させ，その非行を防止するため，「訓戒，指導」等を行うことができるとされ，保護者の「責任」が明確化された。

さらに，(本稿執筆時には未だ成立してはいないが)，平成17年3月に「少年法等の一部を改正する法律案」が国会に提出され，その中に，少年院における保護者に対する措置について規定がおかれている。この趣旨は，家庭裁判所における指導に引き続き，保護処分の執行段階に移行した少年院在院者についても，保護者に対して適切な指導等を行うことで，保護者の「責任」を自覚させ，矯正教育の実効を上げる効果を期待しているものである。

少年院の矯正教育への保護者の参加は，少年が国家的保護の下にあっても，なお，保護者として少年の養育に協力する責任があることを自覚させ，家庭裁判所において受けた指導を，実際場面に活かす機会を付与することであり，同時に，保護環境における非行発生のリスク要因を低減し，非行防止の保護要因

として作用させるための働きかけを行う上で不可欠な「当事者」としての参加を得ることでもある。

　また，親や養育責任者たる保護者だけでなく，祖父母，兄弟姉妹，同居親族など家族構成員の相互関係も非行発生または防止に多大な影響力があると思われる。個々の事例に応じて，保護者だけでなく，他の家族構成員も含めて矯正教育への参加を考慮する必要がある。

　家族の矯正教育への参加により，次のような効果が期待される。第一に，施設収容下にありながらも，家族と少年の密接な心情交流を図ることができる。第二に，家族関係の葛藤を緩和するための直接的な働きかけが可能になる。第三に，少年が家族の愛情を再認識する機会を得ることができ，帰属感を高める。第四に，家族が少年の成長を直接確認することができ，少年の可塑性，可能性を発見する。第五に，養育失敗の挫折感を持つ保護者を支援し，出院後の少年の監護に対する自信を回復させることができる。

(3)　矯正教育の効果を高める家族関係調整

　少年院に送致された少年のほとんどが家族の元へ帰住していく。家族関係の調整が進み，少年が一日でも早く家族の元へ帰りたいと願うなら，少年院生活への取組みはより前向きで積極的になり，家族の期待を念頭に置き，欠点を改善し，能力を向上させるための真剣な努力ができるようになる。家族への信頼感や自己肯定感が増せば，自他を大切にする気持ちが芽生え，共感性が生まれ，事件の被害者の視点や心情を理解する端緒ともなっていくと期待される。

　また，保護環境上の問題解決が困難で，家族の元への帰住がかなわない少年であっても，個々のケースに応じた慎重な家族関係調整を経て，前向きな家族との決別と自立の道を選択することもできるし，あえて家族と同居しない形で相互交流を維持するのを最善とする場合もある。家族関係を巡る心情の整理をさせることによって，将来に前向きな展望をもたせ，その生活設計に応じた矯正教育の展開が可能になるのである。

　少年院における家族関係の調整は，矯正教育の到達点の一つであると同時に，矯正教育を浸透させるための出発点でもあるといえる。

2　家族の教育力を活かした指導を効果的に実施するために

(1)　家族と少年の心情をとらえる

　　家族の教育力を活かした指導を効果的に実施するためには，家族と少年の心情を的確に把握しておく必要がある。両者の心情について，実務上経験している要点は，次のとおりである。

　ア　少年の心情

　　①　家族に対して反発心や不信感を抱いている少年の場合，適切に気持ちを伝えたり，家族の意見を聞き，話し合う機会がなかったと思われる。多くの少年の認識において，「家族であるならば，以心伝心で気持ちを理解してくれるはず。それなのに自分の期待通りの反応をしてくれず，逆に叱責や批判をされ，あるいは，問題行動を叱らずに放任される」ととらえ，不信感や憤りを感じている。

　　②　葛藤のある家族から，学業や就職などの適切な方法で脱出することもできず，非行によって発散しているが，かえって葛藤を高め，悪循環を繰り返している。

　　③　少年院送致という現実に対し，家族のせいだと責任転嫁したり，迷惑をかけたと思いながらも表現の仕方を知らないために，強がった態度をとってしまう。

　　④　家族への不満を押し殺し，非行に至った自身の行動を表面的に反省するだけで，内面の葛藤を根本的に解決しようとせず，家族関係を修復する努力を避けている。

　イ　家族の心情

　　①　少年の扱いに困惑しており，少年院送致に至った少年への怒り，悲しみ，恐れなど複雑な感情を抱いている。

　　②　少年の問題行動に対しさまざまな手立てを講じても効果がなかったことに挫折感を持っている。

　　③　家族を振り回してきた少年が施設収容されたことで，一抹の安堵感を持

ち，少年院送致を契機に少年が立ち直ることを期待してもいるが，いずれ出院してくることに不安も抱いている。
ウ 少年と家族の心情を把握するための留意点
① 少年簿，調査記録，入院時調査事項，面会・通信の状況など，各種資料を充分読み込み，家族関係の問題の所在を把握する。
② 少年が家族に対してどのような気持ちを持っているのか，個別面接・作文・日記等を通じて把握する。
③ 家族が少年に対してどのような気持ちを持っているのか，面会・通信状況を通じて把握する。分類保護担当職員においては，初回の面会か保護者会等の来訪時に，家族からの直接聞き取り，又は，家族アンケートなどにより把握する。
④ 少年と家族の言い分の違いを整理し，客観的資料を参考に，家族の葛藤の所在がどこにあるか検討する。
⑤ 家族関係の調整が進むにつれ，家族，少年ともに，心情に変化が生じるので，これを的確に把握する。
⑥ 保護観察所から受領する環境調整報告書による情報を家族関係調整の参考とする。

　少年院では，施設内処遇であるからこそ，すれ違っている家族と少年の感情を交流させることが可能である。なぜなら，逃げ場のない状況下で，意図的に家族と少年の対面場面を作ることができ，さらに，この両者を支援し，調整する法務教官の存在があるからである。家族関係調整の担当教官は，施設によって異なり，分類保護の担当教官である場合と所属寮の個別担任である場合があるが，両者が共同して担当するのが望ましい。その際，分類保護担当は主として家族側をサポートし，個別担任は主として少年側をサポートする。相互に連携して保護調整方針を決定，実施，検証していく経過をとる。また，必要に応じ，分類保護担当を窓口として，家庭裁判所調査官や保護観察官と連携をとり，情報交換や保護調整方針への意見交換，その他の協力を依頼する。

(2) 家族療法の観点

　少年院における家族関係の調整には，家族療法の観点を用いるのが効果的である。家族療法の基本的考え方については村松励の所論が参考になるので，これを以下に引用したい。

　「家族療法は個人の問題を家族といった脈絡のなかでとらえようとするのであり，個人に焦点を当てた心理療法とは異なり，家族内の対人関係のプロセスに焦点を当てる。それは，問題を個人に代わって家族の中に求めるといったものではなく，家族こそ問題解決を図ることができる資源であるといった考えが背景にあるのである」。

　「問題行動の原因が家族にあって，その原因の除去や改善を図るといったものではない。ましてや，家族内の誰かを犯人にしたてて糾弾するようなものでは決してない。問題解決を阻止している要因を家族とともに発見していこうとするもので，その力はすでに家族自身が持っているものである」[3]。

　上記で端的に説明されているように，家族関係の調整に当たっては，家族自身が持っている問題解決力を尊重する姿勢で臨むことが肝要である。このような姿勢が，家族の教育力を活かした指導の実効性を高めるためには基本となる。

　また，家族に保護者として少年を指導監督する力が不足していたとしても，家族療法的な観点から行う家族関係の調整を通じ，家族自身の問題解決能力の向上を図り，結果として保護者としての監護力を高めることが期待される。

　ただ，注意を要するのは，境界例や人格障害などが少年又は家族に存在する場合である。不用意に二者関係を調整しようとすると病理状況が悪化する可能性があるので，無理な調整を設定せず，鑑別技官との連携や精神科医師の意見を聞きながら，慎重に対応していく必要がある。

(3) 過剰介入の危険性

　少年院の職員は少年との面接や作文などを通じ，家族関係に関する多大な情報を得ている。そこで，少年の心情に深入りし過ぎて，客観的で公平なとらえ方ができなくなる危険性がある。職員の得ている情報は，あくまで少年側から

の一方的なものであり，他方の当事者である家族の言い分を聞かないままの決めつけは，事実関係を歪め，適切な問題解決を阻害する可能性がある。少年から見た家族像と家族関係の実際にギャップがあることも多く，少年が自己の責任回避のために都合の良い解釈を押しつけようとしている場合や，被害感が強いなど性格な偏りから，家族を実際以上に批判する場合もあることを念頭に置いておくべきである。

担当職員は少年の感情に巻き込まれず，冷静に事実関係を見極めて指導方針を立てていかなければならない。担当職員が，少年の弁護人のような気持ちになって保護者を責め立てる側に回ってしまっては，家族自身の問題解決力が機能しないことになり，根本的な家族関係の調整が図れなくなってしまう。その逆に，家族に同情するあまり，少年のわがままを一方的に批判し，少年の納得なしに表面的に家族に謝罪させたり，家族の要望に従わせるだけでは効果はない。

また，家族には家族の事情があり，プライバシーもある。少年院の職員は，家族のプライバシーについて，審判や環境調整等において公的に作成された資料から知るほか，必要以上に詮索する権限もないし，家族のプライバシーに触れて批判することがあってはならない。少年院で教育の対象とするのは，あくまで少年自身であり，家族が対象ではない。家族関係に強力に介入するのではなく，家族による問題解決がより良く機能するように，側面的に支援する役割を担っている。

家族関係は，出院後にも段階的に修復されていくものと考える。実際に同居してみれば，具体的問題場面に多々遭遇するわけであり，少年院における調整がすべてではなく，家族関係修復の第一歩を手がけるという姿勢で臨みたい。

(4) 保護者への支援

保護者は，非行を防止できなかった責任者であり，子の養育に自信を喪失し，非難されることの多い立場でもある。なかには，虐待と思われる養育態度をとってきた者もいる。少年院は在院少年に対して矯正教育を実施する機関であるが，適切な保護環境を整える観点から，保護者に対し，子を養育する上での

留意点や，子の資質上の特徴を踏まえた関与の仕方をアドバイスしていきたい。少年の資質的問題に家族が気づいていない場合も多い。そのため，適切な養育ができず，症状を悪化させていることがある。例えば，軽度発達障害の場合など，障害に関する正しい理解がないため，少年の性格の偏りや親のしつけのせいにして悪循環を招いているケースが見られる。少年の資質に照らし，養育上の留意点を教示し，助言するのも効果的な支援である。なお，アメリカを中心に開発・実施され，わが国でも実践・研究が活発になっているペアレントトレーニングの導入も効果的であると思われる。

3　家族の教育力を活かした指導の実際

　家族の教育力を活かした指導は，家族との交流を中心として実施される。それゆえ，外部交通権の行使としての面会，通信も，矯正教育の効果的実施に重要な意味をもっているといえるが，ここでは，意図的，計画的な教育活動として行う家族交流の方法として，在院者の家族一般を対象とした「保護者会」と，個別の家族関係を対象とする「親子合宿（宿泊面会）」の実施方法の一例を述べてみることとしたい。

⑴　保護者会の実施

　　保護者会は，開催時期によって目的が異なり，その方法も異なる。以下に，入院時，中間期，出院準備期の別に実施方法を述べてみたい。

　ア　入院時保護者会

　　㋐　目　的

　　　　保護者に対し，少年院が矯正教育を通じて少年の健全育成を行う機関であることを理解させ，少年院の教育活動に協力する意欲を引き出すとともに，在院少年と家族との心情交流を深める契機を設けることを目的としている。

　　㋑　方　法

　　　①　実施時期

　　　　　入院後1か月ころまでに実施する。少年が新入時のオリエンテーショ

ンを終え，集団生活を開始した後が望ましい。少年は，一連のオリエンテーションを受け，少年院生活の目標を理解し始めている。少年院生活への前向きな動機づけを行う時期であり，保護者の激励等によりその強化を図ることが期待される。また，慣れない環境下で少年院生活の困難さを最も感じている時期でもあり，保護者の愛情や家族の存在の大切さを実感し，家族関係の修復の契機ともなり得る。

② 案　内

入院後早々，できれば入院案内の送付と同時に入院時保護者会の案内を行う。保護者会を設定すれば，少年の非行に立腹し，当面の面会を予定していなかった保護者であっても，仕事などの日程を調整して参加するよう促す効果がある。

③ 内　容

保護者会では，説明会，院内見学，面会，職員と保護者の面談等を実施内容とする。

まず，"説明会"では，少年院の概要を理解してもらうため，次のような事項を説明する

「少年院の行政目的」～刑の執行ではなく，矯正教育をする機関であること，「少年の生活時間・衣食住・医療」～健康的な生活管理を行っていること，「矯正教育の内容」～教科教育，職業補導，生活指導，保健体育の目的と具体的内容，「成績評価と進級」～教育段階，個人別教育目標，成績評価要領，進級制度，「仮退院と環境調整」～仮退院制度，出院後の保護観察，環境調整，「面会・通信・差し入れ」～許可条件，制限事項，申込手続，「協力依頼」～矯正教育を効果的に実施するために，家族の協力が必要であること。

"院内見学"では，少年の居住する寮舎や実科教室，体育館などの教育活動の場に案内する。健康的な生活環境にあり，教育設備も整っていることを実感し，家族に安心感と期待感を持たせる。同時に，家族が少年の置かれている環境を理解することで，面会時のコミュニケーションの活発化

を促す。

　"面会"は，入院後の初回面会である場合が多い。このときの，家族と少年の様子から，家族関係の問題や葛藤がよく観察できる。入院後の生活態度に問題がなくても，家族との関係において，わがまま，反抗的，抑うつ的，依存的などの態度を見せる場合があるので，以後の家族関係調整のための指導の参考情報として，把握しておく。

　"職員と家族の面談"は，可能であれば，面会後に実施する。分類保護担当職員等が面談し，個別に家族の相談に乗り，あるいは，疑問に答えるなどし，家族の抱える不安を把握し，以後の家族関係調整上のポイントを明らかにするとともに，家族が少年院職員を信頼し，相談しやすい連携体制を築く。

　個別担任職員は，保護者会後に少年に働きかけ，保護者会時の面会を終えた感想を述べさせ，あるいは感想文として記載させる。具体的に家族関係調整指導を進めていくうえでの参考とするとともに，在院中は職員が家族関係の問題を緩和していくための助言指導を行っていくことを認識させる。

　(ウ)　実施上の留意事項

　　保護者会を通じて，保護者が少年院の教育を信頼し，安心感を抱き，少年院の矯正教育に積極的に参加しようという意欲を持つことができるよう配意する。

イ　中間期の保護者会

　(ア)　目　的

　　教育目標達成状況など成績評価を保護者に伝達し，少年の入院以来の成長への理解を深めるとともに，残りの在院期間中に少年が取り組むべき課題を確認することによって，少年には自覚を促し，家族には課題達成のために家族が果たすべき役割について認識を高めることを目的とする。

　(イ)　実施時期・方法

　　成績評価を保護者に通知する時期や頻度は，個別的に対応する場合に

は，成績評価の都度，進級の都度，1級進級時など多様に設定できる。ただし，保護者会として実施する場合は，入院時保護者会や出院時保護者会を別途実施することを考慮して，中間期教育過程である1級下進級時が適当である。この場合，保護者会の説明内容としては，在院期間の半ばに達したことの意義や，出院までの一般的な教育スケジュール，出院後の受入れ体制を整えるための環境調整の必要性などがある。全体説明の後，個別に目標達成状況を説明し，今後の課題を確認する。目標達成状況の説明は，三者面談のような形式で少年同席のもとで行ってもよいし，親子関係の状況により，保護者のみに説明し，別途面会を実施してもよい。

　なお，日時を指定した一斉説明会を実施したほうが，出席率が良いと思われるが，必ずしも一斉実施しなくとも，1級下進級後の最初の面会来院時をとらえて個別に実施するのもよい。
　㈦　実施上の留意事項
　　成績評価を保護者に説明する場合には，達成度不良な事項ばかりを強調せず，少年の努力が認められる事項について丁寧に解説する。また，目標達成状況について保護者と職員が率直に話し合うことにより，少年の改善更生に向けて家族と職員がともに協力して臨む体制を強化する。
ウ　行事開催時の保護者会
　㈦　目　的
　　家族と少年に自然な心情交流を促すとともに，家族が少年の成長を確認することによって，その将来に期待を持つ契機とし，また，少年自身の自己イメージをも高めることを目的とする。
　㈦　実施時期・方法
　　実施時期は，少年院の年間行事計画によるほか，家族の参加による教育効果を期待する場合には，中間期後期から出院準備期に設定する。
　　案内状には行事の意義を説明し，可能な限り都合をつけて来院してもらうよう案内する。来院に抵抗がある場合には，分類保護担当職員による電話連絡や必要に応じて保護観察所を通じた働きかけを依頼する。

代表的行事には，運動会，教育発表会，意見発表会，卒業式，成人式などがあるが，院を挙げての行事以外に，授業参観，グループワークなど教育活動そのものへの参加も少年理解と親子交流に効果的である。行事参加中の家族と少年の言動は，後の家族関係調整やその他の指導への参考として把握しておく。
　　　なお，行事後には少年に面接や感想文を提出させ，行事中の家族像の変化の有無を把握しておく。参加少年の集団で，感想を話し合わせる方法もある。
　(ウ)　実施上の留意事項
　　　行事に参加できなかった家族には，教育活動を理解してもらうため，その様子を面会待合室に掲示したり，学院通信のような形で情報提供することも，以後の行事や保護者会への参加を促すことになる。
エ　出院時保護者会
　(ア)　目　的
　　　出院後の社会復帰を軌道に乗せるため，保護者に対し仮退院又は退院の意味や出院後の保護観察制度等について説明し，少年に対する監督指導上の留意事項への理解を促す。また，出院後の生活設計や残された家族関係の問題点について，具体的な対応方法を話し合い，家族が少年を受け入れる準備体制を整えさせる。
　(イ)　実施時期・方法
　　　出院時準備教育期間に実施する。出院前1か月ころまでに実施したい。
　　　保護者会時には，次の事項について説明する。「仮退院の意味」，「仮退院の期間」，「保護観察制度」，「遵守事項」，「本退院の意味」，「出院後の生活の留意事項」。
　　　説明会終了後には，充分な質疑時間をとって，保護観察制度に理解を促したり，出院後の少年指導への助言を行う。その後，少年との面会を実施するが，出院までに最後の面会となる場合も多いため，家族も少年も出院後に不安に思う事項があれば，できるだけ在院中に解決すべく話し合うよ

う促す。少年にも，事前指導を行い，出院時保護者会時には，出院に向けて重要な事項を話し合うよう準備させておく。

面会後は，家族と分類保護担当職員等が面談し，家族側に疑問や不安があれば助言する。個別に面談する時間がとれない場合もあるので，アンケート形式で家族の意見を聴取することとすれば，残された在院期間の処遇課題を明確にすることができる。

個別担任は，出院時保護者会後の少年の反応と分類保護担当者から引き継いだ家族の意見を参考に，出院までに行なうべき処遇方針を明らかにする。

(ウ) 実施上の留意事項

出院を間近に控えたからこそ，明らかになる家族関係の課題もある。少年も家族も残された課題から目をそらさず，建設的な解決方法や自己認識の変革を図らなければ再非行を招きかねないことを充分納得させ，出院までの処遇目標を焦点づける。

(2) 親子合宿（宿泊面会）の実施

ここでは，少年院の家庭寮を利用した宿泊形式の面会又は宿泊を伴わなくとも，家庭寮など特別な場所において，長時間，少年院の職員立会なしで行う面会について説明することとする。

ア 目 的

充分な面会時間を設け，少年院の職員の立会なく，家族と少年だけで率直に心情交流する機会を設けることによって，相互理解を深めさせるとともに，少年が更生するためには出院後の諸課題に家族が協力して取り組んでいくことを確認させる。

イ 方 法

(ア) 実施時期

出院準備教育期間に実施する。この時期は，矯正教育の仕上げの期間であり，保安上も職員無立会が可能な教育段階に達している。事後の指導期間の確保を考慮し，できれば，出院準備教育期間の中ほどの実施が望まし

い。
　　なお，特修短期処遇の場合は，対象少年が開放処遇に適しているのであるから，出院準備教育期間に限らず，個別のケースに従って最も効果的な時期に実施することになる。
(イ)　事前準備
　　家族への案内を行う。宿泊面会の目的について説明し，出院後の生活を安定させるために家族の支援が重要であるとの理解を促し，宿泊面会に際し，少年にどう働きかけ，相互理解を進めるのか，家族なりに準備を整えてもらう。
　　少年には数日前に宿泊面会実施を伝え単独処遇とする。単独処遇中の課題としては，「宿泊面会の目的を達成するために，家族と話し合うべき内容をまとめさせる」，「出院後の交友関係や職業選択等で意見が食い違うことも予測されるが，自己の希望を伝えた場合，家族がどう反応するか予想させる」，「家族と自分の意見が異なった場合の対応を考えさせておく」ことなどがある。
　　宿泊面会では，家族と率直な気持ちで交流させることが第一であり，家族の持つ教育力に期待して実施するものであるので，面会内容について少年院の職員が指示的に方向付けることは望ましくない。しかし，少年に迷いがある場合には相談に乗り，重要な問題を少年があえて避けている場合には，これを以後どう処理するのか問いかけておく。
(ウ)　当日の実施手順
　　まず，宿泊面会実施上の留意事項を家族と少年に説明する。家庭寮の適切な使用，宿泊面会実施時間の厳守，外部との不正な連絡，無断外出禁止，飲酒や喫煙の禁止などの説明を行うが，さらに，自覚を促すためには，少年から不正をしない旨の誓約書を徴し，家族からは保護者としての責任をもって少年を監督する旨の文書を提出させる。
　　家庭寮で実施する場合には，食事の準備等も家族と少年が協力して行うことになろうが，家庭寮以外で実施する場合や宿泊を伴わない場合でも，

家庭的な雰囲気の中で自然にコミュニケーションが図れるよう簡単な茶菓などを準備する。

宿泊面会開始時から家族と少年だけで過ごさせてもよいが、ぎこちない感じがある場合には、最初に職員を交えて雰囲気作りをし、話し合いのきっかけを作る。また、宿泊面会の途中で職員が巡回し、宿泊面会の目的が達成されるべく進行しているかを確認し、激励、助言等を行う。さらに、終了時間が近づいた時点で、話し合えなかったことはないか、結論が出なかったことはないかを確認し、職員を交えて話した方が良い内容があれば、その場で話し合い、時間を要する事項であれば、後日の課題として宿泊面会を終了する。

(エ) 事後指導

実施後、家族と少年から別々に感想を聴取し、出院までに少年に指導すべき事項を明らかにする。家族に対しては、出院時の受け入れ体制を整えるよう依頼するとともに、少年の指導に関し不安な点があれば助言を行う。

(オ) 実施上の留意事項

宿泊面会は家族関係の調整において効果的な指導であるが、開放的な環境で実施することとなるので、保安的な観点から慎重に対象者を選定しなければならない。

また、宿泊面会に参加させる家族の範囲であるが、保護者以外の家族との葛藤が非行と密接な関係がある場合を除き、保護者と少年の心情交流が充分図れるよう、保護者以外の兄弟姉妹等の参加は避けるべきである。少年の中には、他の兄弟姉妹に比して不遇な扱いを受けていると被害感情を有している場合が少なくない。実務上の経験では、宿泊面会時に保護者を独占できたという体験が、信頼関係の回復に少なからず作用している例を見ている。

4 家族関係調整の例

家族の教育力を活かした指導を含めた家族関係調整の事例を 2 例紹介したい。いずれも典型例として上げるものであり，在院期間を10か月としている。

家族関係調整を中心とした指導例（家出・不良交友を繰り返していた少年）

時　期	少年への働きかけ・行動観察	家族への働きかけ・観察・連携
入　院	入院時調査 　少年から見た家族の問題を調査（面接，アンケート，少年簿）　父子葛藤の解決を在院中の教育目標の一つとする。	入院時保護者会案内送付
1か月ころ	入院時保護者会時 　面会母に，わがままな要求ばかりし，謝罪の気持ちもない様子に着目　面会後，父母に対する気持ちを聴取	入院時保護者会に母のみ出席 　保護者会後に個別に母と面談 　父子関係を巡る母の悩みを聴取 　保護者会で説明した矯正教育の内容を父に伝達するよう依頼
2か月まで	母への発信はあるが，父あてに手紙を書いていないことに着目 個別面接 　父への不満を聴取。父との関係改善が，在院中の課題であることを理解させる。	母や兄弟から来信はあるが，父からの手紙はないことに着目 母と兄弟が面会に来院 　面会後に母と面談し，父子葛藤緩和の方策を話し合う。父の来院又は来信への協力を依頼。
3か月ころ	個別処遇 　3日間の個別処遇とし，父に対する気持ち（否定面と肯定面，過去の出来事）を作文に整理させる。父への発信を促す。	
	父に初めて発信をするが，少年院生活の紹介にとどまる。	

3か月	問題群別指導（家族群）編入 　小集団で，家族の機能や問題，家族に対する心情を話し合う。	運動会案内状送付 　面会来院時，母に父の参加について協力依頼，保護観察所を通じ保護司にも，父への働きかけを協力依頼
4か月ころ	運動会参加 　親子競技，昼食で父と会話	運動会に父母で来院 　父子の心情交流が図れるよう配慮
	運動会の感想文記載 　父への感情変化を把握	運動会後に父母と面談 　少年の更生には父の力が大きいこと，入院以来の少年の努力と成長，残された課題を説明
	父へ発信 　運動会参加のお礼と改善更生への努力を表明	
5か月ころ	父母と面会 　父と対立　素直な態度とれず	父母で面会に来院 　少年の非行や言動を父が批判
	個別面接 　父との関係改善への努力を継続するよう指導	父母からみた少年の言動の問題点を聴取，家庭内でも今後，少年の更生のためにとるべき対策を話し合っていくよう助言
	問題群別指導（家族群） 　小集団で，親子の葛藤をどう解決するか話し合う。家出時の親子についてロールプレイング実施	
6か月ころ	個別処遇 　ロールレタリングにより，父に対する気持を整理し，父の気持ちにも気づかせる。	父子関係調整に理解を求める 　父子関係の修復が少年の更生に重要であることを説明し，特別面会のための来院を要請
7か月ころ	特別面会 　通常より長い面会時間を確保し，十分に話し合う。父に本音をぶつけたこと，父の少年に対する思いや意見を聞いて，父への反発心が和らぐ。	特別面会 　親子であっても，以心伝心ではないこと。少年の言い分を聞くことで，何が問題の焦点か明確にすること，親の意見も冷静に伝えることを助言。

		保護観察所に特別面会の実施結果を連絡
8か月ころ	意見発表会 　非行に至った自己の問題点を分析し，出院後の健全な職業生活の在り方について意見発表	意見発表会に父母参加 　意見発表会後の面会で，父は少年の考え方の変化に肯定的感想を伝え，出院後の具体的生活設計について話し合う。
9か月ころ	出院時保護者会時の面会 　家族のもとへ帰る日が近いことを意識させ，出院までに確認，解決を要する事項について話し合う。	出院時保護者会に母参加 　仕事の関係で来院できない父の伝言を母が伝達。母自身の考えも伝えながら，出院後に留意すべき事項を話し合う。
10か月	出　院	出　院 　父母が出迎え

家族関係調整と関連づけた指導例（傷害事件への反省が浅い少年）

時　期	少年への働きかけ・行動観察	家族への働きかけ・観察・連携
入　院	入院時調査 　傷害事件への反省が浅い。保護者の指導力も弱く，放任的な養育態度に着目	入院時保護者会案内送付
1か月ころ	入院時保護者会時 　面会少年院生活への不満が多く，父母もそれをたしなめない様子を観察	入院時保護者会に父母出席 　保護者会後に個別に面談 　在院中の教育目標について説明 　傷害事件について父母の考えを聴取するが，主犯少年のせいにする傾向あり。
3か月ころ	父母との面会や来信には，わがままな要求事が目立つことに着目	父母の面会や来信は多いが，少年の問題点の改善への言及はないことに着目
4か月ころ	個別処遇 　傷害事件について振り返らせる。	

5か月ころ	中間期保護者会時　面会 　個別処遇で傷害事件について考えた内容を父母に伝えるよう指導しておく。	中間期保護者会 　個人別到達目標への努力状況，達成度について説明。傷害事件への反省を促す指導を実施していることを説明し，少年に対し親として責任ある助言をするよう促す。 　犯罪被害者の手記を紹介する。
6か月ころ	個別面接 　傷害事件の被害者の気持ちについて面接指導中，自分も恐喝被害体験があると話す。	父母の面会 　少年に被害体験があったこと，その時父母に気づいて欲しかった気持ちを知る。
	個別処遇 　被害体験時の自分と本件被害者の気持ちを重ねて振り返らせる。	母の手紙 　事件の加害と被害に関する母の思いと更生への願いが届く。
8か月ころ	読書感想文発表会 　物語の登場人物に共感し，他者への思いやりをもてる人間になりたいと述べる。	読書感想文発表会に父母参加 　素直な感想を述べた少年の成長に肯定的反応
9か月ころ	宿泊面会 　出院後に父母に約束したいと思う事項を，あらかじめ整理させておく。 　被害者への謝罪方法について，具体的に話し合うことも宿泊面会の課題として，指示しておく。	宿泊面会に父母参加 　出院後の生活で少年に遵守させたい事項について話し合うよう促す。 　出院後に被害者感情を考えた対応をとるべく，親の責任として指導するよう促す。
10か月	出　院	出　院

5　まとめ

　少年院送致になった少年が達成すべき課題は，被害者の心情理解などを含めた非行の問題性の認識，性格の偏りや行動傾向改善による対人関係調整能力の向上，社会適応のために必要な学力や技能を培うことなどであるが，課題を達成するために，最も大切なことは，少年が主体的に矯正教育に取り組む意欲を喚起す

ることである。少年院送致自体は，少年が望まない環境へ強制的に送り込まれる措置であり，そこで行われる教育活動に対し，少年は当初，受身又は消極的な態度である。積極的な意欲があったとしても，「早く仮退院して，この窮屈な環境から開放されたい」ための努力になりかねない。しかし，少年院に期待されているのは，施設内での模範的な態度の形成ではなく，主体的な非行への反省と出院後に再非行をさせない教育の実現である。その意味から，矯正教育の成功は，少年が心から「立ち直りたい」という意欲を持つかどうかにかかっている。この意欲を喚起する働きかけの一つが，家族関係を改善するための指導であり，家族を巻き込んだ矯正教育の実施である。

　かつて，矯正教育において，家族関係の問題は付随的にしかとらえられていなかった。その理由は，矯正教育の対象はあくまでも少年であり，家庭内の問題には深く介入すべきではないという抑制的な発想があったからではないかと思われる。しかし，家庭の教育力低下が顕在化し，保護環境と非行の問題を切り離しては，実効性ある矯正教育ができないという認識が高まっている現在，非行の原因としての家族関係の問題に介入する働きかけの充実が期待されている。本稿では，保護者会の実施方法を中心に述べたが，この他にも，矯正教育の多様な場面で家族関係の調整につながる指導が行われている。今後，家族関係の調整指導に関わる知識や技術について，一層の向上を期していく必要がある。

　最後に，先に紹介した「少年法等の一部を改正する法律案」では，保護観察所においても保護者に対する措置を行う規定が置かれている。家族関係調整について，矯正と保護との連携は，従来以上に緊密になっていくべきものであると思われる。

引用文献・参考文献

(1)　津富宏『最善の少年非行対策を求めて』刑政第113巻　第6号　64-73頁　2002
(2)　平場安治「少年法（新版）」有斐閣　1987
(3)　村松励『非行臨床における家族療法』刑政第111巻　第8号　38-46頁　2000

自然環境の教育力を活かした指導

伊 藤 広 史
(法務省矯正局少年矯正課)

1 はじめに

(1) 自然環境の教育力

　「急にウォーという歓声が聞こえてきてなんだろうと思い，その場所に行きました。僕の口からも自然とウォーという声が出ました。それ以外の言葉が出ませんでした。アルプス連峰が飛び込んできたのです。その力強さと奇麗さですごく感動しました。また，その感動も映画などを見ての感動と違い，充実感と達成感と満足感の混ざった生まれて初めて味わった感動です。僕は，一生忘れることのない思い出をまたひとつ作ることができました(1)」。

　有明高原寮での登山に参加した少年の感想文の一節である。

　自然の美しさ，雄大さ，神秘などは，それに触れた人間に感動・感銘を与え，自己について考えさせ，生き方を変えさせるほどの影響さえ及ぼすことがある。自然環境は，偉大で，無言の教育力を有していると言える。

　「地球の美しさと神秘を感じとれる人は，科学者であろうとなかろうと，人生に飽きて疲れたり，孤独にさいなまれることはけっしてないでしょう。たとえ生活のなかで苦しみや心配ごとにであったとしても，かならずや，内面的な満足感と，生きていることへの新たなよろこびへ通ずる小道を見つけだすことができると信じます(2)」。

(2) 矯正教育の教育環境としての自然環境

　矯正教育の教育環境の一つである自然環境は，対象者に教育的作用を及ぼすとともに，さまざまな体験の場を提供する。

　ただし，自然環境は施設ごとに異なり，加えて，各施設の処遇課程等や，収容している対象者の特質とそれに基づいて選択され得る教育内容・方法，指導者の状況などにより，自然環境の活用の仕方は異なる。

　施設から見える山や樹木の眺め，あるいは鳥のさえずりから心理的効果を得るような，いわば「静的・受動的活用」もあれば，登山など，意図的・計画的に院外の自然の中で活動させる「動的・能動的活用」もある。ここでは，動的・能動的活用に焦点を絞って述べることとする。

2　目　的

(1) 一般青少年を対象とした活動の効果

　矯正教育において本指導を実施する目的について触れる前に，まず，一般青少年を対象とした同種活動の効果について確認しておく。

　まず，野外教育の効果として指摘されていることは以下のとおりである。なお，野外教育とは，「自然の中で組織的・計画的に，一定の教育目標をもって行われる自然体験活動の総称」である。

ア　自然そのものがもたらす効果
　(ア)　感性や知的好奇心を育む。
　　…　自然の美しさ，雄大さ，厳しさなどが，人間の五感に直接働きかけ，感動や驚きの体験を与える。
　(イ)　豊富な直接体験の場を提供する。
　　…　情報化の進展による間接体験や疑似体験の増加を補う。
　(ウ)　心身をリフレッシュさせ，健康・体力を維持増進する。
　　…　時間的にも空間的にも，落ち着きやすがすがしさを感じさせる。
イ　自然の中での生活や活動がもたらす効果
　(ア)　向上心や忍耐力を培う。

…　非日常的な自然の中での困難を乗り越える体験が，成就感や達成感をもたらす。
　　(イ)　創造性を培い，人や物を大切にする心を育てる。
　　　…　自然の中での素朴な生活の楽しさを実感させる。
　　(ウ)　生活の知恵を身に付けさせ，生き抜くための力を育てる。
　　　…　危険を回避したり，安全を確保する能力を高める。
　　(エ)　自然に対する理解を深める。
　　　…　生命の尊さを学ばせるとともに，環境問題への認識を高める。
　ウ　集団による活動・共同生活がもたらす効果
　　　自主性や協調性，社会性を育てる。
　　　…　小グループでの生活や活動が，より良い人間関係の在り方を学ばせる。
　エ　新しい体験がもたらす効果
　　(ア)　自己を見つめ直し，日常の生活，家族，友人関係などについて考えさせる。
　　　…　新鮮で印象深い体験が，自分や周囲について考える機会となる。
　　(イ)　健全で豊かなライフスタイルの形成に役立つ
　　　…　生涯にわたっての余暇活動の楽しみ方を学ばせる。[3]・[4]
　　次に，少年自然の家及び子ども長期自然体験村で行われた比較的長期の自然体験活動に参加した小中学生1200名余を対象として，「生きる力」を構成する14の指標（①非依存，②積極性，③明朗性，④交友・協調，⑤現実肯定，⑥視野・判断，⑦適応行動（以上「社会的心理的能力」），⑧自己規制，⑨自然への関心，⑩まじめ・勤勉，⑪思いやり（以上「徳育的能力」），⑫日常的行動力，⑬身体的耐性，⑭野外技能・生活（以上「身体的能力」））について活動の前後で比較調査を行った結果，すべての指標で得点の増加が見られ，活動への参加は「生きる力」の向上に効果的であったとされている。[5]・[6]

(2)　矯正教育における「自然環境の教育力を活かした指導」の意義
　　上記の効果は，心身の健全な育成を目指す矯正教育においても重要な教育目標となり得，成果として大いに期待されるものである。特に，矯正教育におけ

る本指導の意義としては，次のことが指摘できる。
> ① 対象者がそれまでの生活であまり経験してこなかった自然との触れ合いを通して，爽快感，達成感などの若者らしい感動や，心の安らぎを体験させる。
> ② 少年院の中とは異なる環境や人間関係の中での活動を通して，より深い感動を体験することができたり，積極性や協調性を養うことができるなど，施設内の指導とは異なる効果を対象者に及ぼす。

前出の『青少年の野外教育の充実について』[3]においても，青少年の現代的課題に対応した新たな野外教育プログラムの開発が期待されるとし，その例示として，冒険教育，環境教育，不登校の児童生徒や障害児を支援する機会などと並んで，「非行少年を対象とした矯正の機会」が挙げられている。野外教育が矯正の分野においても効果があるとの認識を示したものと言える。

3 教育内容

(1) 全体に共通のねらい

前記2の(2)で見た矯正教育における本指導の意義は，対象者全体に共通するねらいである。施設を取り巻く自然環境は全体に共通するものであり，また，本指導は原則として全員が参加することとしているのも，「全員に体験させたい」という意図の表れである。

例えば，有明高原寮の基本的処遇計画では，一般短期処遇の処遇内容の特色の一つとして「開放的な処遇環境の下，豊かな自然とそこに暮らす人々との触れ合いを通じて，視野の広いたくましい若者を育てる教育」とあり，また，特修短期処遇の処遇内容の特色には「豊かな自然を活用した教育」とある。

(2) 個々の少年の教育目標によって異なるねらい

一方で注意しなければならないことは，指導のねらいとする効果に関し，個々の少年の教育目標によって重点の置かれ方が異なる，すなわち，各少年の個別的処遇計画の上での位置付けが異なることである。例えば，登山を例に挙げると，登頂の感動や困難を乗り越えた後の達成感を味わわせることは全員共

通のねらいであるが，一人一人の少年に対して特に身に付けさせたい内容となると，行動力の養成をねらいとする者もいれば，忍耐力を身に付けさせることや，協調性を養うことなど，それぞれ異なる。したがって，活動の際は，指導者はまず事前に参加者に各自の取り組むべき目標を理解，確認させるとともに，活動中においても，各少年のねらいを念頭に置いた上で適切な指導を行うことが必要である。

4　教育方法

(1)　教育方法の選択に影響を及ぼす条件

ア　施設の立地条件

矯正教育の自然環境は，施設が意図的に整備・操作できるものではない。自然環境を活用してどのような指導を行うことができるかは，その施設の立地条件に左右される。

都市部に位置する施設は，選択の幅がかなり狭くなるが，自然の中での活動による効果が大いに期待できる少年については，自然環境に恵まれて各種指導を実施している施設まで行かせて合同で実施する（対象者の質が異なる場合には別々に実施）などの方法も検討に値するであろう。例えば，有明高原寮の登山には，これまで十数回，他の施設の少年が参加している。[7]

イ　収容対象

対象者の処遇課程等により，配慮すべき教育目標・指導領域が異なり，それに応じて，「自然環境の教育力を活かした指導」についても重点の置かれ方が異なる。さらに，自然の中で行う指導であるため，当然のことながら，対象者の健康状態，開放処遇に適するか否か等によって実施内容・方法は異なる。

ウ　指導者

本指導に特有の知識や技術，指導法などを身に付けた指導者が必要である。実施内容・方法の幅を広げる場合には，職員を専門機関の研修に参加させる等の措置が必要である。また，指導できる職員がいないために実施を断

念せざるを得ないような場合には，必要に応じて外部からの協力を得ることも検討すべきであろう。

なお，指導者に必要な資質に関しては，次のような指摘がある。

「野外教育の指導者として必要な前提条件は，「人」と「自然」が好きなことです。なぜなら，野外教育の仕事は，「人」を相手に「自然」の中で行われるからです。そして，野外教育指導者は，広くとらえれば「教育者」です。したがって，「教育者」としての資質を当然のことながら備えてほしいものです。抽象的な言い方になりますが，それは「豊かな人間性」であり，対象者にとって「魅力ある人間」であることです。」[8]

これは，一般青少年を対象とした野外教育の指導者に関するものであるが，矯正教育において本指導を行う者についても該当するものと考える。

(2) 実施上の留意点

ア　安全対策

自然の中での活動は，体力を要し，また，時に困難や苦痛を伴うこともある。事故防止のためには，現地の事前調査を実施して危険箇所を確認しておくとともに，参加者に対しては，事前の健康診断を確実に行うことや，一人一人に安全の心構えを徹底させることが重要である。また，活動実施中も，事故・けが等の防止に常に留意し，さらに，できれば医師等の参加も得ることとしたい。

イ　保　安

施設外で行われる活動は，対象者にとって施設内の日常生活とは異なる新鮮な体験であり，感動，心身のリフレッシュなどに関してより大きな効果が期待できる。しかし，一方，開放的な環境で実施するものであるだけに，保安面の特別な配慮が必要である。事前及び実施中において綿密な心情把握を行うとともに，小グループでの行動を主とする等の配慮が不可欠である。また，事前調査の際に，無線機や携帯電話の感度・通話状態を確認しておくことも重要である。

ウ　プライバシーの保護

　　施設外で実施する活動であるため，不特定多数の人々と接触する可能性が生じるので，その場で周囲の指導者が適切にフォローしてやるほか，少年自身にも，活動中に出会う人たちには若者らしい態度で受け答えしながら自己のプライバシーは守るよう事前指導を行う必要もあろう。

5　指導計画

(1)　ねらいの明確化

　　「自然環境の教育力を活かした指導」を実施する際には，当該指導を矯正教育において実施する意義を常に念頭に置き，単に体験させることだけを目的とした活動とならないよう，ねらいを明確にし，それを実現するために適切な教育内容・方法を選択する必要がある。自然環境は，ほかの教育環境に比較すれば変化が小さいので，効果のある指導を長年にわたって「良き伝統」として継続させることができるが，半面，マンネリ化に陥るおそれもある。指導をより効果的なものにするためには，固定観念にとらわれることなく，前回までの実施結果の評価を踏まえて，内容・方法を再編成することも積極的に考えるべきである。

(2)　一貫したプログラム

　　本指導の効果を上げ，教育目的を達成するためには，単発的な活動ととらえるのではなく，事前指導や事後指導も含めての一貫したプログラムとすることが重要である。

　　事前指導では，活動の目的を理解させるとともに，適切な動機づけを行い，加えて，自然環境の危険性について注意を促すことも大切である。

　　事後指導も，活動の効果を高めることに役立つ。例えば，実施当日の日記指導では，体験を文章化することにより，自分の気持ちを改めて振り返ることができる。記載内容に対して職員が同意，賞賛，激励等のコメントを返すことにより，各自の体験に対する肯定的な意味づけの強化が図られる。また，感想文指導では，活動の内容，感想などを想起して文章で詳しく表現することにより，

感動，達成感，あるいは反省などを少年自らがもう一度確認することができる。指導の効果を一層高め，体験から学んだことを日常の態度・行動につなげる機能も期待される。さらに，職員の側では，感想文に書かれた内容が指導の効果を評価する材料ともなる。

6　実践例

具体的な実践例として，有明高原寮における教育活動の中から登山を取り上げて紹介する。

(1)　**有明高原寮における「自然環境の教育力を活かした指導」**

　ア　有明高原寮の自然環境，収容対象

　　(ｱ)　恵まれた自然環境

　　　有明高原寮は，東京矯正管区管内の短期処遇を実施する男子少年院の一つで，長野県安曇野市，標高約700メートル，安曇野を見下ろす場所に位置している。背後に有明山をはじめとした北アルプスの山々がそびえ，周囲を松林や川などに囲まれており，豊かな自然環境に恵まれている。

　　(ｲ)　開放処遇に適した対象者

　　　収容対象は，特修短期処遇並びに一般短期処遇で特に「開放処遇に適する」者及び「開放処遇に比較的適する」者である。施設も開放的であり，敷地周囲のフェンスもなければ，窓の格子も一部単独室を除いて付けられておらず，定員も小規模で，その「有明高原寮」という名のとおり学校の寮のような雰囲気である。

　イ　自然環境を活用した教育活動

　　豊かな自然環境を活かして，以下のようなさまざまな教育活動を実施している。[1]

　　(ｱ)　登　山

　　　年１回（夏季）実施。全少年を対象とし，燕岳（つばくろだけ）（標高2763メートル）に登る。上級生は更に縦走を続けて山小屋に一泊し，常念岳（2857メートル）登頂の後に下山するが，他の少年は当日のうちに燕岳から下山する

（詳細については，後述する。）。

(イ) キャンプ

　夏季に毎月実施。全少年を対象として施設近くの川原で行う日帰りのものと，上級生を対象としてキャンプ場で行う一泊キャンプとがある。いずれも，食事作りなどに取り組ませている。

(ウ) 遠　足

　全少年を対象とし，年２回（春・秋）実施。全行程徒歩の場合と，一部マイクロバス使用の場合があり，目的地でのレクリエーションなども組み込んでいる。

(エ) スキー

　冬季に月２回程度，スキー場で実施。全少年を対象とし，レベルに応じた班分けにより行う。

(オ) マラソン

　春から秋にかけて毎月実施。全少年を対象として，施設脇の県道を利用して行う。前半下り，後半上りとなる折返し５キロのコースの両側には，松林やりんご畑が見られる。

(カ) 温泉カウンセリング

　少年と担任職員が施設外にある公営温泉まで散歩して一緒に入浴しながら話したりするもので，自然の活用を主目的とした指導ではないが，川のせせらぎや鳥の声を聞きながら担任と二人だけで歩く山道は，少年に強い印象を与えているようである。

(2) 有明高原寮における登山

　自然環境を活用した上記の教育活動のうち，登山に焦点を当てて詳しく紹介する。

ア　学校等で行う集団登山の目的

　学校や，少年自然の家などの青少年教育施設においても，教育活動の一環としての集団登山が行われている。その目的としては，一般に，体力養成，目的達成の実感及び感動の体験が挙げられている。[9]

イ　有明高原寮における登山
　(ｱ)　経　緯
　　　収容業務を開始した翌年の1950年から燕岳への登山を実施している（同年は少年74名参加)[7]。
　　　長野県では学校における集団登山が盛んに行われており，そのような地域の伝統も影響していると考えられる（2003年度の調査によれば，長野県内の中学校197校中，194校（98％）で集団登山を実施している。)[10]。
　(ｲ)　地域の協力
　　　事前に連絡をして，登山道の途中及び山頂近くの山小屋の協力を得ている。具体的には，休憩・食事の場所の確保や，湯茶の用意などであるが，長年にわたる交流が良好な関係の維持につながっていると言える。
　(ｳ)　教育課程上の位置付け
　　　登山は，特別活動指導領域の院外教育活動に位置付けられ，指導目標は，①気力・体力の向上を図り，②集団行動を通して協調性と責任感を体得させ，そして，③自然の雄大さや環境保護について学ばせることである。
　　　毎年７月から８月上旬の間に実施しており，当日収容している一般短期処遇及び特修短期処遇の少年について参加可能な者は全員参加させている。
(3)　指導の流れ
　ア　事前指導
　　(ｱ)　登山実施の１週間ほど前から，登山靴などを貸与して足になじませ，登山のための訓練を行う。
　　(ｲ)　体力及び健康状態のチェックと登山参加意思の確認を行う。
　　(ｳ)　大町市の山岳博物館で山の動植物や登山に関する資料を見学させる（同博物館周辺の清掃などの奉仕作業に合わせて実施)。
　イ　導　入
　　(ｱ)　登山の目的，行動計画等について説明し，携行品を貸与する。
　　(ｲ)　班編成と役割分担を決めさせる。

(ウ)　視聴覚教材等を用いた指導により，参加意欲と関心を高めさせるとともに，安全について十分に理解させる。

ウ　実　施

　(ア)　登山開始前にウォーミングアップを実施するとともに，体調，携行品，身支度等の最終チェックを行い，安全について確認する。

　(イ)　休憩ごとに先導班を入れ替え，体調，安全，天候，時間配分，登山マナー等に留意しながら登山させる。

　(ウ)　山容を展望させたり，高山植物や小動物を観察させるなどし，自然の雄大さや環境保護の大切さを学ばせる。

エ　事後指導

　日記指導，感想文指導などを行う。

(4)　**指導の一場面**

　「先生，来て良かったです」

　素晴らしい晴天に恵まれ，槍ヶ岳をはじめとした北アルプスの峰々を望むことができる燕岳の山頂で，疲れた体に心地よい風を受けながら一人の少年が言う。

　少年とはいえ，入院後すぐに20歳に達していたが，何をするにも自信がなく，寮生活にもなかなか積極的に取り組めなかった。

　進級では，後から入ってきた少年に次々追い抜かれ，ややふてくされ気味になりかけたが，こまめに個別指導を行い，意欲の持続・向上を図った。すなわち，本人の非行につながった入院前の生活での問題点と現在の高原寮での自分の生活との関連や，出院後は自立して母親を助けていかなければならないという母子家庭での自分の立場などを考えさせ，そのために少年院にいる間に時間がかかっても身に付けなければならないこと，やらなければならないことがあることを理解させた。

　そのようにして前向きな生活態度が定着し，入院から3か月ほど後に行われたのが登山であった。

　「来て良かったです」の言葉の中には，素晴らしい景色を見ることができて

良かったということだけでなく，つらく，苦しい道のりを自分の力で歩き通して目的地に到達することができたという満足感，達成感といったものが含まれていたであろう。

登山の1か月ほど後に行われた水泳大会では，入院したときには全く泳ぐことのできなかった彼が，ちょうど親子合宿（家庭寮で少年と保護者が寝食を共にし，語り合うもの）のために来ていた母親が応援する前でコースを泳ぎ切り，母親の拍手に照れくさそうに笑っていた。

ここで培った自信や向上心が，これからの彼の人生の大きな支えとなることを信じたい。

7　まとめ

最後に，「自然環境の教育力を活かした指導」を実施する際の課題について触れる。

(1) **指導効果に影響を及ぼす要因**

　ア　指導者との人間関係，少年集団内の人間関係

　　本書の他の各種の指導においても同様であるが，本指導では特に，その効果は，対象者と指導者との人間関係及び少年集団内の人間関係に左右される。まず，本指導は非日常的な環境で実施されるものであるため，指導者との人間関係，特に，指導者との間の信頼関係が，活動の円滑かつ効果的な実施に重要となる。また，自然の中での指導者及び仲間との感動体験の共有が，活動内容そのものにも増して，効果に影響を及ぼす場合があると考えられる。人間関係への目配りが大切である。

　イ　参加意欲

　　一般青少年を対象とした活動と異なり，矯正教育における指導は，少年が自ら希望して参加するわけではない。したがって，効果を上げるためには，指導に際しての動機づけ，興味関心の喚起が重要となる。各自の教育目標に関連させての取組み意欲をもたせることはもちろん，活動そのものを「やりたい」と思わせる事前指導とともに，「楽しい」と思わせる指導中の「演出」

も大切である。

(2) 評　価

　矯正教育における「自然環境の教育力を活かした指導」は対象者にどのような効果をもたらすのか，指導の目標は達成できたのか，教育内容・方法は適切であったのか等，指導の効果に対する客観的な評価を行う必要がある。

　一般青少年を対象とした活動については，これまでも，調査データを統計的に処理することにより，本稿2の(1)において紹介したような効果が実証されている。しかし，どのような要因が効果を及ぼしているのか等の分析についてはいまだ困難があるとのことである。[11]・[12]

　矯正教育においては，通常，活動参加後の対象者の感想文の記述や生活態度の変化から効果を評価しており，それも貴重な方法であるが，最近の研究成果などを参考に客観的な評価方法についても検討すべきであろう。なお，指導の効果について考える際には，少年院の教育活動全体の中での効果という視点を忘れてはならない。

引　用　文　献

(1)　有明高原寮『有明マンスリー特別号』21－22頁　2000
(2)　レイチェル・カーソン（Carson. R. L）上遠恵子訳『センス・オブ・ワンダー』50頁　新潮社　1996
(3)　青少年の野外教育の振興に関する調査研究協力者会議報告『青少年の野外教育の充実について』1996
(4)　平野吉直『野外教育の今日的意義』「青少年問題　第44巻8号　4－9頁」1997
(5)　青少年の自然体験活動の評価に関する調査研究会・文部科学省委嘱調査研究報告書『長期自然体験活動が子どもの「生きる力」に及ぼす効果』2002
(6)　橘直隆・平野吉直『生きる力を構成する指標』「野外教育研究　第4巻2号　11－16頁」2001
(7)　有明高原寮記念誌編集委員会『北アルプスのふもとで－有明高原寮50年の歩み

－』1998
(8)　星野敏男ほか編著『野外教育入門』小学館　72－73頁　2001
(9)　国立信州高遠少年自然の家『少年教育に必要な生活体験の理論と実践』8頁　2003
(10)　長野県山岳総合センター『長野県中学校集団登山の現状と改善点』2004
(11)　星野敏男『自然体験活動の効果とその要因』「青少年問題　第49巻8号　10－16頁」2002
(12)　日本野外教育研究会編『野外活動－その考え方と実際－』杏林書院　73－81頁　2001

参 考 文 献

(1)　星野敏男ほか編著『野外教育入門』小学館　2001
(2)　日本野外教育研究会編『野外活動－その考え方と実際－』杏林書院　2001
(3)　野外安全対策研究会・国立オリンピック記念青少年総合センター『自然体験活動中の安全対策－野外活動における安全教育及び安全管理に関する調査研究報告書－』http://www.nyc.go.jp/BOOK/anzen99　1999

あとがき

　平成3年に財団法人矯正協会から発刊された「矯正処遇技法ガイドブック　第2分冊　生活指導の技法と実践編」を前身に持つ本書は，その後の矯正教育の実績に見られるさまざまな教育処遇の中で，その有効性や妥当性があることについて評価を受け，また，新たな取組みによって関心を寄せられている基本的な方法を取り上げて，矯正職員，関係機関や学校関係職員等広く非行少年や犯罪者の教育処遇，また，児童生徒の教育指導に携わっておられる方々に活用していただく有効な手引書として役立つことを願って編集したものであります。

　本書の企画・編集には，次の担当者が当たりました。
　　東京矯正管区第三部長　　　　　　　　　梅　村　　　謙
　　瀬戸少年院長　　　　　　　　　　　　　宮　本　史　郎
　　法務省矯正局少年矯正課長　　　　　　　林　　　和　治
　　(財)矯正協会附属中央研究所長　　　　 保　木　正　和

　執筆は，担当者によって選定されたそれぞれのテーマについて，研究と実践とを併せてお持ちの方に依頼することにしました。玉稿を寄せていただいた方々は，御多忙の中で執筆されたものです。ここに改めて感謝申し上げます。

　また，各執筆者からは，所属施設の同僚職員をはじめ，関係施設や日本矯正教育学会等の研究仲間から快く資料の提供や助言を受けられたとの謝意が表されておりました。紙幅の関係でここにまとめて報告させていただきまして，御関係の向きに厚く御礼を申し上げます。

　本書を通覧いただきまして，矯正教育は，計画的・組織的教育であること，発展的・段階的プロセスの仕組みを有していること，集団生活の相互作用を期待できること，保護環境上の調整機能に独自性を有すること，そして，これらのいわばシステムを通して非行・犯罪に対する反省・責任を覚せいさせることに意義があり，また，全人教育であること，勤労を重視すること，責任を重視すること，そして，人間性を回復することにその価値をおいて参りましたことを，お伝えできておればと念じております。

　この矯正教育の歴史の実質を踏まえて，明日の少年院には，健全育成を担う機関として，改めて社会に付託されていることにどのように対応するか，保護者へどのように対応するか，虐待やいじめを含む少年自身の被害体験をどのように克服させるか等のことが課題として示されているものと考えられます。

　この課題への取組みは，法務教官が関係分野の知見に接しながら，情熱を持って，本書における各種の実践をさらに重ね合わせたり，組み合わせたりして一層の展開を図ることにあり，それによって応えるものが生じてくると思います。

　　平成18年3月3日
　　　　　　　　　　　　　　　　　　　　　　　　　　　　保　木　正　和

事項索引

（※この事項索引の頁数は，執筆者ごとの論文において最初に出てくる用語等だけについて表示したものです。）

ア

アウトカム …………………………329
アウトプット …………………………329
朝読書 …………………………………166

イ

育児教育（父親・母親教育）講座 ……25, 439
1級生集会 ……………………………455
一般短期処遇 ………12, 35, 282, 343, 502
イメージのふくらむ授業………………84
医療措置課程 …………………………52
インフォーマル関係 …………………454
インプット ……………………………329

ウ

Web 日記 ……………………………132

エ

NIE（Newspaper InEducation） …96, 314
NA ……………………………………314
MDMA ………………………………309
演劇 ………………………24, 69, 281

オ

オープンエンド ………………247, 358
オペレッタ ……………………………280
親子合宿 ………………………486, 510
音楽療法 ………………………………281
温泉カウンセリング …………………507

カ

介護サービス科 ………………………442
開示悟入 ………………………………200
概念地図法 ……………………………184
解離症状 ………………………………199
課外の生活指導………………………40
係活動 ……………………………240, 459
課業に準ずる指導 ……………………40
学寮生活 ………………………………454
学寮の教育力 ……………………26, 453
家族関係調整 …………………………480
家族のきずな …………………………349
家族療法 …………………………190, 484
課題読書 ……………………………22, 158
価値分析表 ……………………247, 256
学校訪問 ………………………………435
仮退院者 ………………………………379
感化 ……………………………6, 78, 454
感化院 …………………………………6
環境調整…152, 373, 390, 405, 415, 483
監獄則 …………………………………5

キ

基準教育課程 …………………………36
教育課程通達 ……………35, 277, 412
教科教育課程 ……………………52, 414
共感的態度 ………………………78, 447
教護院 …………………………………6
教材研究………………………21, 43, 82, 93
矯正院 …………………………3, 129, 157

教養 ……………………8, 64, 260, 413
居室集団 …………………………455
記録内観 …………………………219

ク

クリティカル（クリニカル）・パス……328
クローズドエンド ………………246

ケ

形成的評価 ………………………81
ゲス・フー・テスト ………250, 454
月間計画表 ………………………43
健全育成 ……………4, 380, 394, 479

コ

公共職業安定所 …………………433
考査期間 ……………………217, 456
向社会的 …………………………172
更生可能性 ………………………78
交通安全指導講座 ………………321
交通短期処遇 …………………12, 322
行動観察…29, 124, 138, 183, 203, 454, 494
交友関係改善講座 ……………366, 415
50の質問 …………………………183
個人情報 ……………………222, 388
個別的処遇計画 ………12, 34, 161, 200, 222, 316, 323, 337, 374, 421, 502

サ

罪障感 ………………14, 53, 393, 441
作文指導 …13, 62, 130, 142, 312, 324, 355, 366, 422, 439

シ

CAP ………………………………360
シェアリング ……………………354
ジェンダーバイアス ……………357
自覚状態理論 ……………………130
自己評価 ……………………87, 130, 342
自己フォーカス …………………129
自主的活動 …………64, 158, 260, 464
自助グループ ………314, 359, 409, 468
自治委員会 ………………………270
自治的集会 ………………………468
室集会 ……………………………455
実施要領 ……………………168, 267, 326
実践教育課程 ………………………20, 34
室長集会 …………………………455
児童自立支援施設 ………………2
指導要領 ……………43, 91, 216, 261, 354
自分史 ………………………144, 355
社会見学 …………………………413
社会構成主義 ……………………136
社会参加 …………………………380
社会生活適応講座 ……………26, 424
社会適応……62, 112, 412, 424, 497
社会的スキル ………………227, 399
社会復帰……2, 36, 144, 312, 322, 385, 394, 412, 424, 428, 440, 467, 490
社会奉仕活動 ……………………435
集会指導……13, 250, 374, 399, 465
週間計画表 ………………………43
週間標準日課表 ……………41, 327
集団室 ……………………………456
集団指導……3, 40, 245, 278, 281, 383, 453
集団作り ……………………23, 454
集団討議…23, 149, 159, 313, 324, 356, 376, 396, 468
集団面接 …………………………107
集団寮………26, 152, 202, 271, 455
週番集会 …………………………455
週末内省 …………………………174

宿泊面会……………………436, 486
順次性……………………………82
遵守事項……………180, 203, 357, 490
小単元………………………80, 416
少年院処遇規則………16, 42, 270, 412
少年院法………10, 42, 102, 412, 477
少年教護院………………………6
少年審判所………………………7
初回（受）面接………………200
処遇課程等…………12, 35, 277, 339, 500
処遇類型別指導………………318
職業訓練課程…………………412
職業講話………………………75, 432
職業指導………………6, 52, 411
職業指導課程…………………52, 412
職業体験実習…………………433
職業能力開発課程………………52, 414
職業補導……11, 54, 146, 260, 377, 397, 412, 458, 487
事例研究…………14, 138, 376, 392
進級式………………65, 263, 474
進級集会………………………469
信頼感…………………78, 228, 481
進路指導…………14, 52, 410, 424, 443
進路指導課程……………………52

ス

スーパービジョン……………124
ステップファミリー…………358
ストーリーテリング…………159

セ

生活訓練課程……14, 52, 198, 393, 414
生活調査………………69, 250, 454
生活綴方………………130, 143, 469
生活綴方集会…………………469
生命尊重………………246, 400, 440

設問作文………………………163

ソ

総括的評価………………………87
相互評価…………………………87
ソーシャルスキル……………227, 382
ソシオドラマ（社会劇）……242
ソシオメトリック・テスト…454
育て直し………………………457
損害賠償………………332, 382

タ

対人関係療法…………………357
他者評価…………………………87
達成感……81, 233, 266, 280, 458, 499
達成度………38, 80, 95, 435, 489
ダブルスタンダード（建前と本音）…149
ダブルロール…………………202
ダルク（DARC）……………314
単位時間………………63, 90, 249
段階別教育目標…………………57
段階別到達目標………38, 161, 470
単元指導計画……………………76
単独寮………………218, 268, 456

チ

知的興味…………………………81
中学校学習指導要領…………261
昼夜間単独処遇………………219, 461
懲戒処分………………………372
懲治場……………………………5
治療的教育……119, 161, 216, 283

ツ

通常内省………………………173

テ

定期的に行う面接指導 ……………107
適時性……………………………82
点検内省 ………………………173

ト

同期生集会 ……………………455
到達度………………………38, 87
道徳性認知発達段階理論 …………244
道徳性発達段階 …………………256
当番活動 ………………………464
ドキュメンタリー ………………350
特殊教育課程……………52, 328, 414
読書感想画 ……………………165
読書感想文発表会 ……22, 62, 158, 263, 497
読書集会 ………………………158
読書能力 ………………………157
読書ノート ……………………158
特別活動………16, 59, 64, 68, 69, 158, 260, 261, 262, 263, 264, 266, 268, 270, 277, 278, 279, 282, 413, 432, 464, 508
特別内省 ………………………173
友達観 …………………………367

ナ

内観指導 ……………23, 216, 312, 384
内省指導…13, 170, 375, 384, 401, 415, 461
ナラティヴ・プラクティス ………136

ニ

日常内観 ………………………213
日記指導 ………22, 62, 127, 374, 505

ネ

年間指導計画 ……………41, 79, 259

ハ

ハインツのジレンマ …………245, 251
ハローワーク…………62, 413, 433
反省集会 ………………………469

ヒ

被害者の視点を取り入れた教育 …24, 96, 243, 257, 326, 393, 444
非行少年像………………………77

フ

ファシリテーター ………………281
ファミリーカウンセリング ………384
フォーラム …………………376, 468
復寮集会 ………………………469
ブックトーク …………………159
不良交友関係 …………………370
プロセス学習 …………23, 259, 280

ホ

暴力団離脱講座 …………………379
ホームルーム …108, 238, 343, 413, 468
保護関係調整指導……62, 167, 216, 283, 360, 375, 424
保護者会 ……………62, 405, 453, 483
保護者参加型教育活動 ……………277
保護団体 …………………………8
法務省式運転態度検査 ……………325

メ

メールカウンセリング ……………135
メタコミュニケーション …………136
面接指導……11, 41, 94, 106, 158, 171,

312, 324, 390, 439, 475, 497

モ

モデリング ……………………………229
モラルジレンマ指導 ……………23, 244
森田療法 …………………………………134
問題群別指導 ……13, 47, 87, 108, 171,
　　201, 312, 323, 349, 366, 384, 399,
　　413, 439, 469, 495
問題克服……………………………356, 380

ヤ

野外教育 …………………………………500
夜間単独処遇………………………219, 461
薬物乱用防止講座……………96, 306, 415
役割交換書簡指導 ……23, 163, 198, 244
役割取得 …………………………………245
山びこ学校 ………………………………144

リ

寮舎編成基準 ……………………………458
寮集会 ………………………………62, 468
寮主任 ………………………………124, 456
寮担任 ………………………………210, 456
寮父 ………………………………………457

ル

累加性 ……………………………………82

レ

レディネス ……………………………77, 342

ロ

ロールプレイング …243, 313, 324, 344,
　　356, 376, 384, 495
ロールレタリング …184, 198, 244, 324,
　　376, 495

ワ

ワークショップ………361, 387, 427, 468

矯正教育の方法と展開
現場からの実践理論

平成 18 年 3 月 3 日　発　行	定価 3,200円
	（本体3,048円＋消費税152円）

発 行 者　　小　畑　輝　海
発 行 所　　財団法人 矯正協会

〒165-0026 東京都中野区新井 3-37-2
TEL 03-3319-0652
FAX 03-3387-4454

印刷所　電算印刷株式会社
ISBN4-87387-004-6C3037¥3048E